卓越教师培养丛书

丛书主编：梁福成 王光明 贾国锋

U0646167

JIAOYU KEXUE
YANJIUFA

教育科学研究法

张其志 王剑兰 主编

北京师范大学出版集团
BEIJING NORMAL UNIVERSITY PUBLISHING GROUP
北京师范大学出版社

图书在版编目（CIP）数据

教育科学研究法/张其志，王剑兰主编. —北京：北京师范大学出版社，2015.7（2023.8重印）

卓越教师培养丛书

ISBN 978－7－303－19082－9

Ⅰ．①教⋯　Ⅱ．①张⋯　②王⋯　Ⅲ．①教育科学－研究方法－高等学校－教材　Ⅳ．①G40－034

中国版本图书馆CIP数据核字（2015）第114890号

图书意见反馈：gaozhifk@bnupg.com　010－58805079
营销中心电话：　010－58802755　58800035
北师大出版社教师教育分社微信公众号　京师教师教育

出版发行：北京师范大学出版社　www.bnup.com
　　　　　北京市海淀区新街口外大街12－3号
　　　　　邮政编码：100875
印　　刷：北京天泽润科贸有限公司
经　　销：全国新华书店
开　　本：730 mm×980 mm　1/16
印　　张：21.75
字　　数：370 千字
版　　次：2015 年 7 月第 1 版
印　　次：2023 年 8 月第 3 次印刷
定　　价：36.00 元

策划编辑：王剑虹　　　　　责任编辑：陶　虹　王　林
美术编辑：焦　丽　　　　　装帧设计：焦　丽
责任校对：陈　民　　　　　责任印制：马　洁

总　序

　　自从 2010 年教育部启动了"卓越工程师教育培养计划"之后，"卓越"一词越来越多地出现在各行业的人才培养中。"卓越医生""卓越法律人才"等一系列"卓越计划"也相继推出。2011 年教育部组织实施教师资格考试和定期注册试点，建立"国标、省考、县聘、校用"的教师准入和管理制度，师范类学生在毕业时不能直接获得教师资格证，都需要和非师范类及其他社会人员参加全国认证考试才能申请教师资格证。这项制度是《国家中长期教育改革和发展规划纲要(2010—2020 年)》里在加强教师队伍建设方面提出的重要举措，严把教师的入口关，也是培养卓越教师的举措之一。师范类高校作为培养教师的摇篮，在"卓越计划"的大潮中，亦应遵循"卓越计划"的战略设计，积极应对《中小学和幼儿园教师资格考试标准(试行)》，对现行教师教育培养目标和模式进行新的定位和规划，它不仅涉及学科专业本身，而且涉及教育理论与方法；不仅涉及教学内容的取舍和课程体系的构建，而且涉及教学思想和教育观念的更新。为此，天津师范大学成功申报"天津市普通高等学校本科教学质量与教学改革研究计划重点课题——卓越教师培养模式的创新与实践"。追求"卓越"是系统工程，而建设优质的教师教育课程教材是卓越教师培养中的关键环节。由此，2013 年 11 月在天津召开了由天津师范大学、沈阳师范大学、韶关学院以及北京师范大学出版社参加的教师教育课程建设与教材编写研讨会。会议决定出版"卓越教师·教育培养丛书"。由天津师范大学教师教育处负责具体统筹与协调工作。

这套丛书同时兼顾了《中小学和幼儿园教师资格考试标准（试行）》与《教师教育课程标准（试行）》的要求，遵循《中学教师专业标准（试行）》《小学教师专业标准（试行）》的理念，不仅对卓越教师应通识的教育学、教育心理学等基本知识做了更为深刻全面的论述，对卓越教师的职业道德、德育及班级管理以及学科教学知识与教学能力提出了更为明确的界定和深刻的阐述，还为了增强教师的教育文化底蕴，提高卓越教师在教育史方面的知识，特别添加了中外教育史等知识，同时为了提高卓越教师的科研能力，丛书中又添加了教育科学研究方法的详细介绍和指导。丛书全方位对卓越教师的培养构建了系统可行的教材体系。

"卓越教师·教育培养丛书"汇集了多所师范大学的教育智慧，凝聚了北京师范大学出版社的编辑智慧，是不断完善、倾力合作、协同创新的成果。本套丛书可作为修读本科教师教育课程的教材，也可作为教师资格证考试的参考资料。我相信，丛书的出版，不仅会对广大职前教师理解卓越教师的精神实质、提高教育理论知识和解决教育教学问题等方面有很大的帮助，而且对职前教师树立正确的教育理念，明确教师自身的发展有很好的启示，是教师职业养成与专业发展起航阶段的有益教学材料。

高玉葆

2015 年于天津师范大学

前　言

　　根据教育部颁布的教师专业标准和教师教育课程标准，师范院校必须面向师范生开设教育学、心理学、教育技术学、学科课程与教学论以及教育科学研究方法等课程。随着教师教育水平的不断提高以及教师专业化的持续推进，各师范院校都在进行师范类课程改革的尝试。教师专业标准和教师教育课程标准强调教师必须要研究教育实践，参与各种类型的科研活动，获得科学的研究学生的经历与体验，为此，改革教师教育课程和教学内容迫在眉睫。教师教育教材的内容在遵循教育学学科逻辑的前提下，必须紧密结合中国教育实际状况与教师实际需求，加强教师教育信念、教育基本能力建设等方面的内容，丰富教师教育的教学内容。在此背景下，我们结合教师教育课程建设的实际情况，编写了这本《教育科学研究法》。

　　本书由具有较丰富教授"教育研究方法""心理学研究方法""教育技术学研究方法"课程的教学经验，同时长期从事教育科学研究且成果较显著的教师集体合作编写。编者研究阅读了 1990 年以来出版发行的几十本教育类的研究方法教材，吸纳了其中一些理论观点，融汇自己的教学及其研究的经验体会，整合形成本书框架。

　　本书简明介绍了教育科学研究方法的含义、特点和功能，教育科学研究方法的历史、现状和发展，教育科学研究方法的分类、选择和运用，分别介绍了教育文献研究法、教育观察研究法、教育调查研究法、教育测量研究法、教育实验研究法、教育个案研究法、教育行动研究法、教育叙事研究法等常用的教育科学研究方法，深入浅出地阐述了教育科学研究的实施过程及步骤，如研究课题的选择与论证、研究资料的整理与分析、研究成果的表达与评价等，具有理论性和可操作性，对读者如何实施教育科学研究有着积极的指导作用。

全书共十二章，具体写作分工为：第一章，韶关学院王剑兰研究员；第二章，渤海大学朱成科教授；第三章和第十二章，韶关学院林育曼副教授；第四章和第五章，韶关学院谭红秀讲师；第六章，韶关学院张其志教授；第七章和第九章，韶关学院黄德群教授；第八章，韶关学院廖素群博士；第十章，韶关学院刘崇民博士；第十一章，天津师范大学杜海燕副教授。全书由王剑兰、张其志统稿。

编者

2014 年 11 月 12 日

目　录

第一章 教育科学研究方法概述

本章分三节阐述教育科学研究方法的含义、特点和功能；教育科学研究方法的历史、现状和发展；教育科学研究方法的分类、选择和运用，以及教育科学研究的有关概念等。

第一节 教育科学研究方法的含义、特点和功能

首先，需要弄清楚这两个相关的概念：教育和教育科学。教育是传递社会生活经验并培养人的社会活动，通常认为：广义的教育，泛指影响人们知识、技能、身心健康、思想品德的形成和发展的各种活动；狭义的教育，主要指学校教育，即根据一定的社会要求和受教育者的发展需要，有目的、有计划、有组织地对受教育者施加影响，以培养一定社会所需要的人的活动。[①] 教育科学是研究教育规律的各门学科的总称。[②]

教育科学研究与一般科学研究不同。教育科学研究是科学

---

① 教育大辞典编纂委员会. 教育大辞典（第 1 卷）. 上海：上海教育出版社，1990：3.

② 教育大辞典编纂委员会. 教育大辞典（第 1 卷）. 上海：上海教育出版社，1990：80.

研究体系中的一个分支，旨在揭示客观事实，探索教育过程发生、变化、发展的普遍规律和因果关系，对被观察到的教育现象、事实做出科学的解释和预测的一种研究活动。有学者认为，教育研究是人们有目的、有计划、系统地采用严格而科学的方法，认识教育现象，发现教育问题，探索教育规律，以推动教育改革、提高教育质量、发展教育理论的创造性活动。① 有学者认为，教育科学研究是以发现或发展科学知识体系为导向，通过对教育现象的解释、预测和控制，以促进一般化原理、原则的发展。作为科学研究的一种形式，它的突出特点是富有创造性。作为一种人类认识活动，教育科学研究不同于一般日常生活中的认识活动，它具有很强的目的性和计划性，其宗旨是为了解决一定的教育科学问题。② 有学者认为，教育科学研究是有组织、有计划地采用科学的方法，按照一定的步骤去认识教育现象、探索教育规律的一种研究活动③。还有学者认为，教育科学研究是在一定教育理论的指导下，遵循一定的研究程序，运用一定的方法来研究教育问题，以探索教育规律为目的的、富有创造性的认识和实践活动。也有学者认为教育科学研究是运用科学的方法，解决教育上存在的问题的过程。④ 总之，一个教育工作者只要能够发现教育上的问题，并运用正确、系统的方法，以求得到科学的结论，解决教育上的问题，这种工作就可以说是教育科学的研究。⑤

与所有科学研究一样，教育科学研究由三个基本要素构成：客观事实——教育现象或教育问题；科学理论——教育理论与科学研究理论；方法技术——具体的教育研究方法。⑥ 也有学者将教育科学研究归纳为六个基本要素：主体——谁研究；客体——研究谁；问题——研究什么；目的——为什么研究；方法——用什么研究；条件——怎么研究。在这六大要素中，研究主体是教育科学研究的组织者、规划者和实行者。研究客体是教育科学研究的对象，是研究主体的认识对象，是研究问题与研究目的的寄寓对象，是研究方法与研究条件的作用对象。研究问题是教育科学研究的出发点，是研究主体的攻克任务，是研究客体的真实化身，是研究目的的实现

① 杨丽珠. 教育科学研究方法. 大连：辽宁师范大学出版社，1995：10.
② 裴娣娜. 教育研究方法导论. 合肥：安徽教育出版社，1995：4.
③ 李方. 现代教育研究方法. 广州：广东高等教育出版社，2004：40.
④ 侯怀银. 教育研究方法. 北京：高等教育出版社，2009：2.
⑤ 刘问岫. 教育科学研究方法与应用. 北京：北京大学出版社，1993：4.
⑥ 王彩凤，庄建东. 学前教育研究方法. 北京：北京师范大学出版社，2011：2.

中介，是研究方法与研究条件的作用对象。研究目的是教育科学研究的方向和灵魂，是研究主体的奋斗目标，是研究客体与研究问题的选择依据，是研究方法与研究条件的服务对象。研究方法是教育科学研究的工具和手段，是研究主体的得力助手，是研究目的的实现途径，是研究客体与研究问题的剖析武器，是研究条件的辅助力量。研究条件是教育科学研究的供给保障，是研究主体和研究客体的服务对象，是研究目的与研究问题的依赖对象，也是研究方法的辅助力量。①

教师这个职业，是离不开"研究"的职业，因为教师面对的不是机器，是一个个具有鲜活个性的学生；因为现代社会变化快，"新"东西层出不穷，对教育领域的新东西要择优"研究"；因为"专家教师"队伍逐渐壮大，将推动教师的教育教学研究，教师应成为研究者。教育科学研究的基本任务在于研究和解决教育事业与改革过程中提出的重大理论问题和现实问题，揭示教育发展的客观规律，指导教育实践，提高教育科学水平，促进教育改革，提高教育质量。② 教育科学研究能促进教师教育观念的更新，推动教育改革的发展，改善学校的管理，提高教师的素质，同时也丰富和发展了教育理论。教育科学研究具有研究对象的复杂性、研究范围的广泛性、研究方法的综合性、研究的伦理性等特点。③

一、教育科学研究方法的含义

人们通常把达到目的的途径（approach）、手段（instrument）、工具（tool）及技术（technique）统称为方法（methodology）。从语义学上解释，方法指的是为了达到一定的目的而必须遵循的原则的说明。从一般意义上来说，方法是作为一般的思维方式和行为方式，研究问题的一般程序和准则。

教育科学研究方法（research methods of educational science）是研究教育现象及其规律所采用的方法。④ 教育科学研究方法是实现教育科学研究目的所采用的途径或手段，教育科学研究方法是围绕着研究客体而展开

---

① 喻立森. 教育科学研究通论. 福州：福建教育出版社，2001：32～33.

② 邱小捷. 中小学教育科研方法. 北京：高等教育出版社，2004：13～14.

③ 张燕，邢利娅. 学前教育科学研究方法. 北京：北京师范大学出版社，1999：11～12.

④ 中国大百科全书编委会. 中国大百科全书·教育. 北京：中国大百科全书出版社，1985：167.

的创造性认识活动。① 有学者认为，教育科学研究方法是为了认识教育过程和教育现象而采用的途径、手段和工具。还有学者认为教育科学研究方法是按照某种途径，有目的、有计划、有组织、系统地进行教育研究和构建教育理论的方式，是以教育问题为对象、以一定的方法为手段，遵循一定的研究程序，以获得教育规律性知识为目标的一整套系统研究过程。简言之，教育科学研究方法是人们在进行教育研究中所采取的步骤、手段和方法的总称。教育科学研究作为一种活动，为了达到既定的目标，需要运用教育研究方法，教育科学研究方法是解决教育实践问题和发展教育理论的重要工具②。

开展教育科学研究，选择适当的研究方法是实现教育科学研究目的的必需。本书将在第三章到第十章阐述教育文献研究法、教育观察研究法、教育调查研究法、教育测量研究法、教育实验研究法、教育个案研究法、教育行动研究法、教育叙事研究法等在教育科学研究活动中较常运用的方法。

二、教育科学研究方法的特点

教育科学研究与科学研究的系统性、控制性、严密性相比较，具有综合性、实践性、复杂性、目的性、计划性的特点。教育科学研究所具有的特点也体现在科学研究的方法当中，与一般的科学研究方法相比，教育科学研究方法主要具有目的性、规范性、灵活性。

（一）教育科学研究方法的目的性

教育科学研究目的在于探究教育规律、解决教育研究中的实际问题，因此，研究者在运用教育科学研究方法时，首先要考虑所选用的方法与所要研究的现象和解决的问题的对应程度及其针对性，教育科学研究方法的目的性具体体现在对研究目的的科学假设和对解决问题的明了陈述上。

（二）教育科学研究方法的规范性

每一种教育科学研究方法都应有规范的程序步骤，研究人员使用标准规范的研究方法，便于在同行之间进行合作交流，研究方法的国际标准化，使教育科学研究的合作交流得以更为广泛、深入，包括研究成果的认定和推广。因此，规范性既是教育科学研究方法本身的特点，也是教育科学研

---

① 喻立森. 教育科学研究通论. 福州：福建教育出版社，2001：32～33.
② 侯怀银. 教育研究方法. 北京：高等教育出版社，2009：3.

究方法发展完善的必然。

（三）教育科学研究方法的灵活性

在实际研究活动中，研究者应根据研究的主体和客体及相关的各种因素，灵活选择运用某种或某些教育科学研究方法。由于教育科学研究对象的复杂性和影响因素的多样性，研究人员采用研究方法应根据实际情况因人制宜、因时制宜、因地制宜、因财制宜、因物制宜。

有学者从其他不同视角分析认为教育科学研究方法具有目的性、移植性、多样性、规范性、人文性、创新性。① 也有学者认为教育科学研究方法具有创造性、探索性、系统性、综合性、复杂性、艰巨性，可验证性、可控制性。② 还有学者认为教育科学研究方法具有客观性、系统性、可靠性、创造性、科学性、人文性。③

三、教育科学研究方法的功能

"最有价值的知识是方法的知识。"（笛卡儿）"良好的方法能使我们更好地发挥运用天赋的才能，而拙劣的方法则可能阻碍才能的发挥。因此，科学中难能可贵的创造性才华，由于方法拙劣可能被削弱，甚至被扼杀；而良好的方法则会增长、促进各种才华。"④ （法国生理学家贝尔纳）教育科学研究方法能促进教育改革，提高教育质量和教师的素质，提高教师的地位，有助于教育理论的发展。教育科学研究方法是发展和完善教育科学的基础，是教育改革的动力和保障，是教师专业成长的必备条件。

"导向"是教育科学研究方法的主要功能。教育科学研究方法是实现教育科学研究目的的保证，离开了教育科学研究方法，研究人员就无法进行教育科学研究。导向功能体现在整个教育科学研究活动中，从选题、论证，到展开研究、资料整理分析、成果表述评价等，无不彰显研究者所采用的研究方法。教育科学研究方法直接影响研究工作的各个阶段或环节，研究人员所采用的研究方法及其思想观点，也可以在研究工作过程中折射出来，并由此预测研究结果的成败。

不同视角对教育科学研究方法的功能表述有所不同，如有学者认为教

---

① 侯怀银. 教育研究方法. 北京：高等教育出版社，2009：4～5.
② 周家骥. 教育科研方法. 上海：上海教育出版社，1999：3～4.
③ 陶保平. 学前教育科研方法. 上海：华东师范大学出版社，2006：8～9.
④ 裴娣娜. 教育研究方法导论. 合肥：安徽教育出版社，1995：17.

育科学研究方法还具有简约功能、规范功能、探寻功能、训练功能等。简约功能是通过对教育研究方法的有效运用，可以使教育研究更简约，从而节省时间，提高教育研究的效率；规范功能是通过选用教育研究方法，可以规范教育研究活动的过程，使我们通过教育研究更准确地找到问题，并使教育研究结论更趋科学化；探寻功能是运用教育研究方法，可以探寻教育规律，解决重要的教育理论与实践问题，同时有助于研究者探寻教育知识的真伪，扩充教育知识的数量和范围，实现教育知识的增长；训练功能是从研究者个体角度看，教育研究方法对训练并提高教育研究人员的科学素养和研究能力具有极其重要的意义。教育研究方法特别有助于训练教育研究者的思维和逻辑。[①]

伴随教育科学研究的深入和发展，教育科学研究方法的导向功能日趋明显。

第二节 教育科学研究方法的历史、现状和发展

教育科学研究方法是伴随着教育，特别是学校教育的产生，以及教育实践的逐步深入和教育理论的逐步发展而产生和发展的，随着生产力水平的提高、科学技术的发展、人类文化的进步而不断革新和日臻完善。本节将概括教育科学研究方法的历史，阐析教育科学研究方法的现状，揭示教育科学研究方法的发展趋势。

一、教育科学研究方法的历史[②]

（一）萌芽时期

原始社会时期，教育在生产劳动中进行，人们一方面以言传身教的方式把知识经验传授给下一代；另一方面对传授过程的方式方法以及对年青一代的教育效果，进行自然的观察和原始总结，以便不断改进。当时的观察和总结往往是无计划的、不自觉的，而且是零散的、低水平的；通过观察获得的新发现，具有很大的偶然性，总结也只是停留在思维上，没有文字上的描述和概括。

奴隶社会和封建社会时期，随着文字的出现，学校教育的产生和发展，

---

① 侯怀银. 教育研究方法. 北京：高等教育出版社，2009：6~7.
② 李方. 现代教育研究方法. 广州：广东高等教育出版社，2004：1~4.

教育实践的日益深入，各方面文化科学知识的积累和丰富，观察法、经验总结法等教育研究方法为教育家们自觉运用，历史法、文献法、测量法、思辨法等教育研究方法也随之出现。我国古代孔子、朱熹等著名教育家对教育的研究，其方法主要是观察研究和经验总结。古代许多教育家为了对先辈教育思想和实践进行深入研究，常查阅历史文献资料或对先辈教育言论进行注疏诠释，这些做法均属历史研究和文献研究。我国古代考试，特别是科举考试，就是对考生进行测量评价。

古代的教育研究方法曾有效地推动了古代教育研究，但它仅仅停留在定性描述和主观分析推断的水平上，还缺乏全面系统的逻辑论证和精确的定量分析及严格的科学实验验证。因此，当时所采取的各种教育研究方法还没有达到真正科学研究的水平。例如，那时的观察法是缺乏系统性的，教育观察者往往以不完全的经验或证据为基础，忽视同时存在的复杂的教育因素在起作用，或者让感觉及偏见影响观察与结论。在权威专断的古代，盲从权威、迷信古人是普遍现象，因此，人们观察教育现象，总结教育经验，思考教育问题，探索教育规律，常常以权威的训谕为准绳。如我国古书记载的"法先王""遵先王之道"等一类的话，就带有浓厚的教条主义和权威主义的色彩；在欧洲的中世纪，上帝和神高于一切，宗教思想也严重地束缚着人们的科学思维。

（二）兴盛时期

欧洲"文艺复兴"后，研究方法逐渐重视假设和实验。实验方法最早以力学形式为工程师所应用，但明确看到科学实验的重大作用并最先系统研究实验方法的是英国的培根（Francis Bacon）。培根在《新工具》一书中指出，科学应当是实验科学，要打破中世纪那种宗教式的思辨栅锁，就应当用理性方法去整理感性材料，促成经验和理性的职能的真正合法的婚配。他还主张用归纳法归纳经验。培根以定性实验和归纳为主，强调科学方法的经验性质，但忽视了理论方法的作用。16世纪意大利科学家伽利略开创了实验方法和理性方法、数学方法相结合的研究途径。17世纪以后，经验和理性结合的方法有了更广泛的运用，数学方法、逻辑方法等各种科学方法也相对独立发展。其他科学领域各种研究方法的发展，促进了教育研究方法的发展，尤其是自然科学的实验研究以及定量分析研究，为以后教育研究走向科学化奠定了基础。从17世纪开始，一批杰出的教育家如夸美纽斯、裴斯泰洛齐、第斯多惠、乌申斯基等人，把教育研究方法的理论与实践紧密结合起来，从而大大地丰富了近代教育研究的理论和实践。

（三）全盛时期

从 19 世纪前后至第二次世界大战结束是教育研究方法发展的全盛时期。这一时期，教育研究方法出现了以往任何时期都不可比拟的崭新面貌。

1. 教育实验运动迅速开展

19 世纪前后，比较著名的教育实验有：1768 年瑞士教育家裴斯泰洛齐创办"新庄"实验学校所进行的教育实验；1825 年英国欧文创设移民区"新和谐村"所进行的教育实验；1896 年，美国杜威创办芝加哥大学实验学校所进行的教育实验。从 19 世纪末开始，在德国、英国和美国等国家，实验教育运动蓬勃发展。自德国冯特首创心理实验室（1879 年）用实验的方法研究人的心理以后，1882 年英国的高尔顿又在伦敦成立人类学实验室，研究个别差异问题。20 世纪初，心理学家和教育学家大力提倡教育实验，促进教育实验的开展，如德国梅伊曼主张用心理实验方法来研究教育问题；法国比奈主张用实验方法研究儿童的智力发展；美国桑代克把动物心理实验的方法运用到教育上，还主张教育现象和教育理论必须有严格的实验验证。测量工具的发展和统计方法的进步，又为教育实验提供了技术和方法，从此以后，教育实验作为一种比较严格的科学研究方法，在教育上得到广泛的运用。

我国教育实验运动始于 20 世纪 20 年代，当时在美国教育实验运动的影响下，各地纷纷建立教育实验区，到 1935 年，各种教育实验区有 193 处，遍及全国各地。其中，影响较大的有陶行知创办的试验乡村师范学校和山海工学团、中华平民教育促进会总会的定县实验区和梁漱溟的"乡村建设"实验等。

2. 教育测量运动蓬勃兴起

1864 年，英国的费舍（George Fisher）编成世界上第一个成绩量表。之后，美国的莱斯（J. M. Rice）积极提倡教育测量，并于 1895—1905 年期间编制了算术、拼字、语言等测验。与此同时，教育测量运动迅速兴起，各种客观标准化教育测量纷纷出现，著名的有法国比奈（A. Binet）、西蒙（T. Simon）的智力测量（1905 年）。1909 年，被称为教育测量鼻祖的美国教育心理学家桑代克（Thorndike）运用统计学的"等距原理"，发明了编制量表的单位，编成了《书法量表》《拼字量表》《作文量表》《图画量表》等标准测量工具，使教育测量走上科学化的道路，推动了教育测量运动的迅速发展。从此以后，各种学业成绩测验、智力测验、能力倾向测验、诊断测验、人格测验等客观标准化教育测量迅速兴起。

3. 教育调查开始被重视，并逐步走向规范化和科学化

19 世纪以后，教育研究者开始重视运用调查法，早期著名的教育调查是 1897 年美国莱斯（J. M. Rice）进行的拼写练习调查。此外，19 世纪末 20 世纪初，美国还有一些影响比较大的教育调查，如 19 世纪末美国的斯坦利·霍尔（Stanley Hall）采用问卷法进行的教育调查；1910 年哈佛大学教授哈诺斯（Paul Hanus）进行的学校调查；1911—1912 年纽约市开展的大规模学校调查。所有这些教育调查，在其方法、手段的使用上都在一定程度上注意到规范化和科学化。以后，随着教育调查法的广泛运用，教育调查方法在其复杂程度和量表使用方面也有较大发展。此外，教育统计学及其他教育技术的产生和发展，也为教育研究向科学化发展开辟了广阔的途径。

这一时期总的看来，自然科学的研究方法以及社会科学的研究方法广泛移植于教育研究领域，使教育研究方法向科学化跨进了一大步。同时，教育研究者也继承和发展了传统的教育研究法，并不断创立新的教育研究法，从而逐步形成了教育领域独特的研究方法体系。

二、教育科学研究方法的现状[①]

从 20 世纪 50 年代起，传统的教育研究方法进一步完善，现代教育研究方法进一步发展，各种新的教育研究方法不断出现，丰富了教育研究方法体系的内容。随着科学技术的日益进步，现代教育研究方法的体系和运用技术有许多新的突破，教育科学研究方法的发展状况，无论在理论上还是在技术上都已达到相当高的水平。

（一）大规模的教育调查越来越多

调查研究法是社会科学最基本的研究方法，自 20 世纪 50 年代以来，世界各国教育研究者越来越多地采用此法。在我国，近年来既有数以万计的个人进行的教育调查，也有很多协作进行或集体组织进行的教育调查；既有本地区教育调查，也有跨县、跨省市或全国性的教育调查。其中，规模较大的是 1986 年进行的中国普及义务教育调查，这项调查由全国人民代表大会教科文卫委员会牵头，中央各有关部门参加，组成三个调查组，分赴江苏、湖南、四川三省进行调查研究。近年我国新课程试验情况的调查研究，农村普及九年义务教育的调查研究，学生心理与思想品德教育的调

---

① 李方. 现代教育研究方法. 广州：广东高等教育出版社，2004：5～7.

查研究，关于大学生基本素质的调查研究，关于毕业生就业情况的调查研究等，普遍在一些省市有组织、有计划、有步骤地开展起来。

（二）注重以开发智能为中心的教育试验

从 20 世纪 50 年代开始，苏联、美国、西德以发展学生智能为中心的教学改革实验很多，如在课程改革方面，出现了赞可夫、布鲁纳、根舍因三大典型学派的改革实验，在教学方法上出现了"发现法""探究法""解决问题法"等改革实验。30 多年来日本等国又在积极进行"以培养学生创造性思维能力"为核心的"教改"试验以及开发早期智力的早期教育实验。在我国，以发展学生智能为核心的教育实验也很多，例如：20 世纪 80 年代有的研究通过"综合构建教学体系"教学实验，试图在儿童心理中构建一个"井架"，使儿童智力的潜能如地底的原油喷涌而出，有的研究通过"小学生语文能力整体发展"实验，以发展学生思维和语言为中心，通过语文教学结构的整体改革，促进小学生语文能力整体发展。我国开展的新一轮基础教育课程改革，实施新的国家课程标准，以发掘学生智能为中心的"教改"试验更加受到重视。

（三）重视长期追踪研究法

长期追踪研究的典型例子，是美国自 1921—1972 年为期 51 年对超常人创造能力发展和培养的追踪研究。许多研究资料表明，由于教育的复杂性，教育周期长，用较短时间很难看出问题的实质性变化，因此，进行长期的追踪研究或纵贯性研究引起了人们的重视。近 60 年来，运用这种方法研究教育问题的人越来越多。例如，美国布卢姆关于早期教育重要性的研究，对近千个儿童，从幼儿园到他们成人时为止，进行了长期的追踪研究。苏联赞可夫的"教学与发展"研究，对实验班各种教学效果的分析，依据的是长期跟踪听课、记录所取得的数据。苏联教育家苏霍姆林斯基对学生身心发展和德育成长的研究，也进行了数年乃至一二十年长期的追踪研究。从国外 20 世纪七八十年代所发表的许多教育研究报告看，其中有相当一部分就是运用长期追踪研究或纵贯性研究而取得成果的。根据我国教育家长期教育研究实践的经验，以及在国外教育研究影响下，近 30 多年来，我国教育界对长期追踪研究已开始重视。

（四）系统科学方法引入教育研究领域

系统科学是"三论"（系统论、信息论和控制论）和"新三论"（耗散结构论、协同论和突变论）的总称。"三论"以系统论为核心，"新三论"是系统论的新发展。系统论、信息论和控制论产生于 20 世纪 40 年代前后。

20 世纪 60 年代开始，"三论"方法运用于教育研究。美国、英国、西德、苏联等国的许多学者，试图用控制论的观点实现教学过程中学生认知活动的控制。美国心理学家斯金纳（Skinner）创立的"程序教学"以及西德弗兰克等人创立的"控制论教育学"，就主要从信息理论和控制理论角度出发来考察教育现象。苏联巴班斯基运用系统方法研究教学过程，提出了"教学过程最优化"的理论。我国自 1979 年以来，开始重视运用"三论"方法研究教育问题。"新三论"是 20 世纪 70 年代才发展起来的。近年来，运用"新三论"方法研究教育问题已引起人们的重视。

三、教育科学研究方法的发展

教育科学研究经历了一个漫长的历史发展过程，教育科学研究方法伴随近代教育科学实践和自然科学观念方法的发展而产生，随着现代科学技术的突飞猛进和教育科学研究领域的不断深入和拓宽，教育科学研究方法的发展呈现出相互融合、纵横交错的局面。综观教育科学研究方法的沿革，为适应教育发展的要求，研究者总是在继承传统的教育研究法的同时，又结合教育发展的实际进行改革和创新；随着现代科学技术的发展，研究者又不断移植和应用其他科学的研究方法于教育，这就有效地促进了教育研究方法从经验描述阶段向科学探索阶段过渡，呈现出现代化、综合化、规范化的发展趋势。具体可以概括为以下三个方面。

（一）定性描述和定量分析的有机结合

教育科学将自然科学、数学的定量方法部分地引入教育科学研究之中，使教育科学研究更加科学化，同时也不排斥对教育科学的定性分析。例如，对教育活动中的知识、智能和思想品德三个方面的研究，学生掌握知识的情况可以进行量的分析，智能发展状况只有一部分可以用数学方法，而道德品质则很难做出量的统计，因此，教育科学研究中必须将定性、定量的方法相结合，对于教育领域中的一些很难量化或不宜量化的现象，则仍须采用定性为主的综合描述法。[①]

（二）多种研究方法的综合使用

现代科学发展的分化与综合，新的边缘学科、交叉学科的兴起，不仅丰富了教育科学的内容，而且为教育科学理论研究注入了新的活力。任何

---

① 张宝臣，李兰芳. 学前教育科学研究方法. 上海：复旦大学出版社，2012：13.

一种研究方法都有各自的特点和利弊，在研究中要注意发挥各自优势，综合运用才能更有效地解决教育问题。因此，教育科学研究必须积极吸取和借鉴各学科的成果和方法，加强多学科的沟通与合作，综合运用多种方法进行研究。[①]

（三）研究手段和技术日益现代化

随着微型计算机的迅速发展，计算机已被广泛应用于教育科学研究的各个领域，在数据处理与实验控制等方面发挥着重要的作用，极大地促进了教育科学研究水平的提高。用计算机采集、整理、储存和分析数据，可提高运算的速度和结果的准确性，如运用于对大样本的研究数据进行处理；此外，计算机还具有对研究结果进行复杂的各种多元统计分析的能力，目前在教育科学研究中常用的专用统计软件包有社会科学软件包 SPSS 和统计分析软件包 SAS，这二者都具有数据处理、图像输出、图表绘制等众多功能。[②]

第三节 教育科学研究方法的分类、选择和运用

本节将向读者介绍教育科学研究方法的常见分类，在实际中选择教育科学研究方法的依据和原则，以及如何运用教育科学研究方法实施研究。

一、教育科学研究方法的分类

对教育科学研究方法进行分类，是为了便于读者认识和理解各类方法的特征及其关联，在实际工作中科学地实施教育科学研究。在教育科学研究领域中较普遍的教育科学研究方法分类如下[③]。

（一）按研究方法的层次划分

以研究方法的层次为标准可将教育科学研究方法划分为三个层次。第一层次是宏观的起指导作用的哲学方法，哲学世界观和方法论为正确认识教育现象提供指导思想和理论基础，以保证教育科学研究的正确方向；第二层次是一般的研究方法，这是许多学科都普遍适用的方法；第三层次是

---

① 张宝臣，李兰芳. 学前教育科学研究方法. 上海：复旦大学出版社，2012：13.

② 董奇. 心理与教育研究方法. 北京：北京师范大学出版社，2004：49～51.

③ 侯怀银. 教育研究方法. 北京：高等教育出版社，2009：35～36.

具体的专门的研究方法，这是教育科学研究在长期发展的过程中逐渐形成的基本方法，本书所介绍的几种方法均属于这类方法。不同层次的研究需要不同层次的方法，一般是高层次指导低层次，低层次将高层次具体化。三个层次的方法相互联系、相互影响、相互制约，形成全方位、多功能的教育科学研究方法体系。

（二）按研究过程的阶段划分

以研究过程的阶段为标准可将教育科学研究方法划分为：准备阶段的方法、实施阶段的方法、总结评价阶段的方法。准备阶段的方法包括确定课题的方法、查阅文献的方法、研究设计的方法；实施阶段的方法包括形成事实的方法、形成理论的方法、研究资料整理与分析的方法；总结评价阶段的方法包括撰写研究论文或研究报告的方法、成果评定的方法、成果推广运用的方法。

（三）按研究问题的性质划分

以研究问题的性质为标准可将教育科学研究方法划分为：理论研究方法和实证研究方法。理论研究方法是对复杂的教育问题的性质和相互关系，从理论上加以分析、综合、抽象、概括，以发现其内在规律或一般性结论，主要包括归纳、演绎、类比、分类、比较、分析、综合、概括等定性分析的方法。实证研究方法主要是采用统计、数学等手段进行研究，主要包括观察、问卷访谈、测量等定量分析的方法。

（四）按研究对象的选择划分

以研究对象的选择为标准可将教育科学研究方法划分为：总体研究方法和个案研究方法。总体研究方法是对研究对象的全体或大样本进行研究。个案研究方法是从研究对象中选取单个或部分有代表性的研究对象作为样本，对某一个教育现象或某一个教育问题进行研究。其样本可以是一个人，也可以是一个群体。

有学者认为，教育科学研究方法还可以根据多种依据划分为其他种类，如按教育科学研究的性质划分为基础研究、应用研究、开发研究二种类型，各类有相应的方法。

基础研究也称基本理论研究，是以建立和发展理论体系，系统地阐述并检验各种假说、原理、法则为最终目的。基础研究往往是先有了某种设想或假说，然后通过研究找出其规律予以确立和验证，成果一般表现为发现新领域、新规律，提出新学说、新理论、新观点。基础研究有事实研究方法、历史研究方法、学术研究方法、理论研究方法、实验研究方法。

应用研究是运用关于教育基础理论知识，解决教育工作实际问题的研究，应用研究的含义包括：一是"应用"的是教育的基础理论知识，实质上就是基础理论研究的成果；二是解决实际问题，产生实践效益。应用研究着重研究如何把教育科学的基础理论知识转化为教育技能、方法和手段，使教育科学理论知识同实际教育、教学衔接起来，达到某种具体和预定的实际目标。应用研究是对教育原理的尝试性应用，是教育理论和教育实际的承上启下的中间环节和桥梁，通过应用研究，直接解决教育、教学和教育改革中的实际问题。应用研究有教学研究方法、德育研究方法、管理研究方法、评价研究方法、政策研究方法等。

开发研究是以基础研究和应用研究的成果寻求更明确的、具体技术的表现形式为目的，以具有实施价值的规划、对策、方案、方法、程序等为成果。开发研究是展开知识，将研究的成果与经验加以推广和普及。开发研究主要有规划研究方法、对策研究方法、未来研究方法、预测研究方法、前瞻研究方法等。[1]

二、教育科学研究方法的选择

研究方法的选择是教育科学研究中的一个重要步骤，具有非常重要的意义。不同的研究问题、研究对象具有不同的性质和特点，需要采用不同的研究方法。方法选用是否恰当，直接关系到整个研究工作的顺利进行。因此，在确定研究课题、明确研究方向的基础上，研究人员就要确定研究方法，同时确定用何种方式来收集和分析资料。一般而言，选择教育科学研究方法应考虑以下因素[2]。

（一）要适合研究对象的性质和特点

研究人员要根据研究课题、研究目的和研究对象的性质特点来选择适宜的研究方法。一般而言，不同的研究课题和研究目的，有不同的研究对象，宜采用不同的研究方法。如"韶关市文化遗产资源调查与利用研究"和"新形势下粤北高校青年学生宗教信仰的现状调查与德育对策研究"，宜首选调查法。使用问卷调查法要考虑研究对象的文字理解能力，幼童作为研究对象时因其书面领受能力限制，一般不适宜采用问卷调查法。幼童的

---

① 喻立森. 教育科学研究通论. 福州：福建教育出版社，2001：37～38.

② 张宝臣，李兰芳. 学前教育科学研究方法. 上海：复旦大学出版社，2012：9～10.

有关研究较多运用观察法，如"幼儿在区角活动中的表现差异研究"和"儿童注意保持行为的研究"。述评类或综述类的研究一般主要采用文献法，如"内隐记忆研究综述"和"大学生学习倦怠研究综述"。再如"13～15岁青少年运动员与同龄普通中学生心理健康状况对比分析"和"大学生主观幸福感与认知模式的相关研究"，这类研究通常采用测验法作为主要方法。总之，如果所研究的现象研究者能直接观察到，可运用观察法；如果只能用间接方法了解的，可考虑运用调查法和文献法；已有假设而不知结果如何，可考虑运用实验法和行动研究法；要研究确切的数量，应考虑运用测量法。

（二）要注意所选方法的可行性

每一种研究方法的实施都有一定的要求和需要具备一定的条件，这是研究者选择研究方法首先要考虑的问题。恰当的方法必须在具体的客观条件下切实可行，只有在适合的条件下，由恰当的人员按规程操作，才能充分发挥研究方法的优势，显示出人们常说的好的研究方法。因此，研究人员选择研究方法时必须要根据研究者自身条件和能力以及研究者对方法操作的熟练程度等，合理选择研究方法。研究者还要遵守基本的社会道德准则，"以人为本"，尊重被试。如访谈时要坚持双方的平等对话，要尊重对方的选择，要替对方保密信息，不侵犯个人隐私权，等等，要避免研究过程中对对方身体和心理的伤害，不给被试不恰当的压力。如实验法的使用既要考虑实验的伦理性，更要考虑实验的主客观条件及各种变量的控制等，研究者无法调控实验的条件和有关变量时，不应实施实验法。

（三）要注意多种方法的综合运用

每一种教育研究方法都有其优点和缺陷，研究时要充分考虑所采用方法的利弊，选择研究方法时应扬长避短。一般而言，课题研究通常不是单纯运用某一种方法，而是综合运用多种研究方法，研究者应根据实际情况，灵活使用研究方法，既考虑研究所要运用的主要方法，也要考虑研究运用的辅助方法。综合运用多种研究方法还可以弥补各种教育研究方法的不足，以达到研究的目的。如对"小学数学两种不同教学结构的比较研究"，研究者可以运用文献法和调查法对小学数学的不同教学结构进行全面的了解分析，运用问卷调查法和访谈调查法进行调查了解，主要运用实验法对小学数学的两种不同教学结构进行实验对照，以观察法等研究方法辅助进行研究。

有学者提出了选择教育科学研究方法的十个原则——目的性原则、可行性原则、客观性原则、综合性原则、系统性原则、绩效性原则、发展性原则、创新性原则、改造性原则、伦理性原则。[①]

三、教育科学研究方法的运用

教育科学研究方法的运用与教育科学研究方法的选择关系密切，选择合适的研究方法固然重要，但更为重要的是在研究中如何科学使用所选择的方法。有学者将教育科学研究方法的选择和运用合二为一，用"教育科学研究方法的选用"表述，本章为了做详细说明而将二者展开阐述。

（一）教育科学研究方法在教育科学研究过程中的运用

关于教育科学研究的过程，学者有不同表述。朴雪涛教授认为教育科学研究的过程是：教育研究问题的确定、教育文献的检索及阅读、分析问题角度和方法的明确、研究材料的收集和分析、定性或定量结论的得出。喻立森教授认为教育科学研究的过程包括选题——研究什么问题，设计——打算如何研究，资料——怎么进行研究，结论——研究出了什么，成果——什么方式体现，评价——研究情况怎样。[②] 陶保平教授认为教育科学研究的过程是：确定问题，查阅文献，收集资料，分析资料，撰写报告。[③] 有学者认为教育科学研究的一般过程为提出问题和假设、设计研究方案、实施研究并收集资料、处理分析资料、检验假设并做出结论。[④] 还有学者认为教育科学研究的过程大致分为以下几个阶段：确定研究目的，查阅文献资料，进行文献综述并提出研究假设，设计研究计划，执行研究计划，收集研究资料，整理和分析研究资料，解释结果和检验假设，撰写研究报告。

教育科学研究过程体现出各种研究方法的综合运用，教育科学研究的过程，就是教育科学研究方法的综合运用过程。对研究人员而言，在从事任何一项研究之前，一定要思考研究什么、为什么研究，这就是选择和确定研究问题的过程。在选择和确定研究问题期间或以后，研究者要运用文献法和历史法，查阅相关的文献资料，更全面地了解研究课题的相关历史背景，弄清问题的来龙去脉，了解前人或他人对相关问题的研究已经获得了哪些成绩，存在什么问题和不足，以便利用其成就、经验和教训，开阔

① 侯怀银. 教育研究方法. 北京：高等教育出版社，2009：37～39.
② 喻立森. 教育科学研究通论. 福州：福建教育出版社，2001：40.
③ 陶保平. 学前教育科研方法. 上海：华东师范大学出版社，2006：13～14.
④ 董奇. 心理与教育研究方法. 北京：北京师范大学出版社，2004：7

自己的研究路径，丰富自己的研究构思，在前人的基础上做进一步的研究，吸取前人的教训，少走弯路。查阅文献资料是教育科学研究的基本方式和手段，贯穿于整个研究过程当中。因此，文献法在教育科学研究中有着非常重要的地位。

研究者将所研究的问题经过筛选确定为研究课题后，接下来就是制订研究计划和研究方案，这是研究工作的重要一环。如果研究设计科学严密，研究就成功了一半。根据各种研究方法的不同特点，研究设计方案的侧重点有所不同，研究设计的具体程序也有所不同，有繁有简。如运用调查法，若进行调查问卷的编拟，首先要围绕课题的主题拟订5～7个因子，每个因子设计5～7个具体问题，同时还要确定开放式题目与封闭式题目的比例，编写指导语和填答说明等；进行访谈调查前，应根据主题拟订好访谈提纲和指导语，并做好访谈记录的各种准备，包括记录的仪器设备等。如运用实验法，应切实做好实验的准备工作，严格控制实验的各种影响因素，以确保实验在所规定的条件下进行。如运用测验法，应重点做好测量工具的选择工作等。

研究人员在实施研究计划方案之后，收集、整理和分析研究资料就成了重要的工作。不同的研究方法，获得的资料信息不同，其资料信息的整理分析方式也会有不同。如有文字资料的整理分析和数据资料的整理分析，有文献资料的整理分析，有观察资料的整理分析，有问卷调查资料的整理分析和访谈调查资料的整理分析，有测量资料的整理分析，有实验资料的整理分析等。

在各种资料整理与分析的基础上，就可以进入研究成果的表述与评价阶段了。正确而完整的表述是教育科学研究的一个重要环节。教育科学研究成果表述的形式主要有专著、译著、工具书、计算机软件、论文、研究报告等。不同研究方法可以表现为同一形式的成果，大部分研究成果是多种研究方法综合运用的结果。不同形式的研究成果有不同的评价方法。

（二）教育科学研究方法在不同教育科学研究类型中的运用

教育科学研究类型不同，所运用的教育科学研究方法也有所不同。基础研究属于纯科学研究或学术研究，注重一般知识，普通原理、原则的建立。基础研究的内容往往是概括性比较强的基本理论和基本规律，如对教育观、学生观和教师观的研究，课程理论的研究等，这类研究通常采用文献法、历史法等教育科学研究方法。应用研究是针对某个具体的问题，运用基础研究得出的原理、原则，提出具有较强针对性的应用理论和方法。

例如，关于培养学生自信心的教育策略研究，关于创设班级环境问题的研究等。这些研究项目的成果既可以为教育学科增加一些新的知识点，也可以直接指导或改进教育实践活动，解决实践中教师或学生遇到的具体问题。这类研究较常使用观察法、调查法、实验法、行动法等教育科学研究方法。①

又如，纵向研究要求在所研究的发展时期内，反复观察和测量同一组个体，以系统详尽地了解某些特征发展的连续过程及量变、质变规律。若进行长时期追踪，较多是采用个案研究法。横向研究是就某一个教育现象或问题在同一时间内对某一年龄组或几个年龄组进行观察和比较，在较短时间内获取大量研究资料，从中找出规律性的东西。这类研究较常采用的是观察法和式样法等教育科学研究方法。②

再如，定性研究是根据社会现象或事物所具有的属性和在运动中的矛盾变化，从事物的内在规定性来研究事物，定性研究的结论一般具有概括性和较浓的思辨色彩，通常较多采用观察法、谈话法、文献法、叙事法等教育科学研究方法。定量研究通过对数据的统计分析形成结论，对结论的表述主要依靠数据、图表等手段。这类研究多采用问卷法、实验法、测验法等教育科学研究方法。③

【思考与实践】

1. 理解教育科学研究与教育科学研究方法这两个概念。
2. 结合自己的研究实践概述你对教育科学研究方法特点和功能的认识。
3. 谈谈你对我国教育科学研究方法现状和发展的认识。
4. 谈谈你对教育科学研究方法的分类的认识。
5. 结合你开展课题研究的实际，就教育科学研究方法的运用谈谈自己的认识。

---

① 张宝臣，李兰芳. 学前教育科学研究方法. 上海：复旦大学出版社，2012：13.

②③ 张宝臣，李兰芳. 学前教育科学研究方法. 上海：复旦大学出版社，2012：14.

第二章 教育科学研究课题的选择与设计

第一节 教育科学研究选题的意义与原则

一、选择课题的意义

选题对我们整个教育科学研究来说，价值与意义何在？我们将前人的思考归结为以下三个方面。

（一）科学研究从问题开始

从我们常识思维的角度出发，看待一个事物或问题都是从观察和经验入手。而科学研究却是从问题入手，因为在进行科学研究之前，我们已经对这个问题有了较为充分的理解和把握，所以不是靠简单的经验观察。科学研究离不开观察，观察之后要形成问题意识，我们在教育科学研究时，特别强调的一种意识，即问题意识。如何将那些让我们矛盾，让我们疑惑，让我们困顿的教育教学改革中的现象、事件经过提炼后，形成可研究的问题，这是考察一个人的科学素养的重要维度。我们思考教育问题时，可能头脑中会有很多问题，但并不是每个问题都可以成为教育者进行研究的问题。因为有些问题我们在短时间内是很难解决的，那么如何把教育问题转化成课题就十分必要了。比如，让我们的学生去研究中国教育财政问题。中国教育财政问题的确是问题，且是教育中的一个大问题，但是我们是否具备基本理论基础、是否可获得相应的研究资料、是否洞悉教育政策的顶层设计等，决定了这个问题对一般学生来说，是不可以把握的。

所以，进入科学研究视野的问题，一定是一个经过研究者深思熟虑的问题，是一个具有结构性特点的问题，是经由研究者思维加工整合过的问题，其价值和意义在研究者对问题思考进程中就已经有所彰显和体现。我们在进行问题研究时要不断追问自己：面对这一问题，我想干什么？我能干什么？经过努力我能干成什么？只有在观察中提出问题，并把实际问题转化为科学研究问题才可能引起真正意义上的科学研究。

（二）选题是教育研究的关键

我们要重点指出的是，进行教育科学研究的基本价值定位是：反对"唯上"，反对"唯书"，反对"眼高手低"，反对"食洋不化"。

有些人这样确立研究题目，"建构主义理论及其在××学科教学中的应用"，严格地说，这不是一个合格的选题。这是西方教育理论的照搬移植，是典型的食洋不化。他们的一般"研究"流程是：首先，从前人的专著或论文中摘录出关于建构主义的基本观点和基本理论，放在第一部分。实际上，他对建构主义本身没有任何推进与发展，因为那都是前人学者说的常识性的东西，在任何一本新版教育心理学教科书中都有描述，研究者却美其名曰"本研究的理论基础"。其次，试图论证建构主义理论在××学科教学中的应用。应用的原则、应用的途径、应用的方法……又是一大堆抽象理论的说教，空洞无物！值得我们注意的是，这些论述都没有真正论证清楚建构主义与学科教学能不能结合应用，在哪里结合应用，怎样结合应用，这三个教育科学研究的本体问题。再次，研究者就是一番案例分析，试图说明建构主义是怎样在学科教学中应用的。研究者举了几个说不清楚、道不明白的例子，试图告诉读者，这些学科教学的例子是符合建构主义的核心观点的。但是，由于研究根本不是经由实验研究、行动研究等实践性研究而获得，因此其效果和观点是否合适，无法证实，这恰恰是科学研究所反对的研究方式！看上去，研究思路顺畅，框架完整，形式上觉得挺好看。不懂行的怎么弄都行，懂行的一看就露馅儿。以英语学科为例，什么是真正意义上的建构主义在英语教学中的应用？那就是我们在英语教学改革中，把这种理论掰开了、揉碎了，真正在你自己的教育教学改革实践中，深入到你所从事的英语学科内部，遵循其英语语言获得、英语语言教学的基本规律所形成的建构主义教学思想，这个研究采取的是一种归纳逻辑。而上面反例中所标示的那种论文，属于一种演绎逻辑。先有了结论，然后那儿有一个坑儿，大小无所谓，弄一个大萝卜，栽到这个坑里，至于说合不合适，与我没关系。事实上，在中小学教师和研究生队伍中有相当一部分论文，都属于这种情况。

（三）选题是衡量教育工作者研究水平的标志

有些同学会问：老师，我做一个工作总结行不行，算不算是一篇论文呢？经验总结在我们教育科学研究中也是一种研究方法，叫经验总结法。经验总结法的内涵是一个理论思维的总结，不是简单事件的罗列，也不是没有内在逻辑的一些教师行为的、做法的简单堆砌。例如，很多中小学教师写论文都流于一种形式，什么什么问题初探，什么什么问题刍议……尽管是一种自我谦虚的说法，但是如果你的论文尚停留在简单的经验层面、现象层面，何必把它发表出来呢？还不如等到研究深入后，形成比较完整的思路和成果后再发表也不迟啊！这里我们要重点强调：不能满足于工作总结，不能停留在"初探"和"刍议"水平。

二、选择课题的原则

（一）课题研究的价值

1. 理论价值

一般地，教育科学研究中的课题应具有一定的理论价值。研究者的课题成果或论文研究为我们提供了一种好的教学模式，好的教学方法，从教育教学理论上，可以称为应用理论，但却不是一般意义上的学术理论。所以，我们所说的理论价值，既可以是教育教学基础理论价值，也可以是具有较强的针对性、可操作性的中小学应用理论价值。例如：在中小学教师中普遍应用的尝试教学法（邱学华）、情境教学法（李吉林）等理论就是一种具体的教学方法，它开始于研究者在教育教学实践中的一种经验总结，经过研究者的提升、概括，形成了一种基于归纳逻辑的应用理论形态。这种教学方法理论还是与教育基本理论、教育哲学、教育政策等诸多基础研究不一样，所以我们不能，也不要以纯理论的标准去理解课题的理论价值。

2. 政策咨询

教育课题研究中的第二个价值，即政策咨询。在以后讲授具体研究方法时，我们会讲到调查研究法。调研报告的基本职能就是实践指向，为省、市、县、区政府提供决策咨询服务。调研报告类论文最大的优势在于用事实数据发现真实的问题，并结合一定的理论思想提出解决问题的对策和建议。这在近年来的研究中呈现出较为强劲的趋势。例如：我国农村教育政策的制定，多为来自一线的实证调查报告。

3. 变革实践

我们的课题研究成果不是束之高阁的东西，而是要给今天的学校、老师和班级管理以及课堂教学提供一种变革的力量、一种可操作的东西。因此，教育科学研究课题一小部分属于基本理论研究，绝大部分属于应用研究、对策研究。我们认为，作为一名师范专业学生或教育专业硕士生，应主要围绕着第二个或第三个方面选题，特别是第三个方面。这样的选题是直接解决教育改革中的实践问题的。

（二）课题的可行性

在这一方面，我们要明确三个问题，即我想干什么？我能干什么？经过努力，我可以干成什么？这三个问题直接涉及课题的可行性。

首先，我想干什么？一个研究者结合自己的专业特长和学术旨趣，选择一个自己较为有兴趣和有知识储备的研究方向，确定具体领域或相关问题。一个强加于自己的题目，既无思想资源基础，又无研究兴趣，这样的题目，对于一个研究者来说是非常难做的。

其次，我能干什么？一个研究者应对自己具有的水平和能力有比较清醒的认识，这直接决定了你所选择的问题的难度。好高骛远是教育科学研究的大敌。对于刚刚开始教育科学研究的新手而言，选择一个较为热点和全新的问题固然重要，但要充分考虑自己的实际能力。我们提倡教育科学研究的课题选择坚持"小题大做"的原则。也就是，先从一个自己可把握、可操作的问题出发，训练自己的基本学术规范和写作能力，循序渐进才能有所成就，到了较为熟练地从事教育科学研究的地步，再进行大课题研究，这是个扎实进步的过程，马虎不得。

最后，经过努力，我可以干成什么？教育心理学有一个概念叫作自我效能感。一般认为，自我效能感高的人做事情的成功率比较高；相反，自我效能感低的人做事情的成功率就比较低。这说明，每个人对当下的自我判断与对未来的自我判断都具有期待，只不过不同的人，期待的高低不同而已。教育研究的问题不是静态不动的，人的学习能力和研究能力是不断进步的过程，今天的我可能还难以驾驭这样的论题，并不等于以后也不行。因而，对自己未来发展的期待，也就是自我效能感的强弱，在一定程度上解释了这一问题。

基于以上三个方面的认识，我们就可以经由我们的思维和行动，确立较为适合自己研究的论题。

三、课题的来源

（一）从教育改革实践中提炼问题

有人认为，要多读书才能把握课题来源。但近些年，越来越多的教育研究者深入基础教育改革实践，到中小学课堂中去听课、评课，参与科学研究。他们在努力缩小与中小学教育实践的距离，创造条件使研究"接地气"。这需要研究者学会努力地走向基层，走向一线。用现象学的一句口号表达就是：朝向事情本身。鲜活的教育改革实践，大量的教育案例和教育现象，为研究者提供最基本的课题资源。如何从这些纷繁复杂的教育事件中，提炼出问题，进而转化为课题，需要我们下功夫。

（二）在理论学习中形成问题

我们相信，一个人的精神发展史，就是一个人的阅读史。我们要阅读优秀中小学教师的论文集、随笔、班级管理日记，阅读教育理论专著，阅读教育哲学、课程与教学论、教育心理学等类型的专著。作为一名师范生、教育硕士专业学生，我们应系统地对古今中外卓越中小学教师的教育教学思想进行研究，而阅读是做专题研究的起点。我们的师范生、教育硕士生想从事教育行业，在教师职业上有所提升，就应该在所从事的学科方面，深入研究一个你最为认同、最敬佩的一位特级教师。教育教学工作可以从经验模仿开始，不断地反思与超越，进而实现一种创造发展，形成自己的教育教学个性与风格。这些优秀中小学的教育教学思想和教育教学方式将在你未来所从事的中小学教育中起到积极的导向、引领作用。什么是一个卓越教师，什么是一个优秀教师？有专门研究小学语文的窦桂梅老师，有专门研究小学数学的华应龙老师，有专门研究班主任的霍懋征老师。这些人的思想观点从哪里来？除了网络上的视频录像之外，更多地来自于细读他们的文本。大家听说了盘锦有位知名教师魏书生，做过校长、盘锦教育局局长，他班级教育思想的真正精髓是什么？可以和他进行面对面交流，但这是需要成本的，而阅读他的系列作品就成为最佳途径。系统地学习研读一个教育家、特级教师的教育教学思想，做专题研究，将有效地提升我们分析问题、解决问题的能力，进而形成教育科研能力。做专题研究有两个好处：一是完成自己的学位论文；二是对未来的中小学教育教学形成强烈的问题意识，为自己确立一个学习和发展的标杆、榜样。有人专门从事李吉林的情境教学论研究、邱学华的尝试教学理论研究，关注论文与中小学教育改革实践的联系，这个路子是正确的。

（三）在交往谈论过程中把握问题

思维训练中有一种有效方式，即头脑风暴，几个师生或同学在一起聊一聊，把彼此关注的教育教学问题抛出来，激活彼此的思维，激烈地交锋、争论，推进对某一话题的深入理解，在此过程中，逐步形成了对教育的问题意识。很多研究问题是学生在学术沙龙上，和老师的交流中逐步形成的。我们的经验证明，当老师和同学进行交流、讨论、对话时，也许在不经意间就触动了研究者思维的心弦，会觉得某人这个提法很好，如果抓住机会，深入分析和讨论下去，也许就是一个好的教育研究题目。一些人会模模糊糊地提出一个看法，尽管看了许多文章，但就是把握不住问题的思路和主题，很多材料对于自己而言都是散乱的。在讨论交流活动中，老师将引领学生一道进入思维路径，通过不断地对话，整理思维，遵循逻辑思路，为学生提炼出一个比较鲜明的教育主题，进而形成可研究的教育问题。同学之间、同学与老师之间的交流很可能互动出意想不到的题目、成果和观点。很多成功的教师都重视这种师生的对话和交流。

（四）在他人的研究成果中聚焦问题

站在他人的肩膀上往上看、往前看，会看得更高、看得更远。但是，这种看得更高、看得更远并不是我们前面提到的那个反例："建构主义理论及其在××学科教学中的应用"。我们正确的做法是将前人的成果融入自己对这个学科的教学研究中去。因为在学科教学研究中，有一个特别难解的问题：学科知识和教育教学知识、心理学知识之间的整合是最难的。纯粹做教育基本理论研究的人，一般不接触具体的中小学学科，而只是追求思想的逻辑必然性；而专心做学科领域研究的人（如文学研究、语言研究）却没有系统学过教育教学理论，一旦想把学科知识和教育学、心理学知识进行有效的结合，就出现问题了。如果作为一位研究者不能打通中小学学科知识和教育学、心理学知识的隔阂，其研究成果将是一锅夹生饭，理论是理论，实践是实践，不是水乳交融。在我们的教学实践中发现，往往从事中小学学科教学研究的学术、学位论文很容易陷入这样的形式主义中。这个问题怎么解决？我们要看一看一位优秀教师的做法。比如：北京有一位特级数学教师吴正宪，中师毕业，著名特级教师，专门成立一个吴正宪名师工作室。她自己说："我原来不知道教育教学理论这么重要，通过自己的学习提高，在成为一个比较好的老师之后才发现自己理论的欠缺，对教育中的问题解释不清楚。"于是她向北京师范大学一位心理学教授学习教育学、心理学理论。当她的教育教学实践走到一个新的"瓶颈"时，她发现再往前走又迷茫了，于是进一步向教育教学理论专家请教，继续深化研习教育教学理论，并努力实现与自己的教学实践对接与转化。她总结说自己的教育教学就是这样形成风格和特色的。

四、选题的步骤和过程

（一）确定选题范围

1. 根据自己的学术兴趣选择研究类型

兴趣是最好的老师。从事教育教学研究不会拥有巨大的经济回报，如果不是从兴趣出发，是很难做出好成果的。兴趣的养成来源于你对教育事业的科学认知和基本态度。教育科学研究按照类型可以区分为基础研究、应用研究与开发研究三类。每个研究者的知识背景、生活阅历、个性特点、人格类型都不同，因而对教育科学研究兴趣点也不同，研究课题的类型也会有所不同。

2. 教育改革与发展中的现实问题

在教育教学改革中，有哪些现实而迫切的问题？比如说教育目标的问题，基础教育中的热点、难点问题等。为什么英语越教，学生的学习越差，说的是哑巴英语？我们的学生在考试时，把手机带进去，用有道词典去翻译，成绩公布只有 29 分。有道词典的翻译是把一个词一个词翻译了放在一起，组成一个句子，这并不是真正的英语。我们的英语出了什么问题？中小学的英语要培养学生什么素养？不同阶段培养的目标是什么？包括现在高考争论，英语要不要降分？甚至有人提出英语是否要取消，这是不是难点问题、焦点问题？中学语文从 150 分提到了 180 分，这是不是焦点问题？题型、课时量、导向是否要增加？作文可能就要变成两个甚至是三个，阅读量也得增加，这些不是新的问题吗？整个教育改革实践中的一些弊端问题，都将成为我们需要面对和研究的教育问题。其实，大量的教育科学研究课题都是从教育实践中来提取和确定的。

3. 对现代教育理论及相关学科理论成果的再思考、再创造

攻读硕士学位或博士学位，从事教育理论研究者，确定的研究主题多为理论形态。我们的教育理论研究只有一小部分属于基础理论研究或纯学术理论，如教育学科本体理论研究、元教育学研究等，绝大多数教育科学研究基本属于应用型理论研究或开发研究。教育理论研究的生长点，包含基于教育改革实践的抽象提升与概括，也包括对教育理论及其相关学科理论的综合创新和理论整合研究。

4. 在查阅文献中进行课题选择

在查阅大量参考文献中，进行教育问题分析。有些教育问题是在查阅文献过程中，慢慢细读，慢慢聚焦而形成的。当研究者读到与自己的研究领域相关的主题性作品时，就会引发自己的共鸣和思想的契合，围绕这些领域而聚焦，问题就越来越集中，最后聚焦到一点上。因此，阅读参考文献可以形成问题选择。

5. 围绕着各级教育研究管理机构提供的课题指南考虑自己的选题

我们国家关于教育类研究课题就有国家社科基金项目、全国教育科学规划课题项目，还有各省哲学社会科学基金项目、教育厅人文社科项目、省级教育科学规划办项目等多种类型。一般每年都会公布课题指南，研究者可以根据自己的研究领域和研究兴趣，围绕着课题指南选择课题。在教育科学规划课题指南中，有一大类叫作基础教育改革，列出的都是我们当前基础教育改革领域的难点、热点问题，教育科研部门以课题指南的形式下发，其目的就是指引研究者较快地把握前沿热点问题，积极申报并深入地去研究。

（二）选题研究切入点

当我们确定了一个研究的范围，这个研究范围还不是一个具体的课题时，我们就需要区分"论域"与"论题"两个概念。有人以一个庞大的领域作为研究主题，如"论素质教育"，这样一个内容可以写几十本书，几篇博士论文都难以穷尽。这是一个论域，是一系列问题集，而非论题。我们要研究什么，在某一个学科中，我们要以这个学科教学的特点为突破点，为切入点，培养学生什么样的具体素质与能力。比如说，语文学科有两大功能，一个是学科功能，一个是工具功能，或者说人文性价值和工具性价值。从人文角度出发，中小学语文怎样培养学生的文化底蕴，要微观到一个问题，我们如何将一个论域分解开来，形成一个学科角度可把握的、可驾驭的系列问题呢？所以，首先我们强调的是对问题的分解，从论域到论题。在有限的时间、有限的条件下，在有限的主体能力下，做有限的事儿。现在社会上流行一句话，在恰当的时间、恰当的地点做恰当的事儿。我们的论题要从我们思考的大问题中慢慢分解出来。所以选题开始的时候，可以不是一个非常具体的题目，但要有一个论域，通过交流并随着阅读量的增加从而把研究主题越来越细化。

（三）科研课题的个性化

教育科研课题的个性化决定于两个维度。第一个是时间维度。比如说很多论题以"社会转型期""网络时代""90后"等字眼来引领一种时间线索和思路。如"班级干部选拔"这个题目研究的人很多，有上千篇论文，但有人研究的角度不一样，他从今天的代际冲突角度出发，来研究小学班级干部选拔程序与任用培养，这就和一般意义上笼统地研究班干部选拔拉开了距离，有了一定的新意，这个切入点、视角很有价值。第二个是空间维度，比如农村、沿海、辽西、城乡、城镇等概念的介入，将这个研究的范围确定下来，就有效地限定了研究的空间，从而使研究论题更为具体微观，具有可操作性。

（四）课题的个性化转换

近年来，我国的中小学教育改革涌现出诸多教育改革模式或类型，例如：有人倡导成功教育，有人倡导挫折教育。这从研究上称作研究取向的转换，即从一种问题取向转移到另一种相对立的问题取向，从一个角度转移到另一个角度。还有一个思路是把一个领域的新问题、新理论、新思路迁移到教育问题上，做跨学科、交叉学科研究。例如，有人把"全面质量管理"理论引入学校教育管理之中，并取得了较为理想的效果。这种问题转化，可以在一定意义上实现教育科学研究的创新。

（五）论证课题（思维逻辑、头脑风暴）

1. 课题的性质和类型

如前所述，教育研究或是基础类、应用类、开发类，或是实验类、调研类、理论研究类。课题的类型不一样，其最后研究的文本呈现方式也不一样。因此，论证课题时务必要明确本课题的研究性质和类型，因为不同性质和类型的课题，其研究方式和方法也有所不同。

2. 课题的迫切性和针对性

一般在开题报告中，都会涉及选题的缘由以及课题的价值和意义。在论证课题的价值与意义部分，一般称作课题的理论价值与实践意义，无论是理论价值，还是实践意义，它都指向这个课题是具有针对性、紧迫性的。比如，小学教育专业的学生，可从政策的角度去研究小学生减负问题中的具体操作困难和怎么破解操作中的困境，这就是当前我国基础教育领域中一个很有迫切性和针对性的问题。近年来，《中国教育报》不断在讨论，"减负"之后家长怎么办？孩子怎么办？如今社会竞争压力这么大，家长还没有下班，四点钟孩子放学了，无人看管，孩子很容易进网吧、游戏厅、电影院，甚至出现其他意外情况。学生放学到家长下班的这个空间，由谁来做？怎样做才符合教育规律、教育规范？有专家建议，要建立校外的一些托管机构。托管机构不是校外补习班，不是保育院，它要承担一定的教育作用。这就是一个很迫切、很有针对性的问题。近几年，中国农村义务教育阶段学校频频发生校车翻车、车毁人亡的事故，教育部责成相关部门，紧急制定校车安全的相关条例与针对性措施。这样的课题符合研究的针对性和迫切性。比如，今天学校教育研究的问题普遍集中于"高效课堂""有效教学"。为何谈高效、有效？就是因为我们的中小学课堂中长期存在着低效甚至是无效的问题。所以我们的教育研究必须"接地气"，真正转移到学校教育、课堂研究层面。我们这样论证课题，才能集中体现课题研究的迫切性与针对性。

3. 以前的水平和动向

论证课题，要明晰以往的、前人对此类课题做过什么？成绩在哪里？问题在哪里？到了什么水平？在开题报告中，这部分叫作文献综述。古人讲，知己知彼，百战不殆。课题论证一定建立在全面通晓前人研究成果的基础上，因而在课题研究中，文献综述部分就显得尤为必要和重要。因为正是研究者通晓了前人的成果，才有可能正确地发现课题的潜在生长点，由此出发将该课题推进、深化，并有可能取得一定的创新成果。

4. 本课题的理论、事实的可能性和条件

一般而言，发现有理论困难之后，接下来要做的工作就是寻找理论资源。有哪些理论可以成为你要做的课题的资源，这需要研究者不断去挖掘和寻找。通过大量的文献阅读才可能梳理出一些线索和逻辑。同样，与课题相关的基础条件是否具备？能否在规定的时间内完成课题研究？在时间、精力、经费等方面能否得到有效的保障？这些问题，都应逐一予以回答。

5. 步骤和成果形式

一般的课题研究或论文写作都有步骤要求，即规定一些必要的时间阶段，每一个阶段研究的主要内容和方法等。当研究成果完成时，还有一个如何呈现的形式问题。成果形式一般包括学术论文、学术专著、实验报告、调研报告等。

五、师范专业学生选题方向

事实上，师范生的教育研究论文的选题是十分丰富的，没有一个严格的限定范围。从初学教育研究方法的角度，我们为大家提供了课题选择比较便捷的方式，前提是需要与个人的研究个性和兴趣结合起来。

第一，名师（特级教师）主题研究。例如，活跃在我国中小学教育界的李镇西、窦桂梅、孙维刚、李吉林等特级教师的教育教学思想研究。师范生不妨想一想，在你学习研究的学科领域中，哪些老师是特级教师？他们的教学艺术、教学风格怎样？比如，选择新中国成立后的第一代特级教师就是一个个案。

第二，名课主题研究（主题教学、研究性学习）。比如，清华附小校长窦桂梅老师的小学语文主题阅读教学；邱学华老师的尝试教学研究，等等，类似的中小学成功的教学改革模式和做法值得我们去总结、提炼，并在实际的中小学教育教学中创造性地运用，进而丰富中国特色的教学理论研究。

第三，名校（长）主题研究。比如，清华附小、行知学校是全国名校，杨瑞清是一位农村学校的小学校长，他坚定地继承了陶行知先生的理想，把行知学校打造成了闻名大江南北的名校。在他的身上，有我们需要深入琢磨、思考的教育思想和教育管理艺术。再如，北京市十一学校李希贵校长的改革实践已经取得了令人瞩目的成果，成为教育部积极推荐的改革先锋，其改革的理念和思想、具体的经验和做法也需要深入研究，并积极引领其他地区学校的教育改革。

第四，名班主任主题研究。比如，《人民教育》的主编任小艾老师，做过多年的班主任，形成了自己一套班主任的理念、艺术、方式、方法。北京市功勋教师霍懋征老师，她的班主任工作与她的教育教学工作一道创造了中国中小学教育的奇迹，受到了广泛的推崇。她对所有学生都表现出一种大爱，她的教育精神特质很值得我们今天的研究者深入研究和广泛学习。

第五，"返本"类主题研究。当前，在我国大力弘扬中华传统文化背景下，究竟怎么研读《论语》《弟子规》等一批经典已经成为学校教育必须面对的问题。这些问题需要教育研究者进行深入、系统的教育教学研究。比如，我们去研究《开明国语》教材与"新课改"的"小学语文教材"在理念、做法、途径、模式等有什么区别和联系，如何在继承与发展中开创中小学教材改革的新局面已经成为新课程改革成败的关键问题。

第六，"开新"类主题研究。高效课堂、合作学习等是当下中小学所有学科教学改革都关注的重点、难点问题。但是，我们在"开新"的时候，一定不要忘了"返本"。什么是高效？《学记》中说，"道而弗牵，强而弗抑，开而弗达"。"道而弗牵"讲教师的作用是从前引领，而不是在牵制着孩子。教师是引领者，是牧羊人，而不是纤夫。只要羊群在肥美的草地上吃草饮水，自由运动，不脱离群体就可以了。一旦羊群遇到危险，牧羊人要驱赶它们回到安全地界而不受伤害。我们的一些教师把自己累得够呛，但教学效率却不高。重新读一读古代典籍，会发现，高效课堂、有效教学等新问题也不是无源之水，无本之木。只不过我们还不会进行创造性的转化。这些都需要我们真正去探究历史的真谛。由此可见，选题并不难，关键在于能不能厘清内在的思路。

第二节　教育科学研究课题的论证

怎样进行研究课题的论证。我们以课题研究的开题报告为例来加以说明。很多人认为，论证开题报告有两大难点，一个是文献综述，一个是论文框架。由于对广泛的参考文献缺乏系统收集、分类整理和仔细阅读以及批判性思考，因此很难形成文献综述的基本思路和论证线索。这一工作没有做到位，没有将课题发展、现状、不足等方面的问题梳理清楚，没进行深刻的理解，所以也就无法形成一个相对完善、合理的论文框架。论文框架是我们头脑中构思的内容转变成文字的形态。框架不完善、不成熟，说明在我们的头脑中，还没有形成一个相对稳定的、条理化的、逻辑化的线索。没有办法表达明白，往往说明你还没有把问题想清楚。衡量一个课题的创新性或一个课题论证思路的创新性，可以用以下的标准。

一、教育科学研究创新的几个标准

（一）最高标准：解释原则的创新

解释原则是什么？就是你的方法论、价值观。一旦你用以解释问题的标准、价值和尺度发生了根本性的变化，你所研究的事物和对象，在这种新的解释原则基础上，就会呈现不同面貌。例如：牛顿与爱因斯坦的科学发现。牛顿在经典时空观中、平面上思考问题，爱因斯坦在广义时空观中、曲面上思考问题。在同一平面，两点之间距离最短。但若是曲面，会是什么？我们推翻了以往的旧规则，建立了一套属于自己的新规则，这就叫解释原则的创新，是一个学说根本上的创新，最高的创新。尽管初步进行教育研究者不一定都能做到创新，但我们要知道什么是解释原则，就是前提、根本的置换。所以，哲学家把哲学称作前提性批判，追问事物的根本和前提，将根本和前提进行转换，问题本身就发生了根本性变化，有了新的根，就有了新的生命。

（二）次级标准：理论框架的创新

尽管课题研究的解释原则没变，但我们给予它一种新的理论解释，重新设计一种新的分析框架。传统的课程教学研究遵循教育学、心理学的基本规律，来分析和研究课堂教学、师生关系等问题。社会学视角的引入，为我们提供了分析课堂教学问题的新视角、新思路，特别适合分析课堂中的师生关系等问题。所以，在课程与教学论学科中，涌现出了教学社会学、课程社会学等分支学科。而教学社会学、课程社会学的一个基本假设是将课堂教学视作一个师生交往的小的社会单元。那么，人际交往、沟通、情感呵护、对话交流将成为一节课能否成功、高效的重要前提。所以，我们常说，"教学即对话""教学即交流"等。从社会学的角度去解释它，叫作"社会学视角下的××问题研究"，这称作理论框架的创新。

（三）再次级标准：研究方法的创新

一个研究问题可以用问卷调查，也可以用访谈调查。问卷可以获得大量数据，但用访谈可以获得问卷难以获得的较为定性、较为精确的信息，这些都是一篇完整的研究成果所不可缺少的东西。长期以来，中国教育研究习惯于用理论思辨的研究范式，既缺乏实证研究的分析，又缺乏质性研究的高水平成果。因此，20世纪90年代以来，越来越多的教育学论文和作品采用较为丰富和新颖的研究方法，较高地提高教育科学研究成果的针对性和可操作性。这可以称作是研究方法的创新。

（四）最低标准：资料文献的创新

研究同一个老问题，有的人采用了国内外最为新近的文献资料，推进了对问题的深化和理解；有的人却依然沿用别人成果中已经用滥的文献，没有新的观点出现。二者孰优孰劣可见一斑。文献的新鲜度，在一定情况下可以反映研究者下的功夫和研究的意识。尽管在较短的时间内难以做到，但"虽不能至，心向往之"的态度应该是明确的。

二、科研课题的论证过程

一般地，一个科研课题选定以后，都要经过仔细的酝酿和思考，形成问题解决的思路，并逐步落实到书面语言上，这就是论证的过程。

（一）形成问题意识，确立"命题假设"

无论是进行实验研究还是调查研究，或行动研究还是理论研究，在进行论证写作之前，头脑中要有一个问题假设，要给自己一个基本的预判。什么预判呢？假如我做一个实验研究，我要在进行真实的研究前给出一个实验假设，要确定因变量与自变量的因果关系。例如：表扬比批评更能引发学生的学习动机，进而提高学生的学业成绩。这就是一个实验研究的命题假设。

（二）了解情境，初步形成逻辑思路

围绕着题目，进而分析自己的命题假设，以此为轴心展开分析，了解课题得以开展的基本条件、基本思想、基本资源等方面的问题，更重要的是围绕题目进行分解而形成子课题，即局部思路和问题的形成。了解与这个主题和问题相关的研究情况，设定我如何论证这个问题，通过什么形式、手段、逻辑和步骤来论证这个问题，这叫形成初步的逻辑思路。

（三）深入思考，完善和修订研究框架及论证思路

无论是通过观察和调研获得第一手数据，还是仔细读书和深度思考从而获得的理论和观点，这些都是构思课题框架的基本步骤和流程。随着对文献研究的越来越深入，对数据的分析越来越透彻，课题框架的修订也会越来越完善。对研究课题的对话、交流与讨论过程，就是完善与修订课题框架、厘清论证思路的过程。这就是研究的过程，也是学习的过程。

（四）验证、说明及解释

研究者把课题框架确定好后，逐渐进入验证、说明与解释的过程。构思的过程大体是这样：提出一个当代科学哲学的基本观点，这个观点将贯穿整个研究的过程乃至整个思考教育的过程。科学哲学家汉森说："观察渗透理论，观察负载理论，没有中性的观察，观察总是被理论所污染的。"我们每个人看待事物都不是绝对中性、绝对客观的，我们每个人都会在思考问题的过程中，夹带着个体知识的视野、生活的阅历、个人的经验等文化内容参与到你对问题的研究中。这就是"解释学"所揭示的"前理解"，这些内容经过学术转化可以成为你思考问题的方式和视角，这已沉浸在你大脑的思维中。所以，在教师教育培训中，提倡教师要转变传统的教育观念，这种观念时时刻刻都决定着我们怎样看问题，看出了什么问题。在本科阶段要培养学生分析问题的视角和理论基础，因为你看到什么受制于你怎样看，用理论观点来支撑你怎样看，这才是问题的关键。

第三节　教育科学研究课题的设计

一、课题设计的必要性和要求

（一）课题设计的必要性

一个完整课题设计是基于一个已经选定的课题，课题设计就是围绕着

主题而展开的计划。

第一，研究计划是研究者开展研究的基本线索。通过对课题的目标、范围、步骤、思路等几方面的研究，使课题具体化，有针对性和可操作性。

第二，课题研究的主要内容是通过课题设计而实现的。在课题申报时首先要提交研究计划，它已经包含了课题研究的基本思路和线索。

第三，课题设计是研究实施的指南。在具体开展研究时是遵循课题设计的思路而开始的，课题设计规划了研究推进的具体路线图和策略等方面的内容。

第四，课题设计是机构、学者评价课题效益的依据。课题是否可行，能否立项，恰恰是通过专家学者或科研机构对课题设计水平的衡量而实现的。一般地，课题申报书是专家学者考察课题是否可行的基本蓝本。而课题申报书体现的主题内容就是课题设计的内容。

(二) 课题设计的基本要求

在课题设计时，要遵循以下几个原则。

第一，实事求是原则。无论什么课题，都要坚持实事求是原则，不能夸大其词，更不能空洞无物。在进行课题设计时要思考资料和文献的真实性与可靠性，是否基于教育教学改革的实际情况，其研究是否具有理论价值与实践应用意义等。

第二，量力性原则。科学研究遵循基本规律，不能好高骛远，要因地制宜，清醒地判断和衡量自己的科研能力和水平；更要客观地预期课题难度，及其条件是否具备等多方面因素。在培养学生初步科研能力时，提倡的"小题大做"，这其中就包含了量力性原则。

第三，可操作性原则。即便我们选择的课题具有积极的价值和现实意义，但我们也要考虑课题难度和可操作性。如果课题设计过于复杂，难度过大，或者可操作性不强，对于初期研究者来说，是很难完成的。师范生宜选择可操作性强的课题来做，尽量避免抽象理论研究。

二、课题设计的基本结构

学校教育范围内的课题类型较为丰富，无论课题是何种类型，其课题设计的主体内容都离不开以下几个方面。

(一) 课题的表述

任何一个课题都需要题目来加以表述。这个题目应简洁、醒目，读者一看就能够有个大概的认识和理解，并有较为深入的体会。在题目中，应尽可能体现出课题研究领域、范围、对象、方法、视角、主题内容等方面的信息。例如："××地区农村留守儿童教育现状调查及对策研究"，研究的领域是农村，研究的对象是留守儿童，研究的问题是教育现状与教育对策，研究的方法是调查法。对于初步进行教育科学研究训练的同学，首先应坚持"小题大做"的原则，将问题限定在较为明确具体的范围内。一般科研课题申报，限制题目的字数，主标题不要超过二十个汉字。

（二）研究的目的和意义，即选题依据

这个部分要回答进行此项课题研究的背景、有什么价值等问题。其目的是让他人理解进行本课题研究的必要性。大体上，这个部分要讲清楚三个方面。首先，交代清楚本课题研究的历史背景，无论是理论研究领域还是实践研究领域，这一问题都不是无源之水，无本之木。需要对发生发展的历史过程做出必要的交代；其次，阐释本课题研究的现实背景，就是针对本课题研究，前人做过哪些工作，得出了什么结果，存在什么需要解决的问题。进而是研究者试图深入研究的问题，这也体现了研究者的研究或写作动机；最后，对本课题研究成果的价值预期。理论预期也就是这个研究可能在哪些理论方面有所创新和突破。实践贡献也就是这个课题研究对教育教学改革的实践有什么积极价值和意义。

（三）研究对象与范围

课题研究总是有载体的，指向一定的研究对象。研究对象不仅仅是人，也可以是事件、关系、事物等。由于教育系统的复杂性，因而在进行课题研究之前必须对研究对象进行明确界定。例如："基础教育"这个研究对象，在有的研究中包括幼儿园、小学、初中、高中教育在内的教育；而有的研究将"基础教育"界定在义务教育阶段的学校教育。因此，在课题设计时必须明确范围和对象，否则就可能使研究走弯路。

（四）已有的成果及趋势，即文献综述

这部分对于课题设计而言是十分重要的。因为文献综述的整体水平，体现着研究者的研究状态和研究能力。通过对前人研究成果地系统梳理分析，发现自己新的学术生长点。一般来说，文献综述包括三个部分：首先，是作者用自己的话把前人与此类问题直接相关研究成果如实地、较为客观地描述出来，尽量不要增加自己的观点，在其中可以引用原作者的观点，但不是原作者观点的堆砌；其次，较为客观地评价前人研究成果的优劣。要正视前人所取得的成绩，同时也要明确地认识到前人研究所存在的问题。这些问题就是此项研究要重点解决的问题；最后，对此项研究的未来发展和趋势做出前瞻性预判，这部分的论证只是粗线条的方向性说明论证。其翔实的论证恰恰是本项研究要重点完成的。

（五）研究内容，即论文框架

研究内容是课题设计的主体，回答究竟研究什么问题。这是对研究主题进行分解而形成的一系列小题目。再小的课题也可以将之分解为更小的单元或问题，进而形成了课题研究的框架，从宏观到中观，进而到达微观。在设计内容时，可以遵循不同的思路。有的研究按照历史研究、现实研究和方法研究三个维度进行分类；有的研究把理论问题和实践问题作为表述研究内容的主线；有的研究则将问题的逻辑关系作为主线，设计问题的现状、原因分析、对策研究等部分。

一个好的研究内容设计，微观到三级标题，三级标题就是一个明确的观点。这就需要我们根据文献和相关资料，深入思考研究内容的细节及其相互关系，形成较为深刻的理解，才可能构建出具体的观点和思想。

（六）研究方法

教育研究的方法丰富多彩。近年来欧美的教育研究方法在我国教育界也引起较为广泛的讨论。大体我们可以将教育研究方法分为两大类：一类是定量研究方法，包括实验法、调查法、测量法、观察法、文献法等。这些方法主要体现了客观性。另一类是定性研究方法，包括行动研究法、叙事研究法、个案研究法等。

（七）研究的步骤及进程

将研究课题分解为一些子课题，先做什么，后做什么，要一步一步来。每一步要达到什么标准、尺度，用多少时间、人力、物力、财力，等等，设计课题时都要通盘考虑。将整个研究分成几个阶段，每个阶段目标明确、任务明确、人员明确，以保障研究顺利地进行。

（八）研究成果形式

研究成果包含的内容和形式十分广泛，既有实践性成果和理论性成果，又有物质性成果和文字性成果。不同的课题类型所要求的成果形式也不尽相同。一般来说，实践性成果表现为课堂教学效果、教育质量提升等方面；理论性成果包括学术论文、学术专著、专利等。物质性成果包括成果转化成的物质产品等；文字性成果包括论文、专著等。

（九）研究成果课题组成员及分工

课题组成果一般要根据课题的实际需要进行组合。课题组成员要真实地承担一部分任务，在课题进行中，成员之间要分工，也要合作，形成集体合力，才能有效地推进课题深入研究。一般在课题设计中，都将课题负责人、成员的名单、具体分工明确地写出来，以方便监督检查。一般在课题申报时，还要将成员的姓名、职称、学历、研究专长等方面的信息列出，以利于评审专家进行考核。

（十）经费预算与设备条件

一般教育类课题不需要较大的仪器设备，但是必备的图书资料、文献数据库、计算机、录音笔等小型设备还是需要的。教育科研课题的预算主要包括以下几部分。

- 资料费：购买、复印资料等。
- 印刷费：印刷问卷调查材料、成果材料等。
- 差旅费：外出调研、访谈等。
- 会议费：参加学术会议、组织研讨会等。
- 设备费：购置研究所需要的仪器，如录音笔、电脑等。
- 劳务费：给工作人员的费用等。
- 管理费等。

科研课题的经费预算要严格按照国家相关财务制度进行，坚持少花钱、多办事、实事求是的原则。经费预算应体现合理、规范、翔实等特点，填写要清楚、准确。

【思考与实践】

1. 简答课题的主要来源。

2. 试论证课题选择的步骤和过程。

3. 简答教育科学研究创新的几个标准。

4. 举例说明教育科研课题的论证过程。

5. 试论教育科研课题设计的基本结构。

第三章 教育文献研究法

　　教育文献研究法是教育科学研究中广泛使用的一种研究方法。本章主要介绍了文献及其分类、文献研究法的一般步骤及其特点、文献的检索及其文献综述的撰写。

第一节 教育文献研究法概述

　　文献是人类文明发展过程中的产物，是人类知识的记录、智慧的结晶，起着知识传播与传承的作用。大多数的教育科学研究都是以前人研究作为研究的基础和起点，从而进行拓展研究。每个教育科研工作者都应该清楚地认识到文献在研究工作中的重要意义，它是一项研究的基础性工作，能为研究的各个部分提供有益的信息。它贯穿科学研究的全过程，从选题、初步调查以及论证课题，到制订计划、搜集整理和分析研究资料，再到形成研究报告[①]。

一、文献和文献的分类

　　我国 1983 年颁布的《中华人民共和国国家标准·文献著录总则》（GB3792.1－83）对文献概念定义为："记录有知识

---

① 裴娣娜. 教育研究方法导论. 合肥：安徽教育出版社，2000：89.

的一切载体。"

依据不同分类标准，文献可划分为不同的类型。如表 3-1 所示，文献按照其加工程度不同，可分为一次文献、二次文献、三次文献；按照其载体不同，又可分为印刷型文献、微缩型文献、声像型文献、电子数字型文献。

表 3-1　文献的分类及其具体含义

分类方式	具体含义
按加工程度分类	一次文献：指直接记录事件、活动、行为经过的研究成果、专著、论文、调查报告等文献。如专著、学术论文、调查报告、实验报告、档案资料等。 二次文献：是对一次文献进行加工整理或摘录内容要点，并按一定原则、方法或体例编排的系统的便于查找的文献。如目录、题录、文摘、索引等。 三次文献：是在利用二次文献检索的基础上，对某一范围内的一次文献进行系统加工整理并概括论述的文献。如综述、述评、辞典、年鉴、手册等。①
按载体形式分类	印刷型文献：指以纸质材料为载体，以印刷为记录手段的文献形式。如图书、报纸、期刊等。 微缩型文献：指以感光材料为载体的文献形式。如微缩胶卷、微缩卡片等。 声像型文献：指以磁性材料和感光材料为载体直接记录声音、图像等信息的文献形式。如唱片、录像带、磁带、电影等。 电子数字型文献：指以计算机处理技术为核心记录信息的文献形式。如光盘文献、网络文献等。

教育科学文献是记载有关教育科学的情报信息和知识的载体。教育文献主要分布于书籍、报刊（报纸和杂志）、教育档案、网络文献资源等。

二、教育文献研究法的含义及其特点

(一) 教育文献研究法的含义

文献研究法是对文献进行查阅、分析、整理并力图找寻事物本质属性的一种研究方法。它有广义和狭义之分，广义的文献研究法既包括定性研

---

① 裴娣娜. 教育研究方法导论. 合肥：安徽教育出版社，2000：91.

究，又包括定量研究，狭义的文献研究法仅仅指定性研究①。本书仅从狭义的角度理解和阐述。

教育文献研究法是指研究者系统、全面地搜集与研究问题相关的教育资料，以教育资料为研究对象，通过对所获资料分析推论，进而认识教育现象的一种研究方法。②

（二）教育文献研究法的特点

由于教育文献研究法是对研究问题相关的教育资料进行分析推论，从某种程度上来说，是一种间接的调查研究。它与调查法、实验法等研究方法不同，并不直接与研究问题涉及的对象进行接触。因此，教育文献研究法具有以下特点。

第一，能用于研究不能接近的研究对象。文献记录了已经发生过的事实，因此，借助文献研究，可以对无法亲身考察的研究对象进行研究。例如，可以依据记载孔子生平和思想活动的文献《论语》，对孔子的教育思想进行研究。

第二，研究过程中无对象反应性的干扰。文献研究法研究的是现存的文献资料，不需要研究对象的介入，因此，其研究结果不会受研究对象各种反应的干扰，研究结果可靠性较高。

第三，坦白程度高。日记、自传、信件等个人性文献通常是真实心理和行为动机的流露。因此，与访谈和问卷调查相比，文献的坦白程度相对较高。

第四，费用较低。文献研究法的研究过程与调查法、实验法等研究方法相比，更为简单易行。随着文献资料的电子化，文献的查阅和获取更为方便、自由、及时高效，具有节省人力、物力和时间等优点。

但是，文献研究法也存在一些不足③。

一是文献本身存在一定的不完善性。例如，文献记载出现偏差、文献存在有选择的保留现象等。

二是文献不易获得。例如，有些事件根本没有文献记录；有些文献涉及公务机密，不宜公开外借；个人文献需经当事人授权方可获得使用。因此，文献研究时，很难找齐、找全所需文献。

三是文献抽样缺乏代表性。因文献资料多以文字记载的形式保存，所

---

① 袁振国. 教育研究方法. 北京：高等教育出版社，2000：149.

② 邵光华，张振新. 教育研究方法. 北京：高等教育出版社，2012：71.

③ 袁振国. 教育研究方法. 北京：高等教育出版社，2000：156.

以能否留下文献资料，很大程度上取决于文化程度的高低。受教育程度高的人写文献的可能性相对较大。若仅仅依据现存文献了解和分析人们所处生活状况、生活情形及思想观念，可能只能了解社会中某一阶层的情况，其文献抽样未必具有代表性。

三、教育文献研究法的一般步骤

使用教育文献研究法开展研究，一般包括五个步骤：研究问题的明确、研究计划的制订、文献搜集、文献整理分析和文献综述。

（一）研究问题的明确

研究问题的明确是开展教育科学研究的第一步。研究问题要具体化、界限清楚、范围适宜。明确的研究问题是研究计划制订的基础。

（二）研究计划的制订

确定研究问题后，需要对研究的问题制订相应的研究计划。研究计划主要包括：研究的目的和意义、研究的主要内容和阶段、搜集文献的方法和途径、研究工作的时间安排、研究人员的分工、研究经费的预算、研究成果的形式等。

（三）文献搜集

文献研究法的研究对象是文献资料，因此，文献的搜集是文献研究中的重要步骤。文献资料是否全面、准确，文献是否真实、可靠，都将影响文献研究的质量。

（四）文献整理分析

通过文献搜集后获得大量的文献资料，需要对文献资料进行整理分析。文献的整理可以按照文献类型、时间、文献内容等进行分类，同时还需对文献本身真实性和文献内容真实性进行鉴别，确保文献资料的可靠性。

（五）文献综述

最后通过对文献的阅读、分析、整理、提炼研究问题的最新进展、学术和建议，做出综合性介绍和阐述。

第二节　教育研究文献检索

一、教育文献检索的意义

教育文献检索对教育科学研究的开展具有重要意义。教育科学的发展过程中积累了大量的理论与实践研究的成果，并以文献的形式保存下来。

在开展科学研究前，通过文献的搜集与分析，能够充分、全面地了解研究问题的现状，从而对研究问题做出系统全面的分析，了解哪些是已经基本解决的问题，哪些是有待进一步研究的问题，进而选定最有意义并值得进一步研究的课题。

在科学研究的开展过程中，文献的查阅可以帮助有效地界定研究范围、明确研究涉及的概念及相关理论，了解相关的研究方法和手段，为研究提供充实的数据和材料，从而能够在继承和借鉴前人研究成果的基础上，启发创新思维，开拓研究思路，同时避免重复劳动，提高研究的效益。

在科学研究的总结阶段，利用文献检索寻求支持研究结论的理论事实依据，可以为研究结论的科学性和有效性提供有力的证明。同时，还可以为研究提供可以核查、比较、对照和鉴定的事实和数据资料，提高研究的信度和效度。

二、常用的文献检索方法

教育文献常用的检索方法有：顺查法、逆查法、抽查法、引文查找法、综合查找法。

（一）顺查法

顺查法是按照时间顺序，由远及近的一种查找方法。该查找方法的特点是查全率高、漏检率低，但时间效率不高，费时费力。此方法多用于范围比较广泛、项目较复杂、所需文献较系统全面的研究课题以及学术文献的普查。

（二）逆查法

逆查法与顺查法相反，是按照时间逆序，由近及远的查找方法。该查找方法的特点是效率高，省时省力，但容易出现文献的漏检。该方法多用于新兴课题研究的文献检索，因为这种课题大都是需要最近一个时期的较新论文、专著，不太关注历史渊源和全面系统。

（三）抽查法

抽查法是根据检索课题的实际情况，结合学科发展特点，着重查找某一时期（几年或几十年）文献资料的方法。例如，要查找有关"精品课程教学研究"的论文资料，就应查找近十年的有关索引，因为精品课程是2003年开始启动建设的。

（四）引文查找法

以已掌握的文献及其所列的引用文献、附录的参考文献作为线索，查找有关主题的文献。采用这种方法，可以直接从已有文献后附的参考文献目录入手，逐一扩检原始文献，再从原始文献后的参考文献中进一步扩检，如此反复地向前追溯检索，从而获得大量有关的文献资料。[①] 例如，要查找"教育均衡发展"方面的论文，在没有工具书的情况下，利用发表于《江苏教育研究》的文献《近五年来教育公平和教育均衡发展研究新进展》，可以找到相关文献 23 条，根据这 23 条文献，逐一追溯其参考文献，可以找到相关文献 79 条。该查找方法的特点是文献涉及范围集中、文献获取方便迅速、易获得研究领域的重要文献，但由于原作者引用资料的局限性以及主观随意性，易导致获得文献较杂乱，且文献可靠性受到一定的影响。因此，要注意文献的可靠性。

（五）综合查找法

综合查找法是综合使用各种方法，以达到检索目的。

无论使用哪种检索方法，正确的文献检索要求是：一是查找文献要准确，即查准率高；二是查找文献要全面，即查全率高；三是查找文献内容要专深、多样；四是查找文献要速度快。

不同的检索方法有着不同的特点和适用范围。不同的学科、研究内容、研究主题和检索要求，其检索方法也不尽相同，切忌盲目使用。研究者应根据研究实际进行选用。为了获得更全面的检索结果，研究者也可以分期、分阶段交替使用各种方法，取长补短。

三、文献检索的一般步骤

文献检索的一般步骤包括检索要求的确定、检索工具的选择、检索关键词的确定、检索结果分析记录、文献的获取等。

（一）检索要求的确定

文献检索之前，首先要围绕研究主题进行分析，确定课题涉及的学科、检索的年限、文献涉及的语种和文献类型等要求。例如，确定查找学科范围，是要取得有关某一问题的所有文献资料，还是只要一段时间内的文献资料；是要获取某一地区或某一国家对某一问题发表过的文献资料，还是

---

① 王守恒. 教育科学研究方法基础. 合肥：安徽大学出版社，2002：53.

只要某一学者有关这一问题的文献资料。①

（二）检索工具的选择

明确检索要求后，应选择合适的检索工具和相应的数据库进行检索。传统的手工检索方法主要包括图书馆目录索引的查阅、《全国报刊索引》等工具书的查阅、教育报刊和专著的查阅等。随着网络技术的发展，传统的图书馆也已经逐步数字化，以纸质为载体的文献也逐步转换为电子数字型文献。

1. 常用的检索工具

（1）《科学引文索引》（Science Citation Index，SCI），是一种有关引文统计的国际性大型索引工具。

（2）《科技会议录索引》（Index to Scientific and Technical Proceedings，ISTP），收集著名国际会议、座谈会、研讨会和学术大会发表的会议论文。

（3）《期刊引用报告》（Journal Citation Reports，JCR）。Journal Citation Reports on the Web 是美国科学情报研究所（ISI）出版的网络版期刊引用报告，包括自然科学版和社会科学版。它客观地统计 Web of Science 收录期刊所刊载论文的数量、论文参考文献的数量、论文的被引用次数等原始数据。

（4）《中文社会科学引文索引》（Chinese Social Science Citation Index，CSSCI），是由南京大学中国社会科学研究评价中心开发研制的引文数据库，用来检索中文人文社会科学领域的论文收录和被引用情况。CSSCI 目前收录包括法学、管理学、经济学、历史学、政治学等在内的 25 大类的 500 多种学术期刊。

2. 常用中文期刊论文数据库

（1）中国知网（http://www.cnki.net/）。中国知网建成的数据库有"中国期刊全文数据库""中国重要报纸全文数据库""中国博士学位论文全文数据库""中国优秀硕士学位论文全文数据库""中国重要会议论文全文数据库""中国专利全文数据库"及各类工具书、古籍（国学宝典），等等。

（2）万方—数字化期刊（http://www.wanfangdata.com.cn/），以科技类核心期刊为主线，收录国内自 1998 年起公开发表的期刊论文 5 600 多种。

———————

① 王守恒. 教育科学研究方法基础. 合肥：安徽大学出版社，2002：50.

（3）中国科技期刊数据库（重庆维普期刊）（http://www.cqvip.com/）。收录期刊总数 12 000 余种，其中核心期刊 1 957 种，文献总量 3 000 余万篇。

3. 常用电子图书数据库

（1）超星数字图书馆（http://www.chaoxing.com/）。超星数字图书馆包含中文电子图书 100 万种，内容涉及计算机、政治、经济、文学、艺术、数学、工业技术、生物科学、医学等二十多个大类；提供检索功能及分类索引，可在线阅读全文。阅读时，可检索、识别、打印、下载所需的全文图书。

（2）书生之家（http://edu.21dmedia.com/）。书生之家数字图书馆是建立在中国信息资源平台基础之上的，集数据库应用平台、信息资源电子商务平台与资源数字化加工服务平台三位一体的综合性数字图书馆，它集成了图书、期刊、报纸、论文、CD 等，从载体上说囊括了印刷版、光盘版、网络版等各种载体的资源。

（3）读秀中文搜索（http://www.duxiu.com/）。"读秀"是由海量全文数据及资料基本信息组成的超大型数据库，为用户提供深入到图书章节和内容的全文检索，部分文献的原文试读，以及高效查找、获取各种类型学术文献资料的一站式检索。

（三）检索关键词的确定

检索关键词是根据检索要求概括而成的简洁词语。关键词的选择要能够准确反映研究主题的检索要求。为了提高检索的有效性，可以提炼出 3～5 个关键词。检索时为提高检索的查全率，除了检索关键词外，还应检索关键词的相似词，有时还需要检索与某些关键词相反的词语。

（四）检索结果分析记录

无论使用何种检索工具和数据库，文献检索均需检出结果。通过对检索结果的阅读，剔除无关文献，保存并记录有用的文献检索记录。

（五）文献的获取

最后根据需要获取文献原文，并按照文献类别，分门别类进行保存。

四、教育文献的鉴别和整理

通过文献检索获得大量文献资料后，需要对文献进行鉴别、整理归类。

（一）教育文献的鉴别

教育文献的鉴别主要指的是对搜集的教育文献真伪进行辨别。文献是开展文献研究的基础，因此，鉴别文献的真假非常重要。若研究的依据是伪文献,那整个研究就失去了意义。文献真伪的鉴别包括文献本身真实性的鉴别和文献内容真实性的鉴别。

研究者在利用文献时,首先应确定这些文献是真实的,还是伪造的,或者是经人修改过的。[①] 主要是对文献的作者、版本的鉴别。

验证文献本身的真实性后,需要进一步鉴别的是文献内容的真实性。文献内容的真实性鉴别的主要方法有以下几种。

一是文字性文献互证,若不同文献中记载的同一事件时间、过程、有关人物记载不一致,则需进一步核实。

二是用实物来证实文字性文献。

三是通过研究作者的生平、立场与基本思想和文献形成时的具体环境来判断作者记述的客观性和倾向性。[②]

(二)教育文献的整理

教育文献的整理归类,指的是对文献检索获得的大量无序的文献资料按一定的标准进行分类,使文献系统化,有利于进一步进行文献的分析概括。

文献的整理归类可根据研究实际需要进行,如可按照时间、内容、主题、性质分类,也可根据文献的共同点或相似性进行归类。如为了研究《教育研究》杂志载文情况,将其 2003 年到 2013 年所载文章按年度进行划分,每类中的文章按其研究主题进一步分类。

第三节 教育研究文献综述

一、文献综述的意义

在文献研究的最后阶段,研究者以书面形式总结其文献研究的结果,即文献综述。文献综述是对某一领域、某一专业或某一方面的课题或研究专题搜集大量相关资料,通过分析、阅读、整理、提炼当前课题、问题或研究专题的最新进展、学术见解和建议,做出综合介绍和阐述的一种学术论文。

---

① 秦宗熙,穆怀中. 人类社会研究法. 武汉:武汉大学出版社,1987:157.

② 邵光华,张振新. 教育研究方法. 北京:高等教育出版社,2012:89.

文献综述由于其信息量大、覆盖面广，往往能反映某一研究问题的发展现状、最新进展，有助于研究人员避免重复，寻找新的研究起点，深入开展研究。例如，案例 1 "近十年来国内关于教师角色的研究综述"一文总结发现，现有研究在教师多元角色对教师素质的新要求方面研究不足，值得进一步研究探讨。

案例 1　近十年来国内关于教师角色的研究综述（节选）

近十年来国内学者关于教师角色的研究涉及教师角色的含义、教师角色影响因素、不同视角下教师角色的定位以及教师角色冲突等方面。已有研究成果对教师的成长和发展具有重要的指导价值，但也存在诸多局限。由于关于教师多元角色对教师素质提出的新要求的相关研究比较少，从这一角度出发观照我国中小学教师教育课程内容改革的研究也相对薄弱。因此，对这方面做深入研究的空间尚很大。

资料来源：张翅. 近十年来国内关于教师角色的研究综述［J］. 现代教育科学，2006（10）：19～21，31

二、文献综述的基本内容及写作结构

文献综述一般可分为叙述性综述、评论性综述、专题研究报告。[1] 叙述性综述是围绕某一问题，以精练、概括的语言对文献资料中有关理论、观点、数据、方法、发展概况等做综合、客观描述的报告。评论性综述是在对某一问题进行综合描述的基础上，从纵向和横向上做对比、分析和评论，提出作者观点和见解，明确取舍的报告。专题研究报告是就某一专题进行反映与评价，并提出发展对策、趋势预测，是一种现实性、政策性和针对性很强的分析研究成果。

一般来说，文献综述的基本内容包括研究的发展、现状、发展趋势、结论以及评述等部分。无论哪种综述，从写作结构上来看，文献综述主要包括以下部分。

（一）引言

引言首先应简述研究的背景、目的、意义以及综述的资料范围及来源。例如，案例 2 "2001—2010 年中外思维导图教育应用研究综述"一文的引言部分简要叙述了研究的背景、目的、意义以及综述资料时间范围。

---

[1]　张一春. 教育技术研究方法. 南京：南京师范大学出版社，2008：44.

案例2　2001—2010年中外思维导图教育应用研究综述（引言部分节选）

近年来，思维导图作为一种可视化教学辅助工具业已引起中外学者的广泛关注。学者们不仅探索思维导图的内涵，同时也将其应用于不同学科教学之中。本研究的目的在于通过揭示思维导图教育应用的研究现状，探究过去十年（2001—2010年）中，中外学者在思维导图应用的学科领域、采用的研究方法、重点关注的研究主题以及所得出的主要研究结论等几个方面的问题，为我国教育界学者和教育实践者更为清晰地了解思维导图的教育应用的实践奠定基础，并借此为思维导图的未来研究提供一些建议。

资料来源：张海森. 2001—2010年中外思维导图教育应用研究综述［J］. 中国电化教育，2011（8）：120～124

（二）正文

正文是综述的主体部分，通过对大量文献的分析、归纳、总结，论述某一研究问题的研究历史、研究现状（主要的观点）、研究趋势，并从中发现目前研究中存在的不足以及待解决的问题。

综述的主体部分可以采用"横式"的写法，即对某一研究问题的各个方面进行描述比较。例如：案例3"国内外有关教师课堂提问的研究综述"一文分别从理论研究和实证研究两大类文献进行总结比较，从而进一步发现理论研究主要集中在提问的功能与作用、艺术与技术两大方面，实证研究集中在提问的数量、分类、教师的候答方式、教师的反应四大方面。

案例3　国内外有关教师课堂提问的研究综述（正文部分节选）

一、教师提问的理论研究（具体内容略）

（一）提问的功能与作用

（二）教师提问的技术与艺术

二、教师提问的实证研究（具体内容略）

（一）提问的数量分析

（二）提问的分类方法

（三）教师的候答方式

（四）教师的反应方式

资料来源：陈羚. 国内外有关教师课堂提问的研究综述［J］. 基础教育研究，2006（9）：17～20

又如案例 4 "我国教师专业发展研究综述"一文，通过文献研究发现教师专业发展的研究主要集中在三个方面：教师专业发展内涵研究、教师专业发展阶段研究、教师成长促进方式研究，并从这三方面进行了描述。

案例 4　我国教师专业发展研究综述（正文部分节选）

一、关于教师专业发展内涵的研究（具体内容略）

二、关于教师专业发展阶段的研究（具体内容略）

三、关于教师专业成长促进方式的研究（具体内容略）

资料来源：季诚钧，陈于清. 我国教师专业发展研究综述［J］. 课程·教材·教法，2004（12）：68～71

综述的主体部分也可以采用"纵式"的写法，即按照时间的先后顺序或发展过程进行分析、总结。例如，案例 5 "我国小班化教学研究综述"一文中探讨我国小班化教学研究的基本历程时按照小班化教学的三个发展阶段进行了综述。

案例 5　我国小班化教学研究综述（节选）

一、我国小班化教学研究的酝酿阶段（20 世纪 80 年代末至 90 年代中期）（具体内容略）

二、我国小班化教学的实验研究和推广阶段（20 世纪 90 年代中期至 21 世纪初）（具体内容略）

三、我国小班化教学研究的深入发展和理性反思阶段（21 世纪初至今）（具体内容略）

资料来源：杨中枢. 我国小班化教学研究综述［J］. 教育研究，2012（4）：103～107

综述的主体部分也可以采用"纵式"和"横式"相结合的写法。例如，案例 6 "我国小班化教学研究综述"一文中探讨我国小班化教学研究的基本历程时采用"纵式"的写法，探讨我国小班化教学研究的热点问题时采用"横式"的写法。

案例 6　我国小班化教学研究综述（节选）

一、我国小班化教学研究的基本历程（纵式写法）

按时间和发展过程论述：酝酿阶段、实验研究和推广阶段、深入发展和理性反思阶段

（具体内容略）

二、我国小班化教学研究的热点问题（横式写法）

从小班化教学研究的意义、理论基础、实施策略三方面进行了综述（具体内容略）

资料来源：杨中枢. 我国小班化教学研究综述［J］. 教育研究，2012（4）：103～107

（三）总结

总结是对综述主体内容的概括，在总结前人的研究基础和贡献的基础上，同时指出前人研究中存在的不足或有哪些待解决的问题，最后提出自己的建议或展望。例如，案例7"我国小班化教学研究综述"一文的总结部分提出了我国小班化教学研究存在的三个问题及相关建议。

案例 7　我国小班化教学研究综述（总结部分节选）

小班化教学研究还存在着一些问题，主要包括以下几点。

第一，本土化理论研究较少。就小班化教学理论研究而言，我国原创研究较少，介绍国外的较多……应该从我国实际以及具体问题出发，进行认真、深入的研究。只有这样，小班化教学研究才会真正发挥指导实践的作用。

第二，高度的理论概括不足。总体来讲，我国小班化教学研究中，经验介绍居多，理论探讨较少。

第三，结合具体情境的行动研究较少。从我国有关小班化教学研究的文献中可以看到，相当一部分研究是对小班化教学实验的经验总结……事实上，教育问题往往具有情境性，很少存在所谓普适性的理论模式，解决策略与实践模式也因此具有特殊性……我们也应当结合实际，在构建本土小班化教学理论的同时，展开小班化教学的行动研究，积极探索小班化教学在我国推行的具体方法与策略。

资料来源：杨中枢. 我国小班化教学研究综述［J］. 教育研究，2012（4）：103～107

（四）参考文献

参考文献是文献综述的最后一部分，也是不可缺少的一部分。参考文献中应注明所引用的资料，这不仅是对引用文献作者的尊敬，也为他人进一步的深入研究提供了文献线索。参考文献的标示常采用文末参考文献的方式，参考文献按顺序编号，并在文中对应部分用上标表示，案例8展示了"移动学习研究综述"一文中的部分参考文献的格式。

案例 8　移动学习研究综述（参考文献部分节选，序号有改动）

［1］［美］乔纳森，主编，郑太年，任友群，译. 学习环境的理论基础

［M］．上海：华东师范大学出版社，2002

［2］崔光佐，等．移动教育——现代教育技术的一个新方向［DB/OL］．http://www.hebiat.edu.cn/jjzx/MET/journal/articledigest12/meeting-8.htm.

［3］叶成林．WAP技术在远程教育中的应用［J］．电化教育研究，2002（5）

资料来源：叶成林，徐福荫，许骏．移动学习研究综述［J］．电化教育研究，2004（3）：12～19

参考文献的著录格式

1. 专著：［序号］主要责任者．书名［M］．版本（第1版不著录）．出版地：出版者，出版年；起止页码

2. 期刊：［序号］主要责任者．文献题名［J］．刊名，年，卷（期）：起止页码

3. 会议论文集（或汇编）：［序号］作者．题名［A］．编者．论文集名［C］．出版地：出版者，出版年；起止页码

4. 学位论文：［序号］作者．文献题名［D］．学位授予地址：学位授予单位，年份

5. 专利文献：［序号］专利所有者．专利题名［P］．专利国别（或地区）：专利号，发布日期

6. 科技报告：［序号］主要责任者．报告题名［R］．编号，报告地：报告公主办单位，年份

7. 国际、国家标准：［序号］标准代号，标准名称［S］．颁布日期

8. 报纸文章：［序号］主要责任者．文献题名［N］．报纸名，出版年，月（日）：版次

9. 电子文献：［序号］主要责任者．电子文献题名［电子文献及载体类型标识］．电子文献的出处或可获得地址，发表或更新日期/引用日期（任选）．

10. 各种未定义类型的文献：［序号］主要责任者．文献题名［Z］．出版地：出版者，出版年

三、文献综述的注意事项

文献综述的撰写需要深刻理解文献的内涵，善于归纳，善于思考总结。撰写文献综述应注意以下事项。

（一）研究主题要明确

研究主题是整个文献综述的导航。研究主题明确才能够明确哪些是内

容的主题，哪些是综述的核心，哪些属于背景资料。

（二）文献资料搜集要全面

全面的文献资料是文献综述的基础。综述是在大量阅读、分析文献资料的基础上，对相关研究的概况、现状、发展趋势的一个清晰的总结。仅凭少量文献资料难以写好综述。

（三）文献选择要有代表性、科学性，可信度高

综述不是对文献资料的简单堆积和观点罗列，是研究者对文献的整理、理解、归纳、总结和评论，避免引而不述。因此，面对大量的文献资料，研究者要从中选取具有高可信度的、代表性的、科学性的文献作为文献综述的写作基础。

（四）文献的引用要忠于原文，并标明出处

文献综述中引用的文献必须在参考文献中逐一标明出处，而且列出的文献必须是作者亲自阅读过的。引用文献时要避免大篇幅的直接引用，而应是作者通过理解、概括后，用自己的语言表述引文的观点，同时也要避免转抄其他综述。

【思考与实践】

1. 什么是教育文献？教育文献在教育研究中的作用是什么？

2. 简述使用教育研究文献法开展教育研究的一般步骤。

3. 教育文献检索常用的方法有哪些？

4. 检索 2～3 篇你所感兴趣的研究综述，分析其格式、内容，并结合文献综述的基本要求进行评价。

5. 选择一个你感兴趣的选题，检索相关文献，仔细阅读后尝试写出一篇文献综述。

第四章 教育观察研究法

本章分三节向读者阐述教育观察研究法的含义、特点、优点、局限性、功能及其适用范围；各种类型教育观察法的含义和特点；教育观察法的记录方式；教育观察法的设计步骤及要求；教育观察法的实施程序等。

第一节 教育观察研究法概述

一、教育观察法的含义

教育观察法，是指教育研究者通过感官或借助一定的设备，有目的、有计划地考察学生或教育现象的一种研究方法。[①]

观察法是人类认识世界使用最早的、最基本的方法，也是从事科学研究的一个重要手段。即使是在现代，随着方法意识的不断强化以及方法本身的系统化与完善，观察法依然是科学研究中最基础的方法。当我们把观察当作一种科学研究方法时，并不是指人们对观察的一般理解，即不仅仅是"仔细察看"，这种观察活动至少应该是一种"有明确目的"的感知。

---

① 杨小微. 教育研究的原理与方法（第二版）. 上海：华东师范大学出版社，2010：92.

教师在从事教育活动时，也必然在观察着教育对象。但教育实践中的观察活动大多停留在"日常观察"的层次上，离"科学观察"还有一定的距离。日常观察与科学观察不同的地方在于，日常观察的目的性和计划性不强，而科学观察不但有明确的目的，还有着严格的计划和程序设计。科学观察，是指在自然存在的条件下，对自然的、社会的现象和过程，通过人的感觉器官或借助科学仪器，有目的、有计划地进行的观察。所谓"自然存在的条件"，是指对观察对象不加控制、不加干预、不影响其常态；所谓"有目的、有计划"，是指根据科学研究的任务，对观察对象、观察范围、观察条件和观察方法做了明确的选择，而不是盲目地察看能作用于人感官的任意事物。可见，科学观察与日常观察是有区别的，科学观察方法具有日常观察不具备的优点，但这并不意味着日常观察不重要。在教师对学生的了解中，大量信息来自于日常观察。许多正式研究中的问题和假设，也往往建立在研究者在日常观察中获得的经验和启示基础上。教育工作者要改进工作，发现问题，往往需要通过日常观察。

科学观察要求研究者在观察之前确定好研究的问题，选择好观察的对象，制订好观察的步骤，并严格地实施这些计划。观察者在一定的情境中观察到什么，取决于观察者的视角，这又在很大程度上取决于他的理论水平与理论自觉。爱因斯坦曾说：你能不能观察到眼前的现象取决于你运用什么样的理论，理论决定着你到底能观察到什么。所以，观察者所选择的研究问题、个人经历和前提假设、与观察事物间的关系等，都会影响到观察的实施和获得的结果，需要认真进行分析。[①]

二、教育观察法的特点与作用

（一）教育观察法的主要特点

1. 直接性

直接性是指教育观察者与观察对象具有直接的联系。正是因为观察的直接性，研究者所获得的资料真实可信、准确有效。俗话说："百闻不如一见"，也是因为观察法具有直接性的特点。因为直接，所以能及时捕捉到正在发生的现象，因此所获信息资料及时、新鲜。

2. 情感性

在教育观察中，由于观察的对象是人，观察者与观察对象之间的关系

---

① 陈向明. 质的研究方法与社会科学研究. 北京：教育科学出版社，2000：227.

有时也是一种人与人之间的关系。特别是当研究者具有双重角色时，既是教育研究者，又是教育工作者时，他与研究对象之间的关系实际上是师生间的互动关系。这种互动，既有认知上的互动，也有情感上的互动。此时，作为研究者的教师在观察学生的行为表现时，往往容易带有个人主观上的感情色彩，从而影响观察的客观性。

3. 自然性

观察一般是在自然状态下实施的，对被观察者不产生作用与影响，即无外来人为因素的干扰，不会产生反应性副作用，能获得生动朴素的资料，能够在一定程度上避免研究者本身的偏见和期待效应。

(二) 教育观察法的作用

观察法是教育科研中最常用的一种方法，它贯穿于研究过程的各个阶段。不仅在收集和积累各种事实、资料和仔细观察研究对象的发展变化阶段可以使用观察法，而且在查明研究事实和现象之间的相互作用和相互依赖关系，对事实进行定性、定量分析，把所有关于研究现象的材料加以概括和综合，在教育实践中检验理论成果的正确性，以至到最后把获得的材料和研究成果用于实践中去，都可以使用观察法。具体说，其作用体现在以下方面。

1. 有利于获得第一手资料

观察法是收集第一手材料的最基本、最常用的方法。在科学研究上，第一手原始材料具有极其重要的价值，它是一切科学研究的起点，科研往往从问题开始，进而进行观察、调查和实验，从这个意义上讲，科学源于问题。然而，由于人们的一切认识，包括产生的一切问题，归根到底发源于观察所得到的事实，从这个意义上讲，科学始于观察。科学家法拉第曾说过："没有观察就没有科学，科学发现诞生于仔细地观察之中。"

20世纪以来，许多教育家都十分重视观察研究，如我国幼儿教育家陈鹤琴，曾用日记的方式，从他的第一个孩子一鸣出生之日起，就逐日对其身心变化和各种刺激进行周密的观察，并做出详细的文字记载与摄影，连续追踪观察808天，积累了大量研究材料。苏联教育家赞可夫进行教育研究，也采用长期追踪观察的方法。他的实验人员，长期进行课堂观察，在教室后面，隔着窗口，一边听课，一边观察记录。赞可夫特别重视后进生的发展问题，他的"使全班学生包括后进生都得到发展"的教学原则，就是在长期观察、积累材料的基础上提出来的。苏霍姆林斯基也一样，他一生著述甚丰，研究所需要的大部分资料都是靠长期观察得来的。为了研究道德教育问题，他曾先后为约 3 700 名学生做了观察记录。教育工作者虽然未必人人都热衷于教育、心理方面的研究，但要提高教育教学工作的水平与质量，很有必要采取多种方法收集学生的心理事实，尽可能地认识学生的心理特点。有位教育专家说过，一个优秀的教师应该了解每个学生的个性心理，应该自备一个固定的笔记本，本子上不只是关于"及格"和"不及格"的成绩记录，还要写上每个学生的弱点和优点各是什么。

2. 有助于课题的选择与形成

有经验的教育工作者，就往往善于观察教育实践中所产生的现象、问题，从中受到启示，形成教育科研课题。如有的教师通过对入学新生的观察，发现有的学生常常出现不适应性，如何使学生从不适应到适应，对他们今后的学习、成长都有十分密切的关系，由此而提出并形成了大、中、小学、幼儿园如何衔接的研究课题。同样，关于学校、家庭、社会配合教育的研究，也是通过对学生在学校、家庭、社会中的种种不同的其至对立的表现进行观察后所提出来的。

3. 有助于教育科学理论的提出与验证

如果说，在理论的提出中运用的是探索性观察，那么，在理论的检验中运用的则是验证性观察。教育科学理论的提出不是某个哲人的思维的自由创造，而是在教育实践基础上的飞跃与升华。通过科学的观察，摄取尽可能多的教育客观事实，从而为某一理论的提出提供大量而丰富的感性材料。同时，理论是否正确，是否符合教育规律，可以通过多种方法进行验证，观察是检验科研结果可靠性和理论科学性的重要途径。尤其是某些暂时难以通过测量或实验进行验证的项目，更需要观察。爱因斯坦说过："理论之所以成立，其根源就在于它同大量的单个观察关联着，而理论的'真理性'也正在此。"[①] 例如，要检验数学课的"质疑教学"模式是否确实调动了学生学习活动的积极性和创造性，就可以通过对课堂上学生听讲和回答问题时"大量的单个的观察"反应来加以验证。由此可见，观察法在教育科研中具有十分重要的地位和作用。

三、教育观察法的类型

观察法的类型，根据不同的划分角度可以有不同的分类。

---

① 爱因斯坦. 爱因斯坦文集（第 1 卷）. 许良英，等译. 北京：商务印书馆，1976：115.

（一）直接观察与间接观察

直接观察法是指直接通过感官观察各种心理活动和行为表现，收集研究数据。优点是简单、直观生动、具体，避免了中介环节引起的差错，缺点是人的视野与精神有限，记录难以全面，并且观察有可能引起对象行为的变化。间接观察指借助于一定的仪器或者装置，观察记录对象的各种心理活动与行为。间接观察可以做到全面的观察，观察不能直接观察的行为，扩展了观察的广度和深度。间接观察适于客观记录和多角度的观察，但使用仪器往往比较麻烦。

（二）参与性观察与非参与性观察

参与性观察是参与到被观察者的活动中去，在活动中观察；非参与性观察是不介入被观察者的活动，处于旁观。例如，人类学家为了研究不同民族的生活方式，往往学习这些民族的生活习惯和语言，和他们住在一起，以便收集一些局外观察者无法获得的直接资料。社会学家为了解流浪者、不良少年与监狱收容者的行为，也经常采用参与性观察研究。在教育研究中，教师有时也参与学生的活动，以观察他们的行为。但是，观察者必须保持清醒的头脑和敏锐的观察视角，以防止被同化。还要注意研究道德，不观察和过问个人不愿公开的隐私。根据观察者参与的程度，又可分为完全参与观察和部分参与观察。完全参与观察是指完全置身于观察对象中，与观察对象同吃、同住、同工作。部分参与观察则是部分地介入观察对象，有些活动和观察对象保持一致，有些活动则独立进行。

参与性观察的优点是：观察者可以不暴露自己的研究者身份，使观察处于秘密的状态；由于参与进去，对观察对象的活动就有了比较深入的体验和理解，有助于理解观察对象背后的心理活动和动机，使观察比较深入。非参与性观察比较冷静客观，便不易深入。教师可以采用参与性观察，也可以采用非参与性观察。

（三）结构化观察和无结构观察

结构化观察对于观察的内容、程序、记录方法都进行了比较细致的设计和考虑，观察时基本上按照设计的步骤进行，对观察的记录结果也适于进行定量化的处理。无结构观察在事先没有严格的设计，比较灵活、机动，能够抓住观察过程中发现的现象而不必受设计的框框的限制，但是难以进行定量化处理。一般在研究的初期，主要是无结构的观察，以便发现研究的对象，帮助确定主题和观察方法与项目；而在研究的后期，为了深入对某些项目进行观察分析，可以设计一些结构化观察。

（四）全面观察与抽样观察

全面观察是对一定场景中发生和出现的各种现象进行观察和记录，它涉及的范围广泛，比较容易把握现象之间的联系，但是由于观察的视野有限，往往对观察者要求很高。抽样观察是对观察现场的场景、时间、人、活动等因素进行取样，再对样本进行观察，它涉及的范围比较小，容易使观察深入细致，操作比较容易，对观察者的要求主要体现在取样上，要求取样有代表性。抽样观察法包括时间抽样观察法、场合抽样观察法和阶段抽样观察法。时间抽样观察法是专门观察和记录在特定的时间内观察对象的现象和过程的一种方法。例如，进行课业负担现状的观察，在校内就选择下课时间、午休时间和下午课余时间进行观察，统计和记录这些抽样时间内在教室里作业的人数，从而做出分析判断。场合抽样观察法是有意识地选择某个自然场合，观察研究对象行为表现的一种方法。例如，进行学校卫生面貌的观察，可以把厕所作为反映学校卫生面貌的抽样场所，进行观察，并由此分析学校卫生状况。阶段抽样观察法观察者选择某一阶段，对观察对象的状态进行观察。例如，观察学校全面贯彻教育方针的现状，可以选择期末考试阶段，因为这是检验全面安排和实施的典型的阶段。运用抽样观察法，必须注意抽样的科学性，以保证观察结果能符合总体情况。

（五）定期观察与追踪观察

定期观察是非连续性的、按一定时间间隔做观察。比如，对某个学生的行为观察，规定每周一观察一次，这就是定期观察。追踪观察是对某个对象或者某种现象进行比较长时间的观察，从而获得发展性的资料。这种方法常常用在对特殊学生的个案研究上，是一种实验观察类型。例如，进行女中学生的学业负担、月经和焦虑情绪的相关性研究，这就确定了在较长时间内（如一年），对一定数量女学生的月经情况、学业负担情况（规定几个统一标准）和焦虑情绪（确定几个指标的不同程度级）进行系统全面的观察和记录。这样就可以获得有关发展变化过程的材料，为研究其相关性提供依据。

（六）正式观察法与非正式观察法

正式观察法结构严谨，计划周密，是一种有控制的、系统的观察，一般为科学研究所用。正式观察法的特点是：严格地对行为定义；细致制订记录表格；在一定控制下从事观察；训练观察者，建立观察者信度；用相对严格、先进的方式（常用数量化方式）分析所得资料，结果较可靠。

非正式观察法结构较松散，无周密计划与控制，适用于教师获取有关日常教学和活动安排等方面的信息，或帮助观察者获得了解学生身心发展各种特点的感性经验。非正式观察法在科学性上较为欠缺，但易于实施，往往比较松散，常称"自然观察法"。教育观察大多是这种类型。

客观事物都是相互影响、相互联系、相互制约的，要成功地对某一事物进行观察，必须将几种有关的观察方法有机地结合起来，才能获得最有价值的观察材料，才能找出事物发展的规律。了解各种观察方法的特征、分类和相互关系，可以使我们在制订研究计划、确定观察对象和具体实施观察时有一个系统的理论概念。

四、观察研究应遵循的原则

研究人员进行观察时，除了充分选用观察的不同途径和方法之外，还必须遵循以下原则。

（一）可观察性原则

所谓可观察性原则，是指研究对象可以被人的感官直接感知到，或者借助观察仪器被感官间接感知到。实证主义创始人、法国哲学家、社会学家奥古斯特·孔德所信守的一条基本原则就是可观察性原则。他认为科学的任务在于描述一切可能观察到的事实，然后根据这些事实所发生的频率，抽象出因果关系的规律，达到预测和控制自然的目的。至于企图利用那些无法观察到的东西作为解释的依据，就会重蹈形而上学的错误，而背离科学。在科学研究中，遵循可观察性原则的意义重大。构思和设计观察仪器、选择观察场合和条件，必须充分注意观察手段和观察对象的能见度，要能把观察对象的信息充分显露出来。所以，可观察性原则是观察法运用的前提。

（二）客观性原则

客观性原则是进行观察的最基本的原则。坚持客观性原则，就是要使观察所获得的经验事实比较正确地反映客观事实。列宁认为，"考察的客观性"是唯物辩证法的第一要素。坚持客观性原则，就是坚持唯物主义的认识论，坚持实事求是的态度，按照客观事物的本来面目去反映事物。要防止主观性，做到不随意揣测、不主观臆断、不固执己见、不自以为是。观察"要取纯客观的态度，不许有丝毫主观的偏见掺在心头，若有一点，所观察的便会走了样子了。"

导致主观性的因素有先入之见、无意过失、假象和错觉等。先入为主的偏见是由于假设的错误或过分相信自己的假设造成的。为了收集某些似乎能证明自己假设的现象，或用自己的假设去修正观察结果，甚至把一些观察到的事实"强行"纳入自己的理论框架，从而歪曲了事物的本来面目。无意过失主要是指观察主体在观察过程中无意识地掺入某种主观因素，表现为观察主体利用自己已有的知识经验去填补、修正观察中的空白，从而使观察结果不能真实地反映客观事实。假象是事物本身所表现出来的一种现象，虽然也是客观存在的，但它歪曲地表现了事物的本质。错觉是由于人的感官和心理引起的。假象和错觉也会使观察的结果偏离客观事物的本质，使观察结果不能反映客观事物。

（三）全面性原则

坚持全面性原则，就是要对事物或现象的全貌和发展变化的全过程有一个比较全面的观察，把握研究对象的各种属性、特征，不要被其局部现象或偶然性所迷惑。列宁指出："要真正地认识事物，就必须把握住、研究清楚它的一切方面、一切联系和'中介'。我们永远也不会完全做到这一点，但是，全面性这一要求可以使我们防止犯错误和防止僵化。"因此，我们要从不同方面、不同角度、不同层次进行观察，把握客观对象的各种因素、各种关系和各种规定，如实地反映现实情况。观察的全面性原则，是观察客观性原则的内在要求之一。

（四）系统性原则

观察的过程就是观察对象发展的过程。任何事物的发展都是连续的、系统的过程，不能任意间断和分割。所以，只有保证观察过程的系统性，才能使获得的观察材料完整、连续，这样的观察材料才有可能揭示研究对象的变化规律。

（五）典型性原则

典型性原则就是选择典型的观察对象和观察条件。由于客观事物的复杂多样、变化无穷，在观察中，为了提高观察的效率和效果，使观察材料反映出事物的客观本质，就必须在坚持全面性的同时，撇开与观察无关的内容，撇开次要的过程和干扰因素，抓住典型，选取有代表性的观察对象和观察条件。真正能选择出具有代表性的观察对象，是与观察者的理论知识基础和经验判断有重要关系的。

（六）深入性原则

要坚持观察的客观性和全面性原则，就必须进行深入、细致的观察。现实生活中，各种事物纷繁复杂、千变万化，许多事物的本质不是外显的，而是内隐的。这就要求观察者必须进行深入、细致的观察。如果观察者仅仅满足于走马观花式的观察，仅仅停留在事物的表面，那么就有可能做出片面的、甚至错误的结论。如在比赛的临场技术统计中，不仅要观察是否射门得分、投篮命中、扣杀成功等，而且要观察相关的行为过程。

为了保证观察结果的科学性，还需要注意以下要求：

一是安排观察预备期。预备期时间可依实际情况而定，一般约半天时间或两次，每次 1～2 个小时。

二是不干预活动。正式观察时，观察者应尽可能避免与对象直接交流意见或参与活动。

三是讲究记录方法。采用多种方法，保证观察记录的具体、详细和系统。记录中应保证文字用语的客观性，不加主观解释倾向，或将客观描述与主观解释分别标出。

四是多个观察者同时观察同一现象时，须预先训练以求得满意的观察者信度，即让观察结果达到较高程度的可靠性与一致性。

五是对同一行为，应观察足够的次数或时间，以保证观察结论的可靠性。具体次数或时间根据观察实际需要而定。

六是了解各种可能的误差来源，尽可能避免或减少误差。

五、教育观察研究法的评价

教育观察法具有许多优点：简便易行，可以随时随地采用，不必使用特殊设计的复杂仪器设备，不需要特殊条件，不妨碍观察对象的日常学习与生活，一般不会产生不良后果，观察者不一定非要有很高的专业理论素养。所有这一切，使得广大教育工作者尤其是新教师乐于利用教育观察法开展研究。但是观察法也有其局限性，需要引起我们的注意。

(一) 教育观察研究法的主要优点

一是在教育现象发生的当时进行现场观察和记录，能够收集到现场资料，也能注意到现场的气氛和情景，有利于全面把握问题的实质。

二是所获资料的可靠性较高。在自然状态下的观察所获得的资料比较客观、真实，具有较高的代表性，能全面地了解对象的实际情况，获得较可靠的资料。

三是观察研究能够较客观地反映教育现象的本来面目，能够在一定程度上避免研究者本身的偏见和期待效应。

(二) 教育观察研究法的局限

一是无法推断事件之间的因果关系。观察只能发现事物之间的表面联系或偶然联系，无法真正揭示事物之间必然的、内在的、本质的联系。通过观察，得到的只是现象和结果，即说明"有什么"和"是什么"的问题，不能判断"为什么"之类的因果问题。正如恩格斯所说："单凭观察所得的经验，是决不能充分证明必然性的"，"必然性的证明是在人类活动中，在实验中，在劳动中"。① 例如，金斯伯格和米勒在自然情景中观察了500名11岁以下的儿童，记录了他们在动物园里喂养动物、抚摸动物、骑大象等行为（记录活动次数），发现小男孩比小女孩更勇敢，然而观察法无法揭示出这一现象的原因。

二是易受观察者主观因素的影响。由于观察者知识、经验、情感等方面的背景不同，他们的观察记录易受主观因素的影响，对所获材料的解释，也往往容易受观察水平的局限而带上主观色彩。因此，对同一事物的观察，往往带有各自的主观性，难以做到客观化。这是需要认真加以预防与克服的。

三是易受观察空间和时间的限制，比较被动，无法观测到想要的全面的情况，不利于全面解释对象的行为。观察得到的可能只是表面和感性的材料，使得观察结果带有片面性和偶然性。例如：《吕氏春秋》里有一段，讲孔子周游列国，曾因兵荒马乱，旅途困顿，三餐以野菜果腹，大家已七日没吃下一粒米。一天，颜回好不容易要到了一些白米煮饭，饭快煮熟时，孔子看到颜回掀起锅盖，抓些白饭往嘴里塞，孔子当时装作没看见，也不去责问。饭煮好后，颜回请孔子进食，孔子假装若有所思地说："我刚才梦到祖先来找我，我想把干净还没人吃过的米饭，先拿来祭祖先吧！"颜回顿时慌张起来，说："不可以的，这锅饭我已先吃一口了，不可以祭祖先了。"孔子问："为什么？"颜回涨红脸，嗫嗫地说："刚才在煮饭时，不小心掉了些染灰在锅里，染灰的白饭丢了太可惜，只好抓起来先吃了，我不是故意把饭吃了。"孔子听了，恍然大悟，对自己的观察错误感到愧疚，抱歉地说："我所信任的是眼睛呀，可是眼睛也不是完全可以依赖的。我所依靠的是心呀，可是心也还不足以完全依靠。弟子们要记住，认识、了解一个人是多么不容易啊！"

四是观察结果受无关变量的干扰，缺乏控制。自然状态下的观察由于缺乏控制，因变量混杂在无关变量之中，没有纯化和凸显，从而使观察结果缺乏科学性。

---

① 恩格斯. 自然辩证法. 北京：人民出版社，1959：207.

为此，在运用观察法时，除了尽力提高观察法的功能，如灵活移动观察位置、转换观察背景、延长观察时间以及增加观察次数等，以改善观察结果；另外，还要结合统计方法，对多次观察数据进行科学处理。

（三）教育观察研究法的运用

教育观察法在教育教学和教育科学研究的许多领域中得到了广泛的运用，并发挥其作用。教育观察法适用的领域大致范围如下。

一是学生的学习、生活、娱乐等方面的情况。包括学生的学习时间、学习习惯，学生的生活自理能力、心理状况、消费状况，学生的课外时间、空间的安排、在活动中的表现和感受，对不同活动的选择倾向等。

二是教师的教育、教学活动。包括教师在课堂教学中的活动情况，教师德育工作，教师作为班主任的教育活动等。

三是学生与教师的关系。涉及教师对学生的态度（民主、严格、专横等），学生对教师的态度（亲近、疏远、钦佩、敬畏等），教师教育行为与学生行为表现之间的关系等。

四是学生或教师的群体氛围。包括凝聚力、离散倾向、人际关系等。

五是学校管理。包括学校常规管理、学校办学特色、改革举措等。

六是其他教育因素的影响。包括不同教材、教学手段、校园环境对学生的影响等。

在具体应用中，教育观察法往往不是单独发生作用，而是与其他研究方法一起协同作用；教育观察法的成果也往往不是单独发挥某项作用，而可以是综合发挥出多种功能。如"游戏在小学数学教学中的作用"的研究，观察法可以验证实验成果，但必须与实验法一起协同作用。观察的结果也不仅仅验证游戏可以调动学生学习积极性这一实验假设，还可以检验把适度的游戏引入小学数学教学在开发学生智力等方面的功能。

第二节　观察研究的记录方法

从观察收集资料及资料呈现形式是"量化"还是"质化"的维度，可将观察分为定量观察和定性观察两类。下面就从这两方面对观察记录的方法加以阐述。

一、定量观察的记录方法

定量观察是运用事先准备的一套定量的、结构化的记录方法进行的观察。在这套记录体系里要明确规定需要观察的行为或事件的类别，观察的对象以及观察的时间单位等。定量观察的记录方法的特点是：预先设置行为的类目，然后对在特定的时间段内出现的类目中的行为做记录。有三种主要的形式：代码系统、核查清单、等级量表。①

（一）代码系统

1. 含义

代码系统，即观察记录代码系统，是研究者将行为或事件分为有意义的、可以观察和处理的类别，将大的行为单位分为小的行为单位，并为观察、记录和随后分析处理的方便而制定出的一整套符号系统。

2. 功能

使用代码系统，除了具有能收集丰富资料、简化资料的优点外，还具有如下重要功能：①可以提高观察记录处理分析的针对性、有效性，从而节省大量时间和精力，被称为速记技术。②由代码所产生的数据可消除主观误差，使描述更客观，更准确可靠。③提高了观察的可行性和记录的价值。因为事先对观察的信度、效度和分析资料的方法做了确定。④收集的数据适于用计算机处理。

3. 设计原则

设计代码系统，需要遵循以下原则：①根据研究目的来确定具体的观察目标和项目。②要有较高的信度、效度，以利于研究者客观地、精确地、一致地记录所观察行为或事件的特征。③要全面包含研究内容，以保证观察者在任何群体和环境中都可以用来详细记录观察对象的行为表现，并且还可以记录活动中他人的有关行为及相互作用。④应保证同样的行为类别项目适用于群体操作的所有成员。⑤应保证观察者能详细、如实、有序地记录，以便分析行为的因果关系。⑥应当简单明了，易于记忆，易于书写，易于计算机系统分析。

4. 设计方法

代码系统设计的基本方法是：先将观察范畴设计为可进行观察的具体项目，即给研究问题下操作定义，再给每个具体观察项目设计代码符号。具体步骤如下：①确定观察对象，即界定大的行为单位。②选择合理适当的维度，将大的行为单位分解为许多有意义的、可观察的小的行为单位。③设计出一些简单、易记忆和辨认的符号代表小的行为单位，形成一套与

---

① 陈瑶. 课堂观察方法之研究. 上海：华东师范大学硕士论文，2000.

观察的内容项目相对应的观察记录或代码系统。

5. 常用的类型

常用的代码系统有两种类型：①数字型代码系统。即用不同的数字代表各观察项目，所用数字多少取决于观察项目的数量多少。此系统的优点是整理结果的工作量小，适用于计算机处理；其缺点是项目较多时，难以很快建立和熟悉数字与项目之间的对应关系，造成混乱，延误记录。②符号型代码系统，是用不同的符号代表各种行为或事件。符号的种类很多，既可以是抽象的符号，也可以是形象的符号。此系统的优点是形象、逼真、易于记忆；其缺点是需要花较多的时间整理记录结果，不能直接输入计算机进行统计分析。

6. 弗兰德斯互动分析分类体系（FIAC）

国外有代表性的观察记录代码系统有几百种，其中较为著名也是较早的有弗兰德斯（N. A. Flanders）的互动分析分类体系（FIAC）。它自20世纪60年代以来被广泛地加以应用，不断地修订，并且影响了很多其他代码的设计。下面以 FIAC 为例进行分析。

FIAC 对师生的言语互动进行研究，它把课堂的言语活动分为十个种类，每个分类都有一个代码（即一个表示这类行为的数字），如表 4-1 所示。

表 4-1　弗兰德斯互动分析分类体系的类别

教师说话	间接影响	1. 接受感情 2. 表扬或鼓励 3. 接受或使用学生的主张 4. 提问
	直接影响	5. 讲解 6. 给予指导或指令 7. 批评或维护权威性
学生说话		8. 学生被动说话（比如回答问题） 9. 学生主动说话
		10. 沉默或混乱

代码系统主要采用时间抽样的办法。在指定的一段时间内，每隔 3 秒钟观察者就依照上述分类记下最能描述教师和班级言语行为的种类的相应编码，记在数据表中。比如，在第一个 3 秒内发生的是教师讲解的行为，

就在相应的格子内记下"5"这个编码。这样，每一行 20 个方格就记录下一分钟内 20 个行为的编码。

代码系统中事件可以是观察的焦点，但时间抽样始终占支配地位。3 秒钟的时间抽样单位把课堂时间较为严密地分割开来，这样，如果要知道在记录的时间段内教师提问的总时间及占观察总时间的百分比是非常容易的。比如，教师在一节课的前 15 分钟内，提问 $36 \times 3 = 108$ 秒 $= 1.8$ 分钟，占这段时间的 $1.8/15 = 12\%$。它除了可以评价教师的提问和反馈外，还可以评估学生群体的参与水平，即通过计算在这一时间段内学生说话的总时间来获得这一信息。FIAC 体系的分类是非判断性的，只是客观地呈现事实。

（二）核查清单

核查清单（check list）是指预先列出一些需要观察并且有可能发生的行为，观察者在每一种要观察的事件或行为发生时做个记号，其作用就是核查所要观察的行为有无发生。

与代码系统不同的是，核查清单只记录单位时间内发生了需要观察的多少种行为，而代码系统则要记下单位时间内每一个发生的需要观察的行为。这样代码系统尽可能地记录了所有发生的行为，而核查清单则在于让观察者体会到每一个时间段内课堂活动或学生表现的特点。

拉格（E. C. Wragg）设计了一个观察表（见表 4-2），用来观察教师如何管理学生的行为，这是核查清单的范例。

表 4-2　学生不当行为记录表（节选）

不当行为的类型	时间				
	1	2	3	4	5
吵闹或违纪说话	/				
不适宜地运动	/				
不适宜地使用材料					
损坏学习材料或设备					
不经允许拿别人的东西	/				
动作侵扰其他同学					
违抗教师					
拒绝活动	/				

观察者每 1.5 分钟内针对目标学生做一次记录，上表每一列代表 1.5

分钟，第一个 1.5 分钟内学生发生了四种不当行为。上表只是拉格的观察记录表的一个部分，其他部分还要继续对相关的事件进行记录，比如，教师如何对学生的不当行为做出反应，是点名、训斥或是转移学生注意力等；然后学生又如何对教师的反应做出反应，是争辩、抗议还是安静下来；接着不当行为是终止、减少还是继续或增强，等等。这样几个时间段记录下来，观察者就可以掌握一节课或几节课内教师课堂管理的大致情形。

核查清单还比较适合用于核查学生在课堂上投入或非投入学习的状态，见表 4-3。

表 4-3   学生学习投入状态观察表

扫视	非投入		投入	
	人数	％	人数	％
1	4	16	21	84
2	6	24	19	76
3				
4	1	4	24	96
5	0	0	25	100
6	3	12	22	88
7	3	12	22	88
8	6	24	19	76
9	5	20	20	80
10	4	16	21	84
11	4	16	21	84
总计（人数）	36		214	
平均数（％）		15		85

每两分钟的扫视确认出所有非投入学习的学生，为每次扫视编号，在上表 4-3 中的非投入学习一栏里列出每次扫视中没有投入学习的学生的数目，再用班级总人数减去非投入的学生数得出投入学习的学生数，填在相应的一栏里，最后计算出百分比。

（三）等级量表

作为分类体系的一种，等级量表（rating scale）也有预先设置的分类，不同的是它要求观察者做出更多的权衡和判断。观察者在一段时间内对目标进行观察，当观察时间结束时，在量表上对该期间发生的目标行为评以相应的等级。

等级量表可分为数字量表、图示量表、标准评定量表、累计评定量表、强迫选择量表。

1. 数字量表

将行为类型以一定顺序的数字的形式确定下来。观察者选择最适宜的数字来说明被评定的行为。例如，测量在集体活动情境中幼儿参与活动与集中注意力的情况，运用以下五点量表：A 公开的破坏活动，或离开集体；B 不注意，但无公开破坏活动；C 跟着老师看；D 视线跟随老师，并伴有面部表情；E 视线追随着老师，并伴有相应的语言与动作。这五个字母所代表的行为由消极到积极，而且参与活动的程度逐步提高。

2. 图示量表

在一条直线上标上刻度，提供有关行为状况的线索，评定者沿着这个直观的尺度，从高到低迅速而简便地做出判断。这种量表不是用数字做评估。它的使用比较广泛。图示量表中的一种常用类型，是反义词图示量表。这是依据"语义分化"情况而设计的，量表的两端是相反意义的形容词或描述词语，中间是代表其程度的数字单位。通常有五个单位或七个单位，也可以用代表等级的符号或词语作为评定的方式。语义分析法多用这种形式。

3. 标准评定量表

将观察对象的行为与总体做比较，以标准分数或百分位数等相对分数加以评价判断。如为申请人写推荐信，可将申请人与相应的群体相比较而做出判断。

4. 累计评定量表

累计评定量表由一系列评定项目所组成，每个项目作为全部特征的部分独立表现。评定者分别对各个项目做出判断，最后以各项得分的和或平均数作为总得分。

5. 强迫选择量表

给出一系列描述性短语，可以是积极肯定的，或是肯定加否定的行为项目，评定者必须从中选出一个最符合评定者的描述。这种评定法也称作"人物推定法"。

等级量表也是以数字作为描述观察对象的形式，但不同的是这些数字具有高度推论性，而不是根据短期的时间样本得到的频率计数，因而从数据中得出结论较代码系统、核查清单容易。等级量表其实是一种以客观定量的方式处理主观判断的记录方法。所以，这种方法最大的问题在于等级划分所固有的主观性。观察者划分的等级与其说是实际观察到的情况，不如说是观察者印象的总结。所以，如果量表上每个等级点的属性没有明确的操作性定义，那么很难保证观察的效度和信度。观察者本身作为测量的工具，他们在完成等级量表时知觉很容易受多种因素影响：慷慨误差——作为高层次的评价者对个体进行测定时较为宽松的倾向；光环误差——观察者对被观察者某一方面的固定印象影响了他对其他方面的评定的倾向；中间倾向误差——以量表的中间类型对别人进行测定并避免极端的倾向；逻辑误差——对某些特征予以相同等级评定的倾向，即观察者以为某些特征较为相似，可以相互搭配，但事实并非如此。这些效应都是在评定等级时难以避免的，因而也是等级量表的缺陷所在。

因此，在运用等级评定量表时应注意：①注意避免成见效应。针对评定法主观成分易带偏见或成见，克服的办法是要求在实地观察的基础上做出评定。②进行必要的重复评定。可以在规定的时间期限内，在不同时间做多次观察评定，最后求出平均值；或由多个评定者做判断进而计算平均值。③对评定等级尽可能拟定具体标准，如对表明评定等级的数字或词语应附有意义说明，降低术语的模糊性。④研究者应重视量表的设计和编制，要以能够全面真实地反映观察对象实际情况为目标，编制量表，要使词语及其意义与被评价的特征相一致，能够对所考察的问题做出较准确的表示。一般地，需经反复试用和多次修订后，再正式确定和运用。①

以上所提到的代码系统、核查清单和等级量表是定量观察中常用的记录方法，其中，代码系统一般都有严格而固定的使用规则。国外在 20 世纪六七十年代发展了大量的代码系统，一方面使研究者和教师有现成的观察工具直接可用；但另一方面，使用别人开发的代码系统，就不可避免地用别人的眼光来观察课堂，研究视角较为狭窄，有时候难以完全吻合研究者或教师的实际研究需要。核查清单和等级量表的使用较为灵活，研究者可以自行设计，也可以修改别人的东西为我所用，所以，在我国的定量课堂研究中，使用后两种记录方法的情况比较多。

现将三种记录方法的主要相同和差异之处进行总结，见表 4-4。

---

① 张燕，邢利娅. 学前教育科学研究方法. 北京：北京师范大学出版社，1999：105.

表 4-4 分类体系的类型及一般特征

代码系统	核查清单	等级量表
1. 预先设置行为事件的观察类目。特定时间内任何发生的分类中的行为都予以记录。	1. 预先设置行为事件的观察类目。记录特定时间内发生的分类中的行为的种类,重复的不予以记录。	1. 预先设置行为事件的观察类目。记录等级时要进行主观判断。
2. 称名量表	2. 称名量表	2. 区间量表
3. 通常在事件进行的同时做记录。可与录音录像设备一起使用。	3. 通常在事件进行的同时做记录,可与录音录像设备一起使用。	3. 通常在一段观察结束后使用,对先前的观察做总结。使用时观察者不一定在观察现场中。
4. 行为的单位较小,要求较少做价值判断。	4. 行为的单位较小,要求较少做价值判断。	4. 要求对总体情况做较多的价值判断。
5. 时间抽样为主。	5. 可以是时间抽样也可以是事件抽样。	5. 事件抽样(时间与记录的关系不大,但应注意,观察与评价之间的时间间隔不宜过长,否则会产生信息遗失)。

二、定性观察的记录方法

定性观察是观察者根据粗线条的观察纲要,在现场对观察对象做详尽的多方面的记录,并在观察后根据回忆加以必要的追溯性的补充与完善,观察结果的呈现形式是非数字化的,分析手段是质化的,并且资料分析在观察的进行中就可以开始进行。定性观察一般需要较长的时间,而且研究的问题常常在研究的过程中不断地重构。定性观察以非数字化的形式呈现观察的内容,包括书面语言,用录音设备记录的口头语言,或用其他工艺学手段记录的影像、照片等,具体来说有四种主要的记录方式:描述体系、叙述体系、图式记录、工艺学记录。[1]

---

[1] 王丽娇,袁爱玲. 定性课堂观察的记录方式. 载《福建教育:学前教育》,2012(7).

（一）描述体系

描述体系（descriptive systems）其实是一种中间过渡类型，它继承了分类体系分类的特点，但是又属于开放定性的体系。它是在一定分类框架下对观察目标进行的除数字之外的各种形式的描述，如文字、个性化的速记符号，通常还辅之以工艺学记录，观察者还可以通过特殊的设备在现场录制对观察对象的口头描述。描述体系往往抽取较大的事件片段，并对行为的多方面进行记录，因此这种方法要考虑更多的背景因素，即要在具体的情境和条件下考虑行为的意义。描述体系也可以说是一种准结构的定性观察的记录方法。表 4-5 对教学技能几个方面的观察方式就属于描述体系，观察者运用这种方式对表左列的八个方面的教学技能进行仔细的观察，并用文字描述的方式记录在右列的空白处。

表 4-5　教学技能的观察

呈现或导入	
间接教学	
直接教学	
声音	
提问策略	
反馈	
学科问题	
期待	

（二）叙述体系

叙述体系（narrative systems）也属于开放的体系，它没有预先设置的分类。事先抽取一个较大的事件片段，观察的同时对相关事件行为做详细真实的文字记录，同时还可以加入观察者的一些主观评价。在对记录的资料进行分析的过程中，在分析的理论框架的指导下，行为的分类以及观察研究更进一步的主题会得到确认。这种方法能帮助观察者找到真正需要研究的焦点，然后再做进一步的课堂研究，有效地避免为了观察而观察。叙述体系具有下面四种记录方式，这些记录方式呈现信息的形式基本一致，主要是文字的形式，但它们在抽样、叙述内容的侧重点等一些具体的方面有所不同。

1. 日记/流水账（diary/running log）

这种记录方式常常用于长时间对某个学生个体的各方面或某些方面进

行记录，以观察了解学生行为态度的变化过程及原因；或者由教师或参与观察者对自己整个工作过程及工作过程中的经验、体会做记录。日记法一般又可分为两种类型：①综合性日记：记录研究对象各个方面发展过程中具有里程碑意义的新出现的动作、语言或行为。②主题日记：主要记录研究语言、认知、社会情感等特定方面的新进展。

2. 逸事记录/重要事件记录（critical incident）

这种记录方式主要是对与研究密切相关的事件的整个过程进行详细的描述。比如，对一个三岁幼儿推理思维发展情况的观察：当她听爷爷说不吃糖时，她对爷爷说："爷爷不吃糖，等爷爷长小了才吃。"一是用了归纳推理：家里大人都不吃糖，只有小孩吃糖；二是用了演绎推理：大人不吃糖，爷爷是大人，所以不吃糖；三是用了类比推理，"长大"也可以"长小"。在类比推理上，对"长"的概念错了。类似这种事例常常能为我们的研究提供宝贵的资料。再比如，记录课堂中学生就某一问题热烈讨论的过程及其内容，检查某项学校规定在课堂中的执行情况，或对学校课程改革在课堂中的执行情况等进行记录。

3. 样本描述（specimen description）

样本描述是用于在一段特定的、有代表性的时间内对发生的行为按顺序进行详尽的记录。如某班每天上午9点到10点的情况，或者典型的学校一日生活，或者班主任的一天工作。这种持续一天或一周的记录有助于形成个案研究的材料。随着时间的推移、资料的积累，就可能显现出行为的模式和意义。

苏联教育家苏霍姆林斯基为了研究道德教育问题，仔细观察和研究"差生"和"调皮学生"的心理状态、行为表现，曾先后为3700多名学生做了观察记录，能够指名道姓地说出25年中178名"最难教育"的学生的曲折成长过程。这是连续记录法，对学生行为做更详细、更完善的记录，要求在较长时间内做持续不断的记录。

4. 实地笔记（field notes）

也可直译为田野笔记，它来自人类学的研究方法，是人类学研究的一种重要方法，已广泛运用到教育观察研究中。它主要用书面语言进行叙述性记录。观察者可以针对某个较大主题，在一段时间内（如半小时或一天）持续地、尽可能详尽地记录观察对象所有的行为表现，以及该对象与环境及他人的相互作用与交往。①

（1）实地笔记主要的记录内容。以描述事件为主要特征的实地笔记，主要根据研究者的观察来描写情景、人物及其活动。一般要记录以下内容：第一，对象的肖像，即他们的外貌、姿势等，他们如何说话、做事等。第二，交谈过程的再现，即观察对象之间的对话，以及他们对观察者说的话，独特的话语要记录下来，这在针对学龄前儿童的记录中显得更为重要。第三，物理情境的描述，即房屋的布置、物件的摆放等，关于物理情景的描述有助于解释记录内容的背景意义。第四，特定事件的记载，即谁、什么时候、在哪里和怎样参与这一事件，这是实地笔记记录的难点也是重点，记录是否真实，描述是否到位，将直接关系到对相关的人或事件的价值判断的有效程度。第五，对活动的叙述，即详细描述所发生的事件及其经过。

（2）实地笔记运用注意事项。首先，用日常语言尽可能准确地做记录，记录过程中，不做主观的推断、解释和评价。观察者所做的说明或解释性材料要括上括号或另记一栏，以便与客观事实的描述区分开来。其次，按行为和事件发生的顺序进行描述。记录中要根据观察对象的活动空间或内容的变化，及时分段记录，以便统计某个行为或事件发生与持续的时间长短。再次，分层次对行为事件进行描述记录。①主要活动单元：说明主要的活动或行动，表明观察对象在做什么。如：小凯与小丽在桌旁玩积木。②次级动作单元：进一步说明大的活动或行动中的小动作单元。如：小丽已经搭好小熊，而小凯刚搭好小熊的身子。③分子动作单元：具体描述主要的动作是怎样进行的，即做进一步的补充说明，确定行为或事件的性质特点。最后，确定观察的时间界限。手记法一般控制在 30 分钟以内，条件允许可借助现代观察技术，如录像。

（3）实地笔记的特点。一般说来，一份出色的实地笔记具有如下特点：①能对具体的事件做出精确和详尽的描述。②对当时的环境做充分的描述，使所发生的事情变得有意义。③倘若需要把观察者的思想或评价也记录起来的话，则这种内容应与实例记录分开。④所描述的事件应当是能够代表被观察者的典型行为，或者是一种意外的不寻常的具有特殊意义的行为。⑤虽然不用完全句来描述，但整个记录仍然显得流畅、精致。下面是一个较为规范且可供参考的实例记录："1993 年 3 月 15 日下午，班集体活动，

---

① 王丽娇，袁爱玲. 定性课堂观察的记录方式. 载《福建教育：学前教育》，2012（7）.

班长刘刚主持，讨论有关班集体春游活动计划。陈斌举手站起发言，几乎想不住口地讲下去。坐下后，他有4～5次打断其他同学的发言。打断别人发言时说的大多是俏皮话、挖苦话。主持人指出他是违反秩序，他说：'废话！'说完，跷起二郎腿，对讨论再也不予理睬。"

（4）实地笔记的优点。对于教师来说，实地笔记的好处是明显的：观察过程比较简单，有太多外在的需要，长期记录能提供关于研究对象发展的连续而真实的"画面"，并为研究提供大量有用的第一手资料。长期记录有助于摸索解决相似问题的办法以及教育规律。实地笔记也能为教师做成长档案、个案研究提供有用素材。它的缺点在于受观察者自身研究素养、理解能力以及文字水平等的影响较大，主观性强，因而要求记录者要客观观察和记录。

对叙述体系分类的目的在于了解叙述体系可以用于哪些情况，而在具体应用中没有必要对其做严格的区别，日记、逸事记录/重要事件记录、样本描述等形式从本质上来说都可以包括在实地笔记这种形式内。可以说实地笔记是叙述体系同时也是定性观察最基本的记录方式。这种形式的记录为研究提供了大量的文字资料，它不但要求研究者记录在现场所观察到的人、行为、事件和谈话，还要求记录研究者个人较为主观的想法、推测、情感、预测、印象等，要求对行为背后的意义做出诠释。但在记录中客观的描述和主观的印象不能混淆，要清楚地区别开来，描述要尽可能的详细具体，避免使用抽象、笼统和有偏见的文字。

比如表4-6对含混的记录和对具体记录的比较很能够说明叙述体系对事件描述所应达到的具体程度。

表 4-6　含混记录和具体记录比较

含混的记录	具体的记录
男孩在陌生人面前很不安。	在这些陌生人面前，男孩显得很不安，他一直变换双脚的姿势，结巴地说话，他的声音低得很难被听到，还一直摸着左臂上的结疤；当陌生人开始走出屋子，他跑到屋后就消失不见了。
那孩子很生气，因为邻居的孩子们不肯和他玩。	那孩子告诉我他很生气，因为邻居的孩子们不肯和他一起玩。他说他曾带着他的弓和箭到明华（邻居）的家，但成生和章翔（邻居的孩子）把他追赶出去，还叫着辱骂他。

叙兹曼和斯特劳斯（1973）提出一种现场观察记录的格式，把记录分四部分：第一，实地笔记，用来记录观察者看到和听到的事实性内容；第二，个人笔记，用来记录观察者个人在观察时的感受和想法；第三，方法笔记，用来记录观察者所使用的方法及其作用；第四，理论笔记，用来记录观察者对观察资料进行的初步理论分析。

表 4-7 叙兹曼和斯特劳斯（1973）的观察记录表格

时间	事实笔记	个人笔记	方法笔记	理论笔记
	记录观察者看到和听到的事实性内容。	记录观察者个人在观察时的感受和想法。	记录观察者所使用的方法及其作用。	记录观察者对观察资料进行的初步理论分析。
8:00	教师走进教室，学生一齐站起来，大声说："老师好!"	我很久没有看到如此规矩的课堂了，着实吓了一跳。	我坐在教室的前 3/2 处，没有看见所有学生的动作。	该课堂似乎很重视规则的建立。
8:10				

（三）图式记录

在定性观察中有一种更为直接的记录方式——图式记录（figure records），即用位置图、环境图的形式直接呈现相关信息。图式记录作为一种辅助性观察手段，也可以用作定量观察的记录手段。观察者进入一个课堂现场做定性观察时，最好能先对教室的布置做一个记录，在文字描述的同时，如果配以位置图，将会使描述更清楚明了。比如，有研究者进行课堂观察时，在课堂上就针对教室环境做了这样的一个记录，这是描述体系和图式记录的结合使用。

　　时间：2000 年 4 月 25 日，星期二，上午。
　　地点：上海华东师大二附中。
　　背景：上海理科班是从上海各中学中选拔的理科成绩突出的学生，他们的物理教材与其他班不同，内容较深，是该校物理特级教师张大同编的《名师讲高中物理》。
　　制服：全班共有 47 个学生（其中 11 个是女生），有 7 个学生没有穿制服。
　　课桌椅及窗户：课桌椅摆放基本整齐，基本没有明显的破损情况。

窗玻璃也没有破损情况。

卫生情况：地面干净。

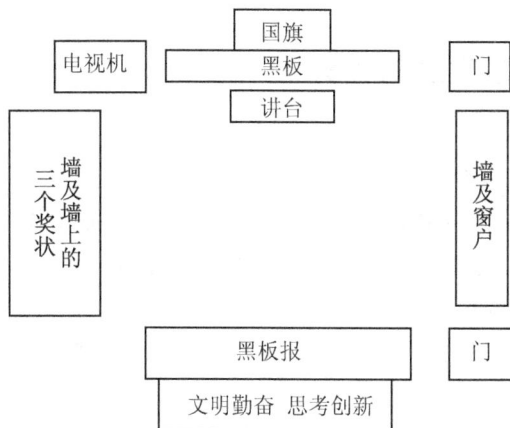

图 4-1　教室布置图

(四) 工艺学记录

工艺学记录（technological records）是使用录音带、录像带、照片等电子形式对所需研究的行为事件做现场的永久性记录。由于工艺学记录资料呈现的最初方式是非数字化的，我们将它也归于定性观察的记录方法之中，但实际上这种技术化的记录形式与图式记录一样往往是作为辅助手段而使用的，我们以上提到的包括定性和定量的各种记录形式都可以同时辅之以工艺学记录方法，以便反复回顾现场，检验记录。

录音和录像的形式最为常用，这种方法为当事者对自己的行为进行观察提供了条件，这是其他任何一种记录方法都无法做到的。

定性观察主要通过以上四种技术来记录信息。除此之外，往往还要结合其他的定性研究方法来获取更充足的信息，比如访谈、问卷调查、相关文献查阅等方法。

第三节　观察研究法的实施策略

观察研究的实施策略有广义和狭义之分。广义的观察策略是指在运用观察法的整个过程中，即从设计到分析所使用的方法和要求；狭义的观察策略是指在实施观察的过程中所使用的方法和要求。广义的观察策略有观察研究设计的策略、观察实施的策略、结果分析策略；狭义的观察策略包括位置选择的策略、运用感官观察的策略、观察记录的策略、观察中思考与反思的策略等内容。

一、观察研究法的设计

观察研究的设计主要包括以下四方面工作。

（一）确定观察内容

即在明确观察目的和任务的基础上确定好具体的观察内容，这是整个观察研究的前提，也是观察研究能否成功的根本保证。

（二）选择观察类型

根据观察的目的、任务和内容，在充分了解各种观察类型的前提下选择相应的观察类型。

（三）制订观察记录表

观察记录表是帮助研究者获取观察资料的重要工具，它的详略和可操作性是决定观察效果的重要因素。

（四）训练观察人员

观察研究要求观察人员要熟练掌握观察的工具，熟悉观察记录表，能与对象进行有效的交往与合作等，这就要求观察实施前有意识地对观察人员进行训练。

二、观察研究法的实施

科学观察的一般过程可分为准备、实施观察、整理资料三个阶段，具体步骤包括：明确观察目的，制订观察计划，做好物质准备，进行实际观察，整理观察资料。

（一）观察准备

做好观察前的准备工作，是进行科学观察的基础，准备工作的好坏是观察成败的关键之一。准备工作包括以下三项内容。

1. 明确观察目的

观察是一种有目的、有计划的认知活动。在观察任何事物时，都要有明确的目的，即观察什么、为什么观察。只有目标明确，才能聚精会神，持之以恒，形成良好的观察习惯。如果没有明确的观察目标，我们就会视而不见。因而，观察一定要目的明确，准确地选择对象，进行集中的观察，就容易收到效果，绝不能盲目观察。观察目的是根据科研任务和观察对象的特点而确定的。为了明确观察目的，应做大略的调查和试探性观察。目的不在于系统收集科研材料，而是掌握一些基本情况，了解观察对象的特点，以便确定通过观察需要获得什么材料、弄清楚什么问题，然后确定观察范围，选定观察重点，具体计划观察的步骤。

例如，进行中小学班主任政策可行性研究需要确定对班主任工作量现状的观察。事先应对班主任有关情况进行大略的调查，通过谈话，查阅有关资料，以及进行试探性观察，对观察对象的特点、观察过程中可能碰到的问题等有所了解，这样便可以科学地确定观察的范围：有高年级段和低年级段的；有文科、理科、艺术科的；有不同责任心的；有不同工作能力和风格的，以及不同年龄、教龄和不同性别，等等。有重点地进行，还可以划定观察的具体内容和过程，根据观察量，做好观察者的组织分工。

2. 制订观察计划

凡事预则立，不预则废。确定了观察目的，又收集了有关观察对象的材料，并进行试探性的观察后，就应深思熟虑地制订出观察计划，使观察有计划、有步骤、全面系统地进行。观察计划一般应包括如下内容。

（1）观察目的。

（2）观察重点和范围，重点一般不宜过多，范围不能太广。

（3）观察提纲，列出需要通过观察获得材料的要目。

（4）观察过程，包括选择观察的途径，安排观察的时间、次数和位置，选择观察的方法和掌握观察的密度等。

（5）观察的注意事项，根据观察的特点，列出为保持观察对象常态的有关规定。

（6）观察的记录表格，速记符号，规定有关的统一的参照标准。

（7）观察仪器。

（8）观察人员的组织分工。

（9）观察的应变措施。

3. 做好物质准备

（1）如果观察要借助仪器，就必须事先对仪器进行检查、安装，以及使用的安排。

（2）印制观察记录表格，以便迅速、准确和有条理地记录所需要的材料，便于日后的核对、比较、整理和应用。

（二）进行实际观察

1. 按计划进行观察

进行实际观察应尽量按计划进行，不要轻易更换观察的重点、超出原定的范围，致使离开了原定的观察目的。如果原定计划确实不妥，或观察现象有所变更，则应按计划中的应变措施或实际的变化情况随机应变，但目的只有一个，即力求妥善地完成原定任务，尽可能取得最好的成果。对观察到的现象应予以及时、客观的记录。在进行观察时要注意将一切可能对研究产生影响的现象都认真记录下来。为了提高观察效果，我们可以边观察边用语言描述，并把它记录下来，写成日记。一则看看观察得仔细不仔细，描写得逼真不逼真；二则可以不断地积累和丰富自己的观察材料。经常坚持这样做，定会大大提高自己的观察力。

2. 进行观察时的注意事项

（1）选择最佳观察位置。一方面要力争处在观察的最佳视野；另一方面要保证不影响被观察者的常态。

（2）善于辨别重要的和无关的因素。根据科研任务，把注意力集中到能获得有价值材料的重要因素上去，不为无关的、次要的因素所纠缠，提高观察效率。

（3）善于抓住引起各种现象的原因。每一种现象的出现，都要能找到引起现象出现的原因，使获得的观察材料具有科研的价值。

（4）善于抓住观察对象的偶然的或特殊的反应。说明本质问题的是一贯性的东西，但是全面、正确地了解问题，偶然的或特殊的东西不是无足轻重的，它对于研究问题的动向，更具有启示意义。

（5）善于与观察对象建立良好的关系。在教育科研中，观察对象往往是人，因此，在观察中陌生感容易改变观察对象的常态，良好的关系有利于保持观察的正常状态。

（6）要注意对观察对象进行必要的反复观察。研究者在对教育现象或过程进行观察时，经常要进行反复多次的详细观察才能得到客观全面的资料。一方面，被观察的现象或过程只有在重复出现的情况下，观察才有客观性。对于那些稍纵即逝的现象和过程，则不适于单独用观察法去研究。因为在这种情况下，观察者无法复核和确定观察结果是否正确。另一方面，要长期、连续、反复地进行观察，否则就不易分辨事物现象或过程哪些是偶然的、哪些是一贯的，哪些是表面的、哪些是本质的，哪些是片面的、哪些是全面的，等等。反复观察的次数越多，越能准确反映客观事物。因而，重复观察可以较好地避免观察的表面化和片面化。

例如，在进行学生心理卫生现状及其对策研究中，集中对两个班级学生进行观察，发现有一个学生有洗手的异常行为。当时正是甲肝流行，该生的行为是适应卫生要求的正常行为，还是属于心理不健康的强迫行为，只有反复观察才能得到符合客观事实的结论。经过两个阶段（正处甲肝流行阶段和甲肝流行得到了控制的一个月以后）的反复观察。发现该生在每次开关教室门、收交作业本（他是课代表）、使用公共用具、与同学进行手接触后，都带有紧张的心理去洗手，并且一洗再洗，两个阶段的观察结果无区别。由此，才确认该生的洗手行为属强迫行为。通过与该生的交谈，说明他确有"明知何必反复洗手，却难以解脱不洗手就有一双肮脏的手"的心理重压。可见，只有经过反复观察，才能准确地反映客观事实。

（三）观察材料的记录、整理分析和报告

做观察记录，应符合准确性、完整性和有序性的要求，为此，必须及时进行记录，不要依赖记忆。

观察资料的整理分析一般包括以下几个步骤。

第一步，对资料的初步整理，以确保资料的准确性和完整性，其主要任务是对记录进行修补。例如，改掉明显错误的地方，补充遗漏的资料等。初步整理的目的是使观察记录完整、清楚、准确。

第二步，对原始资料的再次整理，进行编码、分类。编码是用分析的概念或者数字、符号对记录的文字进行标注。编码要根据研究的课题来设计。常见编码有：①过程编码，指对事物过程和状态的编码，其编码名称主要是时期、阶段、步骤等。②活动编码，即对经常发生的活动或者行为按照一定的种类进行的编码。③策略编码，是对人们完成一定任务所用方法、策略的编码，如对学生的学习策略可以用"浅层次策略""深层次策略"来标注。④分类编码是在编码的基础上，把同一类编码的资料归拢在一起，装在文件夹里，然后在每一个编码题目的下面，标出资料所在的页码、行数等，并把各处的资料编上序号。

第三步，在整体把握观察事件的基础上，确定分析单位和进一步分析的分析工具与框架。

第四步，借助于确立的概念和分析工具，对原始资料进行量化处理（行为的分布统计和差异检验）、定性分析和建构理论。建构理论一般是建立扎根理论。所谓扎根理论，是指从经验的基础上建立理论。扎根理论的操作程序是：第一，对资料进行逐级登录，从资料中产生概念；第二，不断对资料和概念进行比较；第三，发展理论性概念，建立概念和概念之间的联系；第四，理论性抽样，研究者不断地就资料的内容建立假设，通过资料和假设之间的轮回比较产生理论，然后使用这些理论对资料进行编码；第五，建构理论使理论中的概念本身得到充分发展，密度比较大，内容比较丰富，而且理论中每一个概念应该与其他概念之间具有系统的、内在的联系，具有整合性。对记录资料可以进行定性分析和定量分析，定量分析一般在观察之后进行，而定性分析则有两种：生产性分析和无生产性分析，生产性分析是指资料的搜集和分析同时进行；而无生产性分析是指搜集完资料后再进行分析。根据所记录内容，对文字性记录做归纳性描述，对数据资料做出定量统计，形成观察结果。最后写出科学观察报告。

科学观察报告的格式一般分标题、前言、正文和结尾四部分。

第一，标题要明确。观察什么应标出来，让人一看标题便能大致了解观察的对象。

第二，前言是文章的开头部分。主要写出观察目的和计划，其次是写明观察的时间、地点、对象、范围、经过和可能取得的第一手技术资料的测定及记录方式等。

第三，正文是文章的核心部分。这一部分首先要对观察得到的各种第一手资料进行叙述，然后分类进行归纳、整理。有些情况和数据尽可能采用表格方式表示，这样可以减少文字叙述的烦琐，使人一目了然。同时，通过图表的显示，有时还会发现新的问题。最后再将归纳、整理的情况进行分析和综合，得到正确的客观事物的运行规律。

第四，结尾为观察报告的结束语。该部分常用理论对被观察的客观事物运动规律做出总结，并与传统的理论做比较，看是否有弥补、创新之处。

三、运用观察法应注意的问题

（一）注意观察与分析相结合

科学的观察不仅仅是被动地收集事实，更重要的是对事实进行分析研究，找出各种教育现象间的相互联系。因此，在观察过程中，一定要与分析研究相结合，通俗地说，即要求一边观察、一边思考。

一是要摒弃一切先入之见，按照观察对象的本来面目提出问题，进行分析，在不断的分析研究中把观察引向更深的层次。如此循环往复，才能得到高质量的观察结果。

二是要深思细察，善疑多问，面对观察事实进行分析，不断提出为什么。在分析研究中注视观察对象；不分散注意力，不漏掉细节。不轻易相信观察对象的变化，不急于下肯定性的结论。要在缜密的分析、比较、思考、研究中，提出结论或观点。

三是要见机行事，根据观察对象的变化灵活地调整观察计划。同时又要及时、敏锐地捕捉观察对象的各种细微变化，从中找出联系，以使观察结果更丰富，或从中引出新的研究课题。

（二）注意观察能力的训练与培养

要得到满意的观察结果，除了选择好课题、制订周密的计划等之外，很重要的一条还取决于研究者的观察能力和观察水平。因此，必须注意观察能力的训练与培养。

一是培养良好的观察习惯，即要勤于观察，乐于观察，精于观察，思想集中，态度认真，作风严谨。在科研中长期、系统、多方面地观察一个或一类对象，或者在日常生活中随时随地观察多种多样的对象都可以形成良好的观察习惯。在观察中，要注意学会各种观察方法，掌握不同类型观察方法的顺序、步骤，随手做记录，经过长期的观察实践，就会形成具有高度准确性的观察能力。

二是掌握必备知识，不断积累观察经验。观察能力的培养，必须建立在一定的科学知识基础上。不仅要具备本学科的知识，而且要掌握一些相关的学科知识。具有多方面知识，容易产生新的联想；富有观察经验的"内行"能从一个现象中看出"门道"，而一个"外行"却只能看看"热闹"；"识广"必须以"多见"为前提，但"多见"未必一定"识广"，关键是不断总结和自觉地积累观察经验。

（三）注意科研精神的培养

1. 勇于献身，不畏劳苦

科学的观察需要具有忘我献身、刻苦耐劳的精神，必须从高度的社会责任感和强烈的事业心出发，由兴趣发展为热爱，甘心情愿地把整个身心都献给教育科学研究工作。马克思曾说过："在科学的入口处，正像在地狱的入口处一样，必须提出这样的要求：这里必须根绝一切犹像，这里任何怯懦都无济于事。"

2. 坚持不懈，锲而不舍

科学观察不是一次或一时就能获得成果的，观察遭到失败，或者出现谬误，或者一无所获，是常有的事。为此，只有坚持不懈、百折不回、锲而不舍、穷追到底、不怕挫折、不怕失败，才能有所发现、有所前进、有所成就。

3. 大胆质疑，实事求是

创造性的科学观察，发端于质疑，从这个意义上讲，科学观察就是为释"疑"提供事实的。然而大胆质疑绝非胡乱猜疑，而是要尊重事实，正确反映事实，从事实中引出正确的结论。

4. 虚怀若谷，精细入微

科学观察的大敌是孤芳自赏、自以为是、粗枝大叶、漫不经心。随着时代的推移，教育科学研究的难度将越来越大，更要求在观察中处处留心、全神贯注，才能明察秋毫，打开教育科研的门径。巴甫洛夫以"观察、观察、再观察"作为座右铭，还告诫青年，不学会观察，就永远也当不了科学家。苏霍姆林斯基一生写了许多著作，大部分资料是靠自己观察获得的。达尔文也说："我没有突出的理解力，也没有过人的机智，只是在觉察那些稍纵即逝的事物并对他们进行精细观察的能力上，我可能是中上之人。"

精确、敏锐的观察力以及与科学观察相适应的优良品质素养，不是生出来就有的，天才来自勤奋，才干来自实干。只有不断地实践，才能提高观察水平，获得有价值的观察成果。

【思考与实践】

1. 试述教育观察的原则，并说明在观察中遵循这些原则的重要性。

2. 教育观察研究法有什么特点、优点和局限？

3. 以时间取样法，观察不同层次学生的发言情况。

4. 观察法研究设计练习：一位小学班主任老师，为了研究学生关心集体的观念，一早就来到教室，在教室中间的地上横着放了一把笤帚。然后坐在教室后面对每个进入教室的学生进行观察。观察他们看到这把笤帚以后的表情、言语、动作等，并及时记录下来。①根据上述内容，设计观察记录表；②请学生现场进行角色扮演；③分组评议现场所观察到的现象。

5. 自定一个题目，设计一份观察表。

6. 查阅 10 篇使用观察法的研究报告，仔细思考其研究的程序和具体方法。

第五章　教育调查研究法

　　本章分三节向读者阐述教育调查研究法、问卷调查法和访谈调查法的含义、优点、局限性、类型，教育调查法的设计步骤、问卷调查法和访谈调查法的实施程序等。

　　调查研究是了解事实、搜集第一手资料的主要手段，已被广泛地运用于社会各个领域。而其中尤以教育活动中的调查研究最为活跃、最有成效。调查研究可以帮助教师了解自己的教育对象在学习、生活、身心发展等诸多方面的情况；了解家长对自己教育教学情况的反映，以便帮助教师改进自己的教学。

第一节　教育调查研究法概述

一、教育调查研究法的含义

　　教育调查研究法是指研究者从研究目的出发，深入教育实际搜集研究对象的资料并进行分析和研究，从而了解教育现状、发展趋势和形成科学认识的一种研究方法。教育调查研究是通过问卷、访谈等科学方式，搜集教育问题的资料，从而对教育的现状做出科学的分析，发现存在的问题、分析问题成因、形成规律性认识并提出教育整改策略的一整套的实践活动。区别于一般的社会调查，它是以当前教育问题为研究对象，是为了认识某种教育现象、过程或解决某个实际问题而进行的有目的、有计划的考察活动。它有一套研究的方法和工作程序，有一套搜集、处理资料的技术手段，并以调查报告（含现状分析、理论结论和实际建议）作为研究成果的表现形式。

在教育实践中，不可能直接观察到全部教育现象，也不可能全都用实验法进行研究。如研究学生的思想状况、师生关系、家长对孩子的教育，以及学校教育如何为社会服务、社会如何参与学校教育等问题和现象，这时可采用调查法，间接地掌握实际情况或材料去研究、解决。与教育观察法相比，调查法也主要是对现状的调查，而且要求在自然状态下，即对调查对象的思想、言论与行为，不加以引导、控制与干涉。但调查法具有"间接性"这一特点。研究人员不必进入现场用感官对研究对象直接进行观察以获取资料，主要是通过问卷、访谈等调查手段获取信息。通过调查研究可以澄清教育问题，了解教育现状，获得教育经验和教训，概括教育规律，预见教育发展的趋势。

二、教育调查研究法的优点与局限

随着我国教育的发展和改革的不断深入，教育调查法显得日趋重要，更加频繁地被采用。通过调查，一方面可以为教育科学研究搜集事实；另一方面可以为各级教育行政部门制定政策、法令、法规和制订教育发展计划提供依据；还可以为教育第一线的实际工作者提供经验教训，以更好地改进工作，提高教育质量。

（一）教育调查研究法的优点

与其他研究方法相比，教育调查研究法以其下列优点而被广泛采用。

1. 自然性

调查法通常是在常态的教育过程中收集资料，调查对象处于自然的状态下，其活动不受调查研究影响。

2. 间接性

与直接观察不同，研究人员不必进入现场对研究对象进行直接观察获得研究资料，而主要通过问卷、访谈等手段获取信息。这样避免了因研究人员的直接介入而使调查对象产生某种情绪或认知障碍，影响调查结果的客观性和可信度。

3. 广泛适用性

一是调查法比较方便、简单、易行，对调查设备条件的要求也不高。

二是调查法的信息获得是通过统一的、标准化的程序进行的，只要按同一程序进行，不同研究者都能获得基本一致的结果，具有较强的可重复性。三是调查法既可用于教育现状、问题的调查，也可用于验证教育假设，还可用于探索现象之间、现象与心理之间的因果关系。因此，从形式到内容上都具有广泛适用性。

4. 灵活多样性

一是调查手段、方式的灵活多样性。有问卷调查、访谈调查、成品调查等。每一种手段既可以单独使用，也可以综合运用，可以根据研究课题的需要进行选择。二是调查范围的灵活性。调查研究因课题需要、调查条件等因素，范围可大、可小，可集中、可分散。

5. 自主性

与其他研究方法相比，调查法较少受时间、空间因素的限制，研究者可根据研究需要自主选择时间、空间，广泛收集资料进行系统周密的调查。有些大型调查可以打破省市限制，甚至可以跨国界进行。

(二) 教育调查研究法的局限

教育调查研究法能为研究人员提供第一手的数据和资料，有利于课题研究的深入开展和教育行政部门教改决策的制定。但它的使用也有局限性，主要表现在以下几方面。

1. 调查结果难以解释

调查法是在自然状态下进行的，同一时间内可能有多种事实现象同时发生，难以辨别现象发生的先后顺序；也难以对一些与调查主题无关的因素进行控制，使调查结果处于多种错综复杂的因素影响下，很难对调查结果做出解释，尤其难以判断现象间的因果关系。

2. 调查结果可靠性受被调查对象的态度和作风影响

由于调查是通过被调查对象的问卷、访谈等形式获取资料、信息的。因此，被调查者所反映的现象与事实的客观性和真实性决定了调查所获得的资料的可靠性。由于种种原因，在调查中，被调查者往往会有意无意地在一定程度上渗透自己的主观意向或偏见，或者隐瞒了某种事实，而研究者往往很难控制这种主观加入的程度，从而影响了调查结果的可靠性。正因如此，教育调查法也常常与其他科学研究方法结合使用。

3. 调查结果缺乏推广性

调查很少采用比较组设计，仅凭一组被试所做的调查往往缺乏研究的有效性，推论到总体中去要慎重。

三、教育调查研究法的类型

从不同的角度分析，教育调查法有多种不同的类型。

（一）根据调查目的分类

1. 现状调查

现状调查是指对某一教育现状或某类教育对象的现在状况进行调查，其目的是了解教育的一般情况，探寻某类现象的基本特征。如小学生阅读兴趣的调查，小学生消费心理的调查，等等。这也是我们在通常的学校科研中主要的调查类型。如有人对 300 名中小学教师进行调查研究，发现：认真看过课程标准的占 45%。认真研究过课程标准的占 10.1%；知道相关课程设计要素的占 4.8%，知道相关课程并不了解的占 40.1%。这就是现状调查研究。

2. 比较调查

比较调查的目的是比较不同类型的教育对象、不同性质的教育现象之间的相似性和差异性。有时我们需要了解不同的群体、不同的时期在教育的某些方面的异同，搜集这两个方面的资料，进行比较分析就可以达到这样的目的。如"中小学男女生学习成绩差异发展阶段分析"，就是一项比较调查。研究者对"部分中小学男女生的学习成绩分别做了逐年的调查，并进行了动态分析"，得出了男女生群体学习成绩差异情况的六个阶段。

第一阶段（小一，小二）男女成绩差别不大；第二阶段（小三，小四）男女成绩悬殊。

第三阶段（小五，小六）男女成绩差别不大；第四阶段（初一，初三）男女成绩悬殊。

第五阶段（初二，高一）男女成绩差别不大；第六阶段（高二，高三）男女成绩悬殊。

这样的基本情况的比较研究，对于我们认识男女生学习成绩的差异问题会有很大的参考价值。

3. 相关调查

相关调查是指通过对一组对象的两种或两种以上特征的调查研究，来分析判断他们之间是否存在关联，其程度和性质如何，包括因果关系调查。如"家庭环境与小学生语文成绩相关的调查""小学生语文阅读能力与写作水平相关性的调查""小学中年级学生成绩分化的原因调查"等。

4. 预测调查

预测调查即通过对研究对象的某一特征或某一现象随时间的延续而发展变化的情况的调查，预测事物发展的趋势。如"小学儿童自我意识发展的调查研究""2003 年杭州市小学生入学的调查"等。

（二）根据调查对象的范围分类

1. 普遍调查

普遍调查即根据研究课题需要对某一时间、地点、范围内的所有研究对象进行调查，旨在获得课题所涉及的所有研究对象的有关信息。普遍调查的范围可以是全国的，也可以是全市的或全校的。调查结果具有普遍性，可作为重大决策或教育规划的制定的依据。如要了解某市九年义务教育普及情况，就需对该市全部学龄儿童的入学率、在校生的巩固率、毕业率及12～15 岁儿童中的非文盲率等四项指标进行全面调查。普遍调查虽然准确性高，但由于调查范围广、对象多，所耗财力、物力较大，调查的代价也较高。

2. 取样调查

取样调查即从调查总体中用科学的方法抽取一部分进行调查，旨在通过获得的样本信息推断总体情况的一种调查方法。这是调查研究过程中广泛应用的一种调查方法。取样调查的信度和效度很大程度上依赖于抽取的样本的典型性、客观性和代表性。调查者应在取样前对总体的各种特征有全面了解，并结合课题需要选择适当的取样方法。与普遍调查相比，取样调查可以节省人力、物力、财力和时间，使调查更深入、更具体，然而，调查者却难以控制样本误差，使样本更精确地代表总体。调查结果的价值关键取决于样本能否代表总体，不能按调查者的主观意向和需求来决定对象的抽取与否。

3. 典型调查

典型调查是在对调查对象进行具体分析的基础上，有目的、有意识地从中选择一个或若干个具有代表性的典型对象进行深入、细致的调查研究的方法。典型的选取，可先将总体分类，然后分别从每类选取符合研究任务的具有代表性的典型个体；也可根据研究目的选取几个不同典型进行调查研究。典型调查有时也称为"蹲点""解剖麻雀"。其优点是调查方法灵活多样；容易组织又不需要太多的人力和财力；可以对典型进行全面深入的考察从而获得典型调查的结果。局限性是其结论不能轻率地推论到总体上去。

4. 个案调查

个案调查就是在全体研究对象的范围内选取个别有显著特征的对象进行调查，如对一所学校进行全面调查研究。个案调查和典型调查在研究过程上是一样的，但不同的是个案调查并不是要推断整体，其目的就是要了解本个案的实际情况。个案调查应用范围很广，在教育研究中往往适用于对不良问题的研究或对某些难以重复、难以预测和控制的事例进行研究，如学生辍学、学业失败、家庭破裂、道德不良、青少年犯罪等，也适用于对学生的心理问题和人格偏差的诊断研究和矫正研究。个案调查的优点是形式灵活多样，方法不拘一格，并可深入了解个案的全貌；但个案调查对象的选取往往受主观因素的干扰，弱化了调查结果的代表性，在综合个案研究资料进行一般意义的推论时要力求避免主观性和片面性。

5. 专家调查

专家调查是指用书面形式广泛征询专家意见以预测某项专题或某个项目未来发展的方法。专家调查也叫德尔斐法，德尔斐是古希腊城市，以阿波罗神而著名，传说中阿波罗常派人到各地收集聪明人的意见，德尔斐被认为是集中智慧和灵验的地方。专家调查由兰德公司在 20 世纪 50 年代开发出来，在软科学领域得到了广泛应用，其预测成功与否取决于研究者问卷的设计和所选专家的合格程度。当历史资料或数据不够充分，或者当模型中需要相当程度的主观判断时，采用匿名问卷方式对选定的一组专家进行意见征询，经过反复几轮的征询，使专家意见趋于一致，从而得到对未来的预测结果。专家调查是一种较常用的预测方法，它能对大量非技术性的、无法定量分析的因素做出概率估算。但由于专家评价的最后结果是建立在统计分布的基础上，所以具有一定的不稳定性。不同专家总体，其直观评价意见和协调情况不可能完全一样，这是它的主要不足之处。

（三）根据调查方式分类

1. 问卷调查

问卷调查是指根据一定的研究目的设计问卷，以书面形式向调查对象收集资料，通过分析揭示某种教育的本质及其规律的调查方式。它既包括以提问形式让被调查者做出书面回答的方式，也包括采用测验方法进行定量化的测定；还包括使用调查表对调查对象进行调查登记。问卷调查法简便易行，省时省力，所收集的材料也较易整理统计。但很难保证 100% 的问卷回收率，而且难以深入了解问题；被调查者的回答或真或伪也不易区分或核定。

2. 访谈调查

访谈调查是指根据研究目的选择一定的调查对象，就研究的有关问题进行访问、谈话等方式了解情况、搜集资料的一种调查方式。访谈可以采取个别访谈，或召开座谈会等方式进行；可以直接访谈研究对象，也可通过与访谈对象有关的个体间接了解研究对象的方式进行。访谈调查有利于更详细、更准确、更真实地深入了解有关细节，然而访谈过程中易掺入调查者的主观猜测或倾向，而且比较费时费力。

（四）根据调查的阶段分类

1. 描述性调查

描述性调查是一种常见的项目调查，是指对所面临的不同因素、不同方面现状的调查研究，其资料数据的采集和记录，着重于客观事实的静态描述。教育现状调查和相关调查都属于描述性调查。描述性调查，处理的是总体的描述性特征。描述性调查寻求对"谁""什么""什么时候""哪里"和"怎样"这样一些问题的回答。在描述性调查中，可以发现其中的关联因素，但是，此时我们并不能说明两个变量哪个是因、哪个是果。与探索性调查相比，描述性调查的目的更加明确，研究的问题更加具体。

2. 探索性调查

探索性调查一般是在调查专题的内容与性质不太明确时，为了了解问题的性质，确定调查的方向与范围而进行的搜集初步资料的小规模调查。通过这种调查，可以了解情况、发现问题，从而得到关于调查项目的某些假定或新设想，以供进一步调查研究。探索性调查特别有助于把一个大而模糊的问题表达为小而精确的子问题，以使问题更明确，并识别出需要进一步调查的信息（通常以具体的假设形式出现）。探索性调查适合于那些我们知之甚少的问题，它可以用于以下任何一个目的：①更加明确地表达问题并做出假设；②使调研人员对问题更加熟悉；③澄清概念。经验表明，二手资料调研、经验调查、小组座谈和选择性案例分析在探索性调查中特别有用。

以上各种调查方式在实际调查过程中强调的侧重点不一样，最后调查结果表述的形式也会不一样，因此，应根据研究的需要选择具体的调查方式。各种分类是仅就其纯粹形态而言的，它们只具有分类学的意义。实际上，任何具体的调查研究都不纯粹是某种类型的，如某一项调查可能既具有理论性，也具有应用性；既采取横向分析，也采取纵向分析；既描述现象，也解释现象。每种类型也都有它各自的优势和局限性，在研究过程中，研究者可以根据研究的需要选择恰当的调查方法，也可综合使用多种调查法。

四、教育调查研究法的步骤

教育调查研究是一种有计划、有目的、系统的认识活动，教育调查研究法有自身内在的结构，需遵循一定的程序和步骤。一般来说，教育调查研究法全过程分为三个大的阶段，即准备调查、实施调查、分析总结。每个阶段都有各自特定的具体活动和要求，研究者应根据实际情况进行适当的调整，以保证研究的顺利进行。

（一）准备调查

教育调查的准备阶段是一项研究活动的起点，是为后面的其他步骤奠基的阶段，因此非常重要。如果准备工作比较充分，就能抓住现实中的关键问题，明确调查的中心和重点，避免盲目性，使调查的实施比较顺利。实践证明，许多调查最后不能得出正确可信的结论，往往是由于没有严谨细致地做好调查的准备工作。准备调查阶段的具体步骤包括以下几方面。

1. 确定调查课题

一般地，在调查前，必须有明确界定的调查课题。调查课题一般是根据教育研究或教育实践的需要提出来的。课题提出来后，要对调查课题做准确的界定，明确课题的性质、目的和任务。同时还应对调查课题的核心概念做出准确的界定，对课题中的有关变量要下可操作性的定义，确定操作指标。如要调查学生的智力水平，就可以用韦氏智力测验分数作为操作指标。如果有些变量比较复杂，还应把变量先做出科学的分类，把复杂的项目分解成一些较小的项目，也可逐级分解，最后每一项小的项目做出明确的操作定义，并提出操作指标。如对少年儿童主体性的调查，就可以先把主体性分解为自主性、主动性、创造性，然后还可以再把自主性、主动性、创造性分解为更小的项目，在此基础上，就可以展开调查。

2. 选择调查对象

调查对象的选择首先受制于调查课题的性质、目的和任务，同时还受到调查类型的制约，如普遍调查、抽样调查、个案调查等，不同的调查类型，在选择调查对象方面有很大的差别。另外由于调查对象的广泛性，在选择调查对象时，一定要根据课题做严格限定，保证所调查的对象不超过所要调查的对象总体及其属性。如对教师教学态度进行调查时，在调查对象的选择时，既不能把它扩大到非教学人员范围，也不能包括教师的其他工作态度和个人的人生态度。如果所做的调查是抽样调查，还要考虑所选样本的代表性问题。

3. 确定调查方法和手段，编制和选用调查工具

教育调查研究包括多种调查方法和手段，如问卷、访谈等。各种方法和手段具有不同的特点，如问卷调查法适用的范围广、效率高、经济、快捷，适用于规模较大且有多个不同调查地点的调查；访谈调查法则深入、细致，易于了解事物的本质，适于样本较小的调查。在确定调查方法和手段时，可以根据研究课题的不同情况，针对各种方法和手段的长处和不足，恰当地选用，并在运用时注意扬长避短，发挥优势。

在确定调查方法和手段的基础上，应设计或编制出相应的调查工具，如调查问卷、访谈提纲、调查表格等。在有条件的情况下，可以根据课题情况，选用或修订已有的调查工具，以节省人力和时间，但前提是，这些工具必须严格按照课题的要求选用或修订，不能勉强凑合。

4. 制订调查计划

调查计划是调查工作及其过程的程序安排。调查计划主要包括以下内容：调查的目的和任务；调查对象及其所在地区、单位、范围和规模；调查中所使用的方法和手段；调查的步骤和日程安排；调查的组织、领导、人员分工以及调查人员的培训；调查资料的汇总方式；调查报告及其完成时间等。

（二）实施调查

实施调查阶段是整个调查研究过程中最关键的阶段，它的任务是按照调查设计的内容和要求，系统、客观、准确地收集有关资料。研究资料的收集可以通过不同的方式进行，如通过邮寄问卷、当面交谈、电话访问等收集现实资料。此外，还可以通过查阅文献档案、收集个人记录等获取相关资料。为了获得真实可靠的资料应注意三个方面的问题：一要熟悉被调查者及他们的生活环境；二要协调好外部工作，获得被调查的地区、单位与个人的支持与协助；三要对调查的过程进行监控，在调查的过程中及时总结工作经验，确保所收集的资料的质量。调查的方式方法以及具体的调查项目虽然是在准备阶段就已经确定，但调查人员在收集资料时应根据具体情况进行调整和补充。

（三）分析总结

分析总结研究阶段的主要任务是在全面地占有调查资料的基础上，对资料进行系统的整理、分类、统计和分析，并写出研究报告以及对研究的

成果进行评估和应用。本阶段主要包括以下四个步骤。

1. 资料的整理和分析

对收集到的资料的真实性、准确性、完整性等进行审查，并通过分类、分组和编辑汇总等，将大量的原始资料简化、系统化、条理化，使之适宜于进一步分析。再针对所整理的资料，运用统计学的方法研究事物或现象的数量关系，揭示事物的发展规模、水平、结构和比例等。还要运用逻辑思维的方法以及与调查课题有关的学科的理论和方法，对整理后的文字资料和统计分析后的数据进行分析研究。分析研究资料一定要紧扣研究问题和研究假设，来概括研究的发现，说明现象的因果关系和规律，检验原有的研究假设，得出结论。如果是应用性的调查，还应进一步提出对策和建议。

2. 撰写调查研究报告

调查研究报告使研究结果用符号的形式保存下来，这样才能产生社会价值，成为人类精神财富的一部分。研究报告的内容包括研究问题、研究方法、研究结果、讨论与分析、结论与建议等部分。除了要说明研究结论，还要对研究过程、研究方法以及研究中的一些重要问题或下一步研究的设想等进行系统的叙述和说明。研究报告的写作要求简洁明了，客观可靠，通俗易懂。

3. 评估和应用调查研究成果

评估主要从科学性和研究价值这两方面进行系统分析，检查本项调查研究在方法、程序、事实、数据、统计分析、逻辑推理、研究结论等方面是否有错误，对研究成果的理论价值和应用价值进行客观评价。然后，将调查报告中的研究成果应用到实践领域或理论领域。应用的方式主要有公开出版、学术讨论和交流、政策论证、内部简报或汇编等。调查研究报告不能束之高阁，而应当把研究成果发掘和利用起来，为实践服务。

4. 总结调查工作

总结本次调查研究工作中的优缺点，寻求改进调查工作的途径，为今后的调查研究提供必要的经验与教训，不断提高调查研究的水平与能力。

分析总结阶段实际上是对系统收集来的资料进行思维加工，得到一些理性的认识结论，然后返回到调查研究的出发点，即对教育领域中某一理论问题或实践问题进行解答，以便深化对教育的认识或制定解决问题的方针、政策和措施。

五、教育调查研究法的基本原则

（一）教育调查研究法的操作原则

1. 客观性原则

客观性原则是指在调查时，调查者应该按照事物的本来面目了解事实本身，必须无条件地尊重事实，如实记录、收集、分析和运用材料。调查者在实施调查计划时，对调查对象不抱任何成见，收集资料不带主观倾向，对客观事实不能有任何一点增减或歪曲，这就是教育调查中必须遵循的实事求是的科学态度，也是从事调查研究最基本的一条原则。

然而，不是人人都能坚持调查工作的科学态度、把握这一最基本的原则的。有些人在进行调查之前，就先有了对某一事物认识的"结论"，调查不过是为了搜集一些材料来"证明"他们的"结论"；有些人甚至凭空增添一些捏造的材料；有些人为了迎合上级意图进行"调查"，某领导说某单位某人先进，调查者就可以无视客观事实，任意夸大好的一面，对不好的一面无限缩小。某领导说某单位某个人有问题，调查者就可以任意夸大差的一面，对成绩只字不提。因此，调查程度的深浅、调查质量的优劣，调查中得到的事实材料的多少，完全取决于调查者的科学态度、理论修养、知识水平、实际经验、专心程度和认真态度。

2. 实证性原则

实证性原则是指调查研究的结论及与此相联系的所有观点，都必须为真实、可行的资料所充分支持。在调查研究中贯彻实证性原则主要体现在：一是调查报告以资料、数据为依据，观点、意见、建议等不能凭空臆想；二是调查所产生的结论要来自于调查材料，真实可行，要避免以偏概全，以局部的、零散的材料说明总体、全面的情况；三是尽量用定量资料说明观点。在调查过程中要坚持对调查材料进行定性与定量相结合的分析。在进行具体操作时，不能使用"也许""大概""差不多"等含糊词句。只有坚持定性、定量相结合的调查研究和分析，才能真实、具体地反映现象。

3. 系统性原则

系统性原则是指调查任何教育教学客观现象，都要从系统整体性出发。调查研究不是就事论事，而是把事物放在一个系统内，从整体来分析。遵循调查研究的系统性原则，主要要求是：①调查研究应从系统的整体目标出发；②系统的边界要确定清晰；③要善于把一个系统分解为若干要素；④调查研究中要充分注意到系统内部诸要素之间及系统与环境之间相互作用的有机联系，认识系统与系统之间、子系统与大系统之间的关系。

4. 多向性原则

多向性原则是指调查者在调查中，应该多角度、多侧面去获得有关的材料，即进行全面调查，注意横向与纵向、宏观与微观、多因素与主因素的结合，使调查既是全面的又有代表性。教育调查的对象是干部、教师、学生、家长等，都是活生生的人，是不断变化的。因此，在进行调查研究时，不仅要注意了解对象以往的特点，也要调查他们新产生的特点，了解他们的发展趋势。

5. 灵活性原则

在教育调查过程中，由于教育现象的复杂性，如调查对象的地位、职业、年龄、性别等的不同，或者调查题目、方法、手段的不同等，因而调查研究过程中一定要适应情况的变化，注意灵活性，根据调查对象的特点，灵活对待，随时调整，以保证取得可信的调查材料。

总之，调查研究要从教育教学的客观现实出发，从实际问题出发；坚持实事求是的态度，尊重客观事实；采取认真、严谨的科学态度，遵守科学研究的规范。

（二）教育调查研究法的伦理原则

在具体的调查研究活动中，研究的对象都是有价值、有尊严并具有各种公民权利的人，而且往往是成长发展中的青少年。由于有些研究可能会对被研究者的身心造成负面影响，会涉及一些伦理问题以及隐私问题，出于道义的考虑并为了保证教育调查研究的顺利开展，研究者必须遵守研究的伦理原则。

1. 自愿的原则

被研究者有不参加研究的权利，有中途退出研究的权利。若被研究者是成人应直接征得本人同意，若被研究者是未成年者，应征得其父母或老师的同意再开展研究。

2. 匿名的原则

被研究者有不署名的权利，研究者不能未经同意在研究报告中或在公开的场合披露被研究者的姓名。

3. 保密的原则

被研究者有要求研究者对测得的有关自己的数据资料保密的权利。研究者可以用号码而不用姓名登记所有被研究者的资料。

4. 无害的原则

不管是有意还是无意，研究活动不能够伤害被研究者。如研究可能会对被研究者身心有影响，应事先向被研究者说明利害关系，以及所采取的补救措施。研究者有责任消除一切不良的后果。

（三）对实施教育调查者的要求

1. 素质要求

（1）为人正直、谦虚、诚恳，待人热情，能关心、理解、尊重人，富有同情心，仪态端庄大方，避免生硬、苛求和盛气凌人。

（2）教育思想端正，具有正确的教育观、人才观、学生观，教育方法正确，知识渊博、视野开阔、经验丰富。

（3）具有组织座谈会和访谈的引导能力、记录能力和交往应对能力。

2. 工作要求

（1）能够透彻了解调查课题的实质及工作量，熟悉问卷、量表及有关资料，以认真负责的态度实施调查研究计划。

（2）遵守教育调查的工作道德，如尊重被调查者的人格、隐私权，尊重被调查者的保密要求，不刺激和欺骗被调查者。

（3）完整、客观地运用调查材料，不断章取义，"妙笔生花"，不假借别人之口，说自己要说的话。

第二节　问卷调查法

一、问卷调查法的含义与优缺点

问卷调查法是研究者通过事先设计好的问题来获取有关信息和资料的一种方法。研究者以书面形式给出一系列与所要研究的目的有关的问题，让被调查者做出回答，通过对问题答案的回收、整理、分析，获取有关信息。

问卷调查的方法最初由英国的高尔顿创立。[①] 高尔顿受其表兄达尔文进化论的影响，决心研究人类的遗传变异问题，遂于 1882 年在英国伦敦设立人类学测验实验室。研究需要收集反映人类学生理特征和心理特征的大

---

① 郑日昌. 中学生心理诊断. 济南：山东教育出版社，1994：71.

量数据，但高尔顿觉得访问调查相当费时费钱，于是就把需要调查的问题都印成卷面寄发出去，没有想到取得了重大的成功。因此，这种方法就流传到世界各个国家，现在成为教育调查中最常用的收集资料的方法，在教育调查中被广泛使用。美国一位学者曾分析过581篇教育研究论文或报告，发现其中有143篇（几乎占总数的四分之一）全部或局部地采用了问卷调查来收集资料。[①] 这表明问卷调查在教育研究中有相当重要的地位。

问卷调查法的优点在于：①高效。简便易行、经济节省是问卷调查法最大的优点。问卷调查无须调查人员一定要逐人或逐户地收集资料，调查可采用团体方式进行，也可通过邮寄发出问卷，有的还直接在报刊上登出问卷，这对调查双方来说都省时省力，可以在较短时间内同时调查很多人。问卷资料适于计算机处理，也节省了分析的时间与费用。②客观。问卷调查一般不要求调查对象在问卷上署名，这样有利于调查对象无所顾忌地表达自己的真实情况和想法。特别是当问卷内容中涉及一些较为敏感的问题或个人隐私问题时，在非匿名状态下，调查对象往往不愿意表达自己的真实情况和想法。③统一。问卷调查对所有的被调查者都以同一种问卷的提问、回答的形式和内容进行询问，这样有利于对某种社会同质性被调查者的平均趋势与一般情况比较分析，又可以对某种社会异质性的被调查者的情况进行比较分析。④广泛。问卷不受人数限制，调查的人数可以较多，因而问卷调查涉及的范围较广。

问卷调查法的局限性主要有以下几点：①灵活性不强。问卷中大部分问题的答案由问卷设计者预先划定了有限的范围，弹性差，不灵活，这就难以适应每个被调查对象的实际情况。比如，有人在回答某些结构性很强的问题时，虽然明知问题不符合自己的情况，但也只能在其中选择较为合适的一个答案，无法充分反映自己的观点和态度，从而可能遗漏一些更为深层、细致的信息。特别是对于一些较为复杂的问题，靠简单的填答难以获得研究所需要的丰富材料。灵活性不强还表现在问卷调查法只适合有一定文化程度的人，否则就会因被调查者不能理解指导语或未弄懂问题和答案的意思而影响问卷结果的真实性，甚至可能出现代填或乱填的现象。另外，问卷对设计的要求比较高，如果在设计上出现了问题，调查一旦进行便无法补救。②指导性较低。问卷调查时一般研究者都不在场，不能有效地指导调查对象填写问卷，难以全面了解其填写时的真实情况，回答过程

---

① 施铁如. 学校教育科学研究. 广州：广东高等教育出版社，1998：52.

中对问卷的不理解之处也无法询问，从而影响到回答的真实性和准确性；问卷发放后由调查对象自由作答，调查者为了避免引起调查对象的顾虑，不当场检查被调查者的填答方式是否正确或是否有遗漏，这就不可避免地出现一些被调查者漏答、错答或回避回答一些问题的现象，这些也会影响结果的可靠性。③真实性难以检验。问卷所得到的回答的真实性难以检验，收集到的事实或意见真假难以分辨或核实。没有人能确切知道回答的真实性程度。问卷回答是调查对象说的，不一定是实际做的或真实存在的东西。④所提问题难以客观化。任何形式的提问和答案都会在一定程度上暗示该答什么，不该答什么。

问卷调查法有上述的优势和局限性，所以，它有自身所适用的范围。由于问卷调查法使用的是书面问卷，问卷的回答有赖于调查对象的阅读理解水平，它要求被调查者首先要能看懂调查问卷，能理解问题的含义，懂得填答问卷的方法。因此，它只适用于有一定文化水平的调查对象。一般而言，从被调查的内容看，问卷调查法适用于对现时问题的调查；从被调查的样本看，适用于较大样本的调查；从调查的过程看，适用于较短时期的调查；从被调查对象所在的地域看，在城市比在农村适用，在大城市比在小城市适用；从被调查对象的文化程度看，适用于初中以上文化程度的对象。

二、调查问卷的类型

根据不同标准，可将调查问卷分为不同的类型，研究时可根据实际情况采用相应的问卷。

（一）按问卷中问题的结构程度划分

1. 非结构式问卷

非结构式问卷属于开放式问卷，没有固定的回答格式与要求，对填答问卷者来讲，可以自由回答，故又称作开放型问卷。这种类型的问卷，多用在研究者对某些问题尚不清楚的探索性研究中，一般被访问的人数较少，不用将资料量化，必须向有关人士问差不多相同的问题。对于被调查的人来说，可以与其他被调查的人回答相同，也可以完全不相同，回答格式自由。因为答卷人回答自由，答案多种多样，所以整理资料比较费时费力。但可以了解较深层次的问题，即时发现一些新的问题，使对问题的探讨在更深度的情况下进行。填答者可不受任何约束地表达自己的意见，说明填答者的动机、态度、意见等，利于做深度研究使用。缺点是资料分散，难以统计，而且需要花费填答者较多的时间和精力。

2. 结构式问卷

通常也称为封闭式或闭口式问卷。这种问卷的答案是研究者在问卷上早已确定的，由答卷者认真选择一个答案画上圈或打上钩就可以了。结构式问卷可根据是否使用文字，划分为图画式与文字式。图画式比较适合文字能力较差的儿童，在跨文化研究中应用也较方便，可少受文化影响。结构式问卷根据答案的不同形式还可划分为：选择式、排列式和量表式，适合于使用统计方法和进行量化处理。①选择式：将问题的几种可能答案统统列出，让答卷者选择一个或几个符合自己情况的答案；②排列式：答卷者对问题的多种答案，依其喜欢、满意程度排序；③量表式：问题的答案是用 1—5、1—7 或 1—其他数字表示，填答者将反应显示在一个评价量尺上，让填卷人选择一个或几个能表述自己实际情况的数字。答卷人在选择答案时，可选一个数字，整理时用概率统计方法处理；也可以是两个数字，并标出哪个数字更侧重些，用模糊统计方法处理结果。

结构式问卷的优点是，由于问题具体、回答简单，被调查者不需要花过多时间来完成，所以问卷的回收率和信度都比较高；而且由于回答是统一的格式，收集的数据资料容易统计分析，容易对不同的人进行比较。但是，由于事先限定了答案，使被调查者有时不能真实、完整、深入地回答问题，难以表达独特的观点和看法，只能勉强地在问卷中选择并不完全适合自己的答案，或随便回答。

3. 半结构式问卷

这种问卷介乎于结构式和开放式两者之间，问题的答案既有固定的、标准的，也有让问卷填答者自由发挥的题目，这类问卷在实际调查中运用还是比较广泛的。这样可以互相补充，取长补短，提高研究的科学性。但为了分析方便，在无结构的问题后面，不必留过多的空白，以使被调查回答时能突出重点，把握核心。

（二）按调查方式划分

1. 自填问卷

自填问卷是由被访者自己填答的问卷。自填式问卷由于发送的方式不同而又分为发送问卷和邮寄问卷两类。

发送问卷是由调查员直接将问卷送到被调查者手中，并由调查员直接回收的调查形式。发送问卷适合于集体的、有组织的研究对象，因而能保证较高的回收率和有效率。但是，由于回答时人员相对集中，相互询问、相互讨论是在所难免的，从而可能影响到结果的客观性和准确性。发送问卷的回收率要求在 67％以上（即回收率要高于样本总量的 2/3）。①

邮寄问卷是由调查者直接邮寄给调查对象，被调查者自己填答后，再邮寄回调查者的调查形式。邮寄问卷的优点主要在于，它可以做大范围的研究，样本较大，并且回答时不容易受他人影响，能从容地回答，从而提高结果的可靠程度。不过，由于回答过程难以控制，研究难以判断回复者回答的真实性和影响回答的因素，如他人的影响、有无代填和抄袭等情况存在，在一定程度上也影响了研究的效度。其明显的缺点在于回收率一般较低。研究经验表明，问卷越短，回收率越高，附有回寄邮票的问卷回收率一般也较高。而且由于回收率低，会导致样本出现偏差，影响样本对总体的推断。一般来讲，邮寄问卷的回收率在 50％左右就可以了。

2. 访问问卷

访问问卷是调查者按照统一设计的问卷向研究对象当面提出问题，然后将研究对象的口头回答填在问卷中。使用访问问卷时，调查者可以控制整个调查过程，灵活地使用有关方法，特别是采用无结构问卷时，调查以观察和了解被调查者的态度，有利于对结果进行正确的分析和评价。这种问卷的回收率是最高的，可达 100％，一般要求在 90％以上，这种问卷的有效率也较高。但是，由于访问问卷是一对一的，显得费时费力，只适合于小样本研究，而且，调查者与被调查者的特点和问题的性质也会影响研究结果。

三、问卷调查法的实施

（一）明确调查目的和选择调查对象

1. 从目的出发

调查目的是问卷调查的出发点和中心，因为它决定着调查的一切方面，如调查对象的选择、调查范围的确定、调查内容的设计、调查结果的分析，它们无不与调查的目的紧密相关，因此，在进行问卷调查开始阶段，首先应该明确调查目的。

2. 估计可能的阻碍因素

阻碍被调查者合作的因素，归纳起来主要有两个方面：一是主观上的

---

① 风笑天. 高回收率更好吗？——对调查回收率的另一种认识. 载《社会学研究》，2007（3）：121～135.

障碍，也就是被调查者心理上和思想上对问卷产生的各种不良反应所形成的障碍。比如，篇幅太长、题目太多、难度太大，被调查者就会产生畏难情绪，或者有些题目涉及个人隐私等敏感内容，被调查者就会产生种种顾虑，还有被调查者对调查的目的、意义不清楚时，也会对问卷采取敷衍、马虎的态度。二是客观上的障碍，也就是被调查者自身能力和条件等方面的原因所形成的障碍。比如，阅读能力和理解能力以及答题的能力高低都会影响答题的质量。因此，在设计问卷时，要尽可能地站在被调查者的立场上思考问题。

3. 应注意的相关问题

一是用调查目的作为中心做总体构思。二是从调查内容出发，考虑要向被调查者调查的问卷难易度、熟悉度和兴趣度，应该设法降低难度、增加熟悉度和兴趣度，指导语应当详尽和周密，措辞应当慎重。三是注意调查样本的构成情况，也就是考虑被调查者的情况。考虑被调查者的身份、职业、文化程度、年龄、性别等因素。四是设计问卷时还应该考虑到资料处理分析方法和问卷的使用方法等因素。因为不同的资料处理和分析的方法，对问卷的设计有不同的要求。

被调查者的选取通常用抽样的方法。抽样的方法很多，可以是随机抽样，也可以是分层抽样，具体采用何种方法视某项问卷研究的具体情况而定。

样本数量多少为宜，这是一个复杂的问题。一般来说，可根据总体性质、抽样的方法、研究经费、研究的类型与范围、统计分析的精确程度、研究成本如时间、精力、财力等加以确定。在大多数教育研究中，样本容量与其代表性之间涉及多种可能。随着抽样调查的发展和广泛使用，已经形成了一些成功经验。根据经验，在教育研究的调查研究中，样本数量最好不要少于 100 人；相关研究中，样本数量最好不要少于 30 人；实验研究中，样本数量最好不要少于 30 人。美国的民意测验，样本数一般在 1600～2000 人，最多不超过 3000 人，最重要的全美国调查则在 15～20 万人。经验确定样本数的范围。当然以上给出的数字仅仅供参考，在研究中具体数为多少，还需根据实际情况做出决定。

在实际研究中，理论样本可能因多种原因没有变成实际样本，如无回答的情况等。所以，在确定样本时，需要估算这些例外。由于问卷法的研究难以进行完全的控制，问卷的回收率和有效率都不可能达到 100%，因此，选取被调查者时，选取的被调查者应当多于所需的研究对象。确定选取的被调查者数量通常按下列公式来计算：

$$选取的被调查者＝\frac{研究对象}{回收率×有效率}$$

例如，假定所需研究对象为 500 人，问卷的回收率是 50％，有效率是 80％，那么选取的被调查者数量应是：

$$选取的被调查者＝\frac{500}{50％×80％}＝1250（人）$$

由此可见，选取的被调查者的数量既不能正好等于研究对象，也不能随意地多选取。回收率、有效率要根据具体情况而定。

（二）确定问卷的内容

一般来说，问卷调查常常用于了解个人态度或具体行为等方面的问题。为了解不同群体对问题的态度和选择，在制作问卷时，都会在问卷中安排"个人基本情况"这一部分内容。因此，问卷的主体常常由三部分组成，也就是个人基本资料（事实问题）、态度问题以及行为问题。

1. 个人基本资料

一份问卷主体部分的开头，一般要求被调查者填写一些个人的基本资料。个人基本资料的组成部分，往往需要填写性别、年龄、职业、受教育程度等。

2. 态度问题

态度问题对教育研究有重要意义，除了只调查行为问题的问卷外，一般的问卷调查，都会涉及态度问题。态度问题包括两个层面：一种是有关意见方面的，如意见、看法。相对而言，"意见"属于暂时性的看法，如对一节课的看法，或对一次活动的态度。意见问题是想了解被调查者对某些具体的、一般的事物或行为的看法，它可以随着时间或个人情况的变化而变化。比如"你对昨天公开课老师课堂提问数量的看法"，或者"你是不是赞成由快餐公司解决午饭问题"这类问题，都不是涉及行为或事件深层次的问题，而是对于行为或事件的一般表态。

另一个层面是有关价值或人格方面的观念。这属于"态度"问题中相对深层而持久性的认识，如世界观、人生观、道德观等。调查者对这些问题多半是精心设计，以了解教育领域的改革和发展趋势与人们态度的吻合程度。

由于属于深层次的态度问题，是较复杂的变量，单独分析往往会有较大的误差，所以就出现了另一类专门调查"态度问题"的量表，即态度量表。态度量表中把变量分为几个部分，不是一题一题地算结果，而是把整个总分或分组分数合起来算，这样，可以与其他变量求相关，可以计算信度系数，也可做因素分析。从研究科学性的角度说，任何一种表示个人较深层次的态度，都不可能用一两个问题就涵盖，往往需要用四五个甚至七八个问题才能确定。例如，问，"你是不是赞成取消考试"，被调查者回答说"赞成"。

3. 行为问题

这部分问题了解的是被调查者的实际行为，包括过去的行为和现在的行为。例如，我们可以问学生：本学期你参加几个课外兴趣班？你每天晚上花多少时间做作业？你平均每周上网几个小时？这类问题，是了解被调查者的实际行为。这些实际行为可能因年龄、性别、父母职业、父母受教育程度而有差异。在考虑问题时，要尽量把这类问题放在一起，问题要清楚合理，符合被调查者的实际情况。以下是对教师行为问卷调查的部分题目。

1. 您所使用的课件一般是（　　　　）

A．自己设计制作的　　　　　B．现成的

2. 在课件制作和使用过程中，您所需要的设备是（　　　　）

A．电脑　　　B．实物投影仪　　　C．扫描仪　　　D．光盘刻录机

E．数码相机　　　F．打印机　　　G．其他

3. 制作一堂课的课件您一般需要花费的时间是（　　　　）

A．1 小时以内　　　B．1～2 小时　　　C．2～3 小时

D．3～4 小时　　　E．4 小时以上

（三）编制问卷

初步拟订问卷的题目。确定问题是问卷设计的关键。在对调查目的和内容有了比较清楚的了解后，就可以确定问卷的提纲，然后设计问卷初稿，比较规范的做法是采用卡片法或框图法。卡片法是把初步考虑的每一个问题和答案写在卡片上，每一题一张卡片。所有的问题和答案都考虑好以后，接下去按问题内容将卡片分类，再按一定的顺序排列，最后将调整好的卡片写到纸上或输入电脑，形成问卷。框图法是把问卷各个部分按一定的顺序编制成一个框架图，然后再写出每一部分的问题及答案，最后通过补充、修改、调整后形成问卷。这个过程将在后面重点阐述。

问卷题目数量需要控制。一般来讲，一份问卷的题目应该控制在 70 题

以内。如果问题较难回答，要考虑相应减少题目的数量。回答问卷时间也需要控制。一般情况，让被调查者完成一份问卷的时间在 30 分钟左右。如果时间太短，调查的内容和范围往往受到局限；如果时间太长，被调查者往往会产生厌烦心理以致影响问卷调查的效果。

（四）问卷的测试与修改

设计好的问卷，一般要经过反复多次的修改才能完成初稿。由于问卷调查一旦进行，发现错误就无法弥补，所以设计好问卷初稿以后还必须经过试用和修改这两个环节，才能用于正式调查。一般要经过有关专家以及有经验的人员对问卷内容、可读性、适当性等方面进行初步评定与修改，判定题目是否具有适当的难度与鉴别力，必须进行试测。试测能为题目分析和最后问卷的修改提供科学依据。

问卷的测试是将问卷初稿打印若干份（具体份数视调查样本决定，一般是 30～100 份），在正式调查的总体中抽取一个小样本进行试探性调查，以便了解问题是否全面、清楚，问卷内容和形式是否正确，填答是否完整，是否能满足调查的要求，问卷的编码、录入、汇总过程是否准确等。如果试用的问卷回收率低于 60%，说明问卷设计中有较大的问题，如果填答的内容错误多，答非所问，就要仔细检查问题的用语是否正确、清晰，含义是否明确具体；如果填答方式错误较多，要检查问题形式是否过于复杂或指导语不明确等；如果是问卷中某几个问题普遍未做回答，要仔细检查分析原因，然后加以改进。

还有一种检验初稿的方法是将设计好的问卷（一般 3～10 份），分别送给有关专家、研究人员以及典型的被调查者，请他们检查和分析问卷初稿，并根据他们的经验和认识对问卷进行评价，提出存在的问题和修改意见。根据试用情况，或有关专家、研究人员提出的修改意见，求出问卷的信度和效度，对问卷进行修订，如果必要可再进行试用，直至完全符合要求，最终定稿。

（五）问卷的发放与回收

调查问卷经过测试与修改之后，形成正式的问卷发放给被调查者，即问卷的正式测试。问卷调查的质量不仅取决于问卷的设计，也取决于问卷从发放到回收各个环节的工作。

1. 问卷的发放

发放问卷有两种方式，一种是用邮寄的方式，另一种是亲自到现场分发。用邮寄的方式发放，在邮寄每一份问卷时最好附上一个回信地址并贴上邮票的信封。发放问卷的时间也要选择好，不要在被调查者特别忙的时候发放。对于教师和学生来说，特别注意不要在学期初、期末和放假的时候发放。如果到学校或单位亲自发放问卷，要事先同有关的领导取得联系，说明研究的意义和需要配合做的工作，再找恰当的时间发放。邮寄问卷的回收率一般都不太高，能回收到 60% 左右就是比较理想的了。因此，对于问卷形式的调查，在选取被调查者的时候要注意到这个因素，适当地多选择一些被调查者。而且，可以通过跟踪发送信函的方式来提高问卷的回收率。跟踪发送信函应事先做好计划，在回收问卷所定期限过后几天送到答卷人的手中。有些情况下，可以两次或两次以上发送信函，以激励答卷人迅速作答。

问卷发放时必须关注两个问题：一是要有利于提高问卷的填答质量，二是要有利于提高问卷的回收率。送发问卷可以由调查者本人亲自到现场发放问卷，也可以委托其他人发放问卷，两者各有优缺点。委托其他人出面发放问卷会比较方便，但是如果调查者能亲自到场发放，则能亲自做解释，这对于提高问卷的填写质量和回收率是有好处的。另外，不管是调查者本人到场发放问卷还是委托他人发放，都必须征得有关组织的同意，取得他们的支持与配合，这是送发问卷调查能否取得成功的一个重要条件。

2. 问卷的回收

问卷回收时，要当场粗略地检查填写的质量，主要检查是否有漏填和明显的错误，以便能及时纠正，保证问卷有较高的有效率。因为问卷收回去后再发现问题就无法更正了。无效问卷一多，就会影响调查质量。这项工作最好由调查者本人亲自在场指导，或者必须向委托人提出明确的要求。

影响问卷回收的因素主要有：组织工作的状况，课题的吸引力，问卷填写的难易度，对问卷回收的把握。根据统计，报刊投递问卷的回收率为 $10\% \sim 20\%$；邮寄问卷的回收率为 $30\% \sim 60\%$；送发问卷的回收率为 $80\% \sim 90\%$；访问问卷的回收率可达 100%。问卷的回收率是影响问卷质量的一个关键问题，回收率很低会影响调查的结果。根据有关专家研究测定，成功的问卷回收率应达到 70% 以上，而 50% 的回收率是送发问卷调查的最低要求，如果回收率不到 50%，那么该问卷调查已失败，此阶段调查就应终止。

（六）结果的整理与分析

1. 问卷资料的编码

就心理与教育分析来看，研究结果（数据、资料）的量一般较大，用手工统计处理有一定的困难，因此，目前和以后的研究大多采用计算机处理结果。为此，研究结果的分类与汇总一般采取适宜于计算机处理的形式——编码。

编码（coding）就是将研究所获得的资料转换成计算机可识别的数字、代码的过程。在心理与教育科学研究中使用的编码有两种：其一为数码，指由等距或等比量表测得的变量值，本身具有数学意义，能进行数学运算；其二为代码，这种码值是由名称或等级量表赋予的，本身没有数学意义，只能作为分类或分组的一种代号。

2. 问卷的统计分析

最后还应对回收问卷的结果进行统计分析，在统计分析的基础上发现问题，得出结论。因素分析是编制问卷时使用的主要方法，它是处理多变量数据的一种统计方法，它可以揭示多变量之间的关系，其主要目的是从为数众多的可观测的变量中概括和综合出少数几个因素，用较少的因素变量来最大限度地概括和解释原有的观测信息，从而建立起简洁的概念系统，揭示出事物之间的本质联系。

四、调查问卷的编制

运用问卷调查，关键在于问卷的设计。问卷设计的质量直接关系到调查的过程与调查的结果。因此，编制问卷是问卷调查中十分重要的一个环节。良好的问卷设计既要体现调查研究者的意图，也要将需要了解的问题明确无误地让被调查者理解。

进行问卷的编制，除了前面"问卷设计的步骤"中已经谈及的相关问题以外，还应该明确以下一些问题。

（一）问卷的一般结构

通常一份完整的问卷，一般包括标题、前言、指导语、个人基本资料、问题和供选择的答案、结束语等。

1. 标题

标题是调查目的和内容的高度概括，它既要与调查研究内容一致，又要注意对被调查者的影响，不能给其造成不良的影响。

2. 前言

前言是问卷最前面的一个开头，有人称之为封面信。前言一般包括以下的内容：①调查的内容、目的与意义；②关于匿名的保证，消除被调查者的顾虑；③对被调查者回答问题的要求；④调查者的个人身份或组织名称；⑤如是邮寄的问卷，写明最迟寄回问卷的时间；⑥对被调查者的合作与支持表示感谢。请看以下某一家长问卷的前言。

亲爱的家长：

近来，幼儿外语学习成为社会各界普遍关注的热门问题，为了使幼儿外语学习能够更加科学和规范，我们特进行此次调查，目的是了解您对幼儿外语学习的态度和您孩子外语学习的状况，您的回答对我们至关重要，调查数据将作为科学研究的依据。

本问卷不用填写姓名，答案也没有对错之分，请您根据自己的情况如实填写，我们将对调查内容严格保密。

衷心地感谢您对我们工作的支持！

"幼儿外语学习研究"课题组

2012 年 10 月

3. 指导语

指导语主要是用来指导被调查者填写问卷的一组说明或注意事项，如果需要，还可以附有样例。指导语要简明易懂，使人一看就明白如何填写（如果设计的问卷题型比较单一，这部分的内容可以与前言部分合在一起）。通常来说，指导语主要有以下几种类型。

（1）对所选答案做记号的说明。一般用圆括号"（ ）"或方框"□"来限定答案前或后的空间，并要求回答者在他要选择的答案前或后的圆括号或方框内做记号。例如：请在你所选答案前的（ ）内打上√。

（2）选择答案数目的说明。如果问卷的题型有多种，指导语一般在填写须知中说明；如果问卷的题型不多，也可以直接写在问题的后面，如"选择一项""有几项选几项""可以多选"等。

（3）填写答案要求的说明。例如，如果遇文字提示"可以多选"，则可选择多于一个的选项，只要你认为合适的都要选上；凡在回答中需选择"其他"一项作为答案的，请在后面的"_____"中用简短的文字注明实际情况。请看下面一则填写须知。

填写须知：

①如果遇文字提示"可以多选"，则可选择多于一个的选项，只要你认为合适的都要选上。

②如果您选择"其他"这一选项，请务必在____上或空格内写明相关内容。

（4）答案适用于哪些被调查者的说明。问卷中有的问题可能只是适用于某一类人。当这类问题出现时，可说明由特定的一类人填写，其他的人则跳过这些问题。

4. 个人基本资料

个人基本资料中要求填写的项目，一般都是在研究中考虑到的变量。例如，要比较男女生的兴趣差异，性别就是一个变量；要了解父母亲文化程度对子女学业成就是否有影响，父母亲的文化程度就是一个变量。研究中不涉及的项目，就不一定在个人基本情况中出现，以保持问卷的简洁。

如前所述，个人基本资料涉及被调查者的个人基本问题，是基本的自变量，也是开展研究的基础，只有了解这些最基本的事实问题，研究工作才可能进行，分析问题才能有说服力。但是尽管这部分内容是事实问题，每个人都很容易填，但是有些人对这类问题存有戒备心理，特别是涉及一些人的弱项或隐私，如年龄问题、经济收入问题。因此在填写之前的说明语中应当明确告诉被调查者是匿名填写，同时让被调查者了解本问卷对研究的意义。也有一些研究者认为，可以把这部分问题放到最后，以便减少拒答的人数。

1. 您的性别：（1）男　　（2）女

2. 您的教龄_____年。

3. 您的学历（含在读）：（1）高中或中专　　（2）大专　　（3）本科（4）硕士　　（5）博士

4. 您所在单位：_____学校

5. 您所在的学校的性质：（1）民办　　（2）公办　　（3）公办转制（4）其他_____

6. 您的职务（可多选）：（1）校长　　（2）教导主任　　（3）教研组长　　（4）一线教师　　（5）其他_____

7. 您所教的年级：（1）初一　　（2）初二　　（3）初三

5. 问题与供选择的答案

问题和选择答案是问卷的主体部分。问题是问卷的核心内容，编制的问题要简洁明了，要适应被调查者的程度，符合研究的目的要求。至于用开放式答案还是封闭式答案，则应根据实际情况而定。采用封闭式答案要按标准化测验的要求设计题目和答案，答案要准确，符合实际，便于选择。关于这部分的内容和设计，将在后面做详细的阐述。

6. 结束语

一般采用以下的表达方式。

(1) 结束语要对被调查者的合作再次表示感谢，以及提醒被调查者不要漏填与复核的请求。这一表达方式的目的，在于显示调查者的礼貌，督促被调查者消除无回答问题、差错的答案。如："问卷到此结束，请您再从头到尾检查一次是否有漏答与错答的问题。最后，衷心地感谢您对我们调查的热情支持！"

(2) 提出本次调查研究中的一个重要问题，以开放式答案的形式放在问卷的结尾。例如，在对"幼师女生重要他人的调查"问卷的结尾处，可安排如下一两个开放式问题："你崇拜过谁吗？如果有，请按你崇拜的强烈程度，由强到弱写出他们的名字，并说一说你崇拜他们的理由，以及他们对你产生的具体影响表现在哪些方面？"

（二）问题的产生

问卷编制和设计的关键是问题的设计，而问题的设计，应该按照一定的规则进行。为了使问题的设计比较顺利和有效，需要考虑以下几个步骤，以"学生考试焦虑的归因调查研究"为例进行说明。

1. 明确课题

对调查研究的课题进行审视和分析，明确调查的目的和调查的内容、范围以及对象。

课题：学生考试焦虑的归因调查

2. 提出假设

分析和梳理调查内容，提出与调查研究内容相关的假设。

假设：有的学生因学习成绩不好而引起考试焦虑，有的学生因父母期望过高而引起考试焦虑。

3. 界定概念

调查研究者要界定调查内容中所涉及的一些基本概念，这样一方面可以清晰自己的思路，另一方面也可使调查顺利进行。

概念：学习成绩、父母期望、考试焦虑。

4. 筛选变量

寻找相关的变量。

变量：对学习内容的掌握、测验成绩、考试成绩；父母的期望、与父母的关系、对父母的态度。

5. 确定指标

为筛选好的变量确定可以衡量其数量特征的单位或概念。

指标：入学成绩、期中成绩、期末成绩、平时测验成绩、作业情况；与父母的关系、与父母的沟通状况、对父母期望的看法、对父母态度的看法。

6. 产生问题

为测定已经确定的指标，编制直接与间接的问题。

问题：你的入学成绩如何？你在最近一次测验中的成绩如何？你在考试时心里很紧张是由于平时学习成绩不理想吗？你的父母对你的学习期望很高吗？你的父母很关注你的考试成绩吗？你的父母对你的考试成绩定了硬指标吗？如果你的考试成绩不理想，你父母会对你怎样……

（三）问题的提出

1. 问题的类型

（1）直接问题和间接问题。直接问题是针对所要了解的内容，直接向被调查者提问的一种方式。这种问题具体明确，直截了当，可用于了解被调查者对一些问题的看法和切身的感受。如"你是否喜欢自己的工作？""你对现在的待遇满意吗？""你认为学生的负担重吗？"间接问题是与所要了解的内容有关，但又不是直接对这个内容提问的问题。有时对一些内容直接提问可能不好回答，或不能准确地认识这个问题，就需要通过了解与这个内容有关的一些事情，来确认这个问题的性质。如要了解学生是否负担过重，不是直接问被调查者负担重不重，而是问一些与之有关的问题。如"你每天用多长时间看电视？""你常看课外书吗？""你做作业的时间一般是多长？""每天睡觉的时间有多少？"间接问题往往更能具体地反映事情的真实情况。

（2）具体问题和抽象问题。具体问题是直接从具体的事情出发，向被调查者问一些事实。如"班里有多少同学经常不交作业？""上课不爱发言的有哪几个同学？""上课不遵守纪律的有哪些同学？"抽象问题是征求被调查者对一些问题的看法，需要回答人说明自己观点的问题。回答抽象问题需要经过认真思考，说出自己对这个问题的看法。如"你认为学生学习差的主要原因是什么?""怎样解决学生负担过重的问题?"显然,抽象问题回答起来要比具体问题难得多。

2. 提出问题的原则

(1) 相关原则。调查问卷中除了少数几个提供背景的题目外,其余题目必须与研究主题直接相关。

(2) 简洁原则。调查问卷中每个问题都应力求简洁而不繁杂、具体而不含糊,尽量使用简短的句子,每个题目只涉及一个问题,不能兼问其他。违反这一原则的例子如:"你是否赞成加强高中的学术性课程和教师的竞争上岗制度?"

(3) 礼貌原则。调查问卷中尽量避免涉及个人隐私的问题,如收入来源;避免那些会给答卷人带来社会或职业压力的问题,使人感到不满。

(4) 方便原则。调查问卷中题目应该尽量方便调查对象回答,不必浪费过多笔墨,也不要让调查对象觉得无从下手,花费很多时间思考。

(5) 定量准确原则。调查问卷中如果要收集数量信息,则应注意要求调查对象答出准确的数量而不是平均数。例如,"在您的班级中 6 岁入学的有几人"和"在您的班级里学生平均几岁入学",前者能够获得班级 6 岁入学儿童的准确数字,而后者则无法得到这样的信息。

(6) 选项穷尽原则。调查问卷中题目提供的选择答案应在逻辑上是排他的,在可能性上又是穷尽的。例如,"您的最高学历是什么"的备选答案有:A 中专、B 本科、C 硕士研究生三个答案,显然没有穷尽学历类型。有的题目应提供中立或中庸的答案,例如:"不知道""没有明确态度"等,这样可以避免被调查者在不愿意表态或因不了解情况而无法表态的情况下被迫回答。

(7) 拒绝术语原则。调查问卷中避免大量使用技术性较强的、模糊的术语及行话,以便使被调查对象都能读懂题目。违反这一原则的例子如"您认为您的孩子社会智力如何?"

(8) 适合身份原则。调查问卷中题目的语言风格与用语应该与调查对象的身份相称。因此在题目编拟之前,研究者要考察调查对象群体的情况,如果对象身份多样,则在语言上尽量大众化;如果调查对象是儿童、少年,用语要活泼、简洁、明快;如果调查对象是专家、学者,用语应该科学、准确,并可适当运用专业语言。

(9) 非导向性原则。调查问卷中所提出的问题应该避免隐含某种假设或期望的结果,避免题目中体现出某种思维定式的导向。例如:"作为教师，您认为素质教育能够更好地促进学生的健康成长吗?"

(四) 答案的设计

1. 答案设计的原则

由于大多数问卷往往由封闭式回答构成，而答案又是问卷非常重要的组成部分，因此答案的优劣直接影响到该调查的成功。所以，问卷设计不仅包括问题的设计，还包括问题答案的设计。一般而言，问题答案的设计应该考虑以下几个方面。

(1) 与问题匹配。一个合适、明确的问题提出，并不意味着调查必然能顺利进行，结果一定是科学可靠。因为封闭式问题的答案是事先准备和设计好的，被调查者的回答就在研究者设计好的选项中选择，所以答案的设计首先要考虑与提出的问题意思吻合和匹配。提出什么问题，就要在问题的可能范围内确定答案，否则就可能造成张冠李戴、答非所问的情况，让被调查者无所适从。

(2) 语言简单易懂。答案的语言也和问题的语言一样，必须简单易懂，答案的语言应该更加简洁与明确，因为越简洁明确的答案，越有利于被调查者选择。而且一般来说，一个问题往往有 2～10 个答案，从方便被调查者的阅读、比较和作答角度来讲，答案也是越简洁越好。

(3) 答案无交叉。答案与答案之间不应该有交叉，它指的是答案相互之间不能重叠或包含。如果一个被调查者可同时选择属于某一个问题的两个或更多的答案，那么这一问题的答案就一定是有相互交叉的关系。有的研究者提出答案应该有互斥性[1]，指的也是这个意思。例如:

> 你每天晚自修的时间是_____
> a. 1 小时　　　b. 1～2 小时　　　c. 2～3 小时
> d. 3 小时以上

以上所列的答案中，"1 小时"与"1～2 小时"、"1～2 小时"与"2～3 小时"都存在交叉和包含关系。对于晚自修 1 小时的学生来说，他可以选"1 小时"，也可以选"1～2 小时"。如果要使以上答案不相互交叉的话，应该改为:

---

① 袁方. 社会调查的原理与方法. 北京:高等教育出版社，1990:208.

你每天晚自修的时间是_____

a. 1小时以内（含1小时）　　b. 1小时以上至2小时

c. 2小时以上至3小时　　　　d. 3小时以上

（4）答案无遗漏。答案无遗漏指的是答案要包括所有可能的情况。对于任何一个被调查者来说，问题的答案中应该有一个是符合他的情况的，如果某个被调查者的情况没有包括在某个问题所列的答案中，那么这一问题的答案就一定是有遗漏的。

对于一些相对复杂的问题，有时很难把所有的答案都罗列出来，遇到这样的问题，就要在所列的若干个答案后面，再加上一项选择——"其他"，这样就使无法在已经罗列的答案中选择的被调查者有了可以选择的选项。

你到中专读书是_____

a. 自己喜欢　　　b. 父母决定　　　c. 别人说好

d. 考分限制　　　e. 其他

但是，如果在一项调查中，选择"其他"选项的被调查者较多的话，就说明答案的设计遗漏了带有较普遍情况的内容，或者答案的分类不恰当。

2. 答案的类型

问卷中一般开放式答案为个别，半封闭式答案为少数，封闭式答案为多数。

（1）开放式答案。开放式答案指在问卷中只提出问题，不提供答案，由被调查者自由回答。如向中学生调查"你希望将来从事什么职业？为什么？""你认为世界名著对你的成长有什么影响？"等问题时，由于回答问题不受限制，被调查者可根据自己的意愿回答，畅所欲言，充分发挥主动性和创造性，调查往往能获得一些意想不到的、富有启发性的信息。开放式答案制作容易，问题简单、直接，易于做定性分析，但是数据处理较困难。

开放式答案常用于描述性的研究或较为复杂问题的研究，被调查者能按自己的理解来回答问题，可以比较真实地反映他们的态度、观点。这些问题对深入研究、发现新的问题具有重要意义。另外，当研究者无法把握问题答案时，也常采用开放式答案，作为一种试探性的、预测性的研究，为编制封闭式答案打好基础。例如，研究者不清楚现在家长最关心孩子的什么问题，他无法罗列可供选择的所有答案，因此，他先用开放式答案收集家长的各种想法，然后对各种想法分类整理，最后再形成封闭式答案。

开放式答案与封闭式答案各有优缺点。开放式答案可充分获取各种可能的信息，但作答较费时，不像封闭式答案那样简易明了，并且对数据归类、分析也较费时。

（2）半封闭式答案。在问题提出后，提供若干备选答案，让被调查者在其中选择符合他实际情况的答案；如果在备选答案中找不到或找不全符合他实际情况的答案，则在最后一个答案位置"其他____"中填上被调查者自拟的答案。"其他"之前的答案是预先提供的，而"其他"是开放的，故称这类回答为半封闭式答案。

（3）封闭式答案。封闭式答案指在问卷中不仅要提出问题，还要提供可选择的答案，供被调查者选择。封闭式答案选择往往是强迫性的，即在两个或多个选项中必须选择其中一个答案，例如，调查家长对孩子的期望："您希望孩子学历达到____。"选择答案有：A 初中、B 高中、C 大专、D 本科、E 研究生五个，让家长从中选择一个答案。或者让调查对象选择其中的一个或几个答案。例如，对高中生的调查："初中毕业时你为什么要选择普通高中而不选择中专、技校或职业高中？"列举的可能答案有：①想考大学；②依从家长的意愿；③其他类学校难考；④所在地区没有其他类学校；⑤其他。答案中提供"其他"一项是用以准备可能还有所列举的几种具体答案以外的其他答案。有时还可要求："如果是选择其他，请详细写明。"这样可以防止遗漏一些可能的重要信息。

封闭式答案结构明确，回答按标准答案进行，比较省时间，容易取得被调查者的积极配合，资料的整理、录入、汇总、分析都比较易于处理。但是如果设计时没有充分考虑好各种情况，则会遗漏一些重要的信息。因此，在设计问卷时，往往先以开放式答案对一些对象进行初步调查。根据调查结果了解可能的答案，然后据此设计出封闭式答案，用以进行正式调查。封闭式答案的缺点是缺乏灵活性，容易造成强迫回答，难以表达被调查者独特的观点，有可能造成胡乱填写答案，另外，问题编制难度较大。

封闭式答案有以下一些类型。

一是选择式。选择式是从列举的多种答案中挑选最适合个人实际情况的答案，有的可要求选择多于一个答案。要求选择多于一个答案须在题后注明。

①单项选择：是让被调查者在多种答案中选出一种最为合适的答案。例如：您的孩子在家里做了不好的事，您通常会怎么办？a. 责骂 b. 打一顿 c. 不理睬 d. 不许出去玩 e. 关在空屋里 f. 说理

②多项选择：是让被调查者在多种答案中自由选择几种符合的答案。例如：您某次数学考试成绩不理想的原因是什么，请在下列选项中选出符合的项目。a. 能力差 b. 没努力 c. 身体弱 d. 数学老师不行 e. 运气不好 f. 考试时粗心

二是是非式。是非式提供的答案只有两个，从中选择一个，所以也称为两项式。如：你是否喜欢上网？a. 喜欢、b. 不喜欢

三是量表式。将问题答案列出等级，让被调查者在自己认为适当的地方做出记号，打"√"或者画"O"。量表式问题的量尺，常用3—11之间的奇数系列表示，也有的用偶数系列表示，一般量尺范围不超过16，有实验证明，大于16时，被调查者的判断难以等距，在7±2之间最好。

①四点量表项目

在老师的东西上乱写乱画

常做　　　　　有时做　　　　不太做　　　　从未做过

②五点量表项目

您对目前的工作报酬是否满意？

十分满意　　比较满意　　　一般　　　不太满意　　很不满意

四是排序式。排序式是按照先后顺序对答案做排列。排序式有两种方式，一种是将所有答案排序，另一种是把选出的答案排序。前者称全排序，后者称选择排序。在整理数据时，可将选择的顺序变换成数值，最后的选择为1，第一选择则为最高数值。数值大表示喜欢的程度高。例如，调查幼儿师范学校学生的学科倾向时，可以出这样一道题目：请将下列课程按你喜欢的程度排出顺序，最喜欢的排1，其次为2，以此类推：语文、历史、数学、化学、英语、美术、音乐、舞蹈、心理学、教育学、教学法。

综上所述，可以看出，问卷的回答方式与问题的内容和答案是密不可分的。我们在进行回答方式的设计时，一定要将问题的种类、内容、答案的种类、调查对象的回答以及结果处理分析结合起来考虑，这样才能设计

出结构科学、内在逻辑性强的高质量问卷。

（五）问题的排列

问题和答案设计完毕以后，就面临问题的排列。问题排列最基本的要求是，要把问题分类排列，除了按照个人基本资料、态度问题和行为问题分成三大类以外，在每一类中，也要把同类或相近的问题归并到一起，按照一定的逻辑顺序排列。这样做最大的好处就是方便被调查者的回答，而不至于造成思维的跳跃和阻隔。此外，还应该注意以下几个方面。

（1）在时间上，对于有时间顺序的问题，可按由远到近或由近到远的顺序，依次排列，使之具有连续性。

（2）在内容上，问题的排列一般应遵循由浅到深、由易到难的原则，把容易回答的、人们感兴趣的、熟悉的问题放在前面，把不容易回答的或人们生疏的问题放在后面，这样的排列方式让被调查者更容易接受并愿意合作。不过，对于那些性质相同的许多问题，即使不符合这个原则，还是可以放在一起，不过在同一性质的几个问题中，可以考虑时间和内容顺序。

（3）在类别上，由前及后的顺序一般是基本资料问题、实际行为问题、态度问题。还有人在研究中把个人基本资料放到最后，以便使问卷调查较为顺利。一般来说，如果一份问卷要求填写的个人资料相对简单，建议放在前面，反之，可以放到最后。

（4）在问题的性质上，一般将敏感性问题和开放式问题放在问卷后面，因为敏感性问题容易引起研究对象的反感，导致他们不合作；而开放式问题需要花时间思考和填写，会影响情绪和信心，从而影响后面问题的回答。而且对于一些不愿意回答此类问题的被调查者，也不会影响他对其他问题的填答。要求被调查者做开放式的问题答案的，题目要少一些，一般情况下，不应该超过三题。

（5）在问题的具体程度上，一般按照"漏斗顺序"的原则进行排列。"漏斗顺序"指的是由大到小地排列问题，即先提大的、一般性的问题，再提小的、个体的、特殊的问题。由于开始的问题不具有威胁性，回答者没有抵触情绪，而且通过一般性问题的提问，可以探明问题是否需要继续深入下去，使提问更具针对性。这种顺序在问卷设计中已被普遍采用，它有助于科学地设计问卷。

除了以上几点外，还需要注意一些特殊问题。比如，应将检验信度和配对问题分隔开来放置。有时研究者会把一些具有同一性质或内容的问题以不同的方式表达，或加入一些效标题目，以防止调查对象随意填写问卷，影响信度。这些题目就应放在问卷的不同地方，否则就失去了检验的意义。再如，应设法避免反应倾向或定式心理的出现。有些调查对象在填写问卷时，往往不根据具体的问题内容回答，而是采取一种特定的反应倾向，如一律选"A"或"1"，其原因可能是问卷提问的内容或文字表达不当，也可能是问题相似且表达形式相同，引起他们的定式心理导致的结果。因此，在遵循以上原则的前提下，适当地对某些问题进行随机排列，以避免反应倾向的出现。

第三节　访谈调查法

同观察法和问卷调查法一样，访谈调查法也是教育科学研究中使用最广泛的基本方法之一。对于以人为研究对象的教育科学来说，访谈调查法则是区别于其他以物为研究对象的自然科学的特有方法。在现代教育科学研究中，访谈调查法的使用越来越普遍，其设计和策略也日益完善。

一、访谈调查法的含义

访谈调查法又称访谈法、谈话法或访问法，是指调查者通过与研究对象进行口头交谈的方式来收集所需资料的调查方法，是一种研究性交谈。也就是两个人（或更多人）之间一种有目的的谈话，其中由访谈者一方通过询问来引导被访者回答，以此了解调查对象的行为或态度，最终达到调查目的。

从本质上说，访谈和问卷都是沟通的过程，沟通的目的都在于获取研究所需的第一手资料，不同的是访谈是以口头语言的问答来收集信息，被访者是先听后说，问卷则是以书面语言的问答来搜集信息，被访者是先读后写；访谈通常是面对面的直接言语接触，问卷则是纸与笔的间接言语接触。[①] 在教育调查中所用的访谈和一般情况下的谈话不同，它是研究性的谈话。研究性的访谈与一般的谈话最本质的区别是：研究性的访谈是一种有目的、有计划、有准备的谈话，它的针对性很强，谈话的过程紧紧围绕着研究的主题展开，而一般情况下的谈话，是一种非正式的谈话，它没有明确的目的，随意性较强。

---

① 郑金洲．学校教育研究方法．北京：教育科学出版社，2003：167．

二、访谈调查法的特点

访谈调查不同于问卷调查，它是调查者与被调查者面对面直接交谈，因而可以直接观察到调查对象的非语言行为，获得感性材料，对较深层次的探索性研究及文化程度低的调查对象有很重要的意义。它的最大特点在于研究过程的交互性，即在整个访谈过程中，访谈者与被访谈者互相影响、互相作用。访谈者需要在与被访谈者在交往过程中与之建立基本的信任和一定的感悟，并根据对方的具体情况采取恰当的方式进行访谈，才能使之积极配合。这说明，在一定程度上，访谈调查法能比观察法和问卷调查法获得有关研究对象更丰富、更完整、更深层的信息，同时也是更复杂、更难以掌握的重要方法。访谈调查法一般用于调查对象较少的情况，也可与问卷、测验调查配合使用。

（一）访谈调查法的优点

1. 灵活

第一，访谈调查是访谈者根据调查的需要，以口头形式，向被访者提出有关问题，通过被访者的答复来收集客观事实材料。这种调查方式灵活多样，方便可行，可以按照研究的需要向不同类型的人了解不同类型的材料。第二，访谈调查是访谈者与被访者双方交流、双向沟通的过程。这种方式具有较大的弹性，访谈者在事先设计调查问题时，是根据一般情况和主观想法制订的，有些情况不一定考虑十分周全，在访谈中，可以根据被访者的反映，对调查问题做调整或展开。如果被访者不理解问题，可以提出询问，要求解释；如果访谈者发现被访者误解问题也可以适时地解说或引导。

2. 准确

第一，访谈调查是访谈者与被访者直接进行交流，可以通过访谈者的努力，使被访者消除顾虑，放松心情，做周密思考后再回答问题，这样就提高了调查材料的真实性和可靠性。第二，访谈调查事先确定访谈现场，访谈者可以适当地控制访谈环境，避免其他因素的干扰，灵活安排访谈时间和内容，控制提问的次序和谈话节奏，把握访谈过程的主动权，这有利于被访者能更客观地回答访谈问题。第三，由于访谈流程速度较快，被访者在回答问题时常常无法进行长时间的思考，因此，所获得的回答往往是被访者自发性的反应，这种回答较真实、可靠，很少掩饰或作假。第四，由于访谈常常是面对面的交谈，因此，拒绝回答者较少，回答率较高。即使被访者拒绝回答某些问题，也可大致了解他对这个问题的态度。

3. 深入

第一，访谈者与被访者直接交往或通过电话、上网间接交往，具有适当解说、引导和追问的机会，因此可探讨较为复杂的问题，可获取新的、深层次的信息。第二，在面对面的谈话过程中，访谈者不但要收集被访者的回答信息，还可以观察被访者的动作、表情等非言语行为，以此鉴别回答内容的真伪以及被访者的心理状态。

（二）访谈调查法的局限

1. 成本较高

访谈调查常采用面对面的个别访问，面对面的交流必须寻找被访者，路上往返的时间往往超过访谈时间，调查中还会发生数访不遇或拒访，因此耗费时间和精力较多；另外，较大规模的访谈常常需要训练一批访谈人员，这就使费用支出大大地增加。与问卷相比，访谈要付出更多的时间、人力和物力。由于访谈调查费用大、耗时多，故难以大规模进行，所以一般访谈调查样本较小。

2. 缺乏隐秘性

由于访谈调查要求被访者当面作答，这会使被访者感觉到缺乏隐秘性而产生顾虑，尤其对一些敏感的问题，往往会使被访者回避或不做真实的回答。

3. 受访谈者影响大

由于访谈调查是研究者单独的调查方式，不同的访谈者的个人特征可能引起被访者的心理反应，从而影响回答内容；而且访谈双方往往是陌生人，也容易使被访者产生不信任感，以致影响访谈结果；另外，访谈者的价值观、态度、谈话的水平都会影响被访者，造成访谈结果的偏差。

4. 记录困难

访谈调查是访谈双方进行的语言交流，如果被访者不同意用现场录音，对访谈者的笔录速度要求就很高，而一般没有进行专门速记训练的访谈者，往往无法很完整地将谈话内容记录下来，追记和补记往往会遗漏很多信息。

5. 处理结果难

访谈调查有灵活的一面，但同时也增加了这种调查过程的随意性。不同的被访者回答是多种多样的，没有统一的答案，这样，对访谈结果的处理和分析就比较复杂，由于标准化程度低，就难以做定量分析。

由于访谈调查收集信息资料主要是通过访谈者与被访者面对面直接交

谈方式实现的，具有较好的灵活性和适应性，又由于访谈调查的方式简单易行，即使被访者阅读困难或不善于文字表达，也可以回答，因此它尤其适合于文化程度较低的成人或儿童这样的调查对象，所以，适用面较广。

访谈调查法被广泛运用于教育调查、心理咨询、征求意见等，适用于向被访者了解心理体验、情感，以及对某一事物的意见、态度、评价等方面的信息，更多用于个性、个别化研究；它适用于调查的问题比较深入，调查的对象差别较大，调查的样本较小，或者调查的场所不易接近等情况。

三、访谈调查法的类型

访谈一般以面对面的个别访谈为主，也可采用小型座谈会、调查会的形式进行团体访谈，还可以进行电话访谈。访谈既可以作为一种独立的研究方法，也可以作为其他研究方法中收集资料的辅助方法。

访谈调查法依据不同的分类标准，可以分为多种类型。

（一）依访谈者对访谈的控制程度划分

1. 结构性访谈

结构性访谈又称标准化访谈，指按照统一的设计要求、按事先设计好的访谈提纲依次向被访者提问并要求被访者按规定标准进行回答。这种访谈严格按照预先拟订的计划进行，它的最显著的特点是访谈提纲的标准化，可以把调查过程的随意性控制到最小限度，能比较完整地收集到研究所需要的资料。这类访谈有统一设计的调查表或访谈问卷，访谈内容已在计划中做了周密的安排。访谈计划通常包括：访谈的具体程序、分类方式、问题、提问方式、记录表格等。

2. 非结构性访谈

非结构性访谈也称非标准化访谈、自由式访谈。非结构性访谈事先不制订完整的调查问卷和详细的访谈提纲，也不规定标准的访谈程序，而是由访谈者按一个粗线条的访谈提纲或某一个主题，与被访者交谈。这种访谈双方相对自由和随便，访谈较有弹性，能根据访谈者的需要灵活地转换话题，变换提问方式和顺序，追问重要线索，所以这种访谈收集资料较深入和丰富。通常，质的研究、心理咨询和治疗常采用这种非结构性的"深层访谈"。

非结构性访谈常用的有两种类型：重点访谈和深度访谈。重点访谈是根据事先确定的题目和假设，重点就某一个方面的问题进行有针对性的访谈。重点访谈的关键是课题的选择和题目的拟定。例如，研究者在课堂上对学生行为控制问题，可以把有关事件的录像放映给被访者，让他们谈对事件的评价、感受和意见，从而寻找出最佳行为控制模式。深度访谈又称临床式访谈、个人案史访谈，是为了取得某种特定行为及行为动机的主观资料所做的访谈，经常用于对特殊人群的个案调查中。例如，研究一名学生交友中的性别社会化和性别认同发展问题，通过对其生活史访谈，如他对父母的感情、同兄弟姐妹之间的关系等问题，再加上其他方面的深入研究，就可以加深对该同学交友问题研究的深度。

3. 半结构性访谈

在教育调查中采用的访谈形式，还有一种是介于结构性访谈和非结构性访谈之间的半结构性访谈。在半结构性访谈中，有调查表或访谈问卷，它有结构性访谈的严谨和标准化的题目，访谈者虽然对访谈结构有一定的控制，但给被访者留有较大的表达自己观点和意见的空间。访谈者事先拟订的访谈提纲可以根据访谈的进程随时进行调整。

（二）依调查对象数量划分

1. 个别访谈

个别访谈是指访谈者对每一个被访者逐一进行的单独访谈。其优点是访谈者和被访者直接接触，可以得到真实可靠的材料。这种访谈有利于被访者详细、真实地表达自己的看法，访谈者与被访者有更多的交流机会，被访者更易受到重视，安全感更强，访谈内容更易深入。个别访谈是访谈调查中最常见的形式。

2. 集体访谈

集体访谈也称为团体访谈或座谈，它是指由一名或数名访谈者亲自召集一些调查对象就访谈者需要调查的内容征求意见的调查方式。集体访谈是教育调查研究中一种很好的方法，通过集体座谈的方式进行调查，可以集思广益、互相启发、互相探讨，而且能在较短的时间里收集到较广泛和全面的信息。参加座谈会的人员要有代表性，一般不超过 10 人。主持人一般不参加争论，以免堵塞与会者的思路。另外，还要做好详细的座谈记录。

（三）依人员接触情况划分

1. 面对面访谈

面对面访谈也称直接访谈，它是指访谈双方进行面对面的直接沟通来获取信息资料的访谈方式。它是访谈调查中一种最常用的收集资料的方法。在这种访谈中，访谈者可以看到被访者的表情、神态和动作，有助于了解更深层次的问题。

2. 电话访谈

电话访谈也称间接访谈，它不是交谈双方面对面坐在一起直接交流，而是访谈者借助某种工具（电话）向被访者收集有关资料。电话访谈可以减少人员来往的时间和费用，提高访谈的效率。电话访谈与面对面访谈的合作率相差不多，对于学校系统的成员（教师、校长等）通过电话访谈比通过个别访谈更容易成功，据估算，与面对面的访谈相比，电话访谈大约可节约二分之一的费用。电话访谈也有它的局限性，比如，它不如面对面的访谈那样灵活、有弹性，不易获得更详尽的细节，难以控制访问环境，不能观察被访者的非言语行为等。

3. 网络访谈

网络访谈，又称在线访谈或电子访谈，多采用半结构式访谈的形式。在日常网络生活中，网络使用者通过网络即时通信工具可实现双方或多方对话。通过网络即时通信工具，研究者可采取三种方式从被调查对象处获取数据和信息。①

（1）即时文本访谈。研究者与访谈对象在即时通信工具的聊天窗口中以文本的方式进行互动交流。访谈双方一问一答的内容都以文本的形式被聊天工具自动记录下来。

（2）语音视频访谈。这种方式是以聊天窗口为基础，辅以可视工具（即摄像头）和语音工具（即听筒和麦克风），实现访谈者（即研究者）与被访谈者之间的对话交流。这种语音可视访谈在语音对话和相互可视的同时可辅以文本交流，尤其在表达不清晰时可键入文字以强调说明。

（3）非即时文本调查。这种类似于用电子邮件进行资料收集，可由研究者在即时通信工具的聊天窗口给被调查者留下需要了解的问题，此留言会在被调查对象进入网络聊天工具时自动弹出。被调查对象可选择在方便的时间和地点同样以留言的形式答复问题。

网络访谈主要指前两种。网络访谈也属于间接访谈，它其至比电话访谈更节约费用。另外，网络访谈是用书面语言进行的，这便于资料的收集和日后的分析。但是，网络访谈也有局限性，如无法控制访谈环境，无法观察被访者的非语言行为等。同时，由于网络访谈对被访者是否熟悉电脑操作以及是否有电脑配备、通信和宽带等物质条件，这在一定程度上也限

---

① 邹宇春. 网络访谈在调查研究中的应用. 载《广西民族大学学报（哲学社会科学版）》，2013，35（1）：116～121.

制了访谈的对象。

（四）依调查次数划分

1. 横向访谈

横向访谈又称一次性访谈，它是指在同一时段对某一研究问题进行的一次性收集资料的访谈。这种研究需要抽取一定的样本，被访者有一定的数量，访谈内容是以收集事实性材料为主，研究一次性完成。横向访谈收集内容比较单一，访谈时间短，需要被访者花费的时间较少。横向访谈常用于量的研究。

2. 纵向访谈

纵向访谈又称多次性访谈或重复性访谈，它是指多次收集固定研究对象有关资料的跟踪访谈，也就是对同一样本进行两次以上的访谈以收集资料的方式。纵向访谈是一种深度访谈，它可以对问题展开由浅入深的调查，以探讨深层次的问题。纵向访谈常用于个案研究或验证性研究，这种访谈常用于质的研究。按照美国学者塞德曼的观点，深度访谈至少应进行三次以上。[①]

访谈调查法的类型多种多样，一个访谈可能同属于两种类型，比如有时面对面访谈也同时是纵向访谈，或非结构性访谈，集体访谈也同时是结构性访谈，访谈者可根据研究的具体需要扬长避短，灵活运用。例如，要研究服务员对"优秀服务员"的定义，可以采取正式访谈与非正式访谈，个人访谈与集体访谈等形式，进行直接访谈，多次而深入，先进行无结构访谈，再进行半结构访谈；如果一位重要服务员恰好出差，而又必须在他返回前听他的意见，可进行电话访谈。

四、访谈调查法的实施

访谈是一种互动的社会交往过程，在这种互动过程中，调查者只有与调查对象建立起基本的信任与一定的感情，并根据对方的具体情况进行访谈，才能使被访问者积极提供资料。这就要求访谈人员不仅要认真地做好访谈前的准备工作，还要善于进行人际交往，熟练掌握和灵活运用各种访谈技巧，有效地控制整个访谈过程。一般来说，访谈调查法的实施大体可分为访谈前的准备、访谈的实施、访谈结果的整理与分析等阶段。

---

① 陈向明. 质的研究方法与社会科学研究. 北京：教育科学出版社，2000：173.

(一) 访谈前的准备

充分做好访谈前的一系列准备工作，是保证访谈成功的重要前提。准备工作主要有以下几个方面。

1. 准备详细的访谈提纲并熟悉访谈的内容

要根据研究的目的和理论假设，准备详细的访谈提纲，并将其具体化为一个个访谈问题。访谈的问题要能涵盖研究主题所涉及的范畴，又要有层次性，提问的方式、用词的选择、问题的范围要适合被访者的知识水平和习惯，简单明了，通俗易懂。问题编制完成后，最好请有经验的研究者或同行提修改意见，有条件的话可进行小范围的"预访"。这过程及注意的内容可参照第二节中的"调查问卷的编制"。访谈问卷编制好后，要对其内容充分熟悉，最好能达到背诵的程度。这样有利于访谈者掌握访谈的主动权，把主要精力集中在倾听对方谈话、观察对方行为表现、思考对方谈话内容、追问和记录访谈内容上。否则将直接影响访谈者良好形象的建立，影响访谈对象的合作程度。

2. 准备访谈所需的材料与工具

访谈前要对访谈内容所涉及领域的相关知识有充分的了解，对有关材料做充分的准备，如访谈记录表、各种证明材料、证件、录音机、录音笔、摄像机等。

3. 尽可能了解访谈对象

访谈前，访谈对象已基本确定，应在可能的条件下，尽量收集有关被访者的材料，对其经历、个性、地位、职业、专长、兴趣等有所了解，了解得越清楚，访谈时就会越有针对性；要分析被访者能否提供有价值的材料；要考虑如何取得被访者的信任和合作。这有利于选择更恰当的访谈方式方法，建立良好的访谈关系。

4. 确定访谈的方式与进程

为了使访谈规范，能获得实效，须事先安排访谈行程，将访谈人员、被访者、访问日期及时间做适当的安排。访谈时间最好是被访者工作、学习不太繁忙，并且心情比较舒畅的时候。访谈的地点和场合的选择要从被访者方便的角度考虑，要有利于被访者准确地回答问题，要有利于形成畅所欲言的访谈气氛。一般来说，有关工作方面的问题，以在工作地点访谈为佳，有关个人或家庭方面的问题，则以在家里访谈为佳。但有的访谈对象不愿意在家里或工作地点接待访谈者，则可选择一些公共场所进行访谈。所以，还是应根据访谈对象的具体情况进行灵活的选择和调整。

（二）访谈的实施

1. 有效接近被访者

有效地接近被访者，与被访者之间建立起信任合作的关系，打消其顾虑，使被访者展示真实的自我，愿意给出真实的回答，是访谈成功的第一步。作为访谈者必须善于运用各种访谈的技巧，才能有效地接近被访者，实现访谈过程的成功。

（1）选择亲切恰当的称谓。访谈者在接近被访者时，首先遇到的问题是为对方选择一个合乎常规的称谓。称谓对了，被访者觉得亲切自然，双方的心理距离会迅速拉近，访谈便有个好的开头；称谓错了，不仅会闹笑话，甚至会引起被访者的反感和排斥心理，影响访谈的顺利开始。选择称谓时应注意以下几个问题。

第一，要符合陌生人初次交往的心理距离。一般而言，访谈者与被访者是第一次接触，亲密程度较低，心理距离较大，相互之间的称谓一般应突出对方的社会角色身份，以示客气、尊重。如可根据见面之前的了解或询问，称对方为"教授""老师""经理""主任"等正式身份头衔，或者用"先生""女士""阿姨""大爷"等尊称，切不可直呼其名。

第二，要入乡随俗，亲切自然。访谈过程的地点和空间选择往往有很大的不同，比如人口普查涉及全国的千家万户，地域不同，人们喜欢的称谓也不同。访谈者在与被访者打交道之前，首先要了解当地的风俗习惯，做到有的放矢，称谓上要灵活处理。比如在城市，人们习惯使用"叔叔"'阿姨"等称谓，但在农村，"大爷""大娘"这样的称呼，却显得亲切自然，如同近邻。

第三，要不卑不亢，恰如其分。访谈者对于被访者要始终保持尊重、礼貌，但也不能一味奉承、讨好，甚至谄媚。有的访谈者过于拘谨，小心翼翼，动不动就叫人"老前辈"或"领导"，希望得到别人的好感，但明显的奉承往往会适得其反，甚至会引起对方的反感。

（2）选择接近被访者的途径。接近被访者是访谈的开始，入户访谈时，访谈者必须选择有效的途径，进得门，坐下来，让被访者了解自己不速而至的目的，消除疑虑，才有可能进行访谈。实际工作中，面对不同的被访者，访谈者要留心观察，选择有效的途径接近被访者。

首先，要正面接近，直入主题。访谈者与被访者接触后，直接表明身份和意图。即直接告诉被访者"我"是谁及"我"代表谁，并出示相应的身份证明，如调查工作证等；"我"来干什么及为什么要来；"我"需要您的合作；"我"会对调查结果保密。如果被访者性格开朗，顾虑较小，采用这种方式，可以极大地节省访谈时间，提高工作效率。

其次，要积极接近，把握主动。在入户访谈中，如果访谈者认为被访者有时间接受访谈，比如在周末或傍晚休息时入户，访谈员可以直接说"我想进来跟您谈谈这事"，而不是说"请问我可以进来吗?"或者说"请问你现在有时间吗?"等可能让被访者说"不"的问话。入户调查的开始都是在门口，有经验的访谈者会尽量缩短在门口的寒暄，并设法进入房屋内。因为一旦进门，被访者就不太可能拒绝访谈了。

最后，要求同接近，以退为进。接近被访者后，如发现被访者紧张或不自然，访谈者不宜直接切入正题开始访谈。可以主动挑起一些与访谈无关，但能引发初次交谈兴趣的话题，如老人、孩子、健康、社会热点等问题来打破僵局，在共同的语言交流中接近对方。等到被访者的紧张感有所消除，再正式开始访谈。这种方式对访谈者的要求较高，首先访谈者有要广博的社会知识；其次访谈者在谈话中要掌握主动，避免漫无止境的长聊，耽误太多时间。

2. 有效控制访谈过程

访谈过程从访谈者提出第一个问题开始，到被访者回答完最后一个问题结束。访谈过程的控制，是指访谈者在访谈过程中，通过提问、追问、插话、目光、表情、动作等控制来组织、引导访谈的过程。包括语言控制和非语言控制。

（1）语言控制。访谈过程中的语言控制主要指提问、追问和插问的控制。

首先是提问的控制。提问成功与否决定着访谈能否顺利进行。开始时必须用一些一般性的问题来打破坚冰，然后逐渐转到更具体的问题，同时，还要尽量不露痕迹地问一些问题以检验被访者所谈内容的真实性。提问的方式很多，有开门见山式、投石问路式、顺水推舟式、顺藤摸瓜式、借题发挥式、循循善诱式等。具体采用何种提问方式取决于两方面的因素：一方面要根据问题本身的性质和特点选择提问方式。对于简单、普遍的问题可采用开门见山的方式进行提问，如调查家庭成员情况时，可直接问："大妈，您有几个孩子? 现在和谁一起住?"一般可得到确切的回答；而对于复杂、敏感的问题，提问时则应小心谨慎，尽量采用委婉迂回的提问方式，如调查年内死亡人口情况时，用"年内家中有增减人口吗?"比直接问"年内家里有人死亡吗?"让人容易接受。

另一方面要根据被访者的具体情况选择提问方式。对那些性格内向、思想上有顾虑的被访者，提问不宜过于直接，应该采取循循善诱的方式，逐步深入地提出问题，如对家庭收入的调查，可先和被访者聊聊各自对第二职业的看法及社会的认同，再问"您及家人从事过兼职吗？"比直接问"请问您有工资以外的收入吗？"更容易得到答案；对那些性格开朗或教育程度较高的被访者则可以开门见山地提出问题。总之，提问作为一种谈话艺术，没有一成不变的模式，有经验的访谈者会在提问开始前，对问卷中的每一个问题都认真思考，设想出不同性格的人对问题的可能反应，然后根据问题的特点和被访者的具体情况，选择恰当的提问方式，顺其自然、随机应变，以取得良好的访谈效果。

其次是追问的控制。在提问过程中，为了帮助被访谈者加深对问题的理解，访谈者还要善于对问题进行追问。追问不是引导，也不是提出新的问题，而是对已经谈过的问题中不清楚的地方进行再次询问，是对提问的延伸或补充，目的是使问题的答案更准确、更完整。访谈过程中如果发现被访谈者的回答前后矛盾或含混不清时，访谈者就需要追问。如发现被访者回答婚姻状况为"已婚有配偶"而家庭成员中没有配偶的信息时，可追问"大叔（大妈）不在家住吗？"再如发现被访者回答的收入明显少于家庭支出时，可用"有吗？""还有吗？""您认为没有了吗？"等语句进行反复追问，让被访者感到自己的纰漏，迫使其给出真实的答案。但对问题的追询要做到适时与适度。要把握好追问的时机和分寸，以不妨碍访谈的顺利进行和不伤害被访谈者的感情为原则。

最后是插话的控制。在访谈过程中，因为访谈者或被访者的原因，可能产生偏离访谈主题，或者需要从一个主题转向另一个主题的情况。这时候，访谈者就要善于对问题进行引导，通过插话的方式转换话题，实现对访谈过程的有效控制，掌握访谈进度和访谈时间。实际工作中，以下两种情况需访谈者及时插话，控制访谈局面：一是访谈者将正在进行的话题转向另一个新的话题，被访者由于思路的转向而出现停顿，或者因为缺乏心理准备而产生困惑时，需要访谈者启发、诱导，以便访谈顺利进行。另一种情况是当被访谈者出现答非所问、欲言又止或漫无边际扯得太远时，需要访谈者及时加以引导，通过插话打断正在进行的话题，使访谈能够围绕相关问题继续展开。

（2）非语言控制。访问过程中，除了"访"和"问"的言语交流，访谈者还应该通过各种非语言交流方式，随时关注双方表情与动作的变化，并通过体态语言、目光、表情等控制访谈过程。

第一，体态语。体态语是指访谈双方的肢体语言，包括各种动作和姿势。访谈过程中，访谈者除了要避免个人习惯性的小动作，比如挠耳朵、抖大腿、抓头发等，还要善于利用一些动作、姿态的变化向对方传达某种信息，起到言语所不能表达的作用。同时注意对方体态语的变化，体会把握对方的思想、意图等。比如，访谈者连连点头，表示对被访者的谈话很赞同；访谈者用笔记录，表示认为刚才的内容十分重要；被访者频繁看时间，说明他希望加快速度或者结束谈话；被访者东张西望，表示对刚才的内容不感兴趣或者注意力已经转移；被访者打哈欠或者做小动作，表示已经很累。

第二，目光。人们常说"眼睛是心灵的窗户"。目光交流是访谈中最主要的非语言交流方式。访谈过程中，运用目光既能达到观察对方的感受，控制访谈过程，又不至于引起对方的不快和反感。一般而言，访谈者目光要柔和、自然、放松，既不能一直直视被访者，导致其拘束不安，也不能目光犹疑，使被访者对访谈意图产生怀疑。访谈时，访谈者要直面对方但不能盯着看，要不时与对方目光做短暂接触，以几秒钟为宜。对方如果谈得对路，发挥较好，就应该目不转睛，表示精神专注，很感兴趣；如果对方谈走了题，不妨低头或转移目光，以示提醒；如果对所谈内容不了解或觉得谈得不够深入，可以用目光表示困惑、惊讶或者不理解。总之，访谈者要适时地根据访谈的具体情况，灵活使用自己的"目光语言"，让眼神成为访谈过程的调节器。

第三，表情。访谈时，被访者总希望自己的话能够获得注意，引起重视。因此访谈一旦开始，尤其是在被访者说话时，访谈者的表情就显得尤为重要。访谈者应时刻关注被访者的谈话，并通过表情传达出启发、鼓励的信息，激发被访者的谈话意愿，对访谈过程进行有效控制。当被访者谈到成功的事，访谈者要表示出高兴；被访者谈到伤心的事，访谈者要表示同情。当整个访谈过程变成一种情感互动时，被访者感到共鸣就更愿意说话，也更有可能给出最真实的信息。实践证明，访谈者礼貌、耐心、真诚的表情，不仅能推动访谈顺利进行，还能成为访谈控制的有效工具。

第四，外部形象。访谈者的外部形象包括衣着、服饰、打扮等方面。首先，访谈者穿戴要合体，看起来像一般人头脑中的典型访谈者形象，这样可以使得访谈者的社会角色认同有效完成。其次，访谈者穿戴要普通化，避免制服或任何标注群体或团体的符号，避免因为过于严肃或轻率的外表导致被访者产生偏见性回答。最后，访谈者的穿戴应避免引人注目，以便突出访谈本身而不是访谈者个人的服装。

第五，访谈的记录。无论是结构访谈还是非结构访谈，一般在访谈过程中都需要做记录。记录的方式有两种，一是笔记，二是录音机（笔）记。笔记又分速记、详记和简记。在实际访谈中，速记和简记是较常用的记录方式。录音机（笔）可将访谈中的每一句话都记录下来，但是录音后仍要将录音内容整理出来，工作量很大。

无论什么方式，都需要先征得访谈对象的同意。访谈对象对当场记录是否产生顾虑，与访谈的内容和访谈对象的性格特点有关。对于有顾虑的访谈对象，应认真做好思想工作，说明研究结果的保密性，即结果的统计处理、呈现方式不会对他们产生任何不利影响。如果个别人还是不能消除顾虑，则可交谈时不记录，交谈结束后再记录。

为做好记录工作，应注意以下几方面问题：第一，尽可能详细地记录访谈对象对非限定性问题的所有回答和回答限定问题时主动做出的补充说明；第二，围绕访谈内容进行记录。当访谈对象离题时，可停下笔来；第三，记录时要做客观记录，用访谈对象的语言进行记录，不要试图总结或纠正语法。如访谈对象说的"不读了""灶前""夜里"，不要记录为"辍学""厨房""晚上"；第四，记录时的位置最好是让对方看不到记录内容的地方，记录的同时还要保持与访谈对象的联系；第五，访谈结束后要尽快整理访谈记录，对记录时所用的各种符号、缩写做出说明。

（3）灵活处理无回答问题。访谈过程中出现的无回答情况分为两种：一种是访谈对象不在场，如计划访谈的对象不在家、不在单位或者出差；另一种是拒绝访谈。碰到这两种情况，访谈者都不能轻易放弃，另选对象，而应该按照调查方案的要求，灵活处理，分类解决。

对于被访者不在家的处理。入户访谈时，访谈者按照样本户的地址表上门，常会碰到调查户无人在家的情况，这时候就必须复访，而不能随便放弃。一般而言，对于不在场的被访者要做到三次甚至三次以上的复访才能放弃这个对象。如果被访者在第一次访谈时不在家，就要做好详细的时间记录，以便在复访时改变时段。如果复访仍没有人，可以向邻居打听情况，看被访者通常何时回家，在确定不是空户的前提下，可连续复访，直到被访者在家为止。

对拒绝回答的处理。访谈中经常会碰到被访者拒绝回答的情况。被访者拒访的原因各不相同，常见的有认识问题、时间安排不当、抵触情绪、信任危机、敏感性问题，等等。具体情况有以下几种：被访者认为访谈主题"无聊"；被访者说自己正忙不想花费时间；被访者对访谈者不信任；被访者害怕透露个人信息；被访者认为访谈主题过于敏感；被访者在以前类似访谈中有过不愉快的经历等。

无论碰到哪种形式的拒访，访谈者都不能灰心、丧气，而是要耐心地找出被访者拒绝的原因，并有针对性地加以克服。比如，被访者担心访谈会导致个人信息泄露，访谈者就要说明访谈调查的匿名性、保密性原则；被访者如果对访谈者不信任或对访谈目的表示怀疑，访谈者就要出示有效的身份证明；被访者如果不了解调查意义而认为"无聊"，访谈者就要说明研究的价值等。当然，如果访谈者确定被访者愿意接受访谈而只是目前没有时间，就不要勉强或过多纠缠，而是应该礼貌地表示歉意，打搅了对方的生活或耽误了对方的时间，同时约定等到被访者有空时再次上门完成访谈。

3. 结束访谈

访谈结束是访谈的一个十分重要阶段和步骤，而绝不是无足轻重的一个细节。一般情况下，被访者保持注意力的时间为：电话访谈 20 分钟左右；结构式访谈 45 分钟左右；团体访谈和无结构访谈不要超过 2 小时。以上这些数据可供访谈人员实施访谈时参考。至于一次访谈究竟花多少时间为宜，应根据访谈的实际情况灵活控制，以不妨碍被访者的正常工作和生活秩序为原则。该结束谈话的时候，访谈者可有意地给对方一些语言和行为上的暗示，表示访谈可以结束了。如，"您还有什么要想说的吗？""对今天的访谈您有什么看法？"或断开话题问对方："您今天还有什么安排？"或做出准备结束访谈的姿态，如开始收拾录音机（笔），合上记录本等。最后，要注意感谢访谈对象的合作和帮助，应该向被访者表示通过访谈获得了很多有价值的材料和信息，学到了很多知识。如果这次访谈尚未完成任务，还需进一步调查的话，那么必须与被访者约定下次再访的时间和地点，最好还能简要说明再次访谈的主要内容，让被访者有个思想准备。

总之，访谈者只要注重积累社会知识和工作经验，熟练运用访谈技巧，耐心、热情、礼貌地对待被访者，就一定能灵活处理访谈中的各种问题，出色地完成访谈的任务。

（三）访谈结果的整理与分析

访谈的结束只是万里长征走完了第一步，资料的整理和分析还需更为艰辛的努力。访谈资料的整理和分析要求研究者保持开放的心态与文本互动，同时需要细致的分析和高度的概括能力，也离不开直觉与灵感的突现。

访谈结束后，要对记录的资料进行初步整理，看看是否获得了研究所需的信息，是否需要重新访谈。因为在访谈过程中原以为搞清楚的问题，在整理资料的过程中会发现有些问题的回答还不清楚，有些问题被遗漏了。这时访谈者不能凭自己的主观愿望决定答案。为保证资料的准确性，对于关键性问题，需要重访。采用不同的访谈方式可得到不同性质的资料，结构性访谈通常可以获得数据资料，可用统计方法处理；非结构性访谈获得的是描述性资料，对这类资料的处理，要做到条理清楚，主次分明，准确分类。根据研究的目的对加工处理过的资料进行分析综合。在对问题产生的原因做深入的分析和论证之后，得出研究结论，撰写研究报告。

1. 访谈结果的整理

结构性访谈的结果容易整理，也容易量化分析。非结构性访谈的结果因为是描述性的，内容也较分散，量化分析比较困难，所以相对较难整理分析。大部分情况下，为深入分析研究结果，需要对访谈内容进行编码，因此，首先要用编码系统来量化访谈结果。这主要有以下几个步骤。

首先，熟悉文本。在开始编码以前，需要仔细阅读原始资料，熟悉文本内容。资料分析需要在文本的部分与整体之间反复循环论证，熟悉文本可以对文本有全面的了解和整体把握，从而有助于准确理解局部片段。

其次，确定思考单位。思考单位可以是词、短语、句子、段落、文本等，是编码时的最小单位。思考单位应根据研究的需要来确定，但首次编码时一般要求从最基础的层面开始，越详细越好，然后随着分析的深入逐步扩大分析范围。

再次，编码。可以将码号写在相应片段的页边空白处。有时还需对所设立的码号进行命名，并将码号与其所代表的意义整理成编码表，以便查找。

最后，是资料的归类过程，即对编码后的资料采用"剪刀＋糨糊"的方式将相同码号的片段剪贴在一起，或者放入相应的档案袋中，建立档案袋系统，以便对同一主题的内容进一步分析。档案袋系统也应编上号，以便查找。编码表和档案袋系统不是一成不变的，需要在编码过程中不断调整、修改。

需要注意的是，在对码号进行命名时特别强调使用"本土概念"，尤其在第一轮开放式编码时。"本土概念"就是要求研究者尽量使用被访者自己的语言以保持资料的原汁原味，从而更加真切地表现他们的思想。[1] 例如，

---

① 陈向明. 质的研究方法与社会科学研究. 北京：教育科学出版社，2000：284.

我们访谈的一位专家在谈及"创造力"时特别强调"举一反三"能力。初看起来这似乎与"发散思维能力"相类似，但实际上，他所说的"举一反三"是与"举一反一""举零反一千"相联系的概念，是针对中国学生而言的。一方面，他反对"举一反一"，反对中国学生死记硬背、依样画葫芦，提倡创新、挑战传统；另一方面，他也反对"举零反一千"，反对现代年轻人没有一定知识基础的盲目挑战。他认为"举一反三"一定要有个"一"，即现成的知识基础。因此，他的"举一反三"的内涵远比"发散思维"丰富，于是我们在命名时就用了"举一反三"这一"本土概念"。

2. 访谈结果的分析

分析过程更多地依赖于研究者的直觉和灵感，因而常常难以表述。但在实际过程中，仍有一些具体的分析手段可以借鉴，主要有以下几种。

（1）写备忘录。"备忘录"是一种记录同时也是思考，它是记录研究者自己的发现、想法和初步结论的方式，其主要的目的是通过写作对自己的研究进行思考。[①] 例如，对于前面提到的"举一反三"概念，由于我们往往忽视其中的含义，与"发散思维"相混淆，因此，笔者将自己对该"本土概念"的理解写成备忘录，附在总结报告的最后，以便课题组其他成员参阅。

（2）写日记、总结和内容摘要。写日记不仅可以随时记下自己的感受和想法，而且可以利用记日记的机会有意识地反省自己当天的活动。而写总结和内容摘要的目的是对资料内容进行简化，以浓缩的方式呈现资料的精髓。

总结的方式灵活多样，可以围绕某些主题进行，也可以按照内容本身的前后顺序（如时间序列、因果关系、情境程序）进行；可以就一篇资料的内容进行汇总，也可以就分散在数篇资料中、但在内容上有相似性的资料进行汇编。

这些总结方式也可以结合使用，而且还可以结合备忘录等其他手段。总结报告可由两部分构成：第一部分是专家总结，即针对各位专家的访谈资料进行总结，由每一位访谈者各自完成，并由课题组组长进行检查。这些总结一般按照访谈提纲的主题进行，有时还与备忘录结合在一起：针对专家的观点做适当评论，批注在旁边，或在总结报告的最后分析本次访谈的得失，提出下一步访谈的建议；第二部分为整合总结，即将所有的分专家总结报告整合起来，这主要由课题组组长完成，并通过小组讨论进行修正。

（3）画图表。图表是对线性文字资料进行的一种立体浓缩，可以通过

---

① 陈向明. 质的研究方法与社会科学研究. 北京：教育科学出版社，2000：304.

三维直观的方式比较集中地、生动地展现资料中蕴含的各种意义关系。[①]通常使用的图表有矩阵图、曲线图、等级分类图、报表、网络图、认知图、模型、本地人分类图、决策模式、因果关系图等。研究者可以根据研究的需要采用适当的图表，从而使分析结果更简洁、直观。

（4）与外界交流。当研究者的分析走入"死胡同"的时候，与善解人意、善于倾听的朋友交谈，往往可以为自己提供一些意想不到的灵感和启迪。此外，研究者还可以阅读有关的研究文献，从中了解本领域内前人的分析方法，借鉴其研究的经验与教训。

对原始资料的处理通常从资料的组织开始，然后逐步深入分析，通过联结产生意义。这样的程序能使我们在接触文本时保持阅读的开放性，防止因先入为主的偏见而无法准确理解原始资料的意义。但是，访谈字稿的整理、资料的组织、联结是一个相当复杂的过程，需要投入大量的时间和精力。因此，研究者常常陷入这样的矛盾：既希望高效地处理原始资料，及早获得研究结论，提出下一步访谈的建议，又希望资料的整理和分析能获得一个比较严谨的结论。在质量与效率之间研究者常常难以权衡。恰当地使用"回溯觉察之重组"可以帮助研究者找到效率与质量的平衡，尽管这不是主要的分析方法。简单地说，"回溯觉察之重组"就是研究者已经对资料有了自己的理解后，采取回溯的方式，回想自己是如何得到这些结论的，自己有哪些资料可以支撑这些结论。[②]

【思考与实践】

1. 试述教育调查法的含义及优缺点。

2. 理解说明应如何遵循调查研究的基本原则。

3. 访问前的准备工作应包括哪些主要内容？

4. 问卷法的基本结构是怎样的？

5. 试谈访谈法的含义、特点和个别访谈的技巧。

6. 按个别访谈的步骤和技巧，选择 1～2 人进行访谈，总结访谈的经验与教训（内容自定）。

7. 根据问卷调查的程序，设计一份教育调查问卷（内容自定）。

---

① 陈向明. 质的研究方法与社会科学研究. 北京：教育科学出版社，2000：306.

② 陈向明. 质的研究方法与社会科学研究. 北京：教育科学出版社，2000：314.

第六章　教育测量研究法

美国心理学家桑代克（E. L. Thorndike）曾说："凡客观存在的事物都有其数量。"另一位美国教育测量学家麦柯尔（W. A. McCall）进一步指出："凡有数量的东西都可以测量。"[①] 辩证唯物主义告诉我们，任何事物或现象的存在、发展、变化都是质和量的统一。教育测量研究就是在质和量的辩证统一中从数量的角度去研究教育现象的发展变化，从而达到对其质的属性和规律的认识。教育测量研究法既可以单独使用，独立探索教育问题，也可以与其他研究方法配合使用，作为获取教育研究资料的重要方法和手段。

第一节　教育测量研究法概述

一、教育测量的含义

（一）测量与教育测量的定义

测量的定义很多，但广为人们接受的是史蒂文斯（S. S. Stevens）下的定义："从广义而言，测量系根据法则给事物分派数字。"这个定义指出了测量的三个方面的特征：法

---

① 郑日昌，蔡永红，周益群. 心理测量学. 北京：人民教育出版社，1999：5.

则、事物、数字。法则是测量的依据和准则，即根据什么来进行测量，例如，用天平衡量物体的重量，依据的是杠杆原理；用温度计量体温，依据是物体热胀冷缩的原理；事物（事物的属性和特征）是测量的对象，也就是对什么进行测量；数字是测量结果的表现形式，测量的结果必须以数字的形式表现出来。[①] 因此，所谓测量，就是依据一定的法则（测量的依据和准则）对事物的属性和特征（测量的对象）用数字（测量的结果）加以确定的过程。

教育测量是根据测量学的原理和方法对教育现象及其属性进行数量化研究的过程。它主要包括对学生内在精神属性的测量，如测量学生的学习成绩、智力水平、品德状况、人格特征等方面。[②]

（二）教育测量的基本要素

无论是物理测量，还是教育测量，都必须具备以下三个基本要素。

1. 单位

单位是计量事物的标准量名称，如测量物体的重量可用吨、千克、克等为单位，测量物体的长度可用米、分米、厘米、毫米等为单位，测量学业成绩可用分数的"分"做单位。单位是测量的基本要求，没有单位，数量的多少、大小就无法表示，也就无法进行数量分析。

理想的单位必须具备两个条件：一是有确定的意义，即对同一单位，所有人的理解意义都相同，有公认的标准，不能出现不同的解释；二是有相等的价值，即相邻两个单位点之间的距离相等。

2. 参照点

参照点是计算事物的起点，又称零点。参照点不统一，量数所代表的意义就不同，测量的结果就无法进行比较。参照点有两种：绝对零点和相对零点。绝对零点的"0"表示"没有"的意思，如"0米"就表示没有长度，"0千克"就表示没有重量，绝对零点是理想的参照点；相对零点是人定的参照点，"0"不一定表示"没有"，如温度的测量以冰点为零点，因此"0℃"并不是表示没有温度。教育测量的参照点多为相对零点，例如，考试得"0分"并不表示学生一点知识都没有掌握。

3. 量表

量表即测量的工具，它是具有一定单位和参照点的连续体。如尺子是

---

① 胡中锋. 教育测量与评价（第二版）. 广州：广东高等教育出版社，2006：3～4.

② 胡中锋. 教育测量与评价（第二版）. 广州：广东高等教育出版社，2006：6.

度量长短的量表，天平是权衡重量的量表。教育测量的量表多以文字试题、图形、符号、操作等形式出现。但由于不同量表的数字化程度不同，数值所包含的信息量不同，因此测量的程度水平也不同。将量表从低级到高级排列，可分为称名量表、顺序量表、等距量表、比率量表四种水平。

（1）称名量表。也称类别量表，这是最低水平的一种量表。只是用数字代表事物或把事物归类，没有任何数量的意义。如将学生按性别进行分类，可以用 1 表示男性，0 表示女性。这种量表所得到的数据，只有区分性，没有序列性、等距性、可加性等，因此不能进行数量化分析及加、减、乘、除运算。它只适用于次数的统计，如次数、众数、百分比、列联相关、卡方检验等。

（2）顺序量表。也称等级量表，比称名量表稍为精确，其得到的数据不仅指明类别，同时指明不同类别的大小等级或具有某种属性的程度。例如，把学生的品德评定为优、良、中、差四个等级；把学生的考试成绩排名次，等等。这种量表所得到的数据具有序列性，但仍没有等距性和可加性，因此也不能进行加、减、乘、除运算。它所适用的统计有中位数、百分位数、等级相关系数、肯德尔和谐系数等。

（3）等距量表。等距量表所得到的数据，不仅具有区分性和序列性，而且由于等距量表有相等的单位和相对的零点，所以具有等距性和可加性。例如，测量温度就是一个等距量表，30℃与20℃之差等于20℃与10℃之差；智力测验的分数、标准分数都是等距量表。等距量表可以进行加减运算，但由于没有绝对零点，故不能进行乘除运算。这种量表应用的统计方法比较广泛，如计算平均数、标准差、积差相关系数、T检验、F检验等。

（4）比率量表。比率量表是最高水平的量表，是一种理想的量表。它既有等距的单位，又有绝对零点，因此可以进行加、减、乘、除运算。大多数物理测量量表都是比率量表，而教育测量由于难以确定绝对零点，因此很难达到这一水平。比率量表不仅适用于上述量表的所有统计，而且还适用于几何平均数和变异系数等统计运算。

二、教育测量的特点

与物理测量相比，教育测量更复杂，更难以测量。这是因为教育测量具有以下特点。

（一）间接性

物理测量如物体的重量、长度、温度，可以用天平、尺子、温度计直接测量。教育测量的对象是学生的内在心理特性，而内在心理特性是无法直接测量的，只能通过其外显的行为，来间接测量其心理活动的特点与水平。也就是说，我们只能通过学生对测验题目的反应和一些行为表现，运用推理、判断的方法，来间接地测量出他们的知识水平、智力高低和品德好坏。

（二）相对性

物理测量的度量单位是绝对的，但教育测量的度量单位则是相对的。一个学生在某次测验中得 60 分，可能在这个班是较差的分数，但在别的班则有可能是较好的分数；甲在某校的 80 分并不一定比乙在另一学校的 90 分低，因为考试的题目难度不同，评分标准不同，因此，分数的价值并不相等。又如，70 分比 65 分多 5 分，90 分比 85 分多 5 分，这两个 5 分并不是由相等的标准确定的。

（三）稳定性

由于人的前后行为具有内在一致性，因而测量结果就具有稳定性的特点。正因为有这种稳定性，我们的测量才有意义。但是，学生的智力、学业成绩、品德等是不断发展、变化的，随着年龄、年级的升高和个体不断地学习，这些特性将会发生变化，因此，不同阶段的测量结果具有不同的意义。由此可见，测量的稳定性也是相对的。

（四）客观性

客观性是对一切测量的基本要求。测验是教育测量的主要工具，因此，教育测量的客观性本质上是测验的标准化问题。测验的标准化包括测验项目、指导语以及施测过程的标准化，评分原则、记分方法和分数转换的标准化，测验结果解释的标准化，等等。但是，由于教育测量要控制的变量比较多，因此，要做到像物理测量那样客观是不可能的。

三、教育测量的类型

教育测量根据不同的分类标准，可以分为以下几种类型。

（一）按照测验的功能分类

1. 能力测验

能力测验可以分为一般能力测验和特殊能力测验。一般能力测验即通常所说的智力测验，主要测量人的一般能力（即智力），通常根据学生对智力量表上的题目的反应或回答情况确定其智力水平的高低。目前在国内广泛使用的智力测验如韦克斯勒智力量表、斯坦福—比奈量表等，主要是测量学生在认知活动中的较稳定的一般能力，如言语能力、数学能力、记忆能力、空间能力、推理能力等。特殊能力测验是测量学生在某一特殊领域发展可能性的测验，如音乐能力测验、美术能力测验、体育能力测验、机械能力测验等。[①]

2. 成就测验

成就测验又称学绩测验，主要用于测量学生经过教学或训练后对知识与技能的掌握程度，即学业成就。成就测验一般分为两种类型，一是单科成就测验，测量学生在某一学科上的学业成就，如数学测验、语文测验；二是综合成就测验，测量学生在多学科上的综合学业成就。

3. 人格测验

人格测验也称个性测验，主要用于测量人格中除能力之外的个性心理，诸如性格、气质、兴趣、态度、品德、动机、信念、价值观等方面的个性心理。人格测验的类型主要有以下几种：一是自陈量表，又称自陈问卷，依据测量的人格特征编制客观问题，要求被试根据自己的实际情况或感受进行回答，以此测量个人的人格特征，是测量人格最常用的方法和形式，如明尼苏达多相人格因素测验（MMPI），卡特尔16种个性因素测验（16PF），艾森克人格测验（EPQ），等等。二是评定量表，通常由一组描述个体特征或特质的词或句子组成，要求他人（知情人）经过观察对某个人的某种行为或特质做出评价，如猜人测验、莱氏品质评定量表，等等。三是投射测验，向被试提供一些未经组织的刺激情境，让被试在不受限制的情境下，自由表现他的反应。主试分析反应的结果，来推断被试的人格特征，如罗夏墨迹测验、主题统觉测验、句子完成测验、绘画测验，等等。

（二）按照测验对象的人数分类[②]

1. 个别测验

个别测验是指一位主试在同一时间内只测量一个被试。个别测验的主要优点是在测试过程中主试可以对被试的行为反应、情绪状态等进行仔细观察和及时记录，并在必要时采取一定的控制措施，测量结果比较正确可靠。此外，对于一些特殊的测试对象，如幼儿、文盲等，由于他们不能使用文字，只能由主试记录其反应，此时只能采用面对面的个别测验。

2. 团体测验

团体测验是指一位主试在同一时间内同时测量许多被试。团体测验的

---

① 郑日昌. 心理测验与评估. 北京：高等教育出版社，2005：44.

② 郑日昌. 心理测验与评估. 北京：高等教育出版社，2005：45.

主要优点在于省时省力，可以在短时间内收集到大量的资料。由于这个优点，使团体测验在诸如教育、人事选拔、团体比较研究中得到广泛应用。此外，团体测验的程序比较简单，主试也不必经过专门训练，只要事先熟悉测题和指导语，在施测时能掌握测试时间并能控制现场即可。

（三）按照测验材料的性质分类①

1. 文字测验

文字测验又称纸笔测验，测验所用的材料是文字。其优点是实施方便，缺点是文字材料易受被试文化程度的影响。

2. 非文字测验

非文字测验又称操作测验，测验所用的材料是图片、图形、实物、工具、仪器、模型等，被试通过对材料的辨认、手工操作回答，无须使用文字。其优点是不受或少受文化程度的影响，可用于测量幼儿、文盲和文字表达能力有困难的被试。缺点是只能个别施测，不易团体实施，比较费时费力。

（四）按照测验结果解释所参照的标准分类

1. 常模参照测验

常模是指通过抽取具有代表性的、数量足够大的样本进行某项测验得到的平均成绩。常模的类型包括年级常模、年龄常模、百分等级、标准分数常模等。常模参照测验就是将被试在某项测验上所得的分数与常模相比较，以确定被试在某一团体中所处的位置。许多的智力测验、人格测验都属于这种测验。

2. 标准参照测验

标准参照测验又称目标参照测验，是指将被试的测验分数与预先制定的某种标准进行比较，看被试是否达到了目标规定的要求。例如，教师根据课程标准规定的教学目标来判断学生的学科测验成绩是否达标以及达标的程度。毕业考试、英语水平测试、钢琴考级、律师、会计师的资格考试等都是标准参照测验。

（五）按照测验的应用分类

1. 教育测验

教育测验是在学校及其他教育机构应用最为广泛的测验，其中最常用的是成就测验。此外，许多能力测验和人格测验也有应用，例如，用智力测验了解学生的智力发展情况，用人格测验了解学生的性格、气质、兴趣、

---

① 郑日昌，蔡永红，周益群. 心理测量学. 北京：人民教育出版社，1999：45.

态度、品德、动机、信念、价值观等心理特征。

2. 职业测验

职业测验主要用于人员选拔、职业指导和职业安置。许多成就测验、能力测验和人格测验都有助于职业上的决策，但也有一些测验是专门为职业的需要发展起来的。如韦斯曼人员分类测验、工业人事测验、机械能力测验、文书能力测验、库德职业兴趣调查表、生涯评估量表，等等。

3. 临床测验

临床测验主要用于医务部门，用以检测、诊断智力异常、人格障碍及其他精神疾病。许多能力测验和人格测验可用作临床诊断的辅助工具，也有一些是专为医学临床诊断而设计的测验，常用的有神经心理学测验、儿童心智缺陷测验、心理健康问卷等。

（六）按照测验的标准化程度分类

1. 标准化测验

标准化测验是指采用系统的科学程序编制的，在测验施测、评分、分数解释等方面有严格统一的标准，并对误差做了严格控制的测验。标准化测验的编制和施测有一套标准的程序。测验编制包括确定测验目的、拟订编制计划、设计测验项目；抽取有代表性的样本进行试测；进行信度、效度、难度、区分度分析；确定指导语、时限和施测条件；建立常模、确定记分和评分标准以及分数转换和解释的方法等。标准化测验的科学性较高，测量结果比较客观，但编制费时费力，灵活性和针对性不强。

2. 自编测验

自编测验也称非标准化测验，是指测验的编制、施测、评分和分数的解释方面不按标准化程序进行的测验。通常由教师自编，临时使用，如课堂测验，期中、期末考试，等级评定量表等。这些测验是教师根据教学目标和自己的教学经验编制而成，通常与日常教学工作紧密联系；测验内容与教材内容、教学进度一致；难度由教师把握。自编测验的随意性较大，在科学性和客观性方面不如标准化测验，但编制省时省力，针对性强，灵活方便。

（七）按照测验的目的分类

1. 诊断性测验

诊断性测验是指在教学活动开始时进行的一种测验，目的在于了解学生对学习的准备状况，诊断学生的困难所在，以便恰当处理教学内容、改进教学方法。

2. 形成性测验

形成性测验是在教学活动过程中随时进行的一种测验，目的是及时了解教师的教与学生的学的状况，以便采取补救措施及时矫正。

3. 终结性测验

终结性测验是在教学的单元或课程结束后进行的一种测验，目的在于鉴定教学目标是否达成。

（八）按照测验的难度分类[①]

1. 速度测验

速度测验的题目较为容易，一般都没有超出被试的能力水平，但题目数量较多，且时限较短，几乎每个被试都不能做完所有题目。在纯粹的速度测验中，被试的得分完全依赖于反应速度。

2. 难度测验

难度测验包含各种不同难度的题目，由易到难排列，其中有一些极难的题目，几乎所有被试都解答不了。但作答时间较为充裕，使每个被试都有机会做所有的题目，当然也有时间限制。难度测验测量的是被试解答难题的最高能力。

第二节 教育测量研究法的质量指标

教育测量的主要工具是测验，测验的质量直接影响到教育测量的效果，因此，在使用某个测验之前，必须对其进行科学的质量分析。测验的质量一般要从两个方面来分析：一是分析每个项目的质量指标，即分析测验项目的难度和区分度。二是分析整份测验的质量指标，即分析测验的信度和效度。

一、项目质量分析

（一）难度

1. 难度的概念

难度是指测验项目的难易程度，它通常是用答对或通过该项目的人数比例来表示。一个测验项目，如果大部分被试都答对或通过，则该项目的

---

① 郑日昌，蔡永红，周益群. 心理测量学. 北京：人民教育出版社，1999：11.

难度就小；相反，难度就大。

2. 难度的计算

（1）二分法记分项目（客观题）的难度计算。二分法记分项目是指只有答对和答错两种情况的题目，答对得分，答错 0 分，因此，也称（0、1）记分项目，如选择题、是非题、填空题、匹配题等。这类项目的难度计算一般有两种方法。

①通过率。用答对或通过该项目的人数的百分比表示：

$$P = \frac{R}{N}$$

式中 P 为项目难度，R 为答对或通过该项目的人数，N 为全体被试人数。

例 1：200 名学生参加考试，答对某项目的人数为 160 人，则

$$P = \frac{R}{N} = \frac{160}{200} = 0.8$$

如果答对的人数为 60 人，则

$$P = \frac{R}{N} = \frac{60}{200} = 0.3$$

如果答对的人数为 200 人，则

$$P = \frac{R}{N} = \frac{200}{200} = 1$$

如果没有人答对，则

$$P = \frac{R}{N} = \frac{0}{200} = 0$$

从例 1 可以得到以下两个结论：

第一，P 值的范围：$0 \leqslant P \leqslant 1$

第二，通过人数越多，P 值越大，项目难度越小；通过人数越少，P 值越小，项目难度越大。可见，难度值与难度成反比。

②极端分组法。当被试人数较多时，为节省时间和精力，可采用此法，具体步骤如下。

第一步，按测验总分从高到低依次排列试卷。

第二步，从最高分的试卷开始，由高到低依次取出全部试卷的 27% 作为高分组；从最低分的试卷开始，由低到高依次取出全部试卷的 27% 作为低分组。

第三步，分别计算高分组的项目通过率 P_H 和低分组的项目通过率 P_L，

然后计算 P_H 与 P_L 的平均数。即：$P = \dfrac{P_H + P_L}{2}$

例 2：在 370 名被试中，选出高分组和低分组人数，其中高分组有 70 人答对第一题，低分组有 40 人答对第一题，求第一题的难度。

解：高分组和低分组的人数是

$$370 \times 27\% \approx 100 \text{（人）}$$

$$P = \frac{P_H + P_L}{2} = \frac{\dfrac{70}{100} + \dfrac{40}{100}}{2} = \frac{0.70 + 0.40}{2} = 0.55$$

因此，第一题的难度为 0.55。

在选择题和是非题中，凭猜测选择正确答案的机会是 $1/K$（K 是每题中选项的数目），这样，对于是非题（$K = 2$）而言，猜测的成功率为 50%，对于四重选择题，猜测的成功率为 25%。可见，猜测会使被试的得分高于他的真实水平，对测量带来误差，即猜测误差。为了平衡猜测对难度的影响，需采用下面的公式进行校正：

$$CP = \frac{KP - 1}{K - 1}$$

式中 CP 为校正后的难度值，P 为实得难度值，K 为备选答案数目。

例 3：有 A、B 两个项目，项目 A 为四重选择题，通过率为 0.58，项目 B 为是非题，通过率为 0.65，试比较两题的难度。

解：A、B 两项目校正后的难度值分别是

$$CP_A = \frac{KP - 1}{K - 1} = \frac{4 \times 0.58 - 1}{4 - 1} = 0.44$$

$$CP_B = \frac{KP - 1}{K - 1} = \frac{2 \times 0.65 - 1}{2 - 1} = 0.30$$

因为 $CP_A > CP_B$，所以项目 A 比项目 B 的难度小。

（2）非二分法记分项目（主观题）的难度。非二分法记分项目是指每个项目不只有答对和答错两种结果，而是从满分到零分之间多种可能结果，也叫（0、K）记分项目，如问答题、论述题、作文、阅读理解等，这类项目的难度计算也有两种方法。

①平均分数法。计算公式为：$P = \dfrac{\overline{X}}{X_{\max}}$

式中 $\overline{X}$ 为全体被试在某一项目上的平均分，$X_{\max}$ 为该项目的满分。

例 4：某道论述题满分 12 分，所有被试在这道题上的平均得分为 3.6 分，求该论述题的难度。

解：该论述题的难度是

$$P=\frac{\overline{X}}{X_{\max}}=\frac{3.6}{12}=0.3$$

因此，该论述题的难度为 0.30。

②极端分组法。当被试人数较多时，也可采用极端分组法，具体步骤如下。

第一步，按测验总分从高到低依次排列试卷。

第二步，从最高分的试卷开始，由高到低依次取出全部试卷的 25% 作为高分组；从最低分的试卷开始，由低到高依次取出全部试卷的 25% 作为低分组。

第三步，分别为高分组、低分组编制项目分析表。

第四步，按下列公式计算难度。

$$P=\frac{X_H+X_L-2NL}{2N(H-L)}$$

例 5：有 100 名被试参加某个测验，其中第 5 题是论述题，满分 10 分。按高、低分各占总人数的 25% 分组，其中第 5 题的得分统计如表 6-1 所示，求该题的难度。

表 6-1 论述题分析表

	x	f	fx		x	f	fx
	10	10	100		10	0	0
高	8	8	64	低	8	5	40
分	7	6	42	分	7	8	56
组	5	1	5	组	5	2	10
	4	0	0		4	10	40
$\sum$		25	211			25	146

在分析表中，x 为被试在该题得到的各种分数，f 为得到各种分数的人数，fx 为各种分数与得到各种分数的人数之乘积。

解：以上数据，已知 $N=25$，$X_H=211$，$X_L=146$，$H=10$，$L=4$，则有：$P=\frac{X_H+X_L-2NL}{2N(H-L)}=\frac{211+146-2\times25\times4}{2\times25(10-4)}=0.523$

因此，这道论述题的难度为 0.523。

3. 难度对测验的影响[1]

（1）难度对测验分数分布的影响。测验项目的难度值越小，项目的难度就越大，通过该项目的人数就越少，测验分数就越集中在低分端，分数分布越呈正偏态分布（如图6-1）；项目的难度值越大，项目的难度就越小，通过该项目的人数就越多，测验分数就越集中在高分端，分数分布越呈负偏态分布（如图6-2）。因此，测验项目过难或过易，都会造成测验分数偏离正态分布，使测验分数的离散程度变小。特别是，当项目难度值为1时，所有被试都得满分；当项目难度值为0时，所有被试都得0分。这两种情况都不能反映被试之间实际存在的差异。

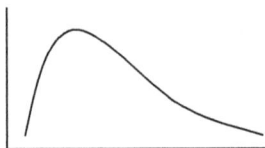

图 6-1　测验分数集中在低分端呈正偏态　　图 6-2　测验分数集中在高分端呈负偏态

（2）难度对测验鉴别力的影响。测验的主要功能之一就是鉴别被试实际水平的高低，适中的难度可以加大被试得分的差异，从而提高测验的鉴别力。当项目难度为0.5左右时，测验得分的方差最大，测验的鉴别力最高。

4. 测验的适宜难度[2]

测验的项目难度多少才合适，取决于测验的目的和性质，不能认为每个项目的难度值都等于0.5最好。事实上，一方面，如果每个项目的难度值都等于0.5，那么此测验会使测验分数的分布呈双峰状态，即有50%的人所有项目都答对，得满分，另外50%的人所有项目都答错，得0分。这样的测验就只能区分出好与差两个极端被试的差异，却不能对各种被试做更精确的区分，因此，最好是使项目的平均难度接近0.5，即在0.50±0.20之间。这样，被试的测验分数将接近正态分布，有较大的鉴别力。另一方面，项目难度不能一概而论，应由测验目的确定，如果测验的目的是选人，则应采用难度值接近录取率的项目，比如要选出20%的优生参加学

---

① 朱德全，宋乃庆. 教育统计与测评技术. 重庆：西南师范大学出版社，2008：109～110.

② 朱德全，宋乃庆. 教育统计与测评技术. 重庆：西南师范大学出版社，2008：110.

科竞赛，适宜难度应为 0.20，如果要选出 20％的差生补习，则适宜难度应为 0.80。可见，测验目的不同，测验项目所要求的适宜难度也不同。

另外，测验的性质不同，难度也不一样。一般来说，速度测验的难度不宜太难，而且每个项目的难度值应接近相等；难度测验则要求难度值应在 0.5 左右。但不管是速度测验还是难度测验，一般应防止被试得满分，因为满分的意义很不明确，我们无法了解被试的最高水平。

（二）区分度

1. 区分度的概念

项目区分度也称鉴别力，是指测验项目对被试实际水平的区分程度。如果一个项目能将不同水平的被试区分开来，也就是说，在某项目上水平高的人得高分，水平低的人得低分，我们就说这个项目有较高的区分度；反之，如果项目对不同水平的被试不能很好地鉴别，水平高与水平低的被试所得分数差不多，甚至正好相反，我们就说该项目区分度低，所以测量学家把区分度称为测验是否具有效度的"指示器"，并作为评价项目质量、筛选项目的主要指标与依据。

区分度用 D 表示，其取值范围是 $-1 \leqslant D \leqslant 1$。当 $0 < D \leqslant 1$ 时，称积极区分。D 值越大，区分效果越好。当 $-1 \leqslant D < 0$ 时，称消极区分。当 $D = 0$ 时，无区分作用。

2. 区分度的计算

在理论上，区分度是以项目得分高低与实际能力水平之间的相关系数来表示的。但是，被试的实际能力水平是很难直接测量的，因此，在具体估计项目的区分度时，常常用被试测验总分代表其实际能力水平，即假定总分高的被试实际能力水平也高，相反，则实际能力水平低。

（1）极端分组法。此方法主要是适用客观题和主观题的区分度计算。

①二分法记分项目（客观题）区分度的计算。

计算公式为：$D = P_H - P_L$

式中，D 为区分度，P_H 为高分组（即排名前 27％的被试）在该项目上的通过率，P_L 为低分组（即排名后 27％的被试）在该项目上的通过率。

例 6：在 370 名被试中，选出高分组和低分组人数，其中高分组有 70 人答对第一题，低分组有 40 人答对第一题，求第一题的区分度。

解：高分组和低分组的人数为

$$370 \times 27\% \approx 100 \ （人）$$

$$D = P_H - P_L = \frac{70}{100} - \frac{40}{100} = 0.70 - 0.40 = 0.30$$

因此，第一题的区分度为 0.30。

②非二分法记分项目（主观题）区分度的计算。

计算公式为：$D=\dfrac{X_H-X_L}{N(H-L)}$

式中，D 为区分度，X_H 为高分组（即排名前 25％的被试）测验总分，X_L 为低分组（即排名后 25％的被试）测验总分，H 为该项目最高得分，L 为该项目最低得分，N 为被试总人数。

例 7：有 100 名被试参加某个测验，其中第 5 题是论述题，满分 12 分。按高低分各占总人数的 25％分组，其中第 5 题的得分统计如表 6-2 所示，求该题的区分度。

表 6-2　论述题分析表

	x	f	fx		x	f	fx
	12	10	120		12	0	0
高	10	6	60	低	10	4	40
分	8	4	32	分	8	6	48
组	6	3	18	组	6	5	30
	4	2	8		4	10	40
$\sum$		25	238			25	158

在分析表中，x 为被试在该题得到的各种分数，f 为得到各种分数的人数，fx 为各种分数与得到各种分数的人数之乘积。

解：以上数据，已知 $N=25$，$X_H=238$，$X_L=158$，$H=12$，$L=4$，

则有：$D=\dfrac{X_H-X_L}{N(H-L)}=\dfrac{238-158}{25\times(12-4)}=0.4$

因此，这道论述题的区分度为 0.40。

1965 年，美国测验专家伊贝尔（R. L. Ebel）根据长期的经验提出了用鉴别指数评价项目性能的标准，如表 6-3 所示。

表 6-3　测量的鉴别指数与优劣评价

鉴别指数（D）	项目评价
0.40 以上	很好
0.30—0.39	良好，修改后会更好
0.20—0.29	尚可，但需修改
0.19 以下	差，必须淘汰

以上标准仅供参考，不是绝对的。

（2）相关法。相关法就是通过计算项目得分与测验总分的相关系数来估计区分度的方法。由于测验项目的类型不同，采用的相关法也不同。

①积差相关法。非二分法记分项目（主观题）的区分度，可采用积差相关计算。即计算某项目得分与测验总分的相关系数。

其计算公式为：$r = \dfrac{\sum (x - \bar{x})(y - \bar{y})}{\sqrt{\sum (x - \bar{x})^2 \sum (y - \bar{y})^2}}$

式中 r 为积差相关系数，即区分度，x 为被试某题的得分，$\bar{x}$ 为被试某题得分的平均分，y 为被试的测验总分，$\bar{y}$ 为被试测验总分的平均分。

例8：12名学生参加某学科测验，其中第6题（主观性试题）得分为 x，测验总分为 y，结果如下，求第6题的区分度。

学生	1	2	3	4	5	6	7	8	9	10	11	12
x	6	7	5	5	1	5	3	2	4	3	1	6
y	92	89	83	63	64	84	81	77	57	78	64	83

解：根据表中数据求得：$\bar{x} = 4$，$\bar{y} = 76.25$

则，区分度为：

$$r = \frac{\sum (x - \bar{x})(y - \bar{y})}{\sqrt{\sum (x - \bar{x})^2 \sum (y - \bar{y})^2}}$$

$$= \frac{(6-4)(92-76.25) + (7-4)(89-76.25) + \cdots + (6-4)(83-76.25)}{\sqrt{[(6-4)^2 + (7-4)^2 + \cdots + (6-4)^2][(92-76.25)^2 + (89-76.25)^2 + \cdots + (83-76.25)^2]}}$$

$$= 0.60$$

因此，第6题的区分度为0.60。

②点二列相关法。二分法记分项目（客观题）的区分度，可采用点二列相关法计算。

其计算公式为：$r = \dfrac{\bar{x}_p - \bar{x}_q}{S_t} \sqrt{pq}$

式中 r 为点二列相关系数，即区分度，$\bar{x}_p$ 为被试答对某项目的平均得分，$\bar{x}_q$ 为被试答错某项目的平均得分，p 为答对某项目的人数占全体被试的人数之比，q 为答错某项目的人数占全体被试的人数之比，S_t 为全体被试测验得分的标准差。

例9：10名学生参加某学科测验，其中第1题（选择题）得分为 x（1表示答对，0表示答错），测验总分为 y，结果如下，求第1题的区分度。

学生	1	2	3	4	5	6	7	8	9	10
x	1	1	1	1	0	0	1	0	0	1
y	75	57	73	65	67	56	63	61	65	67

解：根据表中数据求得

$p=0.6$，$q=0.4$

$$\overline{x}_p=\frac{75+57+73+65+63+67}{6}=66.67$$

$$\overline{x}_q=\frac{67+56+61+65}{4}=62.25$$

$S_t=6.12$

则，区分度为：

$$r=\frac{\overline{x}_p-\overline{x}_q}{S_t}\sqrt{pq}=\frac{66.67-62.25}{6.12}\sqrt{0.6\times0.4}=0.354$$

因此，第 1 题的区分度为 0.354。

3. 区分度与难度的关系

区分度与难度有密切的关系。难度直接影响到项目得分的方差，而方差又反映项目得分的离散程度，直接影响到区分度的大小。研究表明，难度越接近 0.50，分数的分布范围越大，方差越大，区分度也越大。表 6-4 说明了区分度与难度的关系。

表 6-4　区分度与难度的关系

难度（P）	区分度（D 的最大值）
1.00	0.00
0.90	0.20
0.70	0.60
0.50	1.00
0.30	0.60
0.10	0.20
0.00	0.00

二、测验质量分析

难度和区分度是测验项目的质量指标，但即使每个项目都有适宜的难度和较高的区分度，合成一份测验后质量也未必就好，因此还需要分析整份测验的质量指标，即分析测验的信度和效度。

（一）信度

1. 信度的概念

信度是指测验结果的可靠性，即测验结果的一致性或可信性程度。换句话说，一个信度高的测验，对同一个人或同一组被试先后施测两次，结果应保持一致，否则，就是信度不高的测验。

一个好的测验，只要按测量规则进行操作，其结果就不应随测验使用者或使用时间等方面的变化而发生较大的变化。例如：用标准的钢尺去测量一张桌子的长度，无论是谁，只要操作方法正确，所测的结果是基本一致的，但如果所用的是一种具有较大弹性的皮尺，则不同的人或同一个人在不同时候去测量，其结果必然会有较大的误差，这说明用皮尺去测量信度不高。

信度是任何一个测验的必要条件，对于教育测量来说，更为重要。因为教育测量的对象主要是精神现象，所测量的特性不易把握，为了能真实地反映被试的某种特点，需要更加注意测验的信度，从而正确地判断测量结果的价值。只有信度高的测验才能成为教育工作有用的工具，否则，测量的结果是无意义的、无效的。

2. 信度的类型和估计方法

（1）重测信度。重测信度是指用同一测验，对同一组被试先后施测两次，然后根据被试的两次测验分数计算其相关系数。

重测信度是假定所测量的特性处于相对稳定的状态，如果用同一测验对相同被试先后施测两次，其结果相同或相近，说明测验结果具有稳定性，信度高，如果两次测验结果相差较大，则说明测验结果缺乏稳定性，即信度低。因此，重测信度也叫稳定性系数。

其基本模式为：

$$测验\ A_1\ \xrightarrow{\text{适当时距}}\ 测验\ A_2$$

两次测验均以 A 表示，即两次测验完全相同，A 的下标 1 和 2 表示同一测验施测两次，时距可短至几分钟，长可达数年。

重测信度即稳定性系数可使用积差相关系数的公式计算：

$$r = \frac{\sum (x - \bar{x})(y - \bar{y})}{\sqrt{\sum (x - \bar{x})^2 \sum (y - \bar{y})^2}}$$

式中 r 为积差相关系数，即信度，x 为第一次测验的得分，$\bar{x}$ 为第一次测验得分的平均分，y 为第二次测验的得分，$\bar{y}$ 为第二次测验得分的平均分。

例10：用学习动机测验对15名被试先后施测两次（间隔时间为2周），得分如下，求该测验的信度。

被试	1	2	3	4	5	6	7	8	9	10	11	12	13	14	15
前测 (x)	20	18	23	21	17	18	20	17	16	13	14	13	12	8	6
后测 (y)	20	22	19	22	18	15	14	17	15	16	14	12	10	7	7

解：根据表中数据求得

$\bar{x}=15.73$，$\bar{y}=15.20$

则，区分度为：

$$r = \frac{\sum (x-\bar{x})(y-\bar{y})}{\sqrt{\sum (x-\bar{x})^2 \sum (y-\bar{y})^2}}$$

$$= \frac{(20-15.73)(20-15.20)+(18-15.73)(22-15.20)+\cdots+(8-15.73)(6-15.20)}{\sqrt{[(20-15.73)^2+(18-15.73)^2+\cdots+(8-15.73)^2][(20-15.20)^2+(22-15.20)^2+\cdots+(6-15.20)^2]}}$$

$$= 0.86$$

因此，该测验的信度为0.86。

使用重测法要注意以下三点。

①两次测验之间的时间间隔要适宜。重测信度的大小常常受两次测验的时间间隔长短的影响，间隔时间过短，第一次测验记忆犹新，容易回忆出上次的答案，因而夸大了稳定性，间隔时间过长，被试可能由于经验积累、练习、成熟的影响，成绩就可能与第一次大有差别，因而降低稳定性。间距应多长，应视测验类型和准备如何利用测验结果而定。比如，测量人格、智力等相对稳定的特质的测验，时间间隔可长些，学业成就测验的时间间隔要短些。在报告重测信度时，一般要说明时间间隔及被试在此期间的有关活动。

②重测法适用于速度测验而不适用于难度测验。因为速度测验题目较多，测验有足够长度，时间较紧，被试无暇慢慢地回忆，所以第一次测验的记忆影响较少。

③应注意提高被试的积极性，由于重测法是把原测验再测一次，所以被试容易兴趣索然，采取不积极合作的态度，使第二次测验质量降低，所以，调动被试的积极性很重要。

（2）复本信度。复本信度是指用两个等值（所测特质、题型、题数、难度、区分度等方面相同），但具体内容不同的测验，在最短时间内，对相同被试先后施测两次，然后根据两次测验分数计算其相关系数。

复本信度是衡量两个不同版本的测验的等值程度的指标，被试如果具备某一心理特质，那么，用性质相同而题目不同的两个等值测验来施测，结果应该具有一致性，否则的话，说明测验信度低。因此，复本信度也叫等值性系数。

其基本模式为：

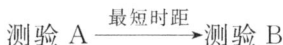

$$测验\ A \xrightarrow{\text{最短时距}} 测验\ B$$

这种方法是编制两份等值的测验（复本），先用第一种测验 A 对被试进行施测，接着（时距可短，两次测验接着进行）再用第二种测验 B 进行施测，然后求两次测验的积差相关系数，计算公式同上。

例 11：对 10 名被试用两个等值的测验施测，测验得分分别用 x 和 y 表示，测验结果如下。求该测验的信度。

被试	1	2	3	4	5	6	7	8	9	10
x	74	71	72	68	76	73	67	70	65	74
y	76	75	71	70	76	79	65	77	62	72

根据上面的计算方法，可求得：

$$r = \frac{\sum (x - \overline{x})(y - \overline{y})}{\sqrt{\sum (x - \overline{x})^2 \sum (y - \overline{y})^2}} = 0.78$$

因此，该测验的信度为 0.78。

使用复本法要注意以下三点。

一是复本法的关键是两个测验必须等值，即两个测验所测特质、题型、题数、难度、区分度等方面相同，只是具体内容不同。要编制这样等值的两份测验非常不容易。

二是两次测验时距宜短，以避免知识积累、练习效应等因素的影响。

三是如果两次测验紧接着进行，要注意避免被试的厌倦心理。

（3）同质信度。上面的两种估计信度的方法，都必须对被试施测两次，然后计算两次得分的相关系数。同质信度只需施测一次。

同质信度也称内部一致性系数，是指测验内部所有项目间的一致性。这里讲的是分数的一致，而不是项目内容或形式的一致。若测验的各个题目得分有较高的正相关时，不论题目内容和形式如何，测验为同质的。相反，即使所有题目看来都好像测同一特质，但相关为零或负相关时，这测验还是异质的。

①分半信度。分半信度是将测验中的测题平均分成两组（比如奇数题与偶数题），然后分别计算每一组的得分，并求两者的积差相关系数。

但是，求得的相关系数还不是同质信度，因为把试题分成两组后，试卷的长度减少了一半，这会降低测验的信度，一般来说，测验越长，信度越高，因此，求出相关系数后还需用斯皮尔曼—布朗公式加以校正。公式为：

$$r_{tt} = \frac{2r_{hh}}{1 + r_{hh}}$$

式中 r_{tt} 为分半信度，r_{hh} 为分半测验分数的相关系数。

例 12：15 名被试在 6 个项目组成的测验上的得分如下，求该测验的信度。

被试		1	2	3	4	5	6	7	8	9	10	11	12	13	14	15
	1	4	3	5	5	2	4	3	4	3	2	2	2	2	1	1
	2	3	4	3	5	5	1	2	3	1	2	3	3	1	2	1
项	3	6	7	8	7	6	6	7	6	5	4	4	5	3	3	2
目	4	8	8	8	7	7	5	5	5	7	6	5	4	4	2	4
	5	10	8	10	9	9	8	10	7	8	7	8	6	7	4	3
	6	9	10	8	10	9	9	7	9	7	8	6	5	5	3	2

解：分别求出被试在奇数题（1、3、5 题）与偶数题（2、4、6 题）上的总得分，如下所示。

被试	1	2	3	4	5	6	7	8	9	10	11	12	13	14	15
奇数题	20	18	23	21	17	18	20	17	16	13	14	13	12	8	6
偶数题	20	22	19	22	18	15	14	17	15	16	14	12	10	7	7

计算得到：$\bar{x} = 15.73$，$\bar{y} = 15.20$

于是有：$r_{hh} = \dfrac{\sum (x - \bar{x})(y - \bar{y})}{\sqrt{\sum (x - \bar{x})^2 \sum (y - \bar{y})^2}} = 0.86$

用斯皮尔曼—布朗公式校正：

$$r_{tt} = \frac{2r_{hh}}{1 + r_{hh}} = \frac{2 \times 0.86}{1 + 0.86} = 0.925$$

因此，该测验的分半信度为 0.925。

使用斯皮尔曼—布朗公式必须符合下列条件：分半后两组分数的平均分和标准差相同或接近，即两半测验等值。如果不满足条件，信度估计会出现误差。这时可采用下面两个公式来估计信度。

弗拉南根公式：$r = 2（1 - \dfrac{S_a^2 + S_b^2}{S_t^2}）$

式中 r 为信度值，S_a^2 与 S_b^2 分别为两半测验分数的方差，S_t^2 为测验总分的方差。

卢龙公式：$r = 1 - \dfrac{S_d^2}{S_t^2}$

式中 r 为信度值，S_d^2 为两半测验分数之差的方差，S_t^2 为测验总分的方差。

下面以弗拉南根公式为例计算测验的信度。

例13：15名被试在奇偶分半测验上的得分如下，求该测验的信度。

被试	1	2	3	4	5	6	7	8	9	10	11	12	13	14	15
奇数题	20	18	23	21	17	18	20	17	16	13	14	13	12	8	6
偶数题	20	22	19	22	18	15	14	17	15	16	14	12	10	7	7
合计	40	40	42	43	35	33	34	34	31	29	28	25	22	13	13

解：根据表中的数据求得

奇数题的方差为：$S_a^2 = 20.12$

偶数题的方差为：$S_b^2 = 23.84$

测验总分的方差为：$S_t^2 = 81.43$

于是有：$r = 2（1 - \dfrac{S_a^2 + S_b^2}{S_t^2}） = 2 \times （1 - \dfrac{20.12 + 23.84}{81.43}） = 0.92$

因此，该测验的分半信度为 0.92。

②库德—理查逊公式法。由于测验分半的方法多种多样，不同的分法将得到不同的分半信度，而要把一个测验分拆成真正等值的两半是不容易的。能否不作拆分而直接通过一次施测所获得的数据来估计测验信度呢？库德（G. F. Kuder）和理查逊（M. W. Richardson）提出了一系列的公式来估计测验的信度，较常用的是 $K-R_{20}$ 公式：

$$r_{kk} = （\frac{k}{k-1}）（1 - \frac{\sum pq}{S_t^2}）$$

式中 k 为构成测验的项目数，p 为各项目的通过率，即难度，$q = 1 - p$，S_t^2 为被试各项目得分之和的方差。

例14：有一个包含6个项目的测验，10名被试得分如下（通过得1

分，未通过得 0 分），求该测验的信度。

被试		1	2	3	4	5	6	7	8	9	10	p
	1	1	1	0	1	0	1	1	1	1	1	0.8
	2	0	0	0	1	1	1	1	1	1	1	0.7
项	3	0	0	0	1	0	1	1	1	0	1	0.5
目	4	0	1	0	0	0	0	1	1	1	1	0.5
	5	0	0	1	0	1	0	0	0	1	1	0.4
	6	0	0	1	0	1	0	0	0	1	1	0.4
合计		1	2	2	3	3	3	4	4	5	6	

解：根据表中的数据求得

$$\sum pq = 1.35, \quad S_t^2 = 2.23, \quad k = 6$$

于是有：$r_{kk} = \left(\dfrac{k}{k-1}\right)\left(1 - \dfrac{\sum pq}{S_t^2}\right) = \left(\dfrac{6}{6-1}\right)\left(1 - \dfrac{1.35}{2.23}\right) = 0.47$

因此，该测验的分半信度为 0.47。

③α 系数法

分半信度适用于（0 1）和（0 K）记分的项目，库德—理查逊公式只适用于（0 1）记分的项目，α 系数法适用于（0 K）记分的项目。α 系数法由克伦巴赫（L. J. Cronbach）提出。公式为：

$$\alpha = \left(\frac{k}{k-1}\right)\left(1 - \frac{\sum S_i^2}{S_t^2}\right)$$

式中 k 为构成测验的项目数，S_i^2 为各项目得分的方差，S_t^2 为被试各项目得分之和的方差。

例 15：有一个包含 6 个论文式题目的测验，5 名被试得分如下，试求该测验的信度。

被试		1	2	3	4	5	S_i^2
	1	7	11	8	11	11	3.04
	2	6	9	7	8	9	1.36
项	3	6	10	6	8	9	2.56
目	4	8	11	6	8	3	6.96
	5	7	11	8	11	11	3.04
	6	7	11	8	11	11	3.04
合计		41	63	43	57	54	20

解：首先，求各项目得分的方差 S_i^2 和方差之和。

其次，求被试各项目得分之和的方差，即求 41、63、43、57、54 的方差：$S_t^2 = 68.96$。

最后，求 α 系数。

$$\alpha = (\frac{k}{k-1})(1 - \frac{\sum S_i^2}{S_t^2}) = (\frac{6}{6-1})(1 - \frac{20}{68.96}) = 0.85$$

因此，该测验的分半信度为 0.85。

计算内部一致性系数，需注意下列问题。

一是若用分半法时，以按奇数题和偶数题分为两半为宜。若把整个测验分为前后两半，一方面，前半部分试题与后半部分试题未必等值；另一方面，被试者在完成后半部分试题时，可能因疲劳、厌倦等原因而影响回答质量，以致前后反应不一致，影响信度。

二是速度测验不宜用分半法。因为速度测验的项目难度低，被试得分多少在很大程度上取决于答题数量的多少，分半法易使得分相同，从而会夸大分半法的信度。

（4）评分者信度。评分者信度是估计不同评分者对同一测验评分一致性程度的指标。

一般论文式考试，只能提供列出答案要点的参考答案而无固定的标准答案，因而不同的评分者对同一份试卷往往给分不同，甚至有很大的悬殊。在作文测验、投射测验、品德测验、创造力测验等的评分中，都存在这个问题。评分者之间的评分不一致，说明评分的信度不高，评分者所评的分数越一致，评分的信度越高。

要计算评分者评分的一致性系数，需区分评分者的人次数。若只有两人评 N 份试卷，或一人先后两次评 N 份试卷，可用斯皮尔曼（Spearman）等级相关的公式计算；若三个以上的评分者评 N 份试卷时，则需计算肯德尔和谐系数（Kendall Coefficient of Concordance）。

①斯皮尔曼等级相关。评分者为两人时，将两人的评分转化为等级，求等级相关系数。

计算公式为：$r_R = 1 - \dfrac{6\sum D^2}{N(N^2-1)}$

式中 r_R 为等级相关系数，D 为两人评分的等级之差，N 为试卷数。

例 16：甲、乙两位教师评阅 10 份作文试卷，结果如下，问两位教师的评分是否一致？

试卷	得分 甲	得分 乙	名次 甲	名次 乙	等级差（D）	D^2
1	76	78	5	5	0	0
2	70	76	7	6.5	0.5	0.25
3	72	82	6	4	2	4
4	86	75	3	8	-5	25
5	93	95	1	1	0	0
6	61	60	10	10	0	0
7	64	68	9	9	0	0
8	66	76	8	6.5	1.5	2.25
9	84	92	4	2.5	1.5	2.25
10	90	92	2	2.5	0.5	0.25
合计						34

将表中数据代入等级相关公式，求得

$$r_R = 1 - \frac{6\sum D^2}{N(N^2-1)} = 1 - \frac{6 \times 34}{10 \times (10^2 - 1)} = 0.79$$

可见，两位教师评分的一致性系数比较大，评分基本可靠。

②肯德尔和谐系数。有多名评分者，将评分转化为等级，求肯德尔和谐系数。

计算公式为：$$W = \frac{\sum R_i^2 - \frac{\left(\sum R_i\right)^2}{N}}{\frac{1}{12}K^3(N^3-N)}$$

式中 W 为和谐系数，K 为评分者人数，N 为被评对象数，R_i 为被评等级总和。

例17：有5位教师对8篇作文进行等级评定，结果如下，问5位教师的评定结果是否一致？

教师		1	2	3	4	5	R_i
作文	1	4	5	4	6	5	24
	2	3	3	1	4	3	14
	3	1	2	2	1	2	8
	4	2	1	3	2	1	9
	5	5	4	5	3	4	21
	6	6	6	6	5	6	29
	7	7	7	7	7	7	35
	8	8	8	8	8	8	40

解：由表中数据可求得

$$\sum R_i = 24 + 14 + 8 + 9 + 21 + 29 + 35 + 40 = 180$$

$$\sum R_i^2 = 24^2 + 14^2 + 8^2 + 9^2 + 21^2 + 29^2 + 35^2 + 40^2 = 5024$$

于是有：

$$W = \frac{\sum R_i^2 - \dfrac{\left(\sum R_i\right)^2}{N}}{\dfrac{1}{12}K^3(N^3 - N)} = \frac{5024 - \dfrac{180^2}{8}}{\dfrac{1}{12} \times 5^3(8^3 - 8)} = 0.93$$

可见，5 位教师评分的和谐系数很大，评分可靠。

一般来说，W 大于 0.90 时，可认为评分者信度较好。

3. 测验的适宜信度

信度系数究竟以多大为好，没有明确的标准，要看测验的目的和类型。对于学科测验，信度系数要求达到 0.90 以上，智力测验要求达到 0.80 以上，人格测验能达到 0.60 以上就很不错了。

4. 提高测验信度的措施[①]

（1）适当增加测验项目的数量。一般而言，测验越长，信度值越高。原因在于：第一，测验加长，就可能改进项目取样的代表性，从而更好地反映被试的真实水平；第二，测验的项目越多，在每个项目上的随机误差就可以互相抵消。

（2）测验的难度要适中。过难或过易都会使个体间得分差异减小，降低信度。只有当测验难度水平使测验分布范围最大时，测验的信度才会最高，通常这个难度水平为 0.50。

（3）测验要有良好的区分度[②]。测验的信度与项目的区分度有密切的关系，整个测验中各项目的区分度的平均值越大，测验的信度就越高。表6-5 说明了区分度与信度的关系。

---

① 胡中锋. 教育测量与评价. 广州：广东高等教育出版社，2006：36～37.

② 朱德全，宋乃庆. 教育统计与测评技术. 重庆：西南师范大学出版社，2008：113.

表 6-5　区分度与信度的关系

D 的平均值	信度
0.1225	0.00
0.16	0.42
0.20	0.63
0.30	0.84
0.40	0.915
0.50	0.949

（4）测验的时间要充分。测验的时间限制也会影响信度的高低，如果安排的时间不够，考生不能从容回答所有问题，也就不能真实地反映被试的实际水平。因此，测验的时间要充分。当然，这里不是说，要保证所有被试都能做完试题，而是以大多数被试为标准来设定考试的时间。

（5）测验的程序应统一。测验程序直接关系到信度的高低。测验的程序统一包括试卷统一、测验开始时的指导语、回答问题的方式、分发及收回试卷的办法、测验时间的掌握等。

（6）评分要尽量做到客观化、减少评分误差。评分是测验的一个重要环节，如果这一关把握不好，测验就等于前功尽弃了。信度系数是根据实得分数算出的，如果评分不准确，信度也就不准了。因此，要求评分要尽量做到客观，减少评分误差。

（二）效度

一个好的测验，信度高是必要条件，但并非充要条件。不可信的测验肯定没有效，但可信的测验未必有效，而有效的测验必定可信，因此，对教育测量而言，效度显得更为重要。

1. 效度的概念

效度是指测量结果的准确性和有效性的程度，即一个测验对所要测量的目标准确测量的程度。通俗地说，测验能否测量到我们所要测量的东西的程度就是效度。

我们可以从以下几方面来理解效度[①]。

一是测量的效度始终是对一定的测量目的而言的。任何测量都有某种

---

①　胡中锋. 教育测量与评价. 广州：广东高等教育出版社，2006：38～39.

特定的目的和功能，判断效度的高低，就是判断测验达到目的的程度。如果能正确、真实地测量出所想测量的东西，那么效度就是高的；反之，则是低的。例如，一个智力测验，如果实际测量的不是智力的高低而是知识的多少，那么此测验的效度就低。即使某些公认效度较高的测量，也不能要求它在不同目的的测验中保持相同的效度。

二是测量的效度也是对测量的结果而言的。一种测量工具只有经过实际测量，才能根据测量的结果判断它的效度。所以，也可以把效度理解为测量的结果正确反映所欲测量的特性或功能的程度。

三是一种测量的效度只是高或低的问题。例如，要测量学生的数学能力，我们不会用语文题目来作为测题，总是会用一些数学题。因此，学生的数学能力或多或少会反映出来一些，不会毫无反映。换言之，测验结果总有一定的效度，只是效度高低不同罢了。

四是在教育测量中，效度问题比在其他领域的测量更为重要。首先，教育测量的对象大多是精神现象，只能通过对其具有可测性的外部表现（如言语和动作等）的测量，以间接认识其心理活动、心理特征或知识水平等；其次，学生的心理活动、心理特征与其外部表现之间，一般仅具有相关关系而无函数关系，外部行为并不能准确无误地反映某种心理状态。此外，教育测量的对象不是物而是具有主观能动性的人。人能有意识地调节自己的外部行为，掩盖自己的内心活动，这就增加了认识其精神现象的难度。所以，教育测量必须考虑是否测量到了所要测量的东西，在多大程度上测量到了这些东西。也就是说，必须考虑测量的效度问题。

2. 效度的类型和估计方法

效度的类型目前被广泛采用的是弗兰士（J. W. French）和米希尔（B. Michbel）提出的分类，他们将效度分为内容效度、构想效度和效标效度三种。

（1）内容效度。内容效度是指测验内容取样的适当性，也就是测验内容对想要测量的全部内容的代表性。以考查学习成绩为目的的测验来说，课程标准所规定的全部教材内容是学生必须掌握的。但一份测验不可能测量全部教材内容，这就有测验内容是否有代表性的问题。事实上，要用有限的几个或几十个测题代表全部教材内容是比较困难的，所以测验题目的代表性有大有小，测验的内容效度也就有高有低。

在编制测验时，内容效度是一个相当复杂和不易解决的问题。以成就测验为例，固然要求测验题目能代表学习过的全部内容，但仅仅在形式上做到这一点还不能保证足够的内容效度，因为学习成绩的高低要从学习内容的巩固程度、理解程度和应用能力等行为反应去考查，如果测验题目大多是只需死记教材内容就可以回答的问题，那么，对全面测量学生的成绩这一目的来说，内容效度仍然不够高，也就是说，还没有完全测量到所想测量的特性。[1]

因此，一个测验要具备较好的内容效度必须满足两个条件：①要确定好内容范围，并使测验的全部项目均在此范围内。②测验项目是已界定的内容范围的代表性样本。

估计内容效度可采用下面两种方法。

一是逻辑分析的方法。根据课程标准的要求，勾画出学生应掌握的知识内容的范围和深度，提出应形成的技能名称等，然后以逻辑分析的方法估计测验在多大程度上代表了所要测量的全部内容，在多大程度上能够测量出所要测量的特性和功能。逻辑分析的方法实质上是对测验内容进行逻辑推理的评判方法，是一种定性分析方法。

如果是借用现成的（别人编制好的）测验，那么，在分析内容效度时，首先要考虑测验编制者是根据什么教材来编制的，是用来测量什么内容的。如果二者一致，那么，此测验可期望获得较高的内容效度。反之，如果测验内容与被试学习的教材不一致，例如，测验是根据高中教材乙种本编制的，我们却用来测验学习高中甲种本教材的被试。显然这个测验就不能很好地代表甲种本的教材内容，所以测验的内容效度就低。然后再考虑测验在多大程度上能代表教材内容，在多大程度上能够测量出所要测量的特性和功能。[2]

用逻辑分析的方法估计内容效度时，需要制订两个表：一个是测验的双向细目表，分别列出各单元教材内容在测验中应占的百分比和所要求的各种行为反应（目标）在全部行为反应中应占的百分比。如表 6-6 所示。

表 6-6　××课程测验双向细目表

内容	识记	理解	应用	分析	综合	评价	合计
第一单元							
第二单元			8	2			10

---

[1]　王汉澜. 教育测量学. 郑州：河南大学出版社，1987：75.
[2]　王汉澜. 教育测量学. 郑州：河南大学出版社，1987：76.

（续表）

内容	识记	理解	应用	分析	综合	评价	合计
第三单元		12	6	2	10		30
第四单元	4	4	2	2	6		18
第五单元	2	10	12	8	4	6	42
合计	6	26	28	14	20	6	100

第二个表是测验试题分类表，根据各单元教材内容列出试题，并注明各单元教材内容在测验中占的百分比和各类题目所占的百分比。如表 6-7 所示。

表 6-7　××课程测验试题分类表

内容	填空题	选择题	简答题	证明题	应用题	分析题	合计
第一单元							
第二单元					5	5	10
第三单元	2	3	5	10	10		30
第四单元	4	4			5	5	18
第五单元	4	3	5	10	10	10	42
合计	10	10	10	20	30	20	100

最后，对照比较这两个表，根据各部分相符合的程度，判断内容效度。

知识链接：布卢姆的教育目标分类法

布卢姆于 1948 年开始致力于教育目标的分类研究，1956 年公布了认知领域的目标分类体系，他把教育目标分为认知领域、情感领域和动作技能领域，再把认知领域分为识记、理解、应用、分析、综合和评价等六类。布卢姆的认知目标分类法一直被认为是测验目标分类的依据，我国目前许多测验的命题，均以布卢姆的目标分类法为基础来确定测验的目标。

1. 识记：主要指记忆知识，对学过的知识和有关材料的识别和再现。这一目标要求学生做到：确认、定义、配对、指出名称、选择、默写、背诵、描述、标明、列举、说明等。

2. 理解：主要是对知识的掌握，能抓住事物的实质，把握材料的意义和中心思想。这一目标要求学生能做到：了解事实与原理，解释文字资料，解释图表，转译文字资料为另一种资料形式，验证方法与过程，对所学的内容进行概述，举例说明所学过的问题等。

3. 应用：指把所学过的知识应用于新情境。这一目标要求学生做到：表现、列举、计算、设计、示范、运用、操作、解答实际问题等。如应用几何知识测量土地面积；应用意识对物质有能动的反作用原理去论述精神文明建设的重大意义；运用所学过的知识去解答实际问题；制作图表；设计模型；正确使用表现手法与过程等。

4. 分析：指能将知识进行分解，找出组成的要素，并分析其相互关系及组成原理。这一目标要求学生达到：能对事物进行具体分析、图示、叙述理由、举例说明、区别、指明、分开、再分，认出在推理上的逻辑错误；区别真正事实与推理，判断事实材料的相关性。例如，划分文章段落，写出段意及找出中心思想；指出一个实验中哪些是自变量、哪些是因变量等。

5. 综合：与分析相反。指把各个元素或部分组成新的整体。理解、应用和分析虽然也有将部分组合与重建的意思，但没有综合这样完整，综合更具独创性。这一目标要求学生能做到：联合、组成、创造、计划、归纳、重建、重新安排、总结等。如写出一份结构完整的论文提纲；提出一份系统的实验计划或方案等。

6. 评价：指根据一定的标准对事物给予价值的判断。这一目标要求学生能做到：比较分析、评价效果、分辨好坏、指出价值。如判断文艺作品成败之处；判断事件的真伪；判断一个调查的科学价值；判断某一实验结果的价值；判断解决问题的过程与方法的成败等。

布卢姆上述六类目标是有层次、有顺序的，识记是最低层次，是最基本的要求。其余依次是理解、应用、分析、综合、评价。评价为认知领域的最高层次，是前面五种目标的综合并增加了价值标准。这六类目标，由简单到复杂，由低级到高级依次排列，组成层次结构。

资料来源：胡中锋. 教育测量与评价［M］. 广州：广东高等教育出版社，2006：54～55。

二是统计分析方法。也有人认为内容效度可以采用定量分析方法来描述。比如，克伦巴赫提出可以从同一教学内容范围的总体中抽取两套独立的试题，用这两套试题分别对相同的被试进行测验，两次测验的相关系数，可以用来估计内容效度。若相关较高，可以认为内容效度亦高；若相关较低，则两个测验至少有一个内容效度低。

还有人提出了前后测比较法，即在传授某种知识之前先对被试进行一次测验（如在正式学习物理学之前测验物理知识），这时被试对所测验的内容当然知之甚少；然后正式传授这种知识，一定时间后测验所学内容，比较两次测验结果，如果后期测验成绩好，就说明测验测量到了课堂上所教的内容，效度高，相反则效度低。[1]

显然，这些方法是存在争议的。前一种方法实际上是计算信度的复本法，即使两套测验的相关系数高，也只能说明测验的信度高，而不能说明测验内容的取样是适当的，能代表想要测量的全部内容，因为信度高未必效度就高。后一种方法也存在很大的问题，即使后期测验成绩好，也不能说明这个测验的效度高，因为同样不能说明测验内容的取样是适当的，能代表想要测量的全部内容。

（2）构想效度。构想效度是指测验能测量到心理学理论中的某种结构或特征的程度。这里的"心理学理论中的某种结构或特征"，是指心理学理论所涉及的抽象而属假设性的概念、特性或变量，如智力、性格、气质、兴趣、态度、动机、焦虑、创造力等。

确定构想效度，首先要从某一理论出发，提出关于某一心理特质的假设，然后设计和编制测验并进行施测，最后对测验的结果采用相关或因素分析等方法进行分析，验证与理论假设的相符程度。[2] 例如，比奈应用逻辑分析方法研究智力行为的心理结构，认为智力不单纯是智力行为的很多不同方面的总和，而是一种连锁性的过程，其中包括判断、解决问题和推理能力。如果根据这种理论编制的智力测验，确实能测量出被试的判断、理解和推理能力，就可以认为所编制的测验具有结构效度。又比如，我们假想人的创造力可以分解为人的思维流畅性、灵活性和创造性三大特性，并根据这三大特性编制测验，若有足够的证据来证明该测验确实可以测到这些特性，则认为该测验是个结构效度较高的创造力测验。

确定构想效度的方法主要有以下几种[3]。

一是测验内法：通过研究测验的内部结构来分析测验的构想效度。主要包括确定测验的内容效度和考察测验的同质信度等。如果内容效度高，说明测验的内容能测量到我们想要测量的心理学理论中的某种结构或特征；同质信度高，说明测验内部所有项目间是一致的。

二是测验间法：通过分析几个测验之间的关系来分析测验的构想效度。

① 王汉澜. 教育测量学. 郑州：河南大学出版社，1987：77.
② 郑日昌，蔡永红，周益群. 心理测量学. 北京：人民教育出版社，1999：55.
③ 郑日昌，蔡永红，周益群. 心理测量学. 北京：人民教育出版社，1999：55～57.

测验间法有多种，如相容效度、区分效度、因素分析等。相容效度是把自己所编制的测验的施测结果，与另一个性质相同且被公认具有较高结构效度的测验结果比较。例如，把新编的智力测验的结果与斯坦福—比奈智力量表的测验结果相比较，如果两个测验结果的相关系数高，说明新编制测验具有较高的结构效度；区分效度是指新编制一个测验，使之与另一个已知测验无关或相反。然后求两测验的相关系数，相关系数低则说明新编制测验与已知测验所测量的特质不同，效度高；相关系数高，则说明新编制测验与已知测验相容，效度低；因素效度是通过对一组测验进行因素分析，找到影响测验分数的共同因素，每个测验在共同因素上的负荷量即每个测验与共同因素的相关系数高，效度就高。

三是效标关联法：如果一个测验与效标具有高相关，该测验的构想效度就高。

四是实验操作法：通过控制某些实验条件，观察其对测验分数的影响，也可以获得构想效度的信息。例如，在进行一个关系重大的考试前，对被试施测焦虑测验，如果靠前的焦虑分数比平时显著提高，说明该焦虑测验有较高的构想效度。

（3）效标效度。效标指的是衡量测验有效性的外在标准，通常是指我们所要预测的行为。如果一个测验能够预测将来实际发生的事情，就是一个好的测验。例如，用高考成绩来预测被试在大学的学习成绩，如果预测准确性高，就说明高考是一个好的测验。这里，被预测的行为是衡量测验是否有效的标准，简称效标。所谓效标效度，是指测验分数与效标之间的一致性程度，即测验对我们感兴趣的行为能够预测到的程度。因为效标效度需要有实际证据，所以又叫实证效度。

以什么作为效标，要视测验的目的而转移。如果测验（如高三的模拟考试）的目的是预测学生的高考成绩，那么高考成绩即为效标；而高考的目的是预测学生入大学后的学习情况，这时，学生在大学的学习成绩又成了高考成绩的效标。所以，在估计效标效度时选择什么作为效标，是一个十分重要的问题。

效标效度分为两种：一种是效标资料与本测验分数可以同时获得，称为同时效度或并存效度。同时效度的高低用效标与测验分数的相关系数来估计。例如，对初中二年级学生施行教师自编测验，考查其学习成绩，接着再用公认的对测量初二学生成绩具有较高效度的标准化测验施测于相同的学生，然后计算两次测验成绩的相关系数。如果相关系数高，说明自编测验的结果与效标一致，即自编测验有较高的同时效度，相反，同时效度低。

另一种是效标在本测验之后相当时间获得的，称为预测效度。预测效度是指测验结果对未来的行为或测验成绩（即效标）能够准确预测的程度。预测效度的高低也是用效标与测验分数的相关系数来估计。例如，模拟考试成绩可用高考分数做效标，如果两者相关系数高，说明模拟考试的预测效度高。

效标效度的估计方法很多，如相关法、分组法、预期表法、命中率法等。这里我们只介绍应用较广泛的相关法。

①积差相关法。当测验分数与效标都是连续变量时，可采用积差相关法。

例18：10名被试语文模拟考试与升学考试的成绩如下，求模拟考试的预测效度。

被试	1	2	3	4	5	6	7	8	9	10
模拟考 x	92	83	81	78	77	72	65	64	53	46
升学考 y	87	80	81	76	73	70	61	63	51	47

解：根据积差相关系数的计算方法，可求得

$$r = \frac{\sum (x-\bar{x})(y-\bar{y})}{\sqrt{\sum (x-\bar{x})^2 \sum (y-\bar{y})^2}} = 0.99$$

积差相关系数很大，因此模拟考试有很高的预测效度。

②等级相关法。当测验分数为连续变量，效标为等级变量时，把连续变量转化为等级变量，求斯皮尔曼等级相关系数。公式为：

$$r_R = 1 - \frac{6\sum D^2}{N(N^2-1)}$$

例19：8名学生的某学科成绩与思维测验成绩如下，求学科成绩的同时效度。

学生	学科成绩	思维测验	D	D^2
1	95（1）	1	0	0
2	76（7）	5	2	4
3	89（3）	3	0	0
4	83（5）	7	−2	4

（续表）

学生	学科成绩	思维测验	D	D^2
5	92（2）	2	0	0
6	80（6）	6	0	0
7	86（4）	4	0	0
8	73（8）	8	0	0
$\sum$				8

解：根据等级相关系数的计算方法，可求得：

$$r_R = 1 - \frac{6\sum D^2}{N(N^2-1)} = 1 - \frac{6\times 8}{8(8^2-1)} = 0.91$$

等级相关系数很大，因此学科测验有很高的同时效度。

3. 提高效度的措施[①]

（1）精心编制测验。首先，测验内容要符合测验目的的要求；其次，项目表述必须清楚、简明，所用字、词、句能被学生理解，内容应能引起被试的兴趣，排列由易到难，但前面的题目不应暗示后面的答案；再次，项目难度要适宜，有足够的区分度；最后，试卷印制清楚，无错误和遗漏，并力求精美。

（2）妥善组织测验。严格按照测验程序进行，不做超出规定的解释，掌握好时间。评分时务必遵循评分标准，仔细登记，避免错误。另外，两次测验间隔的时间也影响效度，所以，间隔长短，一定要按测验目的合理安排。

（3）适当增加测验的长度。增加测验的长度可以增大测验内容对全部内容的代表性，也就越能够测量到所要测量的东西。

（4）正确处理效度和信度的关系。信度是效度的必要条件，但不是充要条件。信度高的测验效度不一定高，但效度高的测验信度一定也高。

第三节　教育测量研究法的实施

前面两节内容介绍了教育测量研究法的基础知识，本节将介绍教育测

---

① 胡中锋. 教育测量与评价. 广州：广东高等教育出版社，2006：44～45.

量研究法的具体实施，主要包括测验的编制、测验的选择、测验的使用以及测验在教育领域的应用等内容。

一、测验的编制①②③

测验是教育测量的主要工具。为了在教育科研和实际应用中充分发挥测验的功能和作用，必须编制出各种高质量的测验。

不同性质、不同用途的测验，其编制过程与方法是不同的，但由于测验原理大体相同，因此，编制测验的基本程序也大体一致。

(一) 明确测验对象、目标和用途

1. 明确测验对象

明确测验对象就是要明确编制的测验是用来测量谁的，即用于何种团体。因此，需要了解被试的性别、年龄、职业、受教育程度、民族、文化背景等情况，才有可能编制出合适的测验。

2. 明确测验目标

明确测验目标就是要明确编制的测验是用来测量什么的，是能力、人格，还是学业成就。不但要明确测量的目标，还要对测量的目标加以分析，转换成可操作的术语，即将目标具体化。例如，德若伽提斯（L. R. Derogatis）为了测量人的心理健康状况，根据人们广泛的精神症状，包括躯体感觉不适、情绪、情感、思维、意识、人际关系、生活习惯、饮食睡眠等内容编制了症状自评量表（SCL—90），测量因子包括十个。

躯体化：主要反映被试的身体不适感，包括心血管、胃肠道、呼吸等系统的不适，及头痛、背痛、肌肉酸痛及焦虑等其他躯体表现。

强迫症状：主要指那种明知没有必要，但又无法摆脱的无意义的思想、冲动、行为等表现，反映临床上的强迫症状群。

人际关系敏感：主要指个人不自在感和自卑感，尤其是在与他人相比较时更突出。

抑郁：主要指忧郁苦闷的感情和心境，反映与临床上抑郁症状群相联系的广泛的概念。

---

① 郑日昌. 心理测验与评估. 北京：高等教育出版社，2005：46～50.

② 侯怀银. 教育研究方法. 北京：高等教育出版社，2009：183～190.

③ 郑日昌，蔡永红，周益群. 心理测量学. 北京：人民教育出版社，1999：14～26.

焦虑：主要指游离不定的焦虑及惊恐发作，反映临床上明显与焦虑症状相联系的精神症状及体验。

敌对：主要指恼怒，发脾气和冲动的特征，从思维、情感及行为三个方面来反映病人的敌对表现。

恐怖：主要反映对孤独和公共场合的惧怕。

偏执：主要指对他人不满和无中生有的程度，反映猜疑和关系妄想。

精神病性：主要反映神经质的强烈程度，其中幻听、思维播散、被洞悉感等反映精神分裂样症状项目。

其他因子：主要反映睡眠及饮食等情况。

3. 明确测验用途

明确测验用途就是要明确编制的测验是用来干什么的，是要对被试做描述，还是诊断，是选拔，还是预测。用途不同，编制测验时的取材范围以及项目难度也不同。

(二) 编制测验计划

编制测验计划，就是对测验进行总体设计和构思。一是构思测验的内容结构和项目形式；二是构思每一个内容、目标的相对重视程度。例如，成就测验的编制计划通常要制订两个表，一个是双向细目表：其中一维是教学内容，另一维是要达到的行为目标；另一个是测验试题分类表：其中一维是教学内容，另一维是试题类型。两个表中的分数可以体现对每一个内容、目标的相对重视程度（这在前面已述）。又如，测量心理健康状况的症状自评量表（SCL—90）的内容结构包括躯体化、强迫症状、人际关系敏感、抑郁、焦虑、敌对、恐怖、偏执、精神病性、其他因子十个因子；项目都是选择题，要求被试根据自己最近一个星期或现在的情况从五个选项中选择一个与自己的实际情况相符的选项；量表中测量每个因子的项目数量不同（每个项目记分相同），说明了相对重视程度也不同。如表 6-8所示。

表 6-8　SCL—90 各因子的项目数及编号

因子名称	项目数	项目编号
躯体化	12	1、4、12、27、40、42、48、49、52、53、56、58
强迫症状	10	3、9、10、28、38、45、46、51、55、65
人际关系敏感	9	6、21、34、36、37、41、61、69、73
抑郁	13	5、14、15、20、22、26、29、30、31、32、54、71、79

（续表）

因子名称	项目数	项目编号
焦虑	10	2、17、23、33、39、57、72、78、80、86
敌对	6	11、24、63、67、74、81
恐怖	7	13、25、47、50、70、75、82
偏执	6	8、18、43、68、76、83
精神病性	10	7、16、35、62、77、84、85、87、88、90
其他因子	6	19、44、59、60、64、89

（三）编写测验项目

编制好测验计划后，接下来就要编写具体的测验项目。这是测验编制过程中最重要的步骤之一。

1. 搜集测验资料

一个测验的好坏与测验材料的选择适当与否有密切关系，为此要注意以下几点。

（1）资料要丰富。搜集的资料应达到如下要求：①全面性。搜集的资料要全面反映测验目标的要求，不可有任何一方面的漏缺；②准确性。搜集的资料要准确地反映测验目标的本质，不要有任何偏差；③真实性。搜集的资料要与被试的实际状况相一致；④次量性。搜集的资料不仅要有足够的数量，还要有足够的累积次数①。这样测验内容便不致有偏颇，而且能提高行为样本的代表性。

（2）资料要体现公平性。搜集测验资料要考虑对测验对象尽可能的公平。而要保证公平，就要克服测验偏差（test-bias）。测验偏差是指某些被试由于性别、民族、种族、社会经济地位、文化背景、知识经验、宗教信仰或其他亚群体特征，致使在测验过程中受到冒犯或不公平的惩罚。所谓冒犯，意指测验中出现了性别歧视、对某些特殊种族或宗教群体的忽视、辱骂、讥讽等现象。这种冒犯性测验将导使某一群体的被试在测验过程中产生消极情绪，分散注意力，降低测验成绩。例如，据调查，男性大多从事高声望的工作且收入高，而女性大多从事低声望的工作且收入低，为什么？这道题有性别歧视的现象，冒犯了女性被试。所谓不公平的惩罚，意

---

① 张其志，陈尚生. 中小学生发展性心理健康评价模式的构建. 载《中小学管理》，2003（11）：36～37.

指被试由于某一特定亚群体的特征，致使这一群体的学生没学过、不理解或不熟悉测验的内容和要求，从而降低测验成绩。例如，以中国足球为题，写一篇不少于 500 字的短文。这道题不公平地惩罚了那些不了解足球的被试。①

2. 选择项目形式

测验的具体编制需要考虑测验项目采用何种形式的问题，一般情况下，任何项目都可以用几种不同的形式呈现，需要从中选择一种最佳的呈现方式。我国心理学家廖世承、陈鹤琴曾提出五条选择测验项目形式的原则：使受测者容易明了测验做法；受测者在做测验时不会因为项目形式不当而做错；做法简洁、省时；记分省时省力；经济。为此，在选择项目形式时，要考虑以下三点。

（1）测验目的和材料的性质。如果要考查被试对概念和原理的记忆，宜用简答题；要考查被试对事物的辨别和判断能力，宜用选择题；要考查被试综合运用知识的能力，宜用论文题。

（2）被试个体或团体的特点。被试个体或团体的特点不同，测验采用的项目形式也不同。比如，对幼儿宜用口头测验，对于文盲或识字不多的被试不宜采用要求读和写的项目；对有语言缺陷的被试要尽量采用操作项目。

（3）各种实际因素。当被试人数过多，测验时间和经费有限时，宜用选择题进行团体纸笔测验；而人数少，时间充裕，又具备需要的实验仪器和设备时，可采用操作测验。

3. 编写测验项目

编写测验项目是一个不断反复的过程，包括写出、编辑、预试和修改等。在这个过程中，编制者对测验项目要进行反复的修改，改正意义不明确的词语，取消一些重复的和不适用的项目。然后将初步满意的项目汇集起来组成一个或几个预备测验。

编写项目要注意以下问题：一是项目的范围要与测验计划相一致；二是项目的数量要比最后所需的数目多一倍至几倍，以备筛选和编制复本；三是项目的难度必须符合测验目的的需要；四是项目的说明必须清楚明白。

---

① 张其志. 测验偏差：评价测验质量的第三个标准. 载《韶关学院学报》，2013（7）：130～134.

（四）项目的试测与分析

初步编写的项目在内容和形式上从表面上看也许符合要求，但是否具有适宜的难度和较高的区分度，必须通过试测进行项目分析。

1. 试测

预备测验应在小样本范围内进行试测，以鉴别项目性能的优劣。试测应注意以下几点。

（1）试测对象应是将来正式测验应用群体的代表性样本。

（2）试测的实施过程与情境应力求与将来正式测验时的情况相近似。

（3）试测的时限可稍宽一些，最好使每个受试者都能将题目做完。以收集受试者较充分的反应资料，使统计分析的结果更为可靠。

（4）在试测过程中，应对受试者的反应情形随时加以记录，如在不同时限内一般受试者所完成的题数、题意不清之处及其他有关问题。

2. 项目分析

项目分析包括质的分析和量的分析。质的分析是从内容取样的适当性、项目的思想性以及表达是否清楚等方面加以分析；量的分析是对预测结果进行统计分析，确定项目的难度、区分度、备选答案的适宜性等。

由于试测的被试样本可能会有取样误差，故由此得到的项目分析结果未必完全可靠；为了检验所选出的项目的性能是否真正符合要求，通常需再选取来自同一总体的另一样本再测一次，并根据其结果进行第二次项目分析，看两次分析结果是否一致。如果某个题目前后差距较大，说明该题的性能值得怀疑。这种在两个独立样本中进行项目分析的过程叫作复核。

（五）合成测验

经过试测和项目分析，下一步就可以选出性能优良的项目进行适当的编排，组合成测验。

1. 项目的选择

选择项目的指标有三个：一是测验的性质，即要选择那些能够测量所需要的特质的项目，例如，想要测量的是观察能力，就不能选择测量阅读能力或者记忆能力的项目；二是项目的难度；三是项目的区分度。最好的项目，就是只测定所需要的特征，并能对该特征加以有效区分的难度合适的题目。

2. 项目的编排

项目选出之后，必须根据测验的目的与性质，并考虑受试者作答时的心理反应方式，加以合理安排。

项目编排的总体原则是要由易到难。这样可以使受测者较快熟悉作答程序，消除紧张情绪，建立信心，顺利进入测验情境。也可以避免受测者在前面的难题上耽搁太多的时间，而影响对后面问题的解答。在测验最后可有少数难度较大的题目，以测出受测者的最高水平。

常见的排列方式有两种：一是并列直进式：将整个测验按项目材料的同质性分为若干分测验，在同一分测验的项目，则依其难度由易到难排列；二是混合螺旋式：先将各类项目依难度分成若干不同的层次，再将不同性质的项目予以组合，做交叉式的排列，其难度渐次升进。此种排列的优点是，受试者对各类试题循序作答，从而维持作答的兴趣。

3. 编造复本

为增加实际的效用，一种测验有时需要有两个或两个以上的等值型，即复本。测验的各份复本必须等值，所谓等值需符合下列三个条件。

（1）各份测验测量的是同一种心理特质。

（2）各份测验包含相同的内容范围，但项目不应有重复。

（3）各份测验题型相同，题目数量相等，并且有大体相同的难度分布。

只要有足够数量的题目，编造复本的手续是很简单的。先将所有合用的题目按难度排列，其次序为 1、2、3、4、5、6…如果要分成两个等值的测验本，可采用下面的分法。

A 本：1、4、5、8、9、12、13、16、17、20…

B 本：2、3、6、7、10、11、14、15、18、19…

如果要分成三个等值的测验本，可采用下面的分法。

A 本：1、6、7、12、13、18、19、24…

B 本：2、5、8、11、14、17、20、23…

C 本：3、4、9、10、15、16、21、22…

采用上面的分法可使复本之间在难度上基本相等，从而获得大体相同的分数分布。复本编好后，应该再试测一次，以确定各份测验间究竟是否等值。

（六）测验使用的标准化

为了减少误差，必须控制无关因素对测验目的的影响，这个控制的过程，称作标准化，包括测验编制的标准化和测验使用的标准化。测验使用的标准化又可分为施测过程标准化、评分计分标准化、分数解释标准化三个环节。

1. 施测过程标准化

（1）指导语。给受测者的指导语属于测验刺激的一部分，它的内容通常包括对测验目的的说明和受测者应该如何作答的指示（包括如何选择反应、记录反应、以及时限等）。由于主试者的一言一行，甚至表情动作都会对受测者产生影响，所以主试者一定要严格遵守施测指导语，不要任意发挥和解释。

（2）时限。确定测验的时限，要考虑施测条件和实际情况的限制以及被试的特点，不过更重要的是考虑测量目标的要求。

2. 评分、计分标准化

测验使用标准化的第二个要素是客观评分。客观性意味着两个或两个以上的受过训练的评分者之间有一致性。只有当评分是客观的时候才能够把分数的差异完全归于受测者的差异。为使评分尽可能客观，有以下三点要求。

（1）及时而清楚地记录反应情况。特别是对口试和操作测验，此点尤为重要，必要时可以录音和录像。

（2）要有一张标准答案或正确反应的表格，即计分键。选择题测验的计分包括一系列正确的答案和允许的变化；论文题的计分键包含各种可能答案的要点；人格测验不可能有明确而统一的答案，计分键上指明的是具有或缺少某种人格特征者的典型反应。

（3）将受测者的反应和计分键比较，对反应进行分类。对于选择题来说，这个程序是很容易的，但是当评分者的判断可能是一个起作用的因素时（如论文题），就需要对评分规则做详细的说明，评分时将每一个人的反应和评分说明书上所提供的样例相比较，然后按最接近的答案样例给分。

分数评出后还要进行合成计算，即将各项目分数合成分测验分数，再将分测验合成测验总分数。

3. 分数解释标准化

一个标准化测验，不但编制、施测和评分要标准化，对分数的解释也必须标准化，如果同一个分数可做出不同的推论，测验便失去了客观性。

多数测验用常模作为解释分数的依据，如智力测验和人格测验，测验分数必须与常模比较，方能显出它所代表的意义。也有一些测验并不将被试的分数与其他人比较，而是看其是否达到某种标准，如毕业考试、英语水平测试、钢琴考级、律师、会计师的资格考试等。

（七）搜集信度、效度资料

测验编好后，必须对其测量的可靠性和有效性进行考验，为此就要进行测量学方面的分析，搜集信度和效度资料。包括调查的样本与时间，信度、效度系数以及这些数据是在什么情境下得到的。

（八）编写测验指导手册

为使测验能够合理地实施与应用，在正式测验编写完成后，还要编制一份说明书，就下列问题做出详尽而明确的说明。

- 本测验的目的和功用。
- 编制测验的理论背景以及选择项目的根据。
- 测验的实施方法、时限及注意事项。
- 测验的标准答案和评分方法。
- 常模资料，包括常模表，常模适用的团体及对分数如何做解释。
- 测验的信度、效度资料。

经过以上六个步骤，一个测验便可正式交付使用了。

二、测验的选择

从上面可以看到，编制测验是一个相当复杂且困难的过程，要求编制者在教育与心理测量方面受过严格系统的训练。因此，在教育科研和实际应用中，如果需要使用测验，研究者首先要做的是去选择你需要的测验，只有肯定确实没有合适的测验可供选择时，才去编制你需要的测验。

（一）选择测验的基本要求

1. 所选测验必须适合测量的目的

每个测验都有其特殊的用途和适用的范围。我们在选用时，应当慎重考虑，认真取舍，不能"拉来黄牛当马骑"。例如，想了解人格倾向和个性心理特征，可选择有关的人格测验；想了解被试者近期的心态，有无心理疾病症状，可选择心理健康测验；想了解神经系统类型、遗传特征和对外界反应的特点，可选择气质测验；想了解被试的人际交往能力、公关能力与合群性等，可选择人际关系测验；想分班或因材施教，可选择智力测验或成就测验；想诊断学习困难，可选择学习障碍测验；学生即将毕业，面临升学或就业选择时，可选择职业兴趣、职业性格、职业价值观、职业适应性、职业能力倾向测验，等等。

2. 所选测验必须符合教育与心理测量学的要求

选择测验不能仅根据测验目的，还应考察测验是否经过了标准化，它的信度、效度如何，常模样本是否符合研究者所需的测试对象，常模资料是否太久而失效等。在现实生活中，许多人将一些通俗读物、报纸杂志或互联网上的测验当作科学的心理测验来使用，实际上这些测验大多不符合教育与心理测量学的要求，可信度不大，仅供娱乐消遣之用，但许多人却十分信服。即使是科学的心理测验，倘若个人自行施测，不懂得分数如何解释，也会产生不良后果。例如，有人通过互联网上的测验自行对照，判断自己是神经症，因而终日惶恐不安。

另外，标准化测验需经常修订，使测验内容、常模样本、分数解释更符合时代要求，但许多人在科研与实际应用中却经常使用没有重新标准化的经典测验，更有甚者，将国外的测验直接译过来使用，而不考虑我国国情，这种做法是不妥的。

（二）测验的来源与选择

教育与心理测验处于迅速变化的状态，新测验不断涌现，旧测验又出修订本，测验分数的解释也不断改进。面对这种情况，如何寻找和选择合适的测验，是我们进行教育科研和实际应用必须认真思考的问题。

1. 在教育与心理测验专门文献中寻找和选择

目前世界上测验的数目很多，其中，内布拉斯加大学伯勒斯心理测量研究所出版的《心理测量年鉴》几乎囊括了以英语出版的所有商业性心理测验、教育测验和职业测验，而且每年几乎都有新的测验出现。年鉴介绍的测验包括一位或几位测验专家对测验的批评性评论，以及每个测验所附的已出版的全部参考书目，也定期给出出版者、价格、测验所适用的被试的年龄等常规信息。伯勒斯研究所的另一份刊物是《已出版的测验》，这份刊物累积介绍所有以英语出版的商业性测验，以及事实信息和参考书目。

在国内，《心理卫生评定量表手册》《行为医学评定量表手册》《精神病学评定量表手册》《性格与社会心理测量总览》是当前中国心理健康领域使用的测评工具汇总。也有一些公司出售各种商业性测验量表。

2. 在学术论文中寻找和选择

有些教育与心理学刊物上发表的学术论文，专门研究测验的实际使用或者新测验的编制，这些资料可以提供寻找所需测验的信息。因此，可以根据使用目的通过检索教育与心理学学术论文的方法寻找所需要的测验，或了解测验使用者对测验的评价和成功应用的证据，结合自己的研究需要选择适当的测验。

3. 在专业书籍中寻找和选择

教育与心理测量的专业书籍，为了论述测验原理或使用方法，通常会提到某些测验，这也是获得有关测验的重要信息来源。

三、测验的使用

一个好的测验，必须按正确的方法使用，才能最大限度地发挥其效用。

（一）测验前的准备

测验前的准备工作是保证测试顺利进行和测验实施标准化的必要环节。准备工作主要包括以下几个方面。

1. 预告测验

事先通知被试，让他们知道测验的时间、地点、内容范围、试题的类型等，使他们做好心理准备。

2. 测验环境的准备

在实施测验过程中，由于客观环境因素的影响，可能会出现某种误差。为了使测验的结果准确，就必须尽量控制误差。因此，主试必须对测验时的光线、通风、温度及周围是否有噪音等加以考虑。

3. 测验材料的准备

测验材料包括测验题目、答卷纸、记分键、指导书、纸、笔、记时表等。主试最好先模拟一遍测验，看测验材料准备是否齐全。

4. 主试自身的准备

主试必须熟悉并能流利地用口语说出指导语；熟悉测试的具体程序；做好应付突发事件及被试提问的心理准备。

（二）施测过程中应注意的事项

施测标准化测验的基本原则是努力减少无关因素对测验结果的影响。为此必须注意以下几点。

1. 协调好主试与被试的关系

在施测过程中，如果主试与被试的关系不协调，就有可能出现两种影响测验的情况：一种是使被试对测验产生"阻抗"，不予合作；一种是被试出现"测验性焦虑"，使其测验分数达不到他应有的水平。只有在一个良好协调的关系中，被试才能最好地发挥他对测验的反应。

2. 严格按测验规定的步骤与方法施测

在测验时，必须使用统一的指导语，主试读完指导语后，应再次询问被试有无疑问，但回答时应该严格按照指导语，不做额外的解释，以免对被试产生暗示作用。时限的掌握要准确，主试应事先告诉被试测验的具体时限，对于有分测验的测验，主试应根据有关时限的操作语执行。

3. 要注意排除各种干扰测验的无关因素

测验中不应让无关人员在场；要妥善处理测验中的偶发事件，如被试突然发病、有人作弊等，并做好记录。

（三）测验后的注意事项

测验结束后要进行记分和解释，将被试的反应数量化并赋予意义。需要注意以下几点。

1. 严格按照测验规定的标准记分

主试应当认真阅读标准化测验手册，熟练掌握记分键，特别是主观题的记分要求，不得随意记分。

2. 测验结果的解释应谨慎，避免对被试造成不良后果

一个同样的测验得分，可因被试不同的生活环境、文化背景和受试时的精神状态不同，而得出差异很大的解释。有一个心理很脆弱的女孩到某心理门诊咨询，做艾森克人格测验（EPQ）时，精神质因子得分较高，主试就对这个女孩说，她有精神病倾向，结果使这个女孩背上了很大的精神压力，本来精神问题并不严重，经他这么胡乱解释测验结果，病情反而加重了，这与主试对测验结果的解释缺乏科学性、严谨性有密切关系。

3. 对测验结果要保密

主试应尊重被试的人格，对测验结果加以保密，未经被试同意，不得告诉他人，除非对个人或社会可能造成危害时，才能告知有关方面。

四、测验在教育领域中的应用

（一）测验在教育工作中的应用

1. 甄选、分类、安置

测验的基本功能是测量个体间的差异。在教育工作中，经常要对学生进行甄选、分类、安置。比如，对超常儿童或智力落后儿童的鉴别，选拔参加各种竞赛的学生，对学生按能力编班、分组，以便因材施教，等等。这就需要首先了解学生之间的个别差异，而这仅仅靠教师的经验做出主观直觉判断是不行的，必须通过测验并依据测验才能准确、客观地了解学生，并针对学生的实际情况准确地甄选、合理地分类、恰当地安置。

2. 诊断、预测、评价

在教育工作中，可以使用测验来发现学生适应不良的原因和学习困难

所在，弄清是由于存在智力缺陷或缺乏某种特殊能力，还是由于没有掌握好某方面的知识，抑或是由于性格不良和存在心理障碍，从而采取必要的帮助和补救措施。单科测验可以诊断学生所犯错误的类型，找出每个学生的弱点，以决定采用什么样的方法弥补，这都是测验的诊断功能。测验还有预测功能，如智力测验、能力倾向测验常用于推测某人在某方面成功的可能性，各种职业测验可以预测某人将来的职业选择、职业稳定性、职业满意度和职业成就。测验还可以用于评价个体的方方面面，例如，测验既可以用于评价个体在智力、人格特征上的差异，也可以用于评价学生的学习状况、教师的教学方法和教学效果；测验还有助于人们的自我评价，使一个人知道自己的优势和不足。

（二）测验在教育科研中的应用

1. 搜集资料

搜集资料是教育科研的重要步骤之一。许多科研课题都需要数据资料的支持，而搜集数据资料的一个简便易行又比较可靠的方法是测验法。如教学方法改革、教学模式改革、课程内容改革等，需要借助于测验提供量化的数据资料，才能做出科学的结论。

2. 建立和检验假说

教育中的许多理论假设是在对测验数据进行分析整理的基础上提出来的，又往往需要通过测验来比较和检验。例如，智力因素与非智力因素在学习活动中的作用、男女学生思维能力的差异等假设，可以通过测验来比较和检验。如果我们在教育工作中发现某种教育理论与实际不符时，也可以通过测验获得的实证资料去推翻它。

3. 实验分组

在教育实验研究中，为了有效地控制实验误差，提高实验效果，常常需要进行等组实验设计。所谓等组，是指各组除实验因子（如研究三种教材的质量或两种教学方法的教学效果）外，所有能影响实验的其他因素，特别是学生的原有水平，必须基本相同或相近。只有等组实验，才能把实验效果的差异归结为是实验因子造成的。

等组实验设计的方法是，把学生的测验分数从高到低排序，其次序为1、2、3、4、5、6⋯如果分两组，可采用下面的分法。

甲组：1、4、5、8、9、12、13、16、17、20⋯

乙组：2、3、6、7、10、11、14、15、18、19⋯

如果分三组，可采用下面的分法。

A组：1、6、7、12、13、18、19、24…

B组：2、5、8、11、14、17、20、23…

C组：3、4、9、10、15、16、21、22…

总之，测验是一种定量化程度很高的测量技术。由于测验编制十分严谨，并且经过标准化和鉴定，因此其结果是准确可靠的。实践证明，测验法较之观察法、访谈法等方法更准确、客观。另外，测验还可以在较短的时间内搜集到大量的量化资料，因此它是一种重要的教育科研方法。但是，测验不是万能的方法，它有着不可忽视的局限性。首先，不同的测验所依据的理论基础不尽相同，所测特质的定义、观点及概念系统也不同，因此同样性质的测验测量的可能是不完全相同的心理特质；其次，测验属于间接测量与取样推论，不可能完全准确；最后，测验过程中的一些无关因素的干扰很难完全排除，会影响到测验结果的稳定性和准确性。也就是说，测验无论在理论上还是方法上都有不完善的地方。因此，要相信测验能为我们提供有价值的资料，但不能完全迷信测验，在利用测验结果做决策时还必须结合其他方面的因素和信息。

【思考与实践】

1. 教育测量有哪些基本要素？

2. 教育测量有什么特点？

3. 测验有哪些分类方式？请举几个例子。

4. 为什么说测验的效度比信度更重要？

5. 举例说明测验的编制过程。

6. 试对某次测验进行质量分析（包括难度、区分度、信度和效度分析）。

7. 编制一份某学科测验的双向细目表和一份测验试题分类表。

第七章　教育实验研究法

第一节　教育实验研究法概述

一、教育实验研究的含义及其特征

（一）教育实验研究的含义

实验研究是研究者从某种理论或假设出发，为突出研究的实验变量有意地控制某些条件，促使一定的现象产生，然后对其结果进行分析，得出相关的科学结论的研究方法。

教育实验研究法是研究者按照教育研究目的，运用科学实验的原理和方法，以一定的教育理论及假设为指导，合理地控制或创设一定的条件，人为地影响教育研究对象，并有目的地操纵某些教育因素或教育条件，观察教育措施与教育效果之间的因果关系，从中探索教育现象因果关系和教育规律的一种研究方法，它是一种特殊的科学实验活动。教育实验研究的目的在于确定某一教育影响与它的结果之间的因果关系，或者是检验某一教育理论或教育假设的实际结果。

（二）教育实验研究的基本特征

教育实验是获得知识和检验理论的一种特殊实践活动，作为一种相对独立的社会实践活动，教育实验区别于一般实验，它具有实验的根本特征，能够自觉主动地去探索、变革和创新，主动采取某个变革措施，发挥实验研究的作用，探索教育内外部规律性联系和因果关系，从而发展教育理论。同时，教育实验又不同于一般的实验活动，它是教育实践，所以，教育实验研究具备科学实验和教育实践两个层面的特征。

1. 教育实验研究的科学特征

教育实验研究是一种科学实验活动，它区别于教育科学研究的其他方法，具有科学实验的三个基本特征：因果关系的探讨、自变量的操作（进行实验处理）和合理控制无关变量。

（1）因果关系的探讨。教育实验研究可以系统地变化教育条件，以观察因这些条件变化所引起的相应教育现象和规律变化，从而揭示教育实践过程中各种变量间的因果关系。调查研究以搜集、分析存在的教育客观事物或材料为直接认识任务，是对教育现状的认识和把握。实验研究是通过"若 A 则 B"的正确性来说明"为什么"，从而推论因果关系的逻辑性，所以只有教育实验研究，才能揭示教育变量间的因果关系。

（2）自变量的操作。教育实验研究是为了变革现实、探索和创新，是要索取而不是消极等待研究现象的自然发生。因此，必须主动操纵自变量的变化。自变量，即变化的措施和条件；自变量的操作，是指研究者人为地去干预和控制现象发生的条件和进程，有意识地变革研究对象某一方面的条件，从而得到研究人员所要的结果。

（3）合理控制无关变量。教育实验研究中，为了探索因果关系，证实确实是自变量导致因变量的变化，就必须排除其他无关因素的影响，使实验的其他条件保持恒定，否则，就无法显现假设中提出的因果关系，实验也不可能有效度。所以，在教育实验研究中，需要有意识地考虑各种无关因素的控制、实验所操纵的自变量的控制程度和研究如何通过实验的设计控制无关变量，以达到合理控制无关变量的目的。

"控制"在教育实验中主要有三层含义：一是研究对于外部因素和实验情况的控制能力，包括各种无关因素的控制。二是研究对于实验所操纵的自变量的控制程度。三是研究实验设计过程中的控制成分，即研究如何通过实验的设计来控制无关变量。

2. 教育实验研究的教育特征

教育实验研究是一种特殊的教育实验活动，由于教育现象和研究对象的独特性，教育实验研究又具有与科学实验相区别的特征。

（1）研究归属是社会科学。一般认为，实验研究应归属自然科学实验范畴，但从总体上分析，教育实验研究基本上属于社会科学实验范畴。

（2）研究目的是发展教育理论。与一般的实验研究不同，教育实验研究的目的并不是为了获得科学的事实，而是为了通过假设检验和归因分析，形成教育的科学理论。

（3）研究对象是人所从事的教育活动。教育实验研究是独特的教育实验活动，它研究的对象不是静态的自然事物，而是动态的、渗透着复杂的人的因素的教育实践活动，这些活动是在一定的社会联系、社会生活情境中进行的，带有情感色彩，受到人们活动的目的、价值观以及人的个性和活动的影响。

（4）实验环境是学校的特定生活场景。在实验条件方面，教育实验主要是在教育和教学的现实环境中进行，学生和教师都是生活在特定的班级和学校中，离开这一特定的教育环境，有些教育现象就不可能发生，所以，教育实验研究有时难以满足控制实验条件方面的要求。

（5）研究设计是定量和定性相结合。从教育实验的活动系统看，教育实验既是一种研究活动，又是一种教育活动，是教育实践和科研活动的统一体。教育实验不仅要追求实验结果的解释力，而且需要追求实验结果实际应用的推广力。对于实验研究，通常是以量化的方式去设计实验和分析研究数据，但教育实验研究在具体方法的处理上不是以完全的定量描述去追求变量的精确度，而是通过定量描述与定性描述相结合来描述教育变量之间的某种确定性关系，注重对教育变量的变化进程进行纵向的相关分析和因果分析。教育实验是在教育实践中进行的特点决定了教育实验既有定量实验的"科学性"，又具有定性研究的"实用性"，是两者的和谐结合。

二、教育实验研究的功能和局限

教育实验研究是唯一能真正检验教育因果关系假设的研究，是教育理论发展的源泉和检验教育理论真理性的重要标准。教育实验作为教育科学研究中的一种基本形式，其功能由教育实验研究的本质特征决定，它能超越感性直观经验的局限，探索和发现客观事物的内部联系和规律性，并获得利用这些规律来预测和驾驭事物发生和发展的能力。

（一）教育实验研究的主要功能

1. 检验、修改和完善教育理论

检验现有教育理论的科学性和先进性，并改进教育教学过程与方法。

通过提供有意义的可靠信息，对现有教育教学理论进行提炼、发展和完善。另外，实验研究便于测量，能得到量化的结果，可以揭示变量之间的因果关系，为发现和揭示新的教育特点和规律提供必要的基础。通过教育实验研究，能发现未知和开拓新的研究领域，从而不断加深对教育发展的规律性认识。

2. 促进教育实践的改革与发展

通过教育实验，人为地创设一定的教育系统和教育环境，在教育科学理论指导下改革教学内容或教学方法，促进教育实践的改革与发展。

3. 提供新教育理论假设应用于教育实践的操作程序

当研究者提出一套完善的教育教学理论后，必须通过教育实验将理论转化成可操作的实验方案以付诸教育实践，才能切实发挥科学理论的指导作用。通过教育实验，一方面，寻求将这些理论具体化并运用于教育教学实践过程的操作程序；另一方面，实验的结果又将进一步检验、充实和完善这些理论的科学性、先进性和可行性。

（二）教育实验研究的局限性

实验研究适合于研究自变量数目较少且清晰、可以分解并加以操作的问题，实验结果的分析一定程度上取决于测量工具。教育实验研究是一种特殊的教育实验活动，一方面，教育研究的对象是人，不仅研究者与被研究者之间容易产生交互影响，而且研究者本身的价值观、态度、动机会在一定程度上影响观察和资料收集的方向，因此，教育研究涉及的价值判断将对实验的客观性产生积极的或消极的影响；另一方面，实验设计离不开现有分析手段所达到的技术水平，当现有的测量工具还不能十分正确、恰当地测量教育情境下的复杂行为时，对实验结果的分析也必然受到限制。另外，从统计分析和实验推广的角度来看，教育实验往往只能选择非常有限的样本（学校、教师和学生）进行研究，因而难以代表全体或其他群体，所以教育实验研究存在不可避免的样本不足和选择误差问题。

三、教育实验研究的基本组成部分

教育实验研究一般是由实验者、实验对象和实验手段三个基本部分组成。三者之间的关系可用图 7-1 表示。实验过程是实验者借助实验手段并操纵控制实验因素，刺激和作用于实验对象，并通过实验手段测量实验对象因实验因素的刺激所做出的反应结果，收集实验反应信息，然后利用各种技术手段分析获取的信息，得出实验结果。

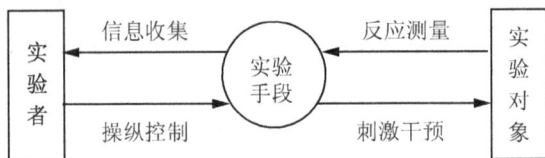

图 7-1　教育实验研究的组成及关系

（一）实验者

实验者作为实验活动的主体，必须进行一系列操作活动，这些活动包括对实验变量的控制，以及实验者借助感觉器官或仪器在实验过程中获取信息、实验者的逻辑思维与理论的分析等活动。

（二）实验对象

教育实验研究的对象主要是教学过程中受教育的个体或全体，他们是作为社会成员的人，是有思想、有意识、有主观能动作用的活生生的人。因此，同自然科学以物为主要研究对象的实验不同，教育研究的实验控制更为困难，教育实验研究对象具有它的特殊性。

1. 实验者与实验对象存在相互影响

由于实验者和实验对象都是活生生的人，而且两者往往关系密切，因此，实验者的言行，甚至其职位、资历、态度等都会对实验对象起着某种暗示的作用。例如，在某教育实验中，当有的实验对象无意中了解到主持该项实验的实验者是位有名望的学者，还了解到所做实验的目的意图，实验对象就有可能有意识地按实验者的意愿做出某种反应，回答问题。显然，这将会影响实验的准确性和客观性。

2. 实验对象的心理状态对实验过程会产生影响

由于社会或家庭及其他因素的影响，实验对象对待实验的动机、态度、情绪有所不同，这些心理状态会使实验因素刺激的接受和反应都产生差异，从而使实验结果的准确性受到影响。

3. 对受教育者的实验存在某些禁区

与自然科学不同，物理学家、化学家可以随意变化实验条件，实验对象（物质）都可以承受。但教育研究的实验对象是受教育的人，在实验中，给实验对象的刺激作用是有限制的，不能给实验对象带来精神或肉体上的痛苦，也不能人为地安排某些破坏实验对象身心健康的环境，这不仅是实验的禁区，也是实验者必须具备的道德修养。

(三) 实验手段

在教育实验研究中,主要的实验手段是现代教育媒体、教育方法、教育模式和教育环境等。实验手段的基本功能主要是刺激、干预、控制和检测实验对象的活动,或对实验对象施加影响,以及记录和分析实验结果。实验手段作为人的感觉器官和思维器官的延伸,可以有效地克服实验者感觉器官的局限性,提高人的认识能力,使人的认识更加准确、精细、客观。

1. 刺激手段

刺激手段是指实验者按照一定的目的,通过设计和控制各种教育因素,对实验对象产生不同的刺激作用,从而观察、测量实验对象的行为和心理上的反应,以探索其规律。

2. 观察手段

观察手段是指实验者借助各种手段进行观察,或借助虚拟现实技术,模拟现实中的实验环境进行观察,可以实现在现实中难以达到的实验条件。因此,借助现代教育媒体作为观察手段,可以弥补人的感觉器官的局限性,以获得更多的信息。

3. 记录、存储与重现手段

这是指借助照相、录音、录像等手段记录实验过程中最有代表性的典型资料、实验对象的行为变化过程、行为存在的环境条件、行为的各种表现形态、行为在时间上的演变、行为在空间上的分布,以及记录有关实验过程中所进行的有关实验问题的谈话、演讲、课堂教学、学生回答等语言资料。借助计算机或利用计算机原理设计的反应信息装置,可以记录下实验对象的特征资料及实验对象的实验反应信息,如学习得分、反应时间等。

4. 信息处理与分析手段

计算机是一种具有快速运算能力、又具有逻辑判断和信息存储与分析功能的现代化设备,它作为教育实验手段,日益发挥着显著的作用,在对问卷和考卷数据的采集、对响应信息的记录以及数据的统计分析等方面已经取得了显著的效果,新的应用领域正在发展。

四、教育实验研究的基本类型

(一) 实验室实验与自然实验

根据教育实验进行的场所和情境来分,教育实验研究可分为实验室实验和自然实验。

1. 实验室实验

实验室实验指研究者根据研究的需要，在经过专门设计的、人工高度控制的环境中进行的实验。这类实验的优点是能把实验中的各种变量严格分离出来，并给予确切的操作与控制，提高研究结论的准确性和可靠性。

在实验室实验中，实验背景和变量都相对容易控制，实验者能够比较清楚确切地观察到自变量对因变量的影响。但实验室实验在实验内容上局限性比较大，即许多教育研究者感兴趣的内容常常无法在小小的实验室中人工地制造出来，而且由于实验室的环境与现实的教育环境之间的差别，以及较多的实验室实验都是以一定区域学生的有限取样为实验对象，而他们与众多的不同区域的学生之间存在着许多差别，所以实验室实验的结果在推广性、普遍性和概括性上往往较差。

2. 自然实验

自然实验也叫现场实验，是在实际的教育情境中进行的实验。

（二）确认性实验、探索性实验、验证性实验、对比性实验与析因性实验

按照实验的目的和功能来分，教育实验研究可分为确认性实验、探索性实验、验证性实验、对比性实验和析因性实验。

1. 确认性实验

这类实验的目标主要在于借助实验搜集事实材料，确认所研究的对象是否具有研究假说内容的基本特征，并推动教育实践的发展。确认性实验也叫试探性实验，确认性实验研究的问题来自实际，所以具有直接的实践意义。实验强调的是研究的应用价值，在事实基础上概况经验性规律，追求最大限度的有效性。由于这类实验在现场情境下进行，在研究方法上带有很大的试探性，操作程序不太规范。因此，其内在效度和外在效度均不高。

2. 探索性实验

探索性实验是以认识某种教育现象或探索受教育者个性发展规律为目标，通过揭示与研究对象有关的因果关系及问题的解决，来尝试创建某种理论体系，所以具有较强的创新性。探索性实验主要研究教育理论体系中的根本性问题，有重要的理论意义和实践指导意义。

3. 验证性实验

验证性实验是以验证已取得的实验成果为目标，对已经取得的认识成果通过再实践的方法来检验、修正和完善。这类实验具有明显的重复性，是在不同环境条件下反复进行的，不仅对实验条件有明确分析，而且实验方案具有可操作性。验证性实验关注实验结果应用的普遍性，追求实验较高的外在效度。

4. 对比性实验

这是通过实验对两个不同群体、不同时间或不同条件进行差异性的比较。这种实验有两个或两个以上的相似组群，一个是"对照组"，作为比较标准；另一个是"实验组"，通过某种实验步骤，以确定实验因素对实验组的影响。

5. 析因性实验

这是通过实验探讨影响某一事件的发生和变化过程，起主要的或决定性作用的因素。这类实验的一个重要特点是，其结果是已知的，而影响或造成这种结果的各种因素，其中特别是主要因素却是未知的、待寻找的。

（三）单因素实验与多因素实验

根据同一实验中自变量因素的多少，可分为单因素实验和多因素实验。

1. 单因素实验

单因素实验是指同一实验中研究者只操纵一个自变量的实验，也叫单一变量实验。由于单因素实验的自变量单一、明确，操纵相对比较容易，实验难度相对较小。

2. 多因素实验

多因素实验是指在同一实验中需要操纵两个或两个以上的自变量的实验，也叫组合变量实验。这类实验要操纵的实验因素较多，实验的过程比较复杂，因变量的观测内容也随之增多，因而在研究整体上难度较大。

（四）前实验、准实验与真实验

1. 前实验

前实验是最原始的一种实验类型，它是对任何无关变量都不进行控制的实验。

2. 准实验

准实验是指在实验中未按随机原则来选择和分配被试，只把已有的研究对象作为被试，且只对无关变量做尽可能控制的实验。

3. 真实验

真实验是指严格按照实验法的科学性要求，随机地选择和分配被试，系统地操纵自变量，全面地控制无关变量的实验。真实验设计中的自变量、因变量、无关变量都能得到比较严格的控制，能较好地控制内外部无效因素，并有效地操纵研究变量。

五、教育实验研究的效度

(一) 教育实验研究效度的含义

所谓效度，就是指实验设计能够回答要研究的问题的程度。实验效度是影响着实验设计、实施、解析、推广、评价等工作的重要因素，它是衡量实验成败、优劣的关键性的质量指标。实验效度一般有内在效度和外在效度两种，内在效度决定了实验结果的准确性，影响到对实验结果的解释。外在效度则直接影响实验结果的可推广性。在实验过程中，这两种效度可能受到许多因素的影响。教育实验研究效度标示着教育实验研究结论的准确性和普遍性程度。

(二) 教育实验研究的内在效度

内在效度是指自变量与因变量的因果联系的真实程度或者实验者所操纵的实验变量对因变量所造成的影响的真正程度，即因变量的变化，确实由自变量引起，是操作自变量的直接成果，而非其他未加控制的因素所致。内在效度表明的是因变量的变化在多大程度上取决于自变量——有效性。实验内在效度高低，取决于对无关变量控制的程度。控制越好，实验的效果越能解释为由实验处理所造成。反之，控制越差，实验结果越无法解释。其结果究竟是由实验处理所产生，还是由其他无关因素所导致的，将难以确定。如果一个实验设计，除了研究者所控制的实验变量外，还有其他变量也影响反应变量的变化，使研究者无法正确解释所得的实验结果，则该项实验设计的内在效度就很差。

影响实验内在效度的因素有以下几方面。

(1) 偶然事件：在实验进展过程中没有预料到的影响因变量的事件的发生。

(2) 对象成长：在实施实验的过程中，受教育者可能会产生生理上或心理上的变化，如成熟、自信心的增强等，从而使实验结果发生变化，而这种变化并非是由实验变量所导致的。

(3) 实验时间：由于实验周期较长，除了实验变量之外，一些未经控制的因素会在较长的实验过程中介入，从而引起实验结果的变化。

(4) 测量手段和误差：测量手段不统一会产生错误的结果；进行测验时，试题设计不当，评卷者对评分标准掌握的程度、评卷人的心理状态与动机等，都直接影响到实验的准确性。

(5) 测验动机：当实验对象知道自己是在参加实验，是被研究的对象时，往往会产生一种特殊的心理反应，他对实验变量的刺激就有了一种准备性的动机。另外，进行多次重复性的量度时，受试者也就有了心理的准备，即使对同一个问题，往往第二次的反应与第一次不同，而这种差别不是来自实验变量的刺激，而是由测验动机所引起的。

（6）在实验进展过程中被试的选择差异：被试未能随机分配或挑选，而其中一个因素起了作用，从而产生了分组的不对等性。

（7）实验的偶然减员：非随机挑选的被试脱离实验，会产生不良影响。

（8）取样：成熟程度交互作用，由于取样不同带来的成熟程度的不一致。

（三）教育实验研究的外在效度

外在效度指实验结果的概括性和代表性。换言之，就是指实验结果是否可以推论到实验对象以外的其他受试者，或实验情境以外的其他情境，即代表性问题，表示实验结果是否适合于推广应用，能否做到对同类事物现象做解析、预测和控制。一个实验越能实现这个目标，就表示该实验越有良好的外在效度。外在效度分总体效度和生态效度两类。总体效度，指实验结果从特定的研究样本推广到更大的被试群体中去的适用范围；生态效度，指实验结果从研究者创设的实验情境推广到其他教育情境中去的范围。

如果用于男生实验的结果，不能推论到女生；用于中学生实验的结果，只适用于中学生，而不能推论到小学生，那么，这个实验设计的外在效度（总体效度）就比较低。如果在试验室里实验的结果，不能推论到日常生活情境；在城市实验的结果，不能推论到农村，同样，这个实验设计的外在效度（生态效度）也不高。通常影响外在效度的主要因素有：实验情境的过分人工化，受试对象缺乏代表性，测量工具选择的特殊性等。

第二节　教育实验研究法的设计

一、教育实验设计的基本要素

在实验设计时需要考虑变量、前后测和实验样本组三个基本要素。

（一）变量

教育实验设计中包括实验变量、反应变量和无关变量三类变量。

1. 实验变量

实验变量，即自变量，它是由实验者设计安排的、人为操纵控制的、有计划地变化的实验情境或条件因素。教学环境、教学手段、教学方法、教学组织形式、教材内容、师生关系、管理制度等，都能作为一项实验的自变量。

2. 反应变量

反应变量，即因变量，它是随着自变量的变化而变化的，是实验者需观察、测量、计算的变化因素。

3. 无关变量

无关变量，即干扰变量，它是除实验者操纵控制而有计划地变化的实验变量之外，另外一些影响反应变量变化的其他干扰因素。它使实验者无法对所得的结果做出正确的判断和解释。

实验的基本操作就是研究实验变量对实验对象施加作用之后，实验对象产生怎样的反应变化，从而了解实验因素的作用，通常实验过程使用如下符号表示。

O——实验对象

X——实验变量

Y——反应变量的测量结果

XO——实验因素 X 对实验对象施加作用

C——整个实验结果

（二）前后测

前后测指事前测验与事后测验。在实验因素未对实验对象施加作用之前，事先对因变量进行的测量，即事前测验，其结果通常用 YO 表示。在实验因素对实验对象施加作用之后所进行测量，即事后测验，其结果用 Y 表示。

（三）实验样本组

实验样本组指实验组与控制组。利用随机取样或测量配对选择而形成的两个条件相等的样本组，其中一组接受实验因素的作用，即实验组，用 $O_实$ 表示。另外一组将不接受实验因素的作用，只作为比较标准，即控制组，用 $O_控$ 表示。

二、教育实验设计的基本模式

根据实验的目的、要求不同，教育实验最常用的模式有单组实验模式、等组实验模式和轮组实验模式三种。

（一）单组实验

单组实验，是指同一实验因素 X，只对同一组（或一个）实验对象 O 施加作用，然后测定对象所产生的变化，以确定实验因素的效果如何。单组实验通常采用前测与后测比较的方法来研究实验因素的效果。在未进行实验处理之前，先进行一次测量（称为前测），其结果为 YO，在进行实验处理（XO）之后，再进行一次测量（称为后测），其结果为 Y，则整个实验结果 $C = Y - YO$，其操作过程如表 7-1 表示。

表 7-1　单组实验操作过程

	实验操作	实验反应
前测	/	YO
后测	XO	Y
实验效果	$C = Y - YO$	

（二）等组实验

以两个或两个以上条件相同的实验组（等组）为实验对象（O_1 和 O_2，$O_1 = O_2$），使之分别接受不同的实验因素的作用（X_1 和 X_2），然后将各个实验因素所产生的效果加以测量和比较。等组实验最重要的条件是各组必须尽量相等，即要符合 $O_1 = O_2$ 的条件。相等的含义是指除实验因素外，所有能影响实验的其他因素，实验对象的原有水平必须基本相同或相等。实验操作过程如表 7-2 表示。

表 7-2　等组实验操作过程

实验组别	实验对象	实验前测	实验因素	实验操作	实验后测	实验结果
对照组	O_1	$Y_1 O_1$	X_1	$X_1 O_1$	Y_1	$C_1 = Y_1 - Y_1 O_1$
实验组	O_2	$Y_2 O_2$	X_2	$X_2 O_2$	Y_2	$C_2 = Y_2 - Y_2 O_2$
条件	$O_1 = O_2$	/	$X_1 \neq X_2$	/	/	/
结果	$C = C_2 - C_1 = (Y_1 - Y_1 O_1) - (Y_2 - Y_2 O_2)$					

（三）轮组实验

有时候因受到许多条件的限制，无法对实验对象进行随机抽样处理，也无法进行测量选择分组。在这种情况下，则可以采用轮组实验法，即把各个实验因素轮换作用于各个实验组，而各实验组条件并不均等；然后，根据各个实验因素作用所引起的变化总和来决定实验结果，其操作过程如表 7-3 所示。

表 7-3 轮组实验操作过程

实验因素　实验对象作用	X_1	X_2	X_3
O_A	Y_{A1}	Y_{A2}	Y_{A3}
O_B	Y_{B1}	Y_{B2}	Y_{B3}
O_C	Y_{C1}	Y_{C2}	Y_{C3}
各因素平均效果	$C_1 = (Y_{A1} + Y_{B1} + Y_{C1})/3$	$C_2 = (Y_{A2} + Y_{B2} + Y_{C2})/3$	$C_3 = (Y_{A3} + Y_{B3} + Y_{C3})/3$

实验结果为分别比较 X_1、X_2、X_3 各因素的作用效果之间的差异情况，即比较 $C_1 - C_2$ 或 $C_2 - C_3$ 或 $C_3 - C_1$ 之间是否存在差异。这种轮组实验，不仅使每个实验因素在各组中循环作用了一遍，而且在实验次序的每一个地位上也都循环了一遍，这就不至于使某一个实验因素由于总是排列在最先、最后或中间而受到有利的或不利的影响。由于轮组实验法不要求各组均等，因而省去了均等组别的麻烦，并且在实验过程中，各实验因素对实验对象的作用次数增多，平均效果正确性可增长；无关因素的影响机会与次数相同，可以减少无关因素的影响。

三、教育实验变量的控制和测量

（一）教育实验变量控制和测量的内涵

教育实验操作中包括对实验变量（自变量）、反应变量（因变量）和干扰变量三类变量的控制和测量。教育实验就是要操纵自变量、观测因变量和控制无关变量。教育实验人员应有效地操纵实验变量，努力控制和排除无关变量，尽量降低对反应变量测量的误差，以提高教育实验研究的效度。实验人员对变量的控制关系可用图 7-2 表示。

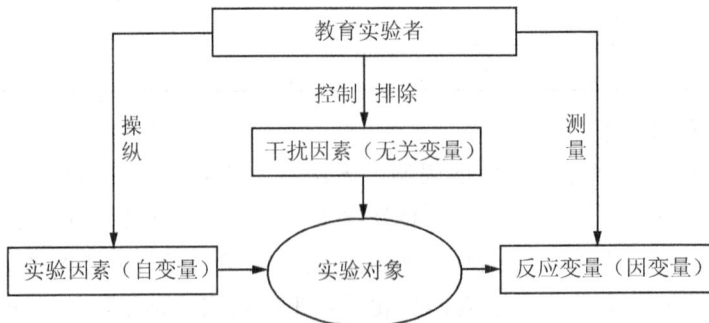

图 7-2 实验人员对变量的控制关系

(二) 教育实验变量的控制

在教育实验中，对变量的控制包括以下三个层面。

1. 有效操纵实验变量

对实验变量有效操纵的原则是要有系统的变化，而且变化的差异要尽可能大。因此，通常在实验设计时选择两个极端值，或取其最佳值，或选择几个具有代表性的值作为实验刺激的条件。例如，以教学方法作为实验变量时，则两种（或两种以上）教学方法应有显著的不同，实验才能取得成效。又如，若以媒体的刺激量或刺激持续时间作为实验变量时，则要把刺激量或刺激持续时间分成几个等级，每个等级之间应有显著的不同，并且最好是包括有极端值的情况，即完全没有刺激或刺激时间为零的情况。

2. 控制无关变量

要正确地解释实验结果和保证实验结果的可靠性，除了具体分析影响实验效度的各种因素外，就是要设法控制一些影响实验效果的干扰因素，如受试者的年龄、性别、身体机能（视力、听力）等干扰变量，以及不能直接被观察辨认、只能凭个体外显行为的线索去推知这种干扰的存在，如受试者的动机、性格、态度等中介变量。控制这些干扰因素的原则是使干扰因素保持不变，或使其达到最小的变化，或者将其排除在外。

教育实验中控制无关变量的主要方法有以下几种。

（1）随机选择和分配被试。为消除被试个体之间的差异，可采用随机方法来选择和分配被试，从而有效地控制被试间的各种差异。随机方法就是先用随机抽样的办法在总体中先抽取受试样本，然后将参与实验的受试者以随机分派的方式进行分组；再以随机的方法决定哪一组为实验组，哪一组为控制组，使各组受试者所具备的各种干扰因素机会均等。

（2）设置控制组。在实验中设置一个或多个控制组，对两个组同时进行因变量的观测（包括前测和后测），能较好地排除无关变量的影响。

（3）采用"双盲法"。所谓双盲法，即研究者在实验中既不让实验的主试也不让被试了解实验的真实目的和意图，这可在一定程度上控制主试的态度、被试间自变量的扩散等方面的无关变量。

（4）提高实验设计的科学性。在设计中根据对无关变量控制的需要来设计操作自变量的具体方法、设计实验程序、进行时间分配，这能较好地进行无关变量的控制。

（5）物理控制法。就是注意实验情境的物理条件是否保持恒定，刺激的呈现是否标准，以及反应的记录是否客观一致等物理性因素的控制。例如，为了使实验情境保持恒定，以免干扰实验变量对因变量的效果，可以设法控制声音、灯光、气氛、周围环境等物理因素。

（6）纳入法。就是把影响实验结果的某种干扰因素也当作自变量来处理，同样安排它做系统的变化，并且观察、测量、记录和分析行为反应与这一因素的关系。例如，研究某种教学媒体对学生理解知识所产生的影响时，如果考虑学生的年龄对于媒体所传递的信息的感知能力有所影响，则在实验设计时，把受试者的年龄因素包括在内，当作自变量处理。把学生按一定的年龄区间分组受试，这样所得的研究结果其外在效度便可提高。

（7）控制资料统计过程。研究者按照实验目的选择合适的统计方法，并规范程序统计和结果处理，能减少统计误差，提高研究结论的准确性。

3. 减低测量误差

实验因变量的变化情况要通过测量工具来测定，测量方法主要有测验、问卷、量表、各种反应仪器等。但是，任何工具都不可能做到百分之百的准确，因此，设计时就需要合理选择、设计和正确使用测量工具，如问卷设计的合理性、测验试题设计、评分标准的掌握、反应仪器灵敏度的调整等，都应尽量使误差降到最低限度，以减少测量误差对实验结果的干扰。

（三）教育实验反应变量的测量

在教育研究中，总是要涉及许多反应变量的测量问题。所谓测量，就是依据某种法则，对事物赋予某种特征程度的符号或数字，即对研究对象的属性给予数值化的过程。

1. 实验反应变量的种类

行为、态度和对内容的认知等实验反应变量，是实验对象对实验因素的作用所做出的反应，是能够被测定的变化因素。

2. 实验反应变量的选择

反应变量的选择在整个教育实验中占有十分重要的地位，因为实验的结论都是从反应变量所提供的事实材料中推测、判断或推导出来的。反应变量选择是否得当，直接关系到实验研究的成败。选择实验反应变量应遵循如下几项原则。

（1）反应变量的客观性。这是指反应变量是客观存在的，是可以为实验者或仪器所感知或记录下来的。一个实验反应变量如果是客观的，它不依人的主观愿望而转移，那么，它在一定的条件下就会重现。

（2）反应变量的合理性。这是指某反应变量确实能代表所研究的对象，两者之间有着十分密切的关系，反应变量的变化代表着研究对象的某一种特性。

（3）反应变量的灵敏性。这是指某项反应变量在技术上具有显示的可能性，在实验条件的严格控制下，它能无偏差地显现出来。

（4）反应变量的可转换性。这是指反应变量既可以分级比较，也可以与其他变量相配合使用，从而表现出某种关系。虽然，有些反应变量不能直接看出其规律，但经过某种数学的变换便可看出规律性。

实验反应变量的选择是否得当和有用，主要取决于实验者对专业理论与统计知识的掌握程度。一项实验的反应变量，实验者既可以根据理论假设的需要自创，也可以从有关文献或其他实验中选取现成的反应变量。

3. 实验反应变量的测量方法

实验数据的收集，即反应变量的测量是采用测验、问卷、观察和量表的方法，随着信息技术的发展，基于网络的行为记录和跟踪也是收集实验数据的一种可用办法。行为的测量方法通常是结构化观察，态度倾向的测量用问卷调查或量表，认知状态的测量以测验方式为主。

四、准实验研究及其设计方法

（一）准实验研究的界定

教育实验研究是为了解决某一教育问题，根据一定的教育理论和建立的假设组织有计划地教育实践，经过一定时间对效果进行比较分析，从而得出结论的研究方法。这种研究方法是在适当地控制无关变量，以随机化原则，在严格控制下进行的。实验研究很精确，但进行环境过于理想化，要花费较多的人力、物力和时间去控制对象和环境，且对于教育研究而言要进行有效控制是很难的，因为教育实验的对象常常是人而非物，不可能进行严格的控制，同时在实验中对研究者的要求也很高，让研究者和被研究者都感到有压力，而且还要受到被试单位、学校配合程度等因素的影响。为了解决实验的这些不足之处，发挥实验研究应有的作用，研究人员可以采用原始组，在较为自然的环境下以类似实验的方法来进行研究，这就是准实验研究方法。

准实验研究是指运用原始群体，而不是随机的安排被试进行实验处理。用于在真实的教育情境中不能用真正的实验设计来控制无关变量，不能采用随机方法分派被试的情况。

（二）准实验研究的特点

1. 研究结果的相对现实性

准实验研究是将真实验的方法用于解决实际问题的一种研究方法，它不能完全控制研究的条件，在某些方面降低了控制水平。虽然如此，它却是在接近现实的条件下，尽可能地运用真实验设计的原则和要求，最大限度地控制因素，进行实验处理实施的，因此，准实验研究的实验结果较容易与现实情况联系起来，即现实性较强。相对而言，真实验设计的控制水平很高，操纵和测定变量很精确，但是它对于实验者和被试的要求较高，带来操作上很大的困难，现实性比较低。

2. 研究环境的自然性

准实验研究进行的环境是现实的和自然的，与现实的联系也就密切得多。而实验研究的环境与实际生活中的情况相差很大，完全是一个"人工制作"的环境，与现实的联系较少。

3. 研究效度的可信性

准实验研究利用原始组进行研究，缺少随机组合，无法证明实验组是否为较大群体的随机样本，同时任何因素都可能对原始群体起作用，所以因被试挑选带来的偏差将损害研究结果的可推广性，从而影响了准实验研究的内在效度，因此在内在效度上，真实验优于准实验设计。但由于准实验的环境自然而现实，它在外在效度上能够且应该优于真实验设计。因此，在考虑准实验研究的效度时应该对它的特点有清楚的认识，并注意确定实验组间的对等性，同时在逻辑上对可能有的代表性和可推广性加以论证，避开其不足之处。

（三）准实验研究设计方法

从研究设计的思想和要求来推论，可以认为准实验设计是一种降低了控制标准的类似真实验的研究方法，因此，准实验研究设计的方法在许多方面与真实验有相同之处，常用的准实验设计方法有不相等实验组控制组前后测准实验设计、不相等区组后测准实验设计、单组前测后测时间系列准实验设计、多组前测后测时间系列准实验设计、修补法准实验设计五种。

1. 不相等实验组控制组前后测准实验设计

（1）适用情况：需要安排两组被试作为实验组和控制组进行研究，但又不能按照随机化原则重新选择被试样本和分配被试。

（2）操作程序（见表 7-4）：进行前测，以保证实验组和控制组原有的近似程度，而不考虑其他因素。只有当两个组在考证问题上原有水平相接近时，才能进行该种准实验研究。实验结果对 Y_1 和 Y_2 进行差异检验，而非简单比较平均分、方差等，通过检验确定进行实验后两个组之间是否存在差异，差异程度如何。

表 7-4　不相等实验组控制组前后测准实验设计

实验对象	同时前测	被试分组	实验处理	同时后测
O_1	$Y_1O_1 \approx Y_2O_2$	实验组	接受	Y_1
O_2		控制组	不接受	Y_2

（3）实例。某一课题要研究利用多媒体辅助物理教学后学生的学习效果，应用准实验方法进行研究，设计方案如下。

第一步：选取实验对象。为保证正常教学的进行，在某个年级中选择两个自然班参加实验。为了保证参加研究的两个班物理学习的原始水平相似，对该年级所有的班进行前测以检测起始水平，从中选出两个水平接近的自然班参加研究，保证选出的两个班在物理学习上总体水平相同或相近。然后从中随机确定一个班作为实验组，接受多媒体计算机辅助物理教学；同时另一个班作为控制组按照原有教学计划和教学方式进行学习。

第二步：经过同一进度的教学活动后，同时对两个班级的物理课学习成绩进行考核，考核的结果进行后测。

第三步：将两个班的后测成绩分别减去各自的前测成绩，并用独立样本的 T 检验对这两个差值的差别显著性进行统计检验，最后判断实验组和控制组在进行实验前后是否有明显的差异，从而得出结论。

2. 不相等区组后测准实验设计

（1）适用情况：研究来自不同总体的样本之间的差别，研究的主要目的是为了发现不同样本的特点及其差异的显著性。在研究中，自变量通常是研究者操纵的能诱发和引起样本各种特点表现的情境，因变量是被试在接受这些情境时的行为反应。

（2）操作程序：将总体样本分组，在不同组中随机抽取实验研究样本，对研究样本实施不同的实验情境，测量研究样本接受情境后的行为反应。

（3）实例。研究不同年龄的中学生利用 Internet 进行学习时的心理特征，运用准实验方法，设计方案如下。

第一步：针对研究的对象是在 Internet 环境中学习的不同年龄的中学

生，先根据年龄段将中学生划分为几个组，然后分别从各组中选出 5～10 名中学生进行研究，实验过程中设计以下的情境（见表 7-5）。

表 7-5　不相等区组后测实验设计

实验情境	学生行为	研究层面
给出明确的学习任务，指定网站和网页	让学生进行 25 分钟的网上学习	
给出明确的学习任务，未指定网站和网页	让学生进行 25 分钟的网上学习	
未给出明确的学习任务，未指定网站和网页	让学生进行 25 分钟的网上学习	学生的探究行为 学生的自控能力 学生的自学能力 学生的反应时间 学生的焦虑反应
给出明确的学习任务，指定网站和网页	让学生进行 50 分钟的网上学习	
给出明确的学习任务，未指定网站和网页	让学生进行 50 分钟的网上学习	
未给出明确的学习任务，未指定网站和网页	让学生进行 50 分钟的网上学习	

第二步：从学生的探究行为、学生的自控能力、学生的自学能力、学生的反应时间和学生的焦虑反应五个方面研究学生反应行为和学习情况。

第三步：对学生的探究行为、自控能力和自学能力采用卡方检验，对焦虑反应和反应时间采用 T 检验，分别检验差异程度，最后分析得出实验结果。

3. 修补法准实验设计

（1）适用情况：没有前测并且实验组和控制组不一定能在条件、时间上达到基本一致。

（2）操作程序（见表 7-6）：研究者来不及找到两组整体相似的被试或难以安排同时开始实验时，在未做前测的情况下先对经过某种处理的被试进行测试获得后测结果。在获得另一个整体组被试时，就安排进行与上面做过的后测相同的前测，然后再对这一组被试做同样的处理，并予以后测，通过第二组被试的前后测结果的比较，及第二组前测与第一组后测的情况进行比较来找出实验处理与后测之间的关系。

表 7-6　修补法准实验设计

实验对象		实验处理	后测	前测	实验处理	后测
O_1	$O_1 \approx O_2$	接受	Y_1			
O_2	或 $O_1 \neq O_2$			$Y_2 O_2$	接受	Y_2

第三节　教育实验研究法的一般程序

一、教育实验研究的程序

（一）实验研究的过程

教育实验研究的全过程可分为"准备—实施—总结推广"三个基本阶段。这是一个相对稳定的、有序的结构序列。

1. 教育实验的准备阶段

教育实验成功与否，很大程度上取决于实验前的准备工作。具体包括以下内容。

（1）选定实验研究的课题，形成研究假设。一般来说，一个实验至少被一种假设指导，应陈述两种变量间所希望的因果关系。

（2）明确实验目的，确定指导实验的理论构架。为了使理论系统分析更接近客观实际，需要进行前期的调查研究，查阅相关文献资料并让课题组全体成员进行充分讨论。

（3）确定实验的自变量。选择被试和形成被试组，决定每组进行什么样的实验处理，并确定操作定义。

（4）选择适合的测量工具并确定采用什么样的统计方法，从而明确评价因变量的指标。

（5）选择实验设计类型，谋划好控制无关因素的措施，以最大限度地提高实验的内在效度和外在效度。

2. 教育实验的实施阶段

按照实验设计进行教育实验，采取一定的变革措施（实验处理），观测由此产生的效应，并记录实验所获得的资料、数据等。

3. 教育实验的总结推广阶段

在实验的总结和评价阶段，研究者的主要任务是对实验中获得的资料、数据进行分析处理，确定误差的范围，从而对研究假设进行检验，最后得出科学结论。在对实验结果进行分析的基础上撰写实验报告，对实验的过程和结论进行全面的表述。

(二) 教育实验研究的基本程序

根据实验研究的三个基本阶段，开展教育实验研究可按实验研究基本流程图操作（见图 7-3）。

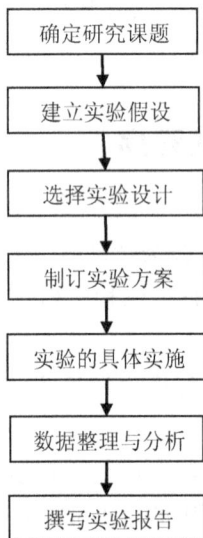

图 7-3 教育实验研究基本流程

1. 确定研究课题

实验研究课题的确定要遵循有价值、有创造性和可行性等原则。

2. 建立实验假设

实验假设是实验者对自变量（实验变量）与因变量（反变量）之间关系的推测与判断，是研究者自己的教育经验、科学理论和他人经验综合加工的结果。如研究者看到某小学的学生没有得到全面和谐和充分的发展，于是确定了"小学生全面发展教育实验"课题，建立了"实现整体优化，促进学生全面发展"的假设，开展了小学生教育整体优化实验。实验假设一般有三个特征：假设应当设想出实验变量与反应变量之间的关系；假设要用表述或条件句的形式明确地、毫不含糊地展示出来；假设应当是可以检验的。

3. 选择实验设计

实验设计是指实验者在实际着手验证假设之前制订的实验计划，它的目的在于更科学、更经济地验证假设。实验设计主要考虑以下几个方面问题。

（1）实验变量如何操作与控制，以确保实验者依据实验要求操作自变量。

（2）确定反应变量的观测方法和测量手段。

（3）确定无关变量的控制措施。

（4）选择实验对象（被试的选择）。

（5）确定实验的组织形式（即实验研究的类型，如单组、等组或轮组）。

（6）确定实验数据的处理方法。

4. 制订实验方案

一套完整的实验方案主要有总体设想、实施措施和评价体系三个内容。在总体构思部分，对实验假设、实验设计、实验进程和结果做一总体描述，包括问题的提出、理论假设、变量界定和控制措施、主要项目及检测、实验的大体措施和要求、预期成果及表达方式；在实验措施部分，要使总体构想具体化，这包括工作计划和工作制度两方面；评价部分要确定实验各阶段成果及最终成果的评价标准、指标、检测程序和方法等。

5. 实验的具体实施

实验的实施就是实验工作者按照设计的实验方案，操作实验变量，控制无关变量，观察、记录、测量反应变量，搜集实验信息的过程。实验实施必须做好以下几方面工作。

（1）控制实验进程，保证实验过程按实验设计的要求和程序进行。

（2）处理好教育实验过程中的"动"（实验因子、实验变量）与"静"（非实验因子，无关变量）之间的关系。

（3）经常有重点地、客观地搜集实验信息与资料、观测反应变量，为因果推论提供事实和依据。

（4）做好阶段性小结。阶段性小结的目的是查明在实验措施的作用下，反应变量每个阶段的变化情况，并认真地、实事求是地记录下来，看看哪些主观假设被验证，哪些被推翻，哪些有待于进一步验证。从而及时发现问题，为修改方案、进一步做好下一段工作提供依据与经验。

6. 数据整理和分析

对在实验过程中积累起来的资料，采用科学的统计方法进行统计分析。一般是先用描述的方法把反应结果的原始资料加以列表、图示，或计算该资料的平均数、标准差和相关数等，然后再用推断统计的方法来检验自变量与因变量之间的关系。在教育实验中常用的推断统计方法有 Z 检验、T 检验、F 检验等。

7. 撰写实验报告

写实验报告是教育实验研究的最后一环，也是收获和推广实验研究成果的关键一步。教育实验研究报告的格式与内容如下。

标题：××实验研究报告

（一）研究背景与目的（研究问题的提出）

1. 实验课题确定的过程

2. 实验的假说

3. 实验的目的及意义

这部分与实验计划的内容基本相同，但是如果在实验的实施过程中，对实验计划中的这部分内容有所改变，那就要以改后的内容为准。

（二）研究方法

（1）说明被试的选择方法与组织形式。这部分与实验计划中的内容一样。

（2）实验变量的操作方法及辅助措施。这部分内容一方面要根据实验计划的内容来写；另一方面更要以事实为根据，把实验变量的实际操作程序或特点，全面详细地写出来。如果实验变量没有操作程序，那就要把实验措施和有关的要求说清楚。如果除了主要变量外还有一些辅助措施，那么就要把这些措施全部说明白。

（3）无关变量的控制方法。主要说明在实验中是怎样控制无关因素的，一般应指出具体的控制方法。

（4）因变量的观测方法。即说明用什么方法获得关于因变量的（反应变量）变化数据，采用的什么量表，什么仪器，参加的是哪一级的考试等。

（三）实验结果

（1）实验中得到的原始数据的描述统计结果。

（2）根据描述统计的结果，采用推断统计获得的结果。

实验报告的结果部分常常是一些表格和图像以及根据这些表格中的数

据推断出来的统计结果。有时也列出一些工作中的成就，如在竞赛中获奖，在统考中取得好名次等，作为必要的说明。按要求，实验报告最好运用推断统计下结论，让数字说话，让事实说话，而不能仅仅依靠工作中的成绩，来作为实验成功的依据。结果部分所列的全部内容必须来自本实验，既不能任意修改、增删，也不要添加自己的主观见解。

（四）讨论与结论

（1）是否验证了假设，为什么？

（2）对实际教育教学有什么促进作用？

（3）有哪些意外的发现？

（4）有什么建议？

二、教育实验研究案例分析

实验研究案例一：提高大学新生学习适应能力的教育实验研究

（一）实验目的

探索专题团体辅导和个别咨询相结合的教育模式对提高大学新生的学习适应能力的作用和有效性。

（二）实验对象

本研究采用自然实验法，周期为一个学期。整合性教育干预以开设学习适应性专题训练课为主，个别咨询辅导为辅。采用整群抽样法，被试为某大学的两个新生班级，其中一个为实验班，另一个为对照班。实验班和对照班任课教师在年龄、学历、工作经验和教学水平等方面大致相同，两个班学生的平均年龄、性别比例、课程均无差异，学习成绩和学习适应性水平大致相同。实验教师由研究者担任。

（三）实验程序

实验自变量为专题团体辅导和个别咨询辅导相结合的教育模式，实验教师对大一上学期的学生进行专题辅导，从第六周开始，一周一次。辅导内容如下。

1. 开设学习适应性专题辅导课

研究者在查阅资料以及前期的调查研究的基础上，归纳影响大学生学习适应问题的因素，再从《大学生心理健康读本》和《团体辅导方案设计集锦》中抽取恰当的内容，组编《大学生学习适应性专题辅导》实验教材，包含10课时。每周对学生集中辅导一节课（50分钟）。《学习适应性专题辅导》实验教材包括大学生生涯规划、适应新的学习环境、激发学习动机、有效管理时间、提高学习效率、科学用脑、自我肯定训练、发展综合能力、情绪调节、自我完善与成长 10 个内容。

2. 提供直接的个别咨询辅导

实验教师主要通过以下途径开展个别咨询：渗透在实验教师与学生的日常交往和访谈之中；贯穿在问卷调查和专题辅导课作业批阅之中；体现在对有特殊需要的学生的心理咨询之中。实验前后对被试分别进行一次测试。前、后测试分别安排在大一上学期第六周和期末考试前一周进行。测试采用《大学生学习适应量表》。该量表在冯庭勇等编制的《大学生学习适应量表》的基础上做了修订，删除了 4 个信度低的题目，分别是 9、23、24、25。量表最后共有 25 个条目，采用 5 级评分，分值越高学习适应性越好，涉及 4 个因子：学习动机、教学模式、学习能力、学习态度。本研究中该量表的克朗巴哈系数（Cronbach's α）为 0.87。

为了保证实验的效度，研究者除了平衡实验班与对照班学生的年龄、性别、学业成绩和学习适应性起始水平外，还控制影响实验效果的无关变量，比如，不对实验班师生宣扬实验的目的，实验教师在实验中只进行教育专题辅导，不涉及学科知识技能教学。

实验研究案例二：小学五年级兴趣作文教学模式的效果影响研究

（一）实验研究目的

研究兴趣作文教学模式在小学五年级作文教学中所产生的影响和效果，了解其优势与不完善之处，并做出相应的修正，使之得以推广应用，在小学作文教学中发挥更大的作用。为小学作文课堂教学改革新道路的开辟奠定基础。

（二）实验研究类型：对比性实验（普通班跟实验班的对比）

（三）实验变量

1. 实验变量（自变量）

（1）自变量 1：兴趣作文教学模式。

（2）自变量 2：传统作文教学模式。

2. 反应变量（因变量）

（1）因变量 1：学生的作文写作水平（平时的作文评价和测试分数）。

（2）因变量 2：学生写作的创造性（作文的评价）。

（3）因变量 3：学生的写作兴趣（很感兴趣/感兴趣/不感兴趣/很不感兴趣）。

3. 无关变量（干扰变量）

（1）媒体素材的质量（即所选媒体、资源是否符合小学生的认知心理）。

（2）教师素质（教师能否较好地把握和运用此种教学模式和方法）。

（3）学习环境资源

（四）实验模式：等组实验（普通班跟实验班的对比）

（五）实验步骤

1.（一星期）确定实验学校及实验班级（开学前）。

2.（两星期）对实验班教师进行培训（开学前）。

3.（一星期）检查实验学校的硬件及软件资源建设（在开学前与第二步同时进行）。

4.（一个学期）分别实行传统作文模式和兴趣作文教学模式（上课时间及上课次数相同），每两周上交一篇作文，教师按照以下量表评分。

5.（期末）问卷调查，总评。

6.（期末）数据分析，得出实验报告。

（六）实验过程（计划）

1. 确定实验对象

首先通过抽样确定实验学校，然后在实验学校五年级所有班级前测一次，确定出水平接近的两个班，分别实行传统作文模式和兴趣作文教学模式。

2. 实验实施及控制

（1）实验变量控制：对实验班实施兴趣作文模式，对普通班实行传统作文模式。

（2）干扰变量控制。

①对实验班教师进行培训，控制教师素质这一干扰变量。

②保证每个学校的硬件设施及教学资源，控制教学环境这一干扰变量。

③保证媒体素材的质量。

（3）反应变量测量。

根据调查问卷及下表，测量学生的兴趣态度和写作能力。

	行动表现	参加作文比赛、文学团体、在刊物上发表文章的次数
写作兴趣	感情表现	是否积极参加作文训练；在老师没有规定的情况，有没有创作的欲望；是否有写日记的习惯
	文章内容表现	是否有真情实感的流露

（续表）

		观察能力（10%）	明白事情的来龙去脉，事物的特点性质，人们的思想感情
写作能力	观察、思维能力（30%）	想象能力（10%）	能够把自己观察到的事情在头脑里多回忆，多联想，多问几个为什么
		记录能力（10%）	能够把看到的、听到的、想到的及时记录下来
	命题、立意能力（30%）	创新能力（10%）	立意首先要求正确，还要求有点新意。
		自拟题目的能力（10%）	即要切合内容，不要"题不对文"；要具体，不要空洞；要精练，不要累赘；要醒目，不要一般化。
		审题的能力（10%）	能把教师出的题目的含义弄清楚，然后再在这个范围内选择材料，确定中心。
	选材、组织能力（20%）	选材组织（10%）	每篇作文都要有一个中心，要把有关中心的话写进去，而且要排列得妥帖，使中心显露出来。
		作文提纲（10%）	选择材料和把材料排好队。
	遣词、造句能力（20%）	用词（10%）	运用词语要准确，要符合规范，不能生造词语。遣词还要恰当，就是说，要选择和运用表达意思最准确的词。
		句子（10%）	句子要通顺，要符合语言习惯。

3. 数据分析

根据以上两个量表和调查问卷得到数据，进行统计分析，写出分析报告。

【思考与实践】

1. 教育实验研究法有哪些局限性？

2. 教育实验研究由哪几部分构成？它们之间是什么关系？

3. 在教育实验设计时需要考虑哪三个基本要素？

4. 教育实验研究设计中研究变量有哪几种？它们分别有什么特征？

5. 在教育实验研究中，如何对研究变量进行控制？

6. 举例说明开展教育实验研究的基本流程。

7. 选择一个教育问题，编制一份实验研究方案。

第八章 教育个案研究法

近年来，质的研究已经成为一种在教育科学研究中越来越被重视的研究范式。它在根基性理论（grounded theory）指导下，以研究者本人作为研究工具，在自然情境下采用多种资料收集方法对社会现象进行整体性探究，使用归纳法分析资料和形成理论，通过与被研究对象的互动，获得对其行为和意义建构的解释性理解。进行质的研究的方法有很多，个案法是其重要方法之一。个案研究法，又称为个案法、案例研究法、个案研究。个案研究强调对一个人、一件事物、一个社会团体或是一个社区进行深入全面的研究。通过个案研究能够提供对教育问题成因的理解，对经纬万端的错综关系做周全的涵盖，对动态变化之时空情境条件做适当分析。

本章主要围绕教育个案研究概述、教育个案研究的过程进行系统的介绍。其中，教育个案研究概述包括个案及个案研究的定义、个案研究的特征与分类以及个案研究的评价标准等内容；教育个案研究的过程包括个案研究的实施步骤、个案的选择、个案研究数据的收集和分析、教育个案研究报告及案例分析等内容。

第一节　教育个案研究法概述

∷∷

一、个案研究的概念

早在 20 世纪初，个案研究法就成为主流研究工具，但使用这个研究方法最多的研究人员是美国的芝加哥学派。20 世纪 20 年代，质的研究与量的研究之间的辩论日益激烈，个案研究法由于其没有客观的数据支持而给人以不科学的感觉。1935 年以后，个案研究的使用频率越来越低，被科学的量化方法取代。然而到了 20 世纪 60 年代，研究人员开始关注量化方法的局限性，于是个案研究法又重新得到了人们的重视。①

关于个案研究的定义，不同的研究者们持有不完全相同的认识。

1988 年，芝加哥学派的梅瑞姆（Merriam）提出个案研究是指对特定现象的检查。这里的特定现象可以是一个计划、一个事件、一个人、一个机构或者一个社会团体。

1995 年，斯泰克（Stake）则认为个案是一个有界限的封闭系统，它指的是一个界限明确的对象而非泛指某种过程。例如，一位教师、学生可以是个案，一个革新方案、一所学校也是一个个案，但是一个教师的教学不能作为个案，因为他们不是有界限的封闭系统。个案资深研究者罗伯特·K. 殷（Robert K. Yin）2003 年给出的定义是：案例研究是一种经验主义的探究，它研究的是现实生活背景中的即时现象；在这样一种研究情境中，研究现象本身与其背景之间的界限不明显。因此，需要运用大量事例证据来展开研究。

虽然人们的观点不尽相同，但是，大家还是达成了某种共识。人们普遍认同，个案研究法就是对单一的研究对象（现象）进行深入而具体研究的方法。具体而言，个案研究以个人或由个人所组成的团体为研究对象，比如一个家庭、社区、学习障碍儿童、语言艺术教室、学校或国家项目等。有些研究者认为，个案不仅包括身份明确的实体（如一个小组、个人、一个教室或组织），也包括事件（如校园抗议事件）、活动（如学习打篮球，学习轮滑的活动）或过程（如在教学的第一年里如何成为一名专业教师）。

---

① 胡中锋，蒋毅欢. 教育科学研究方法. 北京：清华大学出版社，2011：237.

虽然个案研究中的个案可以是一个计划、一个事件、一个人、一个机构或者是一个社团等，但它们应该要有一致性，它们的结合可以为研究探寻提供一个清晰的焦点。[①] 如要设计一个关于"应对慢性疾病的家庭以及其所需要的技术支持"的个案研究时，那么这些家庭之间结合的焦点是在应对慢性疾病方面遇到的一些问题。因此，要同时调查多个这样的家庭会更有利于研究的开展。

二、个案研究的特点

与其他研究方法相比，个案研究有自己的特点，概括起来有以下几个常见的特征[②]。

（一）研究对象的单一性和典型性

个案研究的对象通常是单一个体或者单一群体，即使是有多个个体组成的研究群体，也强调研究对象的整体性，整体内各个元素之间相互依赖，其中一个发生变化，其他元素也都将随之发生变化。虽然个案研究的对象是单一的，但是它必须在一定程度上能反映出其他个体和整体的某些特征和规律，因此，个案应该具有典型性和代表性。个案研究的最终目的是期望了解某个个体或者群体的情况，解释问题的普遍性。在教育科学领域中，个案研究常常选取优等生、智力超常者、学困生、品行缺陷者、优秀教师、心理行为偏差者、先进集体等典型个人或者人群，或者某些典型的事，例如青少年退学、某学校在贯彻教育方针时出现的问题、教学课程设计，等等，通过一个个案的研究，揭示问题具有的较普遍的规律。

（二）研究方法的多元性和数据来源多样性

个案研究资料的搜集方法相当多元，为了搜集到更多的个案资料，从多角度把握研究对象的发展变化，就必须结合教育观察、问卷调查、访谈调查、教育实验、教育与心理测量、实物分析以及整理查阅文件、档案记录等多种研究方法，综合行动研究、叙事研究等各种研究手段。

个案研究注重更多的数据来源，使得几种调查线索汇聚，有助于相互

---

① Rosenberg J，Yates P：Schematic representation of case study research designs. *Journal of Advanced Nursing*，2007（4）：447～452.

② Khan，S.：The case in case-based design of educational software：a methodological interrogation，*Educational Technology Reseaech and Development*，2007（55）：1～25.

印证，所得的研究发现更令人信服、更精确。在关于教室设计的研究中，2007 年科翰（Khan）收集了各种各样的数据，包括测量学生理解的测试数据，对教师和学生的访谈数据以及教师、学生和电脑互动的观察数据。在本章案例"武汉市江岸区辅读学校课外活动实施的个案研究：以轮滑活动为例"中，研究者收集了针对学生轮滑的观察与针对教师的访谈数据进行相互补充和印证。

（三）研究过程的深入性和全面性

个案研究的目的在于对特定研究对象进行深入的调查，由于个案的单一性，研究者有条件对研究对象进行深入、全面、系统的分析和研究。这是一般的调查研究和实验研究无法做到的。个案研究中所收集的数据覆盖面广而且详细。资料可以包括：个案的基本情况、各种测量的结果、观察谈话结果等。研究人员采用各种相关研究方法直接或者间接地全面获取材料，以便对个案有充分的理解，并深挖问题，使研究避免表面化。

（四）研究情境的自然性与灵活性

个案研究可不拘时地，即可随时对研究对象做深入研究。个案研究一般都是在自然的情境下展开探讨，不会去改变外在的因素。个案研究目的是为了通过对"正在进行的事件"进行极详细的背景化分析，给读者一种"身临其境"的感觉。[①] 研究者仔细地描述这一"事件"，用通用的术语对其进行定义并指出其特殊性。如上面的例子中，"正在进行的事件"可能是教师在一个关于分子间力的教学片段中如何使用电脑模拟；轮滑活动则是教师和学生在特定环境中的交互活动的情境与事件。

个案研究中，研究者着重在一旁观看或是参与其中发生的过程。个案研究非常适合于复杂背景下的研究[②]，因为它能将复杂的背景转变为简单的因果关系。如科翰（Khan）对"学生和教师如何使用电脑模拟来理解自然科学概念和培养探究技能"进行的个案研究中，没有对教室中发生的事件进行控制，学生和教师之间的互动在没有研究者干预的情况下自然地展开。研究者有时也参与到个案中，站在被研究者的立场上观察他们，探讨

---

① MacDonald, B., Walker, R.: *Case study and the social philosophy of educational research* //D. Hamilton. Beyond the numbers game: *A reader in educational evaluation Basingstoke*, UK: MacMillan, 1977: 181~189.

② Anderson, R., Crabtree, B. F., Steele, D. J., McDaniel, R. R.: *Case study research: The view from complexity science*, Qualitative Health Research, 2005 (5): 669~685.

他们对事件的知觉过程，用他们的语言和概念与他们互动。

(五) 研究结果的描述性与跟踪性

个案研究的研究结果是对研究对象丰富而极为详细的描述，通过讲述研究中的一个个故事和对研究过程中的"实物"进行生动细致的描绘，来引领读者更好地理解研究中的样本。个案研究既可以研究个案的现在，也可以研究个案的过去，还可以追踪个案的未来发展。由于个案研究的对象集中，所以研究时就有较为充裕的时间，对有关该研究对象的尽可能多的变量及诸变量在较长一段时间内的互动进行透彻深入、全面系统的分析与研究，因而个案研究往往具有跟踪性质。

三、个案研究的分类

根据不同的划分标准，个案研究可以有多种类型。

依据个案数目的多寡划分为：单一个案研究和多重个案研究。

依据研究的目的将其划分为描述型个案研究、解释型个案研究和探索型个案研究，这种分类以罗伯特·K. 殷的观点为代表。

依据个案研究的特性将其划分为：本质性个案研究、工具性个案研究、集合性个案研究，这种分类以罗伯特·E. 斯泰克的观点为代表。

从研究方法的角度，将个案研究分为下列三种类型：理论探求、理论验证的个案研究，故事讲述、图画描述的个案研究，评价性个案研究。

虽然个案研究有多种类型，但它们之间并不是相互独立的。理论探求、理论验证的个案研究与探索型个案研究相近，故事讲述、图画描述的个案研究就如同描述型个案研究。在实际的研究当中很少单独运用一种类型的个案研究，而是将几种个案研究结合起来实现优势互补。在个案研究的多种分类中，以对个案研究具有重要影响的两个研究者罗伯特·K. 殷和罗伯特·E. 斯泰克的分类最具代表性。

(一) 罗伯特·K. 殷的案例矩阵

从使用案例的数量来说，案例研究可以分为单案例研究和多案例研究；从研究的目的来说，案例研究可以分为探索型案例研究、描述型案例研究和解释型案例研究。如果将这二者结合起来，就可以得到一个 2×3 的矩阵。可参见表 8-1。这就将案例的数量与研究的三个层次（探索、描述和解释）有机地结合起来。单案例研究只关注一个案例，多案例研究在同一研究中包括两个或多个案例。

表 8-1　罗伯特・K. 殷的案例矩阵

分类	探索型研究	描述型研究	解释型研究
单案例研究	单案例探索型研究	单案例描述型研究	单案例解释型研究
多案例研究	多案例探索型研究	多案例描述型研究	多案例解释型研究

1. 探索型个案研究

探索型个案研究是确定研究问题之前的一种直觉调查。探索型个案研究的目的是发展命题以期在将来的研究中得到检测。例如，研究者进行一个关于个体阅读过程的探索型个案研究，可能会问笼统的问题，如"学生阅读一篇文章时使用策略了吗"和"如果使用的话，频率是多少"。这些笼统的问题意味着可以在将来进一步研究所观察的现象。同时，探索型个案研究还可以在提出研究问题和假设之前预先进行小范围田野式的数据收集。作为前奏，这个最初的工作有助于为研究建立一个框架。

2. 描述型个案研究

描述型个案研究指的是在现象所处的背景中对其进行完整的描述。如研究者使用了哪些不同的策略以及怎样使用这些策略。描述型个案研究者的目标是对所出现的数据进行描述[①]。麦克多诺（McDonough）等认为，描述型个案研究可以以叙述的形式呈现。描述型个案研究的挑战之一就是研究者必须在开头使用一个描述性理论，用来支持对现象或故事的描述。如果没有做到这点，描述可能会不够严谨，并可能会使研究过程不够严谨。

3. 解释型个案研究

解释型个案研究的目的在于解释因果关系，从表层和深层两个水平仔细地检测数据以便对数据中的现象进行解释。如研究者可能会询问一个学生为什么在阅读中使用推理的策略，然后根据数据形成一个理论并对其进行检测。

这种分类清晰明了，特别是对于初涉者来说，较为容易把握。而且，不同研究层次的研究人员可以根据需要自行选择。但不管什么类型的个案研究，研究者的角色都是消极的询问者[②]。

---

① McDonough，J. McDonough，S.：*Research methods for English language teachers*，London：Arnold，1997：345.

② Bob price：*Case study research with children and their families*，Paediotric Nursing，2008，20（6）：39～45.

（二）罗伯特·E. 斯泰克的启发性分类

根据不同的研究目的，罗伯特·E. 斯泰克将个案研究分为三类：本质性个案研究、工具性个案研究和集合性个案研究。斯泰克指出，这三种划分并不是决定性的，而是一种启发性的。

1. 本质性个案研究

研究者研究某些个案，其目的不是为了理解抽象的概念或者普遍的现象，也不是为了理论建构，而是因为这些个案本身自有其意义，这就是本质性个案研究。

2. 工具性个案研究

工具性个案研究的目的，主要是给人们提供对一个问题的认识或重新得出一个推论。与本质性个案研究不同，工具性个案研究的意义不在工具性个案本身，其作用主要是起辅助作用，以增进对其他意义的理解。

3. 集合性个案研究

集合性个案研究，主要是用来观察和理解某种现象、某个特定的群体或某种特定的形势，以便更好地研究和预测更多的类似现象、整个群体和整体形势。集合性个案研究，往往是多个案研究。

因此，从总体上来说，本质性个案研究是在个案内部进行归纳，工具性个案研究试图将个案进行推广，集合性个案研究是对工具性个案研究进行进一步的延伸。

四、个案研究的意义

教育个案研究可以获得以下信息：①了解具体情况：收集有关个人或事件的相关资料，提供适当的指导策略，帮助个人获得解决问题的途径。②解释特定行为：解释是个案研究的基本特点，也是为寻找个体行为及事件发生的原因，为解决问题提供依据。③解决实际问题：这是个案研究的直接目的，任何途径和指导方案都必须为解决现实问题服务。④提供理论假设：在个案研究的过程中可以获得个案很多相关的资料和具体的实例，由此而产生许多需要验证的解决方案和研究假设，这些方案和假设又有助于理论发展和实践的运用。

个案研究早已在罪犯学、工业社会学、社区研究，以及心理学、精神医学等方面被广泛使用。在传统教育研究中，个案法主要运用于儿童发展和教育社会学领域的研究，以研究特殊的对象，如适应不良的学生或是问题青少年为主。近年来，这种强调自然观察、深入透彻地关注个案的研究传统逐渐涉猎到教育研究的其他领域，尤其是对教育发展计划的评价上。个案研究逐渐成为学术研究和教育实践之间的中介和桥梁。有时，它采用解释学和批判理论的方法，来解释和批判造成案主问题的原因，并采取有效策略解决问题，其研究对象已经不再是病态的个案，而是一般常态，与人类学的参与观察法相配合。个案研究已从一种作为"纯研究"的独断型风格，逐渐成为理解教育行为、开拓研究思路的好途径。

五、个案研究的评价标准

关于个案研究的评价，主要有两种观点：一种是传统的信度、效度论，支持用信度、效度等来评价个案研究；另一种是诠释论，认为所有的研究者、参与者和个案报告的读者都有对个案研究的意义和价值的独特解释，反对简单地运用信度、效度来评价个案研究。

（一）信度、效度论

信度效度论者认为，要成为一个有价值的实证研究策略，个案研究必须满足信度和效度的方法论标准[1]。

信度指的是在研究方法等条件相同的情况下，重复研究发现的能力。为了寻求外在信度，研究者必须表述清楚研究设计的认识论前提，描述清楚个案的选择以及尽可能详尽地描述数据收集和分析的过程。这些措施的目的是使其他研究者能够重复研究过程的每一步[2]。内在信度的关键是观察者间的信度（评估两位以上观察者所收集记录资料的一致性程度）和个体内的一致性[3]（评估一位观察者多次收集记录资料的一致性程度）。

效度指的是研究的准确性和真实性程度。根据测验目标把效度分为内容效度、结构效度（构想效度）和效标效度，这种分类为美国心理学会（American Psychological Association，APA）在 1974 年发行的《教育与心理测验的标准》一书所采纳，成为通行的效度分类方法。内容效度即测量内容的适当性和相符性，通过系统的逻辑方法详细分析题目的性能，确定

① Pol Ghesquie're，Bea Maes ，Roland Vandenberghe：The usefulness of qualitative case studies in research on special needs education，*International Journal of Disability*，*Development and Education*，2004，51（2）：173.

② The imitabillity of qualitative research：I. Methodological premises，Nederlands Tijdschrift voor Opvoeding，*Vorming en Onderwijs*，1988（4）：280～288.

③ Smaling，A.：*Methodologische objectiviteiten kwalitatief onderzoek*，The Netherlands：Swets & Zeitlinger，1987：132.

项目对欲测内容或行为范围取样的适当程度。结构效度是指一个测验实际测到所要测量的理论结构和特质的程度，是指实验与理论之间的一致性，即实验是否真正测量到假设（构造）的理论。结构效度对个案研究来说尤其重要，它可以用来消除个案研究的"主观性"的标签，使研究过程与操作合理化。

而内在效度和外在效度是心理学研究（特别是实验研究）文献中常使用的概念，与测量的效度的含义有所不同。内在效度是建立可靠的因果关系，在数据分析阶段尤其重要，可能包括一些检测推论效度的策略，如模式匹配、建立解释或时间序列分析等。外在效度关注的是研究发现具体能推广到哪个领域。这就要求研究者仔细地选择个案并解释每个个案被选择的原因、个案之间的异同，所有这些都是以研究问题的形式来呈现。与单个个案研究相比，外在效度在多重个案研究中得到更大程度的体现。

（二）诠释论

诠释论者认为，不应该使用传统的信度和效度来对个案研究进行判断，而应该使用能够证明他们研究发现的方法的可信度（credibility）和可靠性（trustworthiness）的标准。乔伊斯·高尔（Joyce P. Gall）等认为有 11 个标准可以帮助研究者对个案研究进行评估，并将其分为三类，即是否符合读者需求敏感性标准、研究方法合理使用的标准以及数据收集和分析完整性的标准[①]。

1. 符合读者需求敏感性

这类标准包括有力的证据链、真实性（truthfulness）和有用性。

有力的证据链是指在研究问题、原始数据、对原始数据的分析以及从数据中得出的结论之间建立的清晰且有意义的联系。乔伊斯·高尔等指出研究者可以通过审计线索（审计线索指的是对个案研究中所使用的研究过程的完整记录）来向读者展示清晰的证据链。审计线索中可记录的项目包括原始数据的来源和方法、研究过程、收集数据的工具的发展和数据收集的过程、数据归纳和分析的结果以及数据重构和综合的结果。

真实性是指研究者通过描述对所研究现象进行的真实呈现。例如，"武汉市江岸区辅读学校课外活动实施的个案研究以轮滑活动为例"中的研究对象、研究情境、发生的活动与事件等都是真实的，呈现的是真实的经验

---

① Joyce P. Gall：*Applying educational research*（5*th*），New York：Pearson Education，2005：319～323.

性数据。

此外，对读者的有用性是评估个案研究的一个重要的标准。个案研究的有用性可以体现在启发读者、解放或授权被研究的个体、研究发现能用于指导读者应对自身环境中出现的与个案研究中类似的现象几个方面。

2. 合理研究方法

这类标准包括相互印证（triangulation）、编码检测、驳斥个案和成员检验。

相互印证指的是使用多个数据收集方法、数据来源、分析家或理论来检测个案研究发现的过程。如安·麦克唐奈（Ann McDonnell）等的研究采用半结构化访谈、非参与式观察、问卷调查等多种方法收集更加完整的数据，使得研究更加严谨。[①]

编码检测指的是对个案研究中编码过程信度进行的检测，使用的方法类似于量的研究中判断评估者间信度的方法。个案研究可以通过使用多个观察者来增加编码过程信度。

驳斥个案是通过使用极端的例子（即异常值）来检测和加强基础研究。例如，"武汉市江岸区辅读学校课外活动实施的个案研究：以轮滑活动为例"中的一名学生经过一年的学习后仍然不会轮滑的案例，需要更多的观察与解读，以此来说明和解释在辅读学校开展课外活动的困境与根源。对个案研究来说，异常值指的是与研究中的其他大多数不一样的个体或情境。

成员检验指的是被试回顾检查研究者的报告，以确保其精确性和完整性。"武汉市江岸区辅读学校课外活动实施的个案研究：以轮滑活动为例"在数据分析完毕以及报告撰写成功两个阶段，都分别由第三作者组织学校同事对数据分析与报告中的观点进行审阅，并提出修改意见。

3. 数据收集和分析完整性

这类标准包括背景完整性、长期观察、典型性检测和研究者的自我反思。

背景的完整性是评估个案研究可靠性的标准之一。个案研究的背景越完整，研究者对背景中的现象的解读就越可靠。大卫·阿尔西特（David Altheide）和约翰·约翰逊（John Johnson）认为，个案研究中应该考虑的

① Ann McDonnell，Myfanwy Lloyd Jones，Susan Read：Practical considerations in case study research：the relationship between methodology and process，*Journal of Advanced Nursing*，2000，32（2）：383～390.

背景特征包括历史、实物背景和环境；参与者数目；特定的活动；事件发生的进程表和时间顺序；人力分配；日程以及日程变动；重要的事件及其起因和结果；成员的感受和意图；社会规则和安排的基本模式等。①

对数据的长期收集和对现象的重复观察也能增加个案研究发现的可信度。如学生对学校的感受因考试、天气、假期等因素而变化，因此，通过长期的数据收集，研究者就可以区分情境性感受与持续性的感受。

个案研究发现是否具有代表性也是评估个案研究的重要标准之一。如研究者可以通过反思数据收集是否过多地依赖于容易接近的人或精英阶层，以此来进行典型性检测。

研究者的自我反思也是个案研究评估中重要的参考标准之一。如果研究者能证明反思性（即研究者关于自身进行这项研究的资格和他们与所研究背景之间的关系的自我反思），他们的解读就更加可靠。

第二节　教育个案研究法的操作程序

在不同的研究领域或针对不同的研究问题，个案研究实施的具体程序有所不同。在临床心理学领域中，个案研究首先要识别与确定研究对象；然后是通过各种方法或渠道收集已确定的研究对象的有关资料；再依据收集到的有关资料，进行资料的整合，并做出合乎逻辑的诊断；然后是实施矫治或调整；最后是跟踪研究或随访。②

罗伯特·K. 殷从人类学、社会学的角度提出个案研究的实施程序：确定问题、设计方案、收集数据、分析数据以及撰写个案研究报告。另外一些学者立足于教育研究视角，提出个案研究法的程序，首先要确定个案，对个案的现状进行评定，收集个案资料，整理分析资料，对个案进行补救、矫正与发展指导，再进行追踪研究，最后是撰写研究报告或论文。

在众多关于个案研究实践步骤的讨论中，约翰·罗森堡（John P. Rusenberg）和帕齐米·耶茨（Patsy M. Yates）的讨论是相对比较详尽完整的。他们认为，个案研究的实施过程包括研究问题的提出、研究主题和理论基础的确定、研究个案的确定、研究方法的选择、收集数据方法的确

---

① N. K. Denzin, Y. S. Lincoln（Eels）: *Handbook of qualitative research*, Thousand Oaks, CA: Sage, 1994: 485～499.

② 董奇, 申继亮. 心理与教育研究法. 杭州: 浙江教育出版社, 2005.

定、数据分析方法的确定、通过预先设定的分析过滤器对已分析的数据进行完善、使用矩阵将数据简化为可管理的模块和概念组、得出结论并撰写个案报告。同时，他们还提出可以通过图表的形式将整个研究过程进行呈现。① 下面将结合本章案例"武汉市江岸区辅读学校课外活动实施的个案研究：以轮滑活动为例"对约翰·罗森堡和帕齐米·耶茨关于个案研究的实施步骤展开具体的介绍。

一、个案研究的基本步骤

（一）研究问题的确定和提出

开始个案研究，首先要确定研究问题。教育研究的问题大多数来自于教育实践，是在教育实践中产生并有待解决的问题。可以从以下三个方面对问题的性质加以考虑。第一，价值性原则，即研究问题是否在理论和教育实践上有价值。第二，科学性原则，即研究问题是否以一定的科学理论为依据。第三，可行性原则，即研究是否具备客观条件、主观条件等。个案研究比较适合研究那些需要探求原因、改善模式的问题。如陈向明在"关于我国中部农村儿童辍学问题的个案研究"中指出，已有的研究中"定量的方法不能在微观层面上进行细致的描述和分析""没用再现辍学学生和心理状态和意义建构方式""没有对辍学的具体情节和过程进行探讨"。

其次，研究问题的内容应该以研究课题也就是研究题目的形式具体明确地反映出来。研究题目应该简单具体地展示个案研究的对象、研究问题、研究方法。如"武汉市江岸区辅读学校课外活动实施状况的个案研究：以轮滑活动为例""对小学高年级偏科学生自信心培养的个案研究""农村小学素质教育的现状及其影响因素的个案研究"。

（二）研究主题和理论基础的确定

虽然并不是所有的个案研究都是在数据收集之前进行文献回顾的，但是对研究背景的理解的确是个案研究的关键步骤。基本主题和理论的确定是研究的一个重要组成部分。如"功能视角下的普通话儿童 3 岁前语言发展个案研究"，其理论基础为"功能"理论，研究主题为"语言发展"②。

---

① John P. Rosenberg，Patsy M. Yates：Schematic representation of case study research designs，*Research metholody*，2007：1.

② 王岩. 功能视角下的普通话儿童 3 岁前语言发展个案研究. 长春：吉林大学博士论文，2013.

再如"创建学习型组织背景下的成人学习和成人个性发展研究"，确立其理论基础为"创建学习型组织"，主题包括"成人学习"和"个性发展"[①]。

（三）个案的确定

个案及其背景以及感兴趣现象的确定可能是个案研究中最重要的一步。因为如果没有明确的界限限定个案，个案研究会变成一堆无法处理的数据[②]。这一步对第一步中所提出的研究问题进行分析和解读，是对第一步的进一步深化。通过这一步骤，研究者更加明确个案及其背景以及感兴趣的现象。

（四）具体研究方法的选择和数据收集

个案研究中数据收集方法的选择主要取决于研究问题。可以是各种质的结合，也可以是各种量的研究方法的结合，还可以是质和量的研究方法的研究方法的结合。如例一的研究包括了参与式观察、深入访谈、问卷等研究方法。关于组织参与对公共政策制定的研究问题，文件回顾被视为潜在的数据来源，而关于消费者对支持性环境感受的研究问题则更适合通过问卷和深入访谈来获得。多重方法的使用被认为是促进个案研究严谨性的一项关键活动。

（五）数据分析方法的确定

为了保证方法的严谨性，数据分析方法必须与收集方法保持一致。例如一般文件、访谈和目标群体数据应该按主题进行分析，问卷的数据则进行统计分析。

（六）得出结论并撰写个案研究报告

一旦经过上述数据处理过程，这些数据就可以被用于进一步的分析，并为个案描述中结论的得出提供基础。在数据的基础上，结合现有研究文献，进行综合比较、抽象、概括，探讨所研究对象中的本质规律，这一过程往往被认为是"概念形成"的过程。最后，个案研究报告是个案研究的产物，类似于研究报告的结果和讨论部分。有时为了解释得清楚，个案研究报告部分会分步进行。

---

① 帅良余．创建学习型组织背景下的成人学习和成人个性发展研究．上海：华东师范大学博士论文，2012.

② Luck L.，Jackson D.，Usher K.：Case stud：abridge across the paradigms，*Nursing Inquiry*，2006：2.

二、个案研究的具体操作

(一) 个案的选择

个案选择可以依据很多标准。有研究者认为，个案选择要考虑所选的个案是否容易获得。除此之外，还要从理论方面考虑，个案选择不应依据个案的代表性，而应依据个案的说明性。还有研究者认为，个案选择最重要的标准是保证能从所选择的个案获得最大量的信息，如从目标客户群中选择能提供丰富信息的客户[①]。对于多重个案研究来说，个案的选择应确保每个个案，或者预测类似的结果，或者得出相反的结果，但是要有可预测的理由。

迈克尔·巴顿（Michael Patton）将研究者选择个案的过程称为目的取样。其目的取样的目标是选取关键信息员，即能提供丰富信息且尊重研究者目的的人。迈克尔·巴顿总结了15种选择策略，乔伊斯·高尔将其分为四类。第一类为选择具有关键特征的个案的策略，包括极端个案、集中性、典型个案、最大变化、分层、同类、目的性随机；第二类为反映概念基本原理的策略，包括关键个案、基于理论的或具有可操作性的结构、证实或驳斥个案、标准、政治上重要的个案；第三类为突然出现的策略，包括机会主义、滚雪球；第四类为缺乏基本原理的策略，包括便捷性。每种策略的具体解释见表8-2。

表8-2　个案研究中所使用的目的性取样策略

第一类　选择具有关键特征的个案的策略	
1. 极端个案	具有极高或极低程度特征的个案
2. 集中性	具有高或低，但不是极端程度特征的个案
3. 典型个案	具有平均程度或者典型程度特征的个案
4. 最大变化	涵盖特征变化全部范围的多重个案
5. 分层	在预定义点成效变化特征的多重个案
6. 同类	具有类似程度特征的多重个案
7. 目的性随机	从可接近人群中随机抽取的多重个案

---

① Merriam，S. B.. *Qualitative and case study applications in education*//Revised and Expanded from Case Study Research in Education. San Francisco：Jossey-Bass Publishers，1998.

（续表）

第二类 反映概念基本原理的策略	
8. 关键个案	对理论、项目或其他现象进行重要测试的个案
9. 基于理论或具有可操作的结构	显现一个特定理论结构的个案
10. 证实或驳斥个案	有可能证实或驳斥以前个案研究发现的个案
11. 标准	满足一个重要标准的个案
12. 政治上重要的个案	出名的或政治上重要的个案
第三类 突然出现的策略	
13. 机会主义	数据收集中被选择用来利用无法预测机会的个案
14. 滚雪球	由知道另一部分个体可能提供相关丰富信息数据的个体所建议的个案
第四类 缺乏基本原理的策略	
15. 便捷性	因为可以获得被选择的个案

（二）个案研究的数据收集

1. 个案的背景资料及现状评定

个案资料的内容十分丰富，就个体个案研究而言，其内容包括：①研究对象的基本情况，如姓名、年龄、性别、民族、所在学校等；②个体身体健康资料；③个体成长和心理发展资料，如母亲妊娠、生产情况、发育情况、个性特征、行为习惯、成绩、作业等；④个体家庭背景资料，如父母姓名、年龄、职业、文化程度、家庭经济、家庭重大事件等；⑤个体当前问题，如当前主要表现、缺陷障碍或者不足等需要解决的问题。

个案的评定要全面，对突出问题要有专门的测量与评定，以正确认识个案在这些方面的特点、所处的水平等。

2. 个案资料的来源

收集个案资料的来源是非常广泛的。可以来自对个案本身的观察、调查，或者由个案自己提供，也可以来自与个案相关的人或者机构。收集的这些个案资料可以概括为两类，即主体和客体资料，前者是指研究对象的自传日记、写给别人的信件、著作等，后者是指个人档案、社团或者学校、机关的记录、照片、录音（像）、登记表格，以及同学、同事提供的证明材料。

3. 数据收集的方式

数据收集是数据处理的一个重要准备步骤。个案研究中的数据既可以通过量的方法收集，也可以通过质的方法收集，或者是通过质和量两种方法的结合进行收集。所有的个案研究都包括广泛的数据收集，通过不同的途径用不同的方法收集不同类型的数据，这样有助于开阔视野并对研究现象进行更全面的了解。其中，直接观察法、文件回顾和访谈法三种方法被认为是个案研究最全面、最可靠的方法①。

（1）观察法。个案研究中应用比较广泛的两种观察法为参与式观察和直接观察。参与式观察指的是在观察中，研究者与被观察者发生互动。参与式观察有几个显著的优点，即参与观察者能从个案研究内部人物的角度来洞察事实，能够更便捷地接触事件、人物和文件。如在邦尼（Bonnie）和维基（Vicky）的研究中，研究者加入家庭参与到支持小组会议中，目的就是为了理解家庭成员如何与其他人互动以及家庭需要什么样的支持②。

直接观察法可能会像随意的数据收集活动一样简单，也可能会需要制订正式的方案去测量和记录行为。直接观察法对系统的评估十分重要。如艾米（Amy R. McKenzie）在研究中，应用直接观察法来收集关于环境支持、教学测量和教室内外活动的数据，并且制订观察方案③。"武汉市江岸区辅读学校课外活动实施的个案研究：以轮滑活动为例"则采用非参与式的、自然观察的手段，在不干预教学的自然的课外活动情境中观察"轮滑活动"的开展。

（2）文件回顾。文件回顾中的文件可以是信件、备忘录、记事本、文档管理、新闻文章以及任何与调查相关的文件。例如，凯尔（Keil）在研究中翻阅的几种文件，包括设计小组备忘录、成本与效益比的分析、有关阻碍系统使用的内部报告等都属于文件回顾的范畴。文件回顾可以弥补其他方法的不足。如有时人们前后言行不一致，文件回顾就可以用交叉验证访谈和观察等其他方法收集信息。另外，文件对研究者访谈中的询问具有

---

① Bogdan，R. E.，& Biklen，S. K. *Qualitative research for education*：*An introduction to theories and methods* (4 thed.). Boston：Allyn & Bacon，2003.

② Bonnie Bell Carter & Vicky G. Spencer. Another beautiful mind：a case study of the recovery of an adolescent male from a TBI. *Physical Disabilities*：*Education and Related Services*，2003：33~58.

③ Angrosino，M. V.，& Mays de Peres，K. A.. *Rethinking observation*//N. K. Denzin & Y. S. Lincoln（Eds.）. Handbook of qualitative research（2nd edn）. Thousand Oaks，CA：Sage，2003：673~702.

指导性[①]。

（3）访谈法。访谈法在个案研究中非常盛行，可以和其他数据收集方法一起使用。就如 1994 年卡普兰（Kaplan）和麦克斯韦（Maxwell）所强调的，访谈的首要目标是引导被访谈者用自己的话来陈述观点和讲述经历，而不是简单地让访谈者在预先设定好的反应范畴中做出选择。

访谈法包括结构式访谈与半结构式访谈。结构式访谈围绕谈话提纲进行，如在艾米（Amy R. Mckenzie）的研究中，谈话提纲包括学生背景信息、读写初级阶段的发展、促进这一阶段发展的策略和活动以及谈话伙伴在这一阶段发展中应发挥的作用等[②]。与结构式访谈相比，半结构式访谈能够在保证收集同样范围数据的同时，拥有足够的灵活性，并且可以以不同的方式接近不同的访谈对象。例如在上述的"武汉市江岸区辅读学校课外活动实施的个案研究：以轮滑活动为例"案例中，针对教师的半结构式访谈就能够很好地获得教师关于"轮滑活动"开展的作用、特点、影响因素与场景以及实施效果等多方面较为集中、深入、整齐的信息，有利于后面对数据的分析与比较、归类。访谈录音用来精确地记录谈话，以避免损失数据，同时，可以用数字对每个磁带编码，标上被访谈者的名字以免混淆。

三、个案研究的数据分析

与其他质的研究方法类似，个案研究法中分析资料这一环节是最难进行程序化操作的部分。由于搜集资料的方法多样，所以分析研究资料时也要综合采用多种方法，定量与定性相结合，如统计分析、分类编码方式等。

（一）资料分析准备

数据分析前的准备包括检查资料的真伪、资料分类、列表统计、检验或者将定性与定量的资料结合起来等。

（二）资料分析的层次

莎兰·B. 麦瑞尔姆认为分析有三个层次：1. 描述性分析，即叙事，形成案例叙述的内在逻辑；2. 类别构建，通常是通过不断比较的方法建构起

---

①　Khairul Baharein Mohd Noor. Case study：a strategic research methodology. *American Journal of Applied Sciences*，2008（11）：1602～1604.

②　Amy R. Mckenzie. Emergent literacy supports for student s who are deaf-blind or have visual and multiple impairments：a multiple-case study. *Journal of Visual Impairment & Blindness*，2009：294.

来的；3. 理论构建。①

（三）资料分析的过程

1. 资料的归并和整理

资料的归并是指将所搜集到的资料按照一定的逻辑组织起来，形成分组的活动。搜集的资料可能是零散的、条理不清的，通过分组，就可以使信息逻辑化、任务简单化。这一过程包括以下四步。

（1）对资料进行初步整理，包括对每一次观察或者访谈后的记录进行通读、调整，把当时记录得不太清楚的信息填补完全，确保资料的准确性和完整性。

（2）再次整理原始资料。

（3）在整体把握资料的基础上，寻找适当的分析单位，通过分组，使资料呈现得更加逻辑化和条理化，形成分析的工具与框架。

（4）借助于确立的概念和分析工具，对原始资料进行量化处理或者质的分析。

2. 分类与编码

编码是指用分析的概念或者数字、符号等对记录的文字资料进行标注。例如，搜集到一个人物的年谱，以年谱作为分析的文本，那么首先要对各种事实进行编码。例如，该人物在 5 岁时母亲去世，就可以在旁边标注"早年丧母"这样一个概念，以表明这件事情的性质；也可以把他从出生到 6 岁这一段标明为"童年期"，还可以把影响他成长的各种事件或者环境因素标上"家庭因素""学校因素""社区因素"等。编码的内容很多，主要根据研究的课题来设计。

建立编码系统有几种途径：一种是研究者依靠预先确定编制的或前人的经验进行编码。另一种是研究者对数据进行一些初步探索之后再进行编码②。还有一种更普遍折中的方式③，就是先使一些原始的编码，并在分析的过程中再加入其他的编码。如"武汉市江岸区辅读学校课外活动实施的

---

① 李长吉，金丹萍. 个案研究法研究述评. 载《常州工学院学报：社会科学版》，2011（6）.

② Crabtree，B. F. and Miller，W. L.. *Using codes and code manuals*//Doing Qualitative Research（2 nd edition）. Thousand Oaks：Sage，1999.

③ Paré，G. and Elam，J. J. *Using case study research to build theories of IT implementation*//A. S. Lee，J. Liebenau，and J. I. DeGross（eds.）. Information systems and qualitative research. Chapman & Hall，1997：542～568.

个案研究：以轮滑活动为例"的编码系统包括四类：①轮滑的作用；②轮滑的影响因素；③轮滑效果；④轮滑教学中的问题。

一个好的编码系统应该包括具体的信息要素。如果一个主题特别抽象，研究者则需要提供有关主题界限的例子，甚至需要与主题紧密相关但并不包括在主题里的一些个案。

3. 数据量化与解释

量化处理是指运用数学的统计方法，对经过编码分类的资料进行加工，求平均、求百分比以及进行差异性检验等。解释信息即分析所搜集到的资料与正在研究课题的相关程度。这种相关度的确定一般有两个标准：

（1）所获得的信息的内部效度。这主要是由以下因素决定：研究方法与结果是否令人信服、研究程序是否得当、研究过程是否客观不带有偏见等。

（2）所获得信息的外部效度。主要包括研究结构的概括化程度、结论有无推广的价值等因素。

四、个案研究报告及案例分析

（一）个案研究报告的类型

个案研究报告的类型主要包括：描述性报告、简介性报告和分析性报告。其中，描述性报告比较详细地叙述个案资料，直接而精细，可以将一些片段并列或串联，不用转述而用原话，尽可能用客观描述来呈现对个案的解释。但整理报告的时间较长，重心难以把握，较为繁复。简介性报告着重反映个案的主要特征，比较简洁。报告整理时间较短，较能显出问题的重心，不过往往难以详细获知一些有关个案的细节部分资料。而分析性报告通常对论点进行直接的论述，对论点均需提供论据，并需说明个案的各种可能现象及推理历程。分析性报告是一种企图利用客观的方式呈现个案资料、但又无法全然放弃主观判断的呈现方式。

（二）个案研究报告的构成

个案研究报告的目的是简化复杂的研究发现，使读者能够得出自己的结论。个案研究报告有很多种形式，如一章一个个案，写一个故事，按时间顺序叙述，将报告分成层次性标题或章节来陈述研究问题的各个方面。

一般而言，完整的个案研究报告包括如下部分中所有或者关键环节：研究目的和理论背景的陈述；研究主题；主要研究问题；对个案的具体描述以及如何进行取样和个案选择；研究的背景和个案历史（用来告诉读者研究地点或对象是如何确定的以及研究者与研究对象之间的关系）；研究的持续时间；用来保护参与者身份和隐私的知情同意书（其内容比较理想的是能够说明参与者在某种程度上可以从参与中获益）；数据收集和分析的方法；研究发现（对数据的总结性陈述、对研究问题的清晰回答，以及围绕个案的深入讨论等）；使用引用与节选对数据进行解释，构建完整的、概念性的分析和解读；对可能影响数据解读的因素进行讨论；个案研究与更广泛的理论和实践议题之间的联系。

（三）个案研究报告的规范

沙龙·梅里厄姆（Sharon Merriam）认为，"个案研究没有标准的格式"，个案研究报告呈多样化的特点，至今依然如此[①]。

总体来说，个案研究报告仍应遵循一些基本的研究报告的写作规则。如连贯性。对观点按照一定的顺序进行陈述，报告从头到尾要体现词、概念和主题发展的持续性，这可以通过使用一些过渡性的词汇来实现，如"然后""因此""然而"等。再如表达清晰。研究者要明确在研究报告里应该呈现什么，避免俚语、词语冗长累赘等。此外，还有一些具体的写作规范参见 1994 年美国心理协会（American Psychological Association，APA）写作手册。除此之外，个案研究还应该遵循两个规范：第一，研究者应该更积极地使用第一人称（如使用"我"而不是"研究者"）和主动时态（如"我采访了老师们"，而不是"老师们被研究者采访了"），这样有助于研究者确立自身在研究中的地位，积极地参与研究。第二，个案研究要使用假名，要对参与者的身份及信息保密[②]。

撰写个案研究报告时，研究者需要在写作的创新性和结构性之间寻求平衡。

同时，个案研究报告还应注意以下五个问题：第一，个案要有代表性。所选取的个案应该能够反映真实的生活，也可以是过去研究所没有涉及的。第二，个案要具有理论意义（体现某一个著名的理论）或者实践意义（用于指导现实生活）。第三，个案研究报告要完整。第四，个案研究报告应该

---

① Burke Johnson, Larry Christensen：*Educational research：quantitative and qualitative approaches*，New York：Allyn & Bacon，2000：462～463.

② Burke Johnson, Larry Christensen：*Educational research：quantitative and qualitative approaches*，New York：Allyn & Bacon，2000：462～463.

考虑多方的观点。第五，个案研究报告要有充分的事实根据。[①]

　　一个好的个案研究报告，应包括以下几方面内容[②]：①是否提出有价值的问题；②是否有好的理论假设；③是否有丰富多样的研究资料；④是否构建了严密的逻辑框架；⑤是否达到理论观点同案例素材相一致；⑥是否考虑了所有竞争性解释和观点；⑦是否提出了有启发性的结论和建议。

　　此外，也有学者认为，从一个特定的经验事实出发形成的理论观点还要经得起反事实推论，即从反例来寻求证实或者证伪，只有排除了选择性偏差以后，才能形成贴近事实的合理的解释或者结论，也就是要进行反事实推论，消除选择性偏差[③]。

　　（四）案例分析

武汉市江岸区辅读学校课外活动实施的个案研究：以轮滑活动为例[④]

　　课外活动是学校在各科教学大纲范围以外，对学生进行的多种多样的教育活动。它是班级教学的必要补充，是学校教育的重要组成部分。关于普通学校课外活动的研究日益得到关注，但关于辅读学校课外活动的研究却很少。辅读学校是指中国大陆为智障儿童设立的专门特殊学校，注重于培养有智力障碍儿童以后的生活自理能力和独立性，并且通过适合身心发展特点的教育和训练，使有智力障碍儿童在德、智、体等方面获得全面发展。课外活动的开展可以促进这些目标的实现。在课外活动中，学生具有自主选择权，处于主体地位，有利于培养他们的主体意识。课外活动不仅具有教育作用，而且是促进学生全面发展的重要形式。更重要的是，课外活动也是促进学生智力发展的手段。研究者通过分析相关文献发现，普通学校课外活动的研究较多，辅读学校课外活动的研究匮乏。因此，试图以轮滑活动为例，研究江岸区辅读学校开展课外活动的状况，调查开设轮滑的作用、影响因素以及开设效果，探索辅读学校开设课外活动的特点与规律，并对辅读学校课外活动的开展提供一些参考建议。

---

　　①　张福娟，江琴娣. 特殊儿童个案研究. 上海：上海教育出版社，2005：128～130.

　　②　华国栋. 教育研究方法. 南京：南京大学出版社，2012：240.

　　③　王金红. 案例研究法及其相关学术规范. 载《同济大学学报（社会科学版）》，2007（3）.

　　④　程三银，邓猛. 武汉市江岸区辅读学校课外活动实施的个案研究——以轮滑活动为例. 载《香港特殊教育论坛》，2009（11）.

该研究对象是武汉市江岸区辅读学校实验一班。江岸区辅读学校创建于 1984 年，隶属于江岸区教育局直接领导，是武汉市第一所以专门招收智力残疾儿重为主要对象的特殊教育学校。目前，该校有智障学生 80 余人，分 9 个年级。实验班所开展的课外活动主要有轮滑、腰鼓、听音乐、看动画片等，其中，轮滑开展时间为一年。根据该校实验班教师 C 介绍，这是该校建校以来实施时间最长、取得明显效果的一项活动。因此，作者选取轮滑活动来分析辅读学校课外活动开展的现状与特点。该研究采取个案研究的方式进行；以江岸区辅读学校为研究对象，以滑轮活动为例，就课外活动开展情况采取访谈法、观察法进行深入调查。

案例研究者将研究报告分为四个部分：第一部分为"问题的提出"（即"介绍"）部分，包括研究背景的描述、目的陈述、研究的主要问题、关键术语的定义。第二部分为"研究方法"，包括研究对象的选取及其人口学特征、收集数据的方法、研究的过程等。第三部分为"研究结果"，对分析后的数据进行系统、有层次的陈述。第四部分为"讨论与结论"，对研究结果进行推理与概括，探讨其与现有文献之间的关联，获取有价值的结论。下面将依次对四大部分进行分析介绍。

1. 第一部分：问题的提出

第一部分开篇介绍了研究开展的原因与背景。课外活动不仅具有教育作用，而且是促进学生全面发展的重要形式。关于普通学校课外活动的研究日益得到关注，但关于辅读学校课外活动的研究却很少。课外活动的开展可以促进弱智儿童生活自理能力和独立性，并且通过适合身心发展特点的教育和训练，使弱智儿童在德、智、体等方面获得全面发展。更重要的是，课外活动也是促进弱智学生智力发展的手段。因此，针对辅读学校课外活动进行研究具有较高的理论与实践价值。接下来对研究目的进行了陈述。

本研究有三个目标：①以轮滑活动为例，研究江岸区辅读学校开展课外活动的状况，调查开设轮滑的作用、影响因素以及开设效果；②探索辅读学校开设课外活动的特点与规律；③对辅读学校课外活动的开展提供一些参考建议。

第一个目标与文题对应，是本研究的主要目标和基本目标；第二个目标和第三个目标分别显示了本研究的理论意义和实践意义。

在论述研究的背景与目标的过程中，研究者对课外活动及我国弱智教育的基本概念与研究成果进行了简要的综述，确定了本研究相关概念的操作性定义，明确了本研究的主题与话语范畴。

2. 第二部分：研究方法

第二部分先介绍了本研究的主要研究方法为个案研究，并且具体描述了数据的收集过程，即联系研究对象（选定相关辅读学校、班级、教师和学生），明确研究对象的背景信息，确定访谈提纲与观察的方法，对其进行细化。然后，研究者对访谈与观察记录进行转录，并通过编码的方式建立起相关的类别与解读。

3. 第三部分：研究结果

第三部分主要对研究的结果进行客观、系统的陈述。研究者利用对教师的访谈以及观察所获得的数据陈述了辅读学校轮滑活动的实施状况，主要包括轮滑的作用、影响因素、效果及存在的问题等方面的基本情况。

4. 第四部分：讨论与结论

研究者发现：辅读学校的课外活动除了报告开始时提到的培养学生的主体意识、促进学生全面发展以及促进学生智力发展的作用以外，还可以有康复或辅助康复的作用。轮滑活动的影响因素显示，辅读学校课外活动的影响因素也应包括物的因素和人的因素。但是，目前我国辅读学校正处于起步阶段，资金、师资、设备、校园环境等方面都存在很大不足，因此与普通学校相比，辅读学校开展课外活动缺乏足够的资金、师资和设备等的支持。轮滑活动取得了显著的效果，主要体现在学生态度上积极接受和参与轮滑，大部分学生可以依靠自己轮滑以及因轮滑而很大改善了平衡能力、意志力以及注意力。由此可以看出，与普通学校一样，辅读学校课外活动对学生产生了一定程度的影响。

可见，研究者不仅描述了轮滑活动的基本情况，并通过与现有文献的比较，发现了辅读学校开展课外活动的一些特点与规律。首先，开展课外活动是一个尝试的过程。腰鼓活动的失败使得辅读学校领导和教师意识到，课外活动应该考虑到学生的实际情况，因此才有了后来从特殊奥林匹克运动会得到启示而开展轮滑活动的决定。其次，课外活动的开展具有主观性。目前，由于还没有现行的参考标准，辅读学校的课外活动还处于探索阶段。因此，在开展课外活动的过程中，领导决定所要开展的课外活动具有很强的主观性。最后，辅读学校开展课外活动具有明显的优势和劣势。与普通学校相比，辅读学校开设课外活动的主要优势在于教育对象的特殊性。辅读学校的教育对象主要是智障儿童，这就意味着辅读学校没有升学方面的压力，有相对比较充足的时间和精力来开展课外活动。但是，与普通学校相比，辅读学校开设课外活动的主要劣势在于资源的不足。

在报告的最后，研究者对辅读学校课外活动提出了一些建议。例如，应制订课外活动的评价标准，重视教师的作用；拓展课外活动的范围，争取家长的支持；关注学生的个体差异性，培养学生的自我决定能力等具有针对性且经过努力后有可能实现的建议。

从整体上来说，本报告是比较完整的，基本上呈现了个案研究报告所需包括的部分，并符合个案研究报告的基本规范。但本研究也存在不足，其不足之处在于应结合我国特有的教育体制与社会文化做更深入的解读与概括。

【思考与实践】

1. 什么是个案研究？个案研究的资料搜集有哪些方式？

2. 个案研究有什么特点？

3. 阐述个案研究的程序。

4. 选取教育实习中出现的实际问题，制订一个个案研究计划。

5. 如何评价个案研究？

第九章　教育行动研究法

第一节　教育行动研究法概述

一、教育行动研究的概念

行动研究是指在实际情景中，由实际工作者和专家共同合作，针对实际问题提出改进计划，通过在实践中实施、验证、修正而得到研究结果的一种研究模式。教育行动研究法就是教师在研究人员的指导下，去研究本校本班的实际情况，解决日常教育和教学中出现的问题，从而不断地改进教育和教学工作的一种研究方法，是从教育工作需要中寻求课题，在实际工作过程中进行研究，由实际工作者和研究者共同参与，使研究成果为实际工作者理解掌握和实施，从而达到解决实际问题和改善社会行为的研究方法。

教育行动研究法是一种适合广大教育工作者的研究方法，它克服了教育理论与教育实践相脱节的弊端，能促进教师的专业发展，可行性强。这种方法不一定需要理论假设，不需要严格控制变量，不需要对测量工具进行严格的检验，便于掌握与应用。这种研究方法受到广大教育实践工作者，特别是教育教学第一线的教师的欢迎，这种方法所倡导的"教师即研究者"

运动，改变了教育研究为专业研究者所把持的局面，促使中小学教育研究观念在一定程度上发生了根本性的变革，为解决中小学教育研究中固有的教育理论与教育实践脱节问题，找到了一条有效的途径，是行之有效的中小学教育科研方法。

二、教育行动研究的基本特征

教育行动研究与其他研究方法不同，它是以解决某一实际问题为导向的现场研究法；以实践经验为基础的研究方法；以小组成员间的互相合作方式进行研究的方法；在动态环境下立即（或较短时间内）显示作用和效能的研究方法。

（一）行动研究的特点

行动研究和一般教育科学研究方法相比较，具有以下一些特点。

1. 行动研究的主体是教师和教育行政人员，并具有合作性

行动研究的主体作用表现在，一线教师要从确定研究课题、制订研究计划、实施行动、收集分析反馈信息并调整行动、评价结果，一直到应用研究成果，整个过程都是教师独立完成的。

开展教育科研，教师有得天独厚的优势。然而，那种只把教师当作提供论证数据的测试者，把实验学校或实验班作为采集数据的资料库的做法屡见不鲜。这种忽视教师直接参与研究的做法，会带来两种后果：一种是研究结果缺乏针对性和实效性，不能用于教学实践；另一种是教师积极性受挫，对科研成果不感兴趣。

传统的教育研究模式是"研究—发展—传播"，由教育研究产生理论，理论被应用于解决教育实际问题，其结果是编制出一套供特定年龄阶段学习者学习的"产品"，如一套课程、教材及教学方法等，这些"产品"通过培训传授给广大教师，使他们接受并使用这套"产品"，严格遵循大纲、教材开展教学，在这里，中小学教师只是"手段—目的"的中介人。而行动研究以"参与—合作—行动"为基本模式，倡导教师参与到教育研究过程中，通过理论工作者和其他教师的合作，有意识地改进自己的教育行为，创造最佳的教育活动情境，取得最佳的实际教育效果。

当然，为了提高行动研究的质量，取得更好的科研成果，并不排斥专业研究人员的合作参与。相反，它提倡专家学者参与行动研究，以扬长避短，搞好合作研究。

行动研究要求教师运用理论，系统反思自己的实践。专业研究人员的

作用是给教师当好顾问，从科研方法上给予指导。专业研究人员要深入实际，并直接参与到整个研究过程中，通过各种方式与教师充分沟通、反复磨合，包括共同讨论、评课、写教案、相互听课、写教学日记等，从而在教学改革的目标、教与学的理解、具体实施方案上达成一致，这种沟通和反思对于提高教师的教学能力、转变教学观念有重大意义。所以，行动研究以相互参与和共同研究的方式在专业研究人员与教师之间架起了桥梁。

2. 行动研究的对象是教育教学实践中亟待解决的问题，这些研究问题具有多样性

（1）直接性。研究问题来自于教师自己的教育教学实践，是教师自己的直接经历和感受，只研究自己工作中存在的问题，而不是他人教育实践中存在的问题。

（2）特殊性。研究的问题或对象通常限于本校或某个教学班，属于某个学校的校情或班情问题，表现出较多的本地特征，不具普遍性。这就要求人们在评价其研究成果时，在适用范围上要慎重，应多加分析，广泛听取各种意见，克服主观武断。

（3）微观性。研究的对象多为教育教学实践中比较具体的微观问题。问题的范围较小，结构较简单，相关因素较少。行动研究注重做，追求一点一滴的实在的进步。

3. 行动研究的首要目标是提高教育教学质量，改进本职工作

与旨在揭示教育教学规律的理论研究和了解现状、提供参考建议的调查研究不同，行动研究务求解决教育实践中存在的实际问题，以解决问题、提高行动质量、改进实际工作为首要目标。它要求将问题发展成课题，设计出解决方案，并逐个实施，达到解决问题、提高教育教学质量的最终目的，这是一线教师开展教育科研的根本动力。

当然，行动研究把解决实践问题放在第一位，并不等于它仅满足于此，而不对已取得的成功经验进行理论上的探讨。行动研究既然是一种研究，必然要对行动的过程和行动的效果进行理性思考，在实践的基础上，在一定的范围内做出自己的理论贡献。

4. 行动研究的策略是在日常的学校生活和真实的课堂教学环境中，边行动边研究

由于教育教学过程是一个复杂、多变的动态过程，因此教师要经常反思行动过程中的问题。专业人员亦须深入教育和课堂教学实际，与教师一起共同研究出现的新问题。研究者应依据行动的实际情况，随时调整计划，

完善行动，在良性的变革之中达到问题的解决，使教育教学的工作过程成为一个研究过程，使研究过程成为一个理智的工作过程，达到研究和行动的完美结合。行动研究的结合策略弥补了教育研究中理论与实践相脱离的缺陷，使研究能收到立竿见影的效果。

5. 行动研究的过程具有情景性、系统性、灵活性和开放性

行动研究旨在通过现场研究来诊断和解决具体情境下的问题，逐步采取各种改革措施调整行动，又不断地通过问卷、访谈、个案研究等手段来监视这种调整的效果，以便基于这些反馈来对教学做出进一步的调整，逐步达到改革的目标，而不只是留待以后在某种场合下再付诸实施。

系统性表现为行动研究有一定的操作程序，它是一个循环往复、螺旋式动态发展的过程。

行动研究的计划应有充分的灵活性和开放性。原因是行动研究过程不同于自然科学研究，往往不能简单地、集中地表现出计划与结果之间的必然的线性关系。人们对问题的认识起初往往是局部的、表面的，如同盲人摸象，所以要不断地观察和反思，要十分重视教育改革中出现的新问题。依据发展中的实际情况，研究者可以部分修改实施计划，也可以修改总体计划，甚至还可以更改研究课题。

6. 行动研究的方法具有广泛的兼容性

行动研究没有某种特殊的研究方法，而是根据研究问题的性质、研究目的及研究者的能力，从已有的各种研究方法中灵活选择有关方法。教育科研方法中的调查法、经验总结法、专项内容分析法等都可以在行动研究中加以应用。随着教师科研水平的提高，科学研究中的定量、定性的观察技术、实验技术、资料分析技术都可以采用。

7. 行动研究评价的持续性和反馈的及时性

在行动研究过程中，随着实际活动情境的发展，研究者会不断地、自然地对各种干预措施进行评价和反思。这样，针对实际问题提出调整方案，进行实际干预，随时监控干预的效果，进而针对更多的、更深层的问题展开更深入的探索，就像滚雪球一样逐渐走向更广泛、更深入的教学改革。

行动研究强调评价的持续性，即诊断性评价、形成性评价、总结性评价贯穿整个研究过程。反馈的及时性从两个方面看：一是及时反馈总结，使教育实践与科学研究处于动态结合与反馈中。二是一旦发现较为肯定的结果，便立即反馈到教育实践中去。

有人用三句话概括行动研究的特点，即为行动而研究、在行动中研究

和由行动者研究。

（二）教育行动研究的三大基本特征

1. 为行动而研究

为行动研究指出了行动研究的目的。研究的目的不是构建系统的学术理论，而是解决实践工作者所处的情境遇到的问题。研究目的具有实用性，问题的解决具有即时性。

2. 在行动中研究

在行动中研究指出了研究的情境和研究的方式。行动研究的环境就是实际工作者所在的工作情境，并非是经过特别安排的或控制的场景。行动研究的研究过程，即是实际工作者解决问题的过程，是一种行动的表现，也是实际工作者学会反省、问题探究与问题解决能力的过程。

3. 由行动者研究

由行动者研究指出了行动研究的主体是实际工作者，而不是外来的专家学者。专家学者参与研究扮演的角色是提供意见与咨询，是协作者，而不是研究的主体。

（三）教育行动研究的特征解析

下面从教育行动研究的研究目的、研究对象、研究环境、研究人员、研究进程和研究结果六个方面解析行动研究的三大特征。

1. 从研究目的看，是"为行动而研究"

传统上的研究目的在于发现普遍规律，是"为理论而研究"。这种研究目的，一方面使教育第一线中对教育最有发言权的广大教师望而却步；另一方面又使美好的教育理论仅仅停留于文字记载。尽管有人试图让教师成为使教育理论变成教育实践的中转站，但这种观点把教育理论与实践的关系估计得过于简单了。理论与实践的最好结合要求行动与研究的密切结合。行动研究打破了传统研究在研究目的上的局限性，它的根本目的不是为了理论上的产出和普遍规律的发现，而是为了行动的改进、实践的改进。但这并不是说它轻视理论，而是它重在以先进的理论指导行动和实践的改进。

2. 从研究对象看，是"对行动进行研究"

行动研究是抓住行动中值得关注的对象作为研究的问题，其他研究也会对行动进行研究，但它们没有行动研究这么专一。行动研究关注学生行动的改进，但它是通过关注教师或其他学校教育人员行动的改进来实现学生行动的改进，它要分析问题之所在，提出解决问题的策略、方法，最后达到解决问题。但是其他种类的研究往往只针对某一方面，有的只调查分析现状,有的可能还进一步提出解决问题的设想,但谁去解决问题,能否解决问题则不管。而行动研究是一条龙服务,它把研究问题和解决问题结合起来。

3. 从研究环境看,是"在行动中研究"

行动研究既不是在实验室里进行,更不是在图书馆里开展。行动研究的环境是教师工作于其中的实际环境。教师在自身的教育教学行动中发现问题、分析和研究问题、解决问题,从而改进自身工作,行动研究把教育研究和教育行动结合在一起。

4. 从研究人员看,是"行动者进行研究"

开展行动研究的人就是学校的教育行动者——广大学校教育工作者。他们一边工作,一边研究,研究的结果又运用于改进自己的工作,从而把探索研究结果和运用研究结果结合起来,研究结果的产出者和应用者同集于一身,这比起其他种类的研究来说是绝无仅有的。

5. 从研究进程看,是"边行动边调整"

行动研究要通过研究者行动上的干预来达到对对象的改变。行动干预的进程和方法没有一个严格的程序,也无法预先完整地设定,它具有弹性或动态性,由研究者根据情况边实践、边修改,因此它要求教师要有对实践问题的敏感能力、适时调节研究方法或侧重点的应变能力。

6. 从研究结果看,是"行动的改进和发展"

行动的改进和发展具有双重含义,一是学生行动的改进和发展:包括学习行为、品德行为、社会性行为方面;二是教师行动的改进和发展:教师获得专业知识和能力的提高。所以近年来,行动研究作为一种教师"专业发展"的途径越来越受到人们的重视。

三、教育行动研究的类型

(一) 个体研究与合作研究

从研究主体的规模来分,大体上有两种:一是个体研究;二是合作研究。从研究层次上来分,包括单个教师的行动研究、多个教师的协作研究和学校范围内的联合行动研究三种。

1. 单个教师的行动研究

单个教师的行动指某教师单独对某学科的教学试行新方法,将自己的新的想法转化为实践,研究者与实践者统一于一人。这样可以充分发挥教师教改的主动性、积极性和创造性,但由于规模小,研究的面窄,难以深入。

2. 多个教师的协作研究

在学校范围内组织若干教师组成研究小组，开展研究。发挥集体的智慧和力量。这样，研究的样本扩大了，但往往因没有理论工作者的指导，研究的层次不高。例如，某学校在本单位内组织若干教师构成研究小组，就某几门学科或某一学科的新型教学方法、新型教学模式展开专题研究，此时可以邀请外来研究者进行不定时的指导。这种形式规模小，方法多，经济节约，研究成员是同事，可以随时交流磋商、边行动、边研究、边学习、边评价。这种层次的研究符合中小学实际情况，特别适合我国国情，是教育研究真正深入改革基础教育，深入基层的最好途径。

3. 学校范围内的联合行动研究

学校范围内的联合行动指由学校组成科研人员、教师、行政领导"三结合"的研究队伍，吸收多方面的力量参加，这是行动研究的典型层次。

单个教师的行动研究的特点是规模小，研究问题范围窄，易于实施，但力量单薄，很难从事深入的、细致的、说服力强的研究。协作性行动研究可以发挥多个教师的集体智慧和力量，但可能在理论的指导方面较欠缺。学校范围内的联合行动研究是专业人员、教师、政府部门、学校行政领导等组成的较为成熟的研究队伍从事的研究。这是较为理想的行动研究，它的优点是有专业研究人员参与，有较强的理论指导，研究力量大，能充分发挥各类人员的作用。

（二）教例研究与问题研究

从研究对象分，教育行动研究有反思已经发生的教育行为（教例研究）和探讨教育行动的变革（问题研究）两种。

1. 教例研究

教例研究是从对自身工作经验的回顾与反思中发现课题，进而把发现问题及处理问题的全过程写成教例，然后围绕此教例展开研讨和分析，并形成教例研究报告。即教师把重心转向对自身教育工作经验教训的回顾与反思上，围绕大量鲜活的教育实例展开研究。

2. 问题研究

教育教学工作中每天都会遇到疑难问题，这些问题都可能成为教育的研究对象或课题。教师从事教育研究，从工作中的实际问题出发，以解决实际问题为目的，这种旨在改进教育和教学工作的行动研究被称为"问题研究"，它是教育行动研究的主要形式。

行动研究法是一种适应小范围内教育改革的探索性的研究方法，其目的不在于建立理论和归纳规律，而是针对教育实践中的问题，在研究中不断探索、改进和解决教育实际问题。

四、行动研究与实验研究的异同

（一）两种研究方法的差异

1. 研究目的不同

实验研究以验证假设为首要目标，预先提出假设，控制实验条件，排除无关干扰，用科学分析法探索教育的因果关系。行动研究以解决实际问题为首要目标，预先提出一个大致的初步设想，允许随着研究的深入，认识的不断提高，不断修改和完善计划。

2. 研究过程不同

实验的过程是探求既定的自变量与因变量之间是否存在因果关系的过程，因此它要求整个研究程序严格，以保证研究结论的可靠性。行动研究的过程是寻求提高教育效果的所有因素的过程，它对研究程序的要求比较灵活，只要能促进效果的改善，允许将一切有效的措施纳入研究范围。

3. 研究要求不同

实验研究客观性较强，准确度较高，可以反复操作。行动研究的限制较少，主观经验成分多，难以重复应用。

（二）两种研究方法的共性

实验研究和行动研究都是在一定理论指导下有目的的实践，它们都既是科研性的教育实践活动，又是实践性的教育科研活动。在教育研究方法体系中，实验研究与行动研究有许多相似之处。因此有人认为行动研究也属于实验研究范畴，是前实验研究，二者相互依赖，"我中有你，你中有我"。正是因为教育实验研究与教育行动研究两种研究方法有如此相近之处，所以在两种研究方法的研究设计和方案制订上，就可以相互借鉴，创造性运用，尽可能地在研究方案的形式与内容上达到完美统一。

教育实验研究与教育行动研究，两种不同的研究方法各有优势（见表 9-1），也各有难以避免的局限性，所以这两种研究方法都必须配合其他科研方法加以补补，在实际研究工作中，还要区分这两种研究方法与日常教学工作的异同（见表 9-2）。

表 9-1　行动研究与实验研究的比较

对比项目	实验研究	行动研究
1. 研究目的	获得可供较大范围的总体应用的概括性知识，发展和检验教育理论。	获得能够直接应用于当前教育情境的知识，促进教师专业发展。
2. 研究问题来源	通过各种途径提出研究的问题，研究者必须了解问题，但通常并不直接涉及其中。	从实际工作面临的困境中确定课题，与改进研究者本身的教育效果有直接联系。
3. 研究假设	需要提供可供操作化处理和检验的相当专门化的假设。	问题的特别说明常视同假设。就理想而言，行动研究的假设必须接近于正式研究所要求的严谨程度。
4. 文献查阅	通常需要查阅和评述大量的第一手材料，以便研究者对这一课题的背景有一个全面的了解，在前人研究的基础上有新的发展。	给教师阅览的可用的间接资料，使其对被研究领域有一般性的了解。往往不对直接资料作完整而无遗漏的探讨。
5. 研究取样	研究者试图从总体中获得随机样本或其他类型的无偏见的样本，但这一点并不是常常能做到完美无缺。	班级中的学生或教师本身都可以作为研究对象。
6. 研究设计	在开始研究之前，进行详细有计划的设计，注意提供比较的条件，控制无关变量，减少误差。	在开始研究之前，按一般方式设计程序；研究期间，注意变化，了解其是否有利，并据此调整计划。对条件控制和降低误差不做过高要求。由于教师本人直接介入了研究情境，总会带有某种偏见。
7. 研究测量	努力选取最有效的测量工具，对可用的测量工具进行评价，并在研究之前对测量工具进行预测试验。	不需要对测量工具进行严格的检验，参与者缺乏使用与评价教育技术测量工具的训练，但可通过咨询者的协助，进行令人满意的工作。

（续表）

对比项目	实验研究	行动研究
8. 研究资料	经常要求复杂的分析，包括量化分析。由于将结果普遍化是研究的目标之一，通常要求进行统计检验，具有显著性。	简单的分析通常就够用，强调分析实际意义，而不是统计意义的显著性。
9. 研究结果应用	结果是可以普遍应用的，但许多有用的发现无法直接应用于教育实际。研究工作者与教师之间有经验的差异，产生严重的沟通问题。	研究发现可立即应用于参与教师的班级，并经常可导致持久性的改良。

表 9-2　行动研究、实验研究与日常教学工作的比较

对比项目	实验研究	行动研究	日常教育教学工作
1. 研究主体	教育科研人员	教育实际工作者	教育实际工作者
2. 研究任务	发现教育规律，发展教育科学	改善教育现状，优化教育过程	完成教育教学规定的任务
3. 研究情景	在严格控制变量的条件下进行	在教育的自然状态下进行	在教育的自然状态下进行
4. 研究评价	是否发现了教育规律	是否提供了实用有效的教育改革措施	是否完成了教育教学规定的任务，水平如何

五、行动研究的优势与局限

（一）行动研究的优势

1. 解决教育研究中理论脱离实际的良好途径

理论与实践脱节，是我国教育研究中长期存在的一个问题，而教育行动研究却较好地解决了这个问题。一方面，它的实践性是非常明显的：无论是研究的出发点、目的、主体，还是研究过程，都离不开实践。另一方面，行动研究也重视理论的作用：它强调理论工作者与实际工作者的结合，使两者相互合作、平等对话、共同提高。教师可以从专家那里获得必要的

专业理论知识和研究技能，理论工作者也可以从真实的教育实践中获得第一手材料，发现新问题和新课题，甚至发现和创造新的理论，使研究成果更容易为广大中小学教师所接受。

2. 具有适应性和灵活性，简便易行，容易被广大教师掌握

思辨的和实证的方法都不适合一线教师。思辨研究要采用大量理论推导和资料引证，实证主义研究为了追求量化、客观化和精确化，往往想方设法控制某些变量，力图使教育研究模仿自然科学实验。这些方法虽然有一定指导意义，但对于承担着繁重教学任务的中小学教师来说，思辨研究法既有一定难度，又缺乏现实的运用价值。教育科研有其自身的特点，它以人为对象，环境千变万化，因果关系相当复杂，不能简单模仿、照搬自然科学的实验方法。加之，在实验研究之前，就从理论假设、实验原则等方面对实验者的理论水平提出了较高的要求，因而对多数中小学教师来说，是不适合的。

而教育行动研究简便易行，较适合于没有接受过严格教育测量和教育实验训练的中小学教师采用。它从实际出发而非从理论出发，可以边研究、边学习、边改进，正好能避开上述两种研究方法的局限性，容易在中小学教育中开展。

3. 行动研究较好地解决了日常工作和科研的矛盾

行动研究使日常工作、改革、科研同步动作。许多中小学教师认为自己的任务是以教学为中心，繁重的教学工作几乎没有为教育研究留下空间，有些人甚至认为研究将挤占教学时间。行动研究能够将教学与研究有机地统一起来，克服教学工作和教育研究的矛盾。

4. 教育行动研究是提高教师专业发展和推进课程改革的一种有效途径

教育行动研究强调"教师即研究者"，其所关注的问题都是教师在教育教学实践中遇到且有待解决的问题。教师在自己的工作环境中做研究，不再仅仅是纯教学的教师，而是具有了多重身份：研究方案的制订者、研究实施的执行者、研究结果的生产者和研究结果的应用者。这种多重身份整合于同一主体身上，多种功能统一于同一过程中，使得教育行动研究过程既是教育理论知识向教育教学实践转化的过程，也是一个教育教学的合理性不断强化的过程，从而成为提高教师专业化的有效途径。

（二）行动研究的不足

行动研究是研究者在实际情境中进行研究，作为研究对象的样本往往是特定的，存在受具体情境的限制，研究样本缺乏代表性，因此，研究的

结果不一定具有可归纳性与推广性。行动研究允许研究者在实践过程中根据实际情况边研究边修改方案，不强求控制的严密，行动研究往往由于缺乏计划性、系统性和科学性，导致研究结论缺乏可靠性和说服力。另外，从教育主体角度出发，教育行动研究也存在一些问题。

1. 缺少时间

教育领域中的行动研究往往由教师本人担当，而多数授课教师是沿着一成不变的线路从一个教室进入另一个教室，在一整天授课之后筋疲力尽，许多教师的工作量已经远超过其身心所能承受的范围。行动研究需要教师们将其关注点概念化讨论形成行动计划，积累或创造素材，寻求建议，收集数据，分析数据，详细写出执行的计划，这些都需要充足的时间作为保证，一般说来，任课教师没有进行研究的充足时间，并且经常感到收集数据对于实际教学过程而言就是一种障碍。

2. 缺少校方支持

学校最为关注的是授课情况，认为行动研究与教师的授课无关，因而不是教师们的工作范畴，没有了学校的支持，教师们觉得这种研究是不值的，而且他们的研究结果想要公开或承认也会受到限制。

3. 个人因素

行动研究以实际问题为导向，而研究者又是行动者，所以难以客观地诊断问题，并且在评价结果时，行动研究的主观意见影响较大，易主观认定研究结果符合假设。另外，课堂上进行行动研究也许会引发某些人性问题，这种研究需要在一定程度上进行自我审查和自我剖析，而某些教师恰恰最不愿意仔细地反省自己，另一个问题是，某些行动研究涉及的思想观点可能会与学校的某些规章制度相冲突，从而影响研究数据的收集。

第二节　教育行动研究法的基本过程

一、教育行动研究的操作模式

（一）勒温的螺旋循环模式

勒温（K. Lewin）是行动研究的先驱，他不仅首先提出行动研究这个词，还提出行动研究应包含计划、行动、观察和反思四个环节，并建立了行动研究螺旋循环操作模式，如图 9-1 所示。后来，勒温进一步把反思后重新修改计划作为另一个循环的开始，从而把螺旋循环模式做了修正，如

图 9-2 所示。这个修正图成为行动研究操作的基本架构。

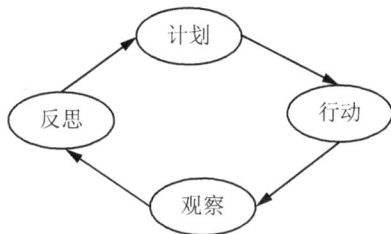

图 9-1　行动研究的螺旋循环操作模式

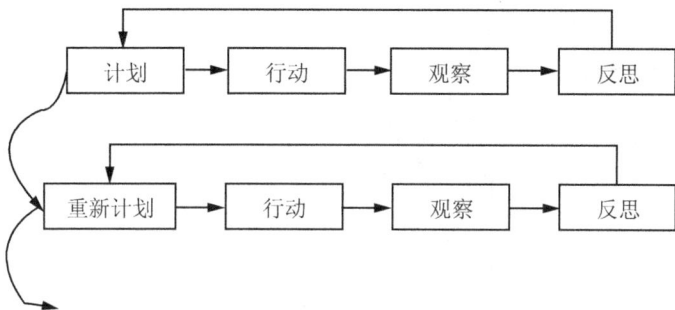

图 9-2　行动研究的螺旋循环操作模式修正图

（二）埃利奥特的行动研究模式

埃利奥特（Elliott）行动研究模式（见图 9-3）实际上是一个时间进程模式，模式包括几个循环，每个循环包含有：确定初步设想，对设想进行考察，即通过分析资料判断设想是否合理。如果认为基本合理，则制订总体实施计划，在总体实施计划中同时考虑打算进行几个行动步骤的计划，然后先进行第一个行动，并对第一个行动进行监测，了解其效果，根据监测获得的资料，分析失败的原因，在此基础上修改总体计划，尤其是对下一次的行动步骤做出调整。

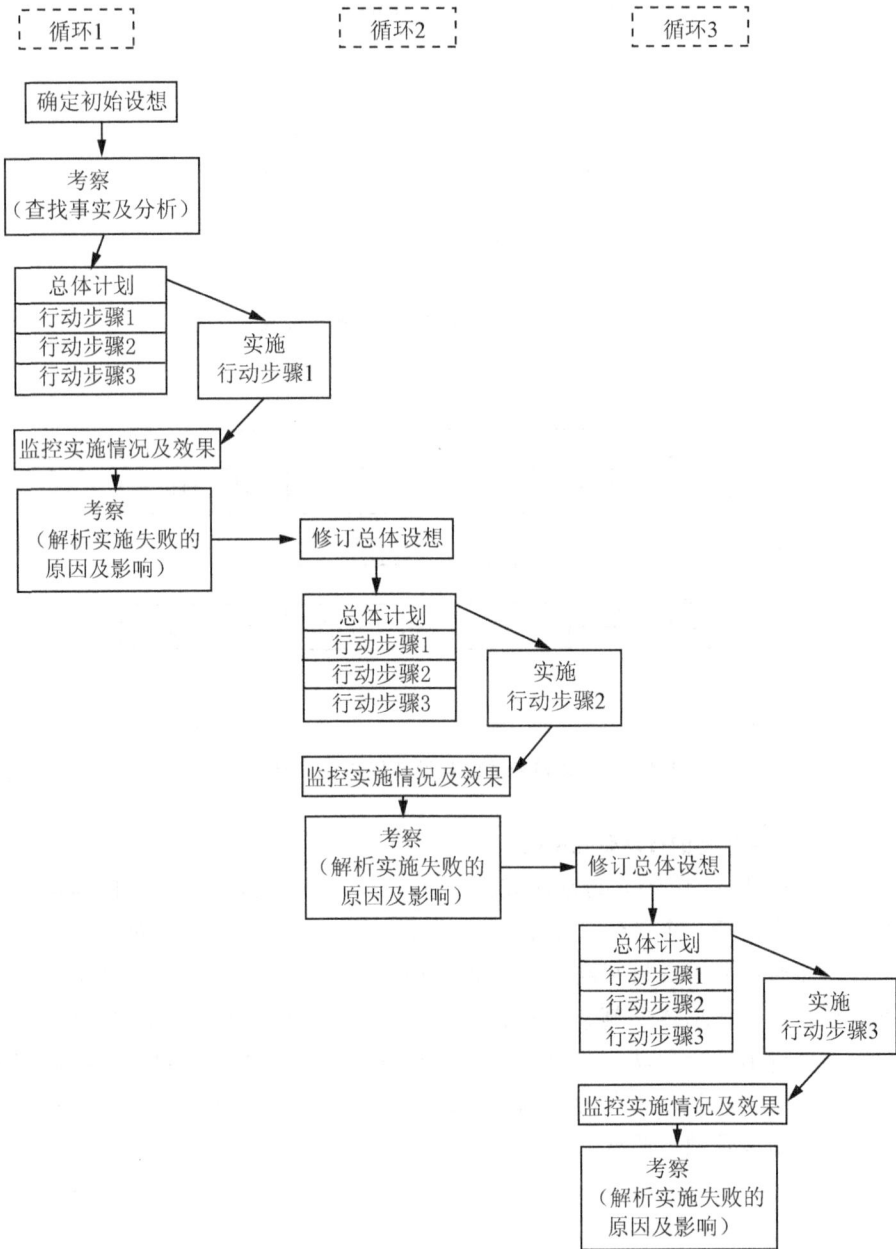

图 9-3　埃利奥特的行动研究模式图

（三）麦柯南的行动研究模式

麦柯南（McKernan）行动研究模式（见图 9-4）也是一个时间进程模式，模式指出按时间的发展，行动研究应包含几个行动循环，每一个循环包括有：确定问题、需求评价、提出设想、制订行动计划、实施计划、评价行动、做出决定（反思和对行为的反思）七个基本环节，根据行动结果再次确定第二个行动循环需要研究的问题。

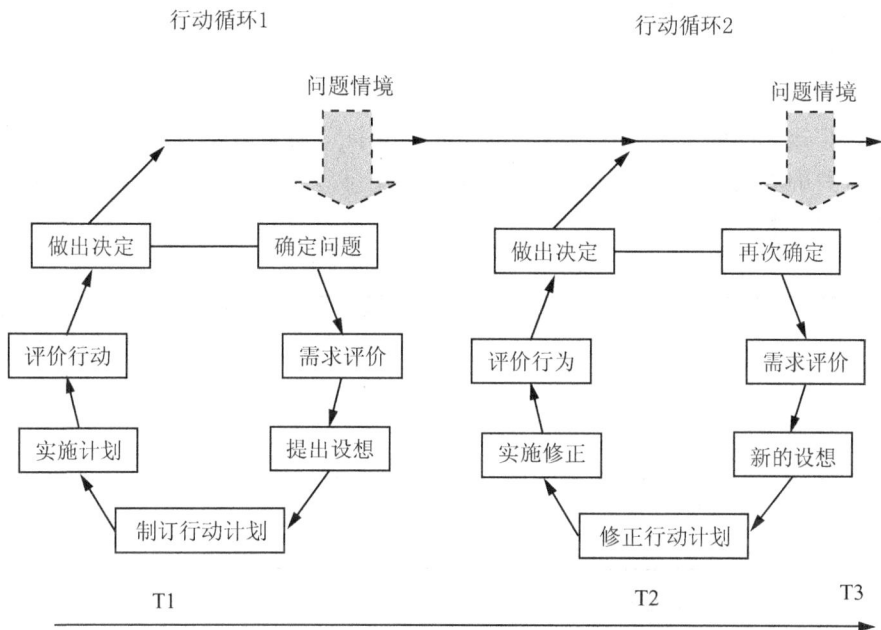

图 9-4 麦柯南行动研究模式图

二、教育行动研究的基本环节

尽管行动研究有多种模式，在实施行动研究的具体步骤上也有一些差异，但在总体上，行动研究的过程是螺旋式加深的发展过程。每一个螺旋发展圈又都包括四个互相联系、互相依赖的环节。这四个环节分别是计划、行动、观察和反思。

（一）计划

"计划"是行动研究的第一环节，其主要任务是发现问题、明确问题、分析问题和制订计划，"计划"要在大量事实和调查研究的前提下，制订"总体计划"和每一步具体行动计划，"计划"环节包含三个方面的内容和要求。

1. 需要解决的问题

计划始于解决问题的需要，它要求研究者从现状调研、问题诊断入手，弄清楚现状如何？为什么会如此？存在哪些问题？从什么意义上讲有问题？关键问题是什么？它的解决受哪些因素的制约？众多的制约因素中哪些虽然重要，但一时改变不了？哪些虽然可以改变，但不重要？哪些是重要的而且可以创造条件改变它？创造怎样的条件，采取哪些方式才能有所改进？什么样的设想是最佳的？

2. 总体设想和步骤

计划包括总体设想和每一个具体行动步骤：总体设想应该包含预期目标、拟改变的因素、行动步骤和行动时间安排、研究人员及任务分配、收集资料的方法；具体行动步骤中最起码应安排好第一步、第二步行动研究进度（见表 9-3）。

表 9-3 行动研究进度安排表

阶段	起止日期	主要任务	观察	评价
完成总体计划				
第一行动步骤				
评价				
修改总体计划评价				
第二行动计划				

3. 计划的灵活性和开放性

计划必须有充分的灵活性和开放性，随着对问题的认识需要逐渐加深，制订计划时既要考虑和包容已知的制约因素、矛盾和条件，又要把始料不及、未曾认识和在行动中才发现的各种情况和因素容纳进去，从这一意义上讲，计划是暂时的，允许修改的。

（二）行动

"行动"就是指计划的实施，它是行动者有目的、负责任、按计划的行动过程。在行动中，要按计划、有控制地进行变革。在变革中促进工作的改进，包括认识的改进和行动所在环境的改进。要考虑实际情况的变化，进行不断的行动调整。"行动"包括以下几方面。

首先，行动是在获得了关于背景和行动本身的反馈信息，经过思考并有一定程度的理解后的有目的、负责任、按计划采取的实际步骤。这样的行动具有贯彻计划和逼近解决问题的性质。

其次，实际工作者和研究者一同行动。在教育研究中，家长、社会人士和学生均可作为合作的对象。要协调各方面的力量，保证实施到位。

再次，重视实际情况的变化。随着对行动及背景认识的逐步加深，及各方面参与者的监督观察和评价建议，要不断调整行动，它是灵活的、能动的。

最后，行动是整个研究工作成败的关键。其特点是边执行、边评价、边修改。在实施计划的行动中，注意收集每一步行动的反馈信息。可行的，则可以进入下一步计划和行动。反之，则总体计划其至基本设想都需要做出调整或修改。这里行动的目的，不是为了检验某一设想或计划，而是为了解决实际问题。

（三）观察

"观察"是指对行动的过程、结果、背景以及行动者的特点的考察。"观察"是反思、修订计划和进行下一步的前提条件，在行动研究中的观察包括以下几方面。

1. 观察的主体

观察既可以是行动者本人借助于各种有效手段对本人行动的记录观察，也可以是其他人的观察，而且多视角的观察更有利于全面而深刻地认识行动的过程。

2. 观察的对象

观察主要指对行动过程、结果、背景以及行动者特点的观察。由于教育活动受到实际环境中多种因素的制约，而且许多因素又不能事先确定和预测，更不能全部控制，因此，观察在行动研究中的地位就十分重要。在行动研究中，观察是反思、修正计划，确定下一步行动的前提条件。为了使观察系统、全面和客观，行动研究鼓励研究人员利用各种有效技术。

3. 观察的内容

行动研究观察的内容有：第一，行动背景因素及其制约方式。第二，行动过程，包括什么样的人以什么方式参与了计划的实施，使用了哪些材料，安排了哪些主要活动，有无意外的变化，如何排除干扰等。第三，行动的结果，包括预期的与非预期的，积极的和消极的。背景资料是分析计划设想的有效性的基础材料，过程资料是判断效果是不是由方案带来的和怎样带来的观察依据，结果资料是分析方案带来了什么样的效果的直接依据。这些材料对于效果分析来讲是缺一不可的。

提高行动研究的质量，必须追求观察的科学性，灵活运用各种已知的观察技术和数据资料采集分析技术，如实况详录，日记描述与逸事记录，行动检核记录与行为编码记录，直接观察与间接性的调查、访问、测验，文字描写与录音录像等现代化技术手段，等等。为了保证观察的客观性，要让研究者与实际工作者、局外人与当事人从不同的方面进行多视角的观察，全面而深刻地把握行动的全过程。

（四）反思

反思是行动研究的最后一个环节，它是对行动的效果和过程进行总结和评价，并在此基础上计划下一步的行动，所以它是行动研究第一个循环周期的结束，又是过渡到另一个循环周期的中介，与一般的反思活动有所区别（见表 9-4）。反思过程主要围绕两个方面进行：一是对所研究的问题做出结论；二是对整个行动研究的计划、策略、步骤等进行分析、反思和批判，为下一个计划做准备。反思这一环节包括整理和描述、评价解释、写出研究报告三个内容。

表 9-4　行动研究的反思与一般的反思活动的不同

行动研究的反思	一般的反思活动
问题导向	一般是开放性反思
主要针对本土/实践问题	没有特定主题
数据为本	非数据为本
系统研究	非系统研究
循环式	较随意

1. 整理和描述

即对观察到、感受到的与制订计划、实施计划有关的各种现象加以归纳整理，描述出本循环的过程和结果，勾画出多侧面的、生动的行动过程。

2. 评价解释

即对行动的过程和结果做出判断评价，对有关现象和原因做出分析解释，找出计划与结果的不一致性，从而形成基本设想，总体计划和下一步行动计划是否需要修正，需做哪些修正的判断和构想。

3. 写出研究报告

行动研究的报告有自己的特色，允许采取很多种不同的写作形式。如让所有的参与者共同撰写叙事故事，让不同的多元的声音一起说话，也可以编制一系列个人的叙述、生活经验，让当事人直接向公众说话。

近年来，行动研究的操作过程又有了新的发展，即研究人员不仅可以依据逐步深入的认识和实际情况，修改总体计划，而且可以更改研究的课题。另外，现在的行动研究更强调对行动全过程的监督，注重系统的反馈和开放性。

三、教育行动研究的操作程序

结合教育行动研究的四个环节，教育行动研究可以分为以下步骤：明确要研究的教育问题；确立所要研究问题的行动目标与过程；按研究设计进行教育行动，并对行动进行记录，搜集证据并确认在什么程度上实现了教育目标；对相关材料进行整理加工，总结行动与目标之间关系的一般性原则；在教育实践的情境中进一步对这些原则加以检验。具体而言，教育行动研究可按研究程序图进行研究（见图 9-5）。

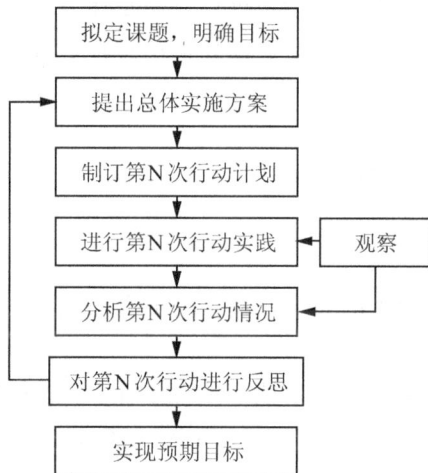

图 9-5　教育行动研究操作程序图

1. 拟定课题，明确目标

例如，一项探讨如何利用语文多媒体教学软件《扩展阅读》在小学中进行有效阅读教学，提高阅读速度和理解能力的研究。课题的目的不是探讨阅读教学的一般规律，而是如何有效使用多媒体教学软件《扩展阅读》，发挥它的作用并提出可能遇到问题的解决办法的建议。

2. 提出总体实施方案

总体实施方案包括试验对象、试验周期、实施环境、教学资源的选取和确定研究的人员组成及其所扮演的角色。课题负责人主要制订研究计划和实施方案；任课教师与学生是行动的实践者和参与性观察者；研究者负责制订研究计划和实施方案，同时也是参与性观察者；教育行政人员和其他任课教师则是行动研究观察者之一。

3. 设计第一次行动"计划"并进行行动

根据实施方案，设计应用多媒体教学软件进行教学的策略和教学过程的"计划"，并在实验班中实施第一次"行动"（不是只局限在一节课，可以是一个单元或一个阶段）。

4. 对第一次行动进行"观察"记录

组织其他任课教师和研究工作者一起，对行动过程和行动后教师和学生的反应进行考察：如课堂行动观察（教师教学活动、学生学习活动），进行录像记录；学生作业分析；问卷调查（分别对学生和任课教师）；各任课教师以教学日记方式写下感受等。

5. 对第一次行动"观察"结果进行内容分析

对不同教师的教学过程录像资料分析；对教学日记的分析；对学生作业的分析。

6. 对第一次行动的"反思"评价

任课教师与其他参与观察者（教师）座谈，交流感受；研究者与学生座谈；研究者与行动者交流。

7. 制订第二行动方案

根据第一次行动发现的问题，提出改进和修正意见，设计第二次行动方案。

8. 进行第二次行动（行动实践、观察分析、反思评价）

通过若干次循环，逐步发现和总结出优化教学的措施和步骤。

四、教育行动研究的应用与案例分析

（一）行动研究在教育研究中的应用

行动研究法主要用于中小规模教育教学实践问题研究，它针对教育教学实际情景而进行，做到从实践中来，到实践中去，具体应用有以下四个方面。

1. 行动研究应用于学校管理及评价

学校管理是指为了达到学校的教育目标，对学校中的人、财、物进行管理，如班级控制与管理、学校控制与管理等，还可以考虑引入信息技术，进行信息化管理，提高学校管理水平，这些正是行动研究可以发挥作用的地方。首先，行动研究有助于确定学校的工作重点。因为行动研究的诊断性评价机制，可以使学校工作在全面展开前就得到反馈信息，从而避免因一两位领导的决策失误而导致学校工作的损失。其次，行动研究可用于制定合理的规章制度。因为它的形成性评价，保证了能不断得到与有关教师相关的意见，通过一系列的修改和调整，可以使规章制度变得更为公正、公开、公平。最后，行动研究可运用于学校管理的评价。因为它是一个集诊断性评价、形成性评价、总结性评价于一体的完整的评价体系，在它的整个运行中，不仅有日常的观察记录、谈话录音、录像、开会记录，各处小结评定，还有研究人员对这一研究所做的统计分析、数据处理、图表显示等，因此，可以为学校工作的评估提供全面客观的依据。总之，行动研究可贯穿学校管理的全过程。

2. 行动研究应用于学生个体发展的研究

学生的个体发展是学校教育的一个十分重要的方面。行动研究强调研究过程的参与性，专家、教师、学生都是研究过程的重要角色，彼此之间的广泛接触和交往，非常有利于调动相互间的积极性。在教育过程中，可以对已确诊的问题进行补救，如差生的教育、态度的改变、不良心理的调适等，一旦发现某些学生产生学习上的问题，这种参与式的行动研究法，将集专家、教师的智慧，并在具体过程中与学生的实际反映进行调整补救，直至妥善解决问题。

3. 行动研究应用于综合学习课程的研究

行动研究在课程发展研究中的运用比较早，可对课程进行中小规模的改革，如改革课程设置、开发校本课程等。行动研究在课堂中落实的人文课程体系及与此相关的教学策略的研究中发挥了重要的作用，由于教师不再被简单地当作研究对象或研究的操作者而表现出很高的热情，相互之间的协作，也因承担着共同的任务，有着共同的目标而比研究前更协调。近年来，在国外，兴起基于网络条件下的综合学习的研究，即针对不同的学习主题，并制订相应的教学资源和课程。这就需要对学生的信息能力有充分的了解，然后才可据此不断地修订、改进教学资源和课程。而行动研究着眼于实际，针对个别情况提出解决问题的措施，这一特点正是课程改革所需要的。因此，行动研究法运用于课程改革是有效的。

4. 行动研究应用于新技术的教育教学实践

课堂教学是学校教育活动中最主要的环节，行动研究与课堂教学改革的结合不仅是可能的，而且是可行的。在探索信息技术与课程整合的规律中，首先，通过"调查"了解某一门课程的教学情况，从中发现问题；其次，在"应用信息技术改进教学"的设想基础上，制订出有指导、可实施、有评价、可修改的具体计划，再次进行"教学试验行动"，将设想与计划付诸实现，在不同类型的学校，不同程度的班级中运用，然后"观察行动的结果"并进行反思，将行动得出的一定的模式进行推广应用，并从应用结果中得出总结评价。

（二）行动研究案例

行动研究案例一：培养读诗兴趣、提高赏诗作诗能力的教育行动研究

一、课题研究的背景

（一）当前的教育教学形势

《语文教学大纲》在教学目的一栏中明确提出了"提高文化品位"的问题，而要达到这些目标，就必须培养学生读诗、赏诗、作诗的能力。对此，著名美学家朱光潜在《谈读诗与兴趣的培养》一文中，明确指出，"诗是培养趣味的最好媒介，能欣赏诗的人们不但对于其他种类文学有正确的了解，而且也决不会觉得人生是干枯的"，充分阐明了诗歌对于提高人的文学素养、文化品位的重要性。

（二）班级语文学习现状亟待改变

好生云集的班级，语文学习状况并不乐观，学生对品位高的文学作品，尤其是对诗歌缺乏兴趣，唐诗、宋词、元曲、新诗的知识少得可怜，讲诗不愿去听，诗集不想去看，就是读了诗，也一脸茫然，不知所云。研究人员强烈地感受到他们的心灵需要诗泉来灌溉，他们的头脑需要诗歌来充满，他们的灵魂需要诗意来滋养。为此，决心为他们打开通向文学的最高殿堂——诗歌的大门，引导他们在那座圣殿里陶冶情操、纯净心灵、提高文学修养。

二、研究目的及意义

（一）培养学生读诗、品诗、写诗的兴趣和能力，提高他们的文学品位和审美能力，使学生成为具有高尚的生活方式和情趣的人，成为能够感受美、鉴赏美和创造美的人。

（二）提高教师的诗的修养，提高文学鉴赏能力和文化品位，美化教学语言，创造诗意人生。

三、研究内容和措施

（一）研究内容

1. 教师如何培养学生读诗的兴趣。

2. 教师如何提高学生赏诗的能力。

3. 教师如何培养和提高学生作诗的能力。

（二）研究措施

1. 培养吟诗的习惯。吟诵是学诗的关键，选择优美的诗篇和声情并茂的朗诵带反复让学生听，让诗歌从耳朵进入他们的内心，引发强烈的情感共鸣，激发他们朗诵诗歌的兴趣，从而提高审美情趣。

2. 讲解有关诵读的知识，提高学生的诵读水平。引进竞争机制，举行诗歌朗诵比赛，既对学生的朗诵水平进行评价，又进一步掀起朗诵诗歌的热潮。

3. 传授诗歌鉴赏的有关知识，教给学生鉴赏诗歌的方法，在这个基础上大量实践，利用课前五分钟和自习课让学生自由选择诗歌给大家讲解，讲完后大家评议或发表感想，共同赏析，共同提高。

4. 引导学生写诗。首先消除学生的畏惧心理，诗歌并不难写，每个青年都是诗人，心中都有澎湃的激情，只要想写、敢写，就一定能写出诗来；其次指导学生从所鉴赏的诗歌中汲取营养，提高写诗技巧；同时教师也要身体力行，多创作诗，和同学们平等交流，发起写诗的高潮。

5. 鼓励学生投稿，激发创作兴趣；编写班级诗歌合集，增强个人的成就感和班级荣誉感。

四、行动步骤及时间安排

（一）前期准备阶段

时间：×××

行动步骤：教师阅读大量研究现代诗歌的理论书籍，品读大量优秀作品，为指导学生阅读做好准备。

（二）具体实施阶段

时间：×××

行动步骤：按高中语文有关诗的内容按时间顺序安排如下。

1. 现当代诗及外国诗的吟诵和赏析。

2. 进行专项讨论，创作新诗。

3. 中国古典诗歌的赏析及创作格律诗词。

（三）总结阶段

时间：×××

行动步骤：

1. 教师撰写研究性论文。

2. 学生撰写学诗体会。

3. 师生把诗作总结汇集。

五、预期成果及其表现形式

1. 对行动方案写出书面总结。

2. 写出研究性论文。

3. 出学生诗作汇集。

行动研究案例二：高二英语阅读课堂教学改革行动研究

一、研究背景

一所普通初级中学高二一个教学班共 45 名学生。施教者为该班的任课教师。

二、发现问题

学生在英语阅读课上表现不积极，不太愿意参与课堂活动。

三、提出假设

（一）学生对英语阅读缺乏兴趣。

（二）学生的现有语言能力有限，无法回答老师的提问。

（三）学生担心答错了丢面子。

（四）教师的课堂活动设计单调，学生参与机会少。

（五）课堂气氛过于严肃，没有轻松的环境，学生不敢发言。

（六）阅读材料过于陈旧、单调或远离现实生活。

四、初步调查：采用问卷方式调查学生不积极参与课堂活动的原因。

五、调查结果

（一）89%的同学表示对英语阅读有兴趣。

（二）在自我评价中，仅有 5 名同学认为自己能比较主动地参与课堂活动，与所观察和感受到的比较一致，占全班总人数的 11%。

（三）认为阅读材料过于陈旧、单调或远离现实生活的有 7 人。害怕答错问题丢面子的有 15 人。认为自己现有的语言能力有限，无法回答老师的提问的有 6 人。

（四）半数以上同学表示他们不主动发言的原因是阅读课堂气氛太严肃，不敢发言。

六、重新认识问题

大部分同学不积极参与阅读课堂活动的主要原因来自于课堂气氛的沉闷。教师需要调整自己以往的课堂教学方式。

七、行动方案设计

（一）改变阅读课以课堂做练习和教师讲解答案为主的教学方式。设计具体的任务，采用合作阅读方式、先行组织方式、自选阅读方式和小组讨论方式，突出学生的课堂中心地位，激发学生的课堂参与积极性。

（二）采用合作阅读方式（Collaborative Strategic Reading），通过学生合作学习，可以减少学习压力，活跃课堂气氛。具体步骤如下：教师先提出阅读要求，学生带着问题阅读，然后组织学生分组讨论，总结主要意思，然后检查小组活动情况，请一个小组宣读自己所总结的中心大意，其他小组的同学进行评论，发表不同见解。

（三）采用先行组织方式（Head Start），即阅读前，选择与阅读材料类似的话题讨论。如在阅读"a typical school day in America"之前，可组织学生就"a typical school day in China"展开讨论，并将讨论的结果归纳总结。组织学生就所要阅读的话题进行预测，同时比较与刚刚讨论的话题有何不同。

（四）采用自选阅读方式（Self-access Reading），先指导学生课后选择喜欢的阅读材料进行阅读，并在课堂上就所阅读的材料进行信息共享。

（五）采用小组讨论方式（Group Discussion），组织学生分组，就自己的阅读方式进行讨论，增强学生的阅读策略感。

八、实施计划

教学方法实施计划表

Item \ Week	1	2	3	4	5	6	7	8
Collaborative Strategic Reading	☆	☆				☆		☆
Head Start	☆		☆	☆			☆	
Self-access Reading		☆			☆		☆	☆
Group Discussion			☆	☆	☆	☆		

数据收集计划表

Data collecting		1	2	3	4	5	6	7	8
	Questionnaire	☆							☆
	Observation	☆			☆			☆	
	Teacher log	☆	☆	☆	☆	☆	☆	☆	☆

九、数据收集方式

教师日志、观察、问卷调查。

十、评价效果

（一）问卷调查表明，大部分学生都喜欢改进后的课堂教学方式。89％学生对目前的课堂活动的设计很满意，78％的学生认为课堂学习气氛比以前更加活跃和轻松。93％学生都表示自己的课堂参与机会较以前多了，参与的积极性也比以前高了。

（二）课堂教学观摩：从观摩记录看，学生从过去每节课仅有6—7名同学发言，到后来绝大多数学生在合作学习和小组讨论中发言，全班的气氛都带动了。

（三）教师日志：在我们的教学日志中记录了很多学生参与课堂活动的事例，特别是在合作学习和自选阅读中，一些特别腼腆的学生也主动争取发言了。

十一、教师反思

通过收集的数据，可以看出行动研究方案取得了比较令人满意的效果，课堂参与活动的人数大大增加，课堂气氛更加轻松、和谐，师生关系也更加融洽。但是我们的计划也存在不足。我们发现大多活动都是采用合作学习和小组讨论的方式，阅读时间充足，阅读的材料大多是学生感兴趣的，难度适中或偏低的。我们担心一旦学生在限时阅读测试中碰到难度稍高的，而且是他们所不熟悉的阅读内容时，会感到很被动。因此，我们在活跃课堂气氛的同时也要教授一些有效的阅读技巧。我们在今后的阅读教学中要开展一些快速阅读训练，以提高学生的阅读速度；适当地提高一些阅读材料的难度，以训练学生运用有效的阅读策略进行阅读。

案例分析：这是一个比较完整的行动研究过程。问题来自于教师在自己的阅读教学中发现的问题——学生在英语阅读课堂上表现不积极。教师在初步调查中发现课堂气氛过于沉闷是学生不积极参与课堂活动的主要原因。针对这个问题，教师意识到要改变以往的课堂教学方式，设法营造一种以学生为中心，以合作学习和小组讨论方式为主的课堂学习氛围。教师有针对性地设计了解决问题的方案，教师参考了相关资料，设计了实施的计划。通过收集的数据对行动研究的效果进行了评价，教学效果明显改观。同时教师也发现了新的问题。

行动研究案例三：信息技术与小学语文阅读整合效果研究

总体实施方案	试验对象	小学四年级两个班级的学生（语文教师）
	试验周期	四个星期
	实施环境	多媒体教室
	教学资源	语文课本教材（第八册第四单元） 阅读方面的教案和课件 多媒体教室
	研究人员及角色	本人，研究者

（续表）

总体行动计划	1. 对现状进行调查，分析学生在阅读中存在的问题：先了解实验班级和对比班级的整体情况，分析阅读课上存在的问题，调查现行两个班级阅读部分的成绩，分析问题。 2. 确定实验班级和对比班级并做好前测：对学生做一个阅读前测。 3. 小学语文阅读整合课教学的设计：针对前期阅读教学的分析，进行小学语文阅读整合的设计，以期能够解决阅读教学中存在的问题。 4. 实施与效果分析：对实验班级进行，并通过课堂观察、调查问卷、访谈、测验等分析效果（学习反应信息测试分析系统）。 5. 提出改进建议：根据实施的效果，提出阅读整合教学的改进建议。
第一次行动计划	了解班级情况，对现状进行调查，分析阅读存在的问题
第一次行动进行的"观察"记录	一、听课，课堂观察 1. 阅读的教学模式； 2. 课堂上师生互动的情况； 3. 阅读中学生的思维状态； 4. 教师对阅读方法的指导； 5. 填写观察记录表。 ×××班： 陈老师：善于创设情境，提高学生学习兴趣；让学生课前搜集资料，预习课文；注重朗读，善于引导、提出问题，让学生自主去寻找发现问题，从朗读中感受情感；注意从整体上把握课文意思（比如过渡句）；基本教学流程模式：先解释生字词（侧重相近字，易错字等），再根据词引出关键句，并以此句或词来进行分段，然后再分内容进行讲解课文。 学生：课堂比较活跃、反应积极；回答问题准确率高，而且学生朗读都比较有感情，学生善于发现问题并能够及时提出，一般都能跟上老师的进度，在老师的引导下解读课文内容，喜欢情境教学，表现欲强，能在老师的指引下有自己的想法和理解。 交互：交互性比较强，师生比较有默契，讨论比较积极但在讨论过程中，教师不能顾及每一组学生，把握不住偶然因素，学生容易逃离主题；实物、实景让学生身临其境（比如《说茶》，让学生去演绎泡茶、去闻、去喝，感受茶的味道）。

（续表）

第一次行动进行的"观察"记录	二、对教师和学生进行访谈

	访谈问题：
	
	（教师）1. 学生在语文学习中遇到的主要困难是什么？
	
	   2. 阅读课学习中存在的主要问题：（阅读量少，阅读不细心，综合分析能力欠缺，阅读方法不正确）
	
	   3. 希望怎么样改进阅读课的教学？
	
	（学生）1. 喜欢上语文课吗？
	
	   2. 为什么喜欢，为什么不喜欢（可以给学生适当的提示：内容吸引人，语文课重要，考试的需要，老师逼迫的，受到什么人的影响等）
	
	   3. 语文课的各部分内容的喜欢情况：阅读、写作，口语教技，其他
	
	   4. 课后复习当天老师所讲的课吗？
	
	   5. 课后自己阅读一些课外文章吗？（如果有，让学生举例说明一下，如果没有，可以问学生课后主要做什么）
	
	   6. 喜欢读什么样的文章，举例？（如格林童话）
	
	   7. 阅读课中存在的困难是什么？（跟不上教师的进度，读不懂课文中的意思，阅读的时候不细心……）
	
	   8. 希望教师怎样上阅读课？（也可以适当地给学生提示）
	
	  时间：3月17日 星期五 姓名：朱欢腾 性别：男
	
	  喜欢上语文课，老师上得好，有意思，但不怎么喜欢阅读，比较喜欢练习课，觉得阅读难，不理解意思；课后没有复习，喜欢看漫画书。
	
	  时间：3月20日 星期一 姓名：胡莹泉 性别：女
	
	  喜欢上阅读课，最喜欢写作，语文课内容丰富，有意思；课后没有复习，但喜欢阅读课外书，比如《读者》，会做笔记，也喜欢看神话、童话故事；觉得老师上得好，没有什么建议。
	
	三、分析存在的问题
	
	1. 某些学生不感兴趣，以致上课不认真听课，自己不主动去阅读理解
	
	2. 思想上觉得阅读难，跟不上老师的进度，不理解课文意思
	
	3. 只限于课本，脱离实际，不现实，没有真正的情感体验
	
	4. 教师太牵制学生，满足于自己的理解，没有让学生直接感受
	
	5. 朗读过多，学生只是大声朗读却没有默读理解
	
	……

第一次行动的"反思"评价	由于之前就有参加小学语文课程整合的课题研究，对小学的情况已经基本了解，实施起来，教师学生都比较配合，基本上不存在什么困难，都能够按计划完成任务。 在设计方面还存在很多不足，分析起来似乎也不够深刻。

【思考与实践】

1. 和一般教育科学研究方法相比较，行动研究有哪些特点。
2. 行动研究与实验研究有何异同。
3. 行动研究有哪些模式？有何特点？
4. 举例说明教育行动研究法的基本环节和操作流程。
5. 选择感兴趣的教育研究问题，设计一个行动研究方案。

第十章 教育叙事研究法

叙事是人们表达思想和情感的主要方式，长期而又广泛地存在于我们的日常生活世界。它是人们将各种经验组织成有意义的事件的基本方式，是一种我们了解世界和向别人讲述我们对世界了解的途径。

教育叙事研究是近年来新兴的一种教育研究方法。它以其经验的、描述的、贴近教育生活的特点，愈来愈被广大教育研究者所采用。从 20 世纪 80 年代开始，叙事研究广泛应用于教育领域，研究者以叙事、讲故事的方式表达其对教育的理解和解释，阐述其教育观念与思想，它是教师了解教育和向别人讲述其所了解的教育的重要途径。

第一节 教育叙事研究法概述

一、教育叙事研究的起源和发展

教育叙事研究起源于北美国家。1968 年杰克逊（P. W. Jackson）在研究学校现场活动中最早运用了叙事研究方法。1980 年，伯克（L. Berk）提出自传是教育研究的首要方法。教育学者艾斯纳（E. W. Esiner）在有关经验的教育研究评论中提出，叙事与质性教育研究取向一致，并把它与经验哲学、心理学、课程研究等相提并论。1990 年康纳利（F. Connelly）与克莱迪宁（D. Clandinin）在美国权威教育刊物《教育研究者》合作发表《经验的故事和叙事探究》，首次在教育研究领域使用"叙事探究"（narrative inquiry）术语①。

叙事研究的兴起是 20 世纪 70 年代西方比较教育研究范式向质的研究方法与多元化主义视角的研究方法转型的结果之一。这一转型主要受到两种力量推动：一是全球化的影响，在此背景下，人们认识到那种追求同一性和普遍性的研究方式无法涵盖多元的文化价值取向。二是后现代主义思潮的影响，后现代主义认为，科学知识是从原初状态进行的分析，仅仅有关事实或真理的限定与选择，它的话语是单一的定义指称型的，而叙事知识则具有人文学科的多种价值官话，含有关于效益、正义、幸福以及美的价值观念，并且能够通过语言游戏的异质多元化揭示事物。

教育叙事研究的兴起也是 20 世纪 70 年代左右西方教师职业研究的发展结果。它一方面受到人文社会科学研究领域中后现代主义、结构主义提倡的"解释学转向""语言学转向""叙事研究转向"的影响。另一方面受到心理学和社会学对教师职业研究的影响。社会学与心理学在职业生活的研究中存在交叉之处，由此产生了整合各方面的研究以适应推动职业研究发展的需要，而问题的关键不是哪种科学研究占主导，也不是整合什么类型的学科框架，而是应从哲学立场或"认识论"立场去考察。由此导致了社会科学研究以关注实践的叙事研究方式的兴起，并运用到了职业研究中，随后教师的职业叙事研究也以此为基础发展起来。②

教育叙事研究的兴起，体现了教育研究的三个发展趋势。第一，教育研究日益强调教师的反思价值；第二，教育研究越来越强调研究教师知识的重要性，如：教师知道什么？他们如何思考？他们如何实现专业化？第三，教育研究者试图通过赋予教师言说其经历的方式，来强调教师的声音在教育研究中的重要性。教育叙事研究，以其独特的方式，迎合了这些教育研究的发展趋势。它对教育研究的影响日益扩大。③

---

①　Jean C. D，Debbie P. & Murray，O. A：Navigating Sites for Narrative Inquiry，*Journal of Teacher Education*，2007，Vol. 58，No. 1.

②　冯晨昱，和学新. 教育叙事研究的研究. 载《学科教育》，2004（6）.

③　杨小微. 教育研究的原理与方法（第二版）. 上海：华东师范大学出版社，2010：265～266.

20 世纪 90 年代末，教育叙事研究在我国兴起，激发了我国教育研究者极大的热情。因为传统教育研究领域存在极大弊端，"教育研究领域中那种试图安排人类精神的宏大叙述以及实证哲学的研究范式都没有令教育研究摆脱一种困惑，即教育研究越精细，与人类经验的联系越少。为克服这种弊端，以描述和解释社会经验现象为特征、关注教师日常教学生活以及反思的叙事研究便应运而生。"①

自 20 世纪 90 年代末以来，教育叙事研究在中国得到了高度关注并得到飞速发展。一方面，教育理论界积极投入教育叙事研究，出现了一批颇有影响的研究成果。如丁钢、刘良华、王枬等教授推出了系列教育叙事的研究文章和报告，一批硕士、博士研究生也以教师叙事研究为毕业论文选题。另一方面，实践界开始主动运用教育叙事研究方法作为教师校本培训和专业发展的重要手段。有关"道德叙事""教学叙事""教师生活叙事"的概念不断被人们提起，中小学教师叙述自己的教育故事，表达自己教学体验的热情日益高涨，教育叙事的相关成果大量涌现，出现了"教育研究的叙事转向"。②

二、教育叙事研究的概念、特点和意义

（一）概念

叙事研究（narrative research），又称叙事探究（narrative inquiry），这种研究以叙事的形式描述人们的经验、行为以及作为群体和个人的生活方式，关注人们生活的故事和人类内心的体验，是抓住人类经验的故事性特征进行研究并用故事的形式呈现研究结果的一种研究方式。

教育叙事研究以质性研究为出发点，强调对经验的研究，并以叙事的方式加以描述。具体来说，教育叙事研究，就是教师以讲故事的方式展开研究，这些故事可以是在教育活动中的有意义的生活事件、教育教学事件、教育行为和经验等，并通过对这些故事的分析、反思，发掘出隐含在这些故事背后的教育思想、教育理论和教育信念。

（二）教育叙事研究的特点

叙事研究是研究者以叙事、讲故事的方式表达对教育的理解和解释。它不直接定义教育是什么，也不直接规定教育应该怎么做，只是给读者讲

---

① 丁钢. 教育叙述何以可能?. 北京：教育科学出版社，2002：50.

② 邵光华，张振新. 教育研究方法. 北京：高等教育出版社，2012：263.

一个或多个教育故事，让读者从故事中体验教育是什么或应该怎么做。但是，教育叙事研究并不等于简单的描写和叙述。具体而言，教育叙事研究具有如下一些特点。

1. 以质性研究方法为工具

质性研究方法以研究者本人为研究工具，强调在自然情境下采用多种方法收集资料，对社会现象进行整体性探究，使用归纳法分析资料和形成理论，通过与研究对象互动，对其行为和意义建构获得解释性理解。叙事研究秉承着质性研究的传统，综合运用多种具体的质性研究方法，包括观察、访谈、实物收集、分析定性资料等。对于教育叙事研究而言，若没有对教育事件内在意义的揭示，叙事本身就失去了意义，也就没有了研究的价值。

2. 叙述内容是真实的、已经过去的事件

教育叙事研究所叙述的内容必须是实际发生的教育事件，不是教育者的主观想象，也不是对未来的设想和展望。只有已经发生的事例，才可能对其进行反思、分析和讨论，只有具有真实性，教育叙事才有生命意义。教育叙事不是为了叙事而叙事，而是要从叙事中揭示某种现象，发现某种规律，从而提升自我或他人的教育感悟能力。

3. 叙述的是教育中的故事

叙事讲述的是人、社会、生活等方面的故事。不过对于教育研究而言，叙事研究不仅仅是讲故事和写故事，也不是简单地诉说自己的日常感受，而在于重述和重写那些能导致觉醒和变迁的教师和学生的故事，以引起教师实践的变革。

教育叙事研究叙述的对象就是教育场景中的具有教育意义的故事，是教育者和学生在日常生活、课堂教学、研究实践等活动中曾经发生或正在发生的事件，它是真实的、情境性的。这些教育故事对于教师个体来说可能是唯一的，不可重复的。这些教育故事可能具有强大的感染力，胜过许多说教。

4. 教育叙事具有一定的情节性

叙事谈论的是特别的人和特别的冲突、问题或使生活变得复杂的任何东西，所以叙事研究不是记流水账，而是记述有情节、有意义的相对完整的故事。教育叙事是以故事的形式存在的，对于情节的要求比较高，因此要对过程中的细节加以关注。叙述是为了讲清事情发生的因果关系，细节则增强了故事的生动形象性。这里的细节不仅是一些外在的过程细节，还包括故事人物的心理活动、表情、语言、动作等场景的表现，这会让叙事的阅读者产生身临其境之感。比如：教师在某个教育问题或事件中遭遇困境时，就要思考和谋划解决问题、走出困境的出路，这里面就会涉及很多曲折的情节。

5. 教育叙事形成认识采用归纳法

教育叙事研究获得某种教育理论或教育信念的方式是归纳而不是演绎。也就是说，教育理论是从所陈述或叙述的具体教育事件及其情节中归纳出来的，是由个别上升到一般的过程。教育叙事研究重视普通人的日常生活故事，包括重视这些生活故事的内在情节，不以抽象的概念或符号压制教育生活的情节和情趣。这种研究，让叙事者自己说话或让历史印记自己显露它的意义；它面向事实，从事实本身寻找内在的"结构"，而不过多地运用外来的框架"改造"事实。从结果表现形式来看，叙事研究报告既有细致翔实的故事性描述，又有基于事实的深刻分析；既力图创设出一种现场感，把真实的教育生活淋漓尽致地展现出来，又要在众多具体的偶然多变的现场中去透析种种关系，解析现象背后所隐蔽的真实，从而使教育生活焕发出理性的光辉和智慧的魅力。

（三）教育叙事研究的意义

对于教育工作者而言，教育叙事研究具有重要的意义，这主要体现在以下几个方面。

1. 有助于积累实践知识，促进教师专业发展

教师在日常生活世界中运用的知识更多的是处于实践层面的知识，是教师通过一定阶段的教学实践后体验到的知识，也可以称为教师的"实践知识"（practical knowledge）。实践知识并非纯粹是"知识"，而是混合了教师智慧技能和教学观念的综合体。它体现出教师在生活世界中的实践智慧，是教师在实践经验中形成的心照不宣的智慧积淀。教育叙事以描述和诠释教育教学经验为基本特征，有助于教师反思自身的实践并积累实践知识。事实上，教师实践知识的研究源于人们对教师的经验和故事的关注，它强调以叙事的方式探究教师的日常生活和有关教师的故事，从而发现其中的意义。叙事研究强调经验的价值，这是因为经验对教师来说具有突出重要的作用，它不仅有助于教师形成丰富的教学实践智慧，而且还不断地促进教师创造实践知识。作为一种研究方法，教育叙事研究不是单纯地"讲故事"，单纯的经验呈现不等于叙事研究。叙事研究是通过时间、地点、情节和场景的协同来创生叙事的经验品质；而且，仅有故事是不够的，研

究者需要理解经验的意义和对他人及社会问题的意义。这样，教育叙事研究通过对经验的反思和追问而获得的对意义的诠释，可以上升为教师知识结构的一部分，最终积淀为实践知识，这是教师专业发展的重要方面①。

2. 有助于教育理论和实践相融合

传统教育理论将许多教育问题概念化、抽象化，将其从教育实践中剥离出来，因而产生了教育理论与教育实践的隔离。教育叙事研究以教育教学现象和问题为驱动，采取"自下而上"的形式，从实践出发，针对教育教学中的实际问题的叙述引起思考，然后通过理性的分析寻求在理论指导下解决问题的方法。与原来"自上而下"的，所谓在理论指导下开展试验的研究模式不同，也与先吸收西方教育理论，然后寻找实践事例予以诠释的"思辨"式研究不同，教育叙事研究不需要中小学教师有多么系统的理论素养和功底，而只追求通过实例的理性分析，把教师日常的教育教学经验组织成有价值结构的事件，串缀成有现实意义的链条，从而真正在理论与实际的鸿沟中架构起一座具有有机联系的桥梁，使每个教师都能成为研究的主体。在叙述过程中，教师们将会对自己习以为常的生活和工作世界进行新的审视，对自己的实践活动进行新的审查，对自己的理想、信念、价值观进行不断的拷问，对自己行为的意义进行不断的追问。这样，就可以使对教育问题的学术研究回归到鲜活的现实中去，既使理论接受实践的检验和批判，又使实践获得理论的启发和提升，从而使教育理论和教育实践在相互的滋养过程中得以融合和提高。

3. 有利于凸显教育力量，倾听多重声音

教育叙事让教师，特别是让每一位教师，每一位平凡普通的教师走到教育研究的前台来，让每一位教师的声音在教育领域当中凸显出来。一是由研究者对教师进行生活故事的"叙事研究"，二是由研究者对教师本人所撰写的各类文本的"叙事"进行研究。无论何种方式，在这种研究过程中，研究不再是专家学者的特权，教育研究也不再像以往那样有着严格控制的实验条件，而是以一种更为开放、多元的方式进行，即教育研究者走出实验室，走入教师的生活世界，在于教师互动的过程中重新去探寻教师职业的内在价值。在研究中，教师不再是传声筒，不再是应声虫，教师不再依靠别人的思想而工作；教师不得不倾听自己内心深处的声音，不得不站在自己的角度反思和挖掘自我；教育也不得不容许多种声音与见解的并存，

---

① 宋时春. 教育叙事研究与教师专业发展. 载《全球教育展望》，2011 (10).

不得不对"歧义"和"争执"表现出更为宽容和接纳的态度。这为教育研究的深入推进提供了基础。①

4. 有利于研究成果的应用和推广

传统的教育研究，由于各种原因，其成果相当部分因为可操作性问题而无法有效指导教育实践。而教育叙事研究更重视教学中的问题解决，这意味着教师要发现并提出问题，它是一种"参与"的态度，教师需要把自己的思考和行为"融入"自己所叙述的事件中，出于解决问题的需要，教师需要借助理论的指导展开理论分析，这种"参与""融入"与理性分析的态度和行为，直接影响教师对其以后教育实践的改进程度。同时，教育叙事以实际案例的形式出现，提供了教学中生动、具体的情境和解决问题的范式，其反思性成果共享出来，给其他同行提供了更多的参考和启示，成果更容易得到应用和推广。

三、教育叙事研究的方式

教育叙事研究从叙述的主体来看，主要有两种方式②。

1. 教师自身同时充当叙说者和记述者

这种方式可以在研究者的指导下进行，但主要由教师自己来实施。在这种方式中，教师叙说在教育活动中遇到了什么问题、怎样遇到这个问题和怎样解决这个问题的整个过程，或者记叙教育问题提出和解决过程中所发生的一系列教育事件。教师本人通过叙述自己的教育生活史，形成教育的自我认识，达到一种自我建构的状态。由于这种叙事通常是针对教师自身实践活动，追求的是对现状的反思，并以教育教学工作的改进为最终目的，因而可被视为"行动研究"，是"教师叙事的行动研究"。

2. 教师只是叙说者，由教育研究者记述

专业人员把教师作为观察和访谈的对象，或者把教师所叙述的想法及所提供的文本作为解释的对象。这种方式更关注教师叙述的教育事件之间的关联，尽量使教师所叙述的教育现象呈现出某种理论框架或意义，促进教育理论和教育实践之间的互动。这种方式主要为专业人员所用。

---

① 侯怀银. 教育研究方法. 北京：高等教育出版社，2009：254～255.

② 邱瑜. 教育科研方法的新取向——教育叙事研究. 载《中小学管理》，2003
(9).

四、教育叙事研究的内容及案例

教育即生活。教师的职业特点决定了教学离不开教师的生活，因此，从内容上看，教育叙事通常包括三种基本方式，即教学叙事、生活叙事和自传叙事。

1. 教学叙事

"教学叙事"即教师将某节"课堂教学"叙述出来，使之成为一份相对完整的案例。教学叙事不只是将课堂教学进行"录像"。"课堂教学实录"不能表现教师的"反思"以及"反思"之后得到的改进策略。所以，教育叙事通常采取"夹叙夹议"的方法，将自己对"教育"的理解以及对这一节课的反思插入到相关的教学环节中，用"当时我想……""现在想起来……""如果再有机会上这一节课，我会……"等方式来表达自己对"教学改进"的考虑。

案例 10-1 情感还是方法？①

这节语文课的主题是《麦琪的礼物》，这是一篇小说，也是一篇讲读课文。今天是这篇课文第二课时的教学。"中考"常常考小说的阅读，但相当一部分学生在写记叙文时只习惯于平铺直叙地叙事，不会描写人物，所以，在备课时我将重点放在"教会学生阅读小说的方法"和提高他们的写作能力上。我把这节课的教学目标定为：第一，掌握人物描写的方法。第二，理解主人公纯洁善良、关爱他人的情感。

这节课从"小说的三要素是什么"开始。我提问后，一位学生站起来回答："小说的三要素是：环境、情节、人物。"学生的回答是对的，我要求学生将"三要素"齐读一遍。现在回忆起来，这个环节很值得回味。按说，屏幕上已经很清楚地出现了"小说的三要素"，我为什么还要学生将屏幕上的"三要素"齐读一遍呢？从小学到中学，老师好像经常会使用这种方法，只是到了大学的教室里，这种方法才比较少用。为什么这个方法只在中小学常用，而大学少用呢？

这个环节使我想到的是：我们做教师的总是有一些很日常的、很细节的教学方式，这些日常的、细节的教学方式普遍流行于小学的课堂或中学的课堂，但做老师的好像较少考虑其中有些教学方式是否应该随着学生年

---

① 《中国教育报》，2003 年 1 月 21 日第 3 版.

龄的增长、自我意识的增强、自我教育能力的提高而有所改变。尤其当某种教学方式是具有较强的控制性、强制性时，做教师的是否应该逐步减少这种控制性较强的"保姆"式的教学方式而使学生逐步养成自主学习的习惯呢？

由于我已经意识到这是一个问题，因此在后续的教学中我开始减少对学生的控制，增加了一些开放性较强的问题。

对这个环节我觉得有些遗憾。接下来的重点是让学生领会"人物描写的方法"。我问学生：我们以前学过的人物描写方法有哪些呢？有学生说"肖像描写""语言描写"，有学生说"动作描写""神态描写"，另外有学生补充说"心理描写"。学生回答的这些"人物描写方法"与我备课时所设计的内容是吻合的。我在制作 PPT 时，已经写出这几种方法。我点击鼠标，屏幕上迅速出现"描写方法：动作描写、语言描写、神态描写、心理描写"，等等。

当屏幕上出现这些"人物描写方法"时，我忽然感到有些别扭。在学生的答案与我的设计吻合时，要是不满足于"正中下怀"的感觉，不用 PPT 整体地投放出来，而是边听学生说，边用键盘记录学生的意见，那样的效果是不是会更好呢？按照备课时的教学设计，提出"人物描写的方法"是为了引导学生掌握《麦琪的礼物》这篇小说的刻画人物方法。于是，我让学生分小组讨论屏幕上投影出来的几个问题：小说的主人公是谁？德拉是一个怎么样的人？小说是怎样刻画她的？你能举一些例子来说说吗？杰姆对德拉的感情如何？小说是怎样表现的？学生开始"讨论"后，我走下讲台在学生的课桌间穿行。我很想知道他们在"讨论"什么。偶尔有学生问我问题，我尽可能地做一些简短的回答。

上完这一节课后，我一直在思考一个问题：这节课的教学重点究竟应该放在什么地方？在设计这节课的教学时，我将教学目标定位在"掌握人物描写的方法"和"理解主人公纯洁善良、关爱他人的情感"上，但实际上我是把教学的重点放在引导学生"掌握人物描写的方法"上，主要是引导学生理解"作者是怎样刻画人物心理的""哪些句子说明了这个心理"等写作的方法和技巧。按照以往的经验，这些方法和技巧是以后的考试中经常会遇到的问题。从升学考试的指挥棒来看，注重方法、技能的传授和指导显然对学生"应考"是有利的。对于一个老师尤其是初中三年级的老师来说，把教学的重点放在"应考"技巧和方法上，也许是情理之中的事情。我的困惑是，像《麦琪的礼物》这么一篇经典性的爱情小说，它奉献给读者的难道仅仅只是作者描写人物的写作方法与技巧吗？像这么一节语文课，究竟应该注重情感体验，还是方法训练呢？如果真要引导学生"体验情感"，这节课的很多环节都需要改变。

2. 生活叙事

除了"课堂教学"，教师还处于课堂教学之外。所以，教师的"叙事"除了"教学叙事"还包括教师本人对课堂教学之外发生的"生活事件"的叙述，涉及教师管理工作和班级管理工作，包括"德育叙事""管理叙事"等，可以称为"生活叙事"。

教师的"生活事件"同样是非常丰富的，"生活叙事"可以从以下角度切入。

（1）活动。除课堂教学外，各种活动是学校教育的重要组成部分，包括校班队活动、学生社团活动、社会实践活动、研究性学习活动等。与课堂教学相比，教学活动的形态更具有开放性、生成性和不确定性。教师在组织开展这些活动时，有许多值得研究的问题，如活动主题的设计、组织形式、资源开发和环境支持、学生的自主管理、教师的参与指导的问题等。由于活动过程和形态比较复杂，教师可以对某次活动的基本过程或某个侧面进行描述和分析，通过叙事研究提炼教改经验。

（2）事件。教师工作实际上是由一系列的事件所构成的。除文化学习外，教师还要关心学生成长的全过程。在多彩而又繁杂的学校生活中，有一些事情会给人以特别的感受。关注这些事件，就会发现许多值得思索和研究的内容。如一次对学习困难生的辅导、一次教室里失物事件的处理、一次成功的家访等。事件的生动感人和事件本身所包含的"教育"意义，应该是选择事件作为叙事研究对象的重要标准。

（3）人物。教育研究也是对人的研究。在学校生活中，作为研究者的教师经常会对某些特定的对象予以特别的关注，并产生进一步了解和研究的兴趣。这些人可能是一个学习困难的学生或者是一个有特殊天赋的学生、或者是一个本校或邻校的优秀教师。通过对这些人物的研究，可以从中发现、体会和借鉴许多有益的、宝贵的教育教学经验。由于人的活动和经历往往是丰富和复杂的，因此，研究者还要依据一定的研究重点和研究对象的特点，选择有代表性的典型事例来反映研究主题和研究结果。

案例 10-2 一个也不能放弃[①]

"啪、啪、啪——"从六（5）班教室传来一阵热烈的掌声，掌声中一个身有残疾的小男孩抬起了他那红红的小脸，这张脸此刻充满了喜悦与自信。然而，对于我——这个班的班主任来说，他却是那样陌生。这阵掌声带给我的是什么？是愧疚，是悔恨，是自责，还是庆幸……

初涉教坛刚刚两年的我，这学期被派到乡下小学支教，接手了这个六（5）班。由于城市与乡村在各方面条件上存在着一定的差别，乡下的孩子较之城区的孩子在学习成绩上也有一定的距离。拿到我这个班学生上学期期末考试的成绩单，我顿时感到压力重重，语文、数学、英语三科皆差的学生不下十个，其中竟然还有一个三门相加也不足 50 分的特差生。第一天报到时，该校教导主任的那句话还在耳边萦绕："我们相信你们城里老师的水平，所以把这个班交给你，相信你能带好这个班。"另外，本校领导临行前嘱咐我们要维护好学校这面旗帜的要求也不曾忘记，然而，我满怀的信心却在这张成绩单前消失殆尽，怎么办呢？

"李老师，你们班的这个张帝不算名额，智力有问题，你就别管他了，其他差生估计下一番苦功还有药可救。"坐在我隔壁的刘老师好心地提醒我。所谓不占名额是指对一些智力上存在问题的学生，考试时不算班上的名额，考试分数不影响班级平均分，这个规矩我以前也有所耳闻。于是，我又仔细看了一下成绩单，发现去掉这个三门相加还不足 50 分的张帝，其他学生至少在我的语文成绩上还有及格的可能，顿时，我感到心中的石头轻了许多。

在接下来的教学中，我自然而然地就用另外一种眼光看待这个张帝了。张帝小时候曾被开水大面积烫伤，脖子以下的皮肤都皱在一起，手臂也因烫伤造成残疾，行动不便。开学之初安排座位的时候，同学们都不愿意和他同桌，于是我就特意为他开设了第五小组，把他安置在教室里放扫帚、拖把的角落里，从此他就在那个小角落里自娱自乐。一开始我还经常提醒他上课拿书，按时交作业，可他似乎没有听见我的话，偶尔也会拿笔在本子上写几个字，但也不交给我批改。渐渐地我也不再管他了，任由他去，有时候上课时还叫他把那个角落打扫打扫，倒倒垃圾。虽然我在内心深处偶尔也会感到这样做对他不公平，感到有些愧疚，可还是不知不觉地放弃

① 钟乐江，钟发全. 在写自己的故事中成长：教育叙事采撷. 天津：天津教育出版社，2009：125～127.

了他，把更多的时间花在了那些有希望的学生身上。

半学期就这样过去了。一次批改学生的小作文时，我班张文君的一篇《我们班的"遗弃生"》吸引了我。今天想来，我真应该感谢这篇小作文，感谢我的学生张文君，因为正是这篇《我们班的"遗弃生"》让我认识到自己犯下的错误，让我明白了张帝也有对知识的渴求，也有被人重视的需要，更有与其他同学一样受教育的权利。是张文君同学教育了我，"不应该视张帝同学为我们班的遗弃生，爱玩拼图的张帝的智力并不比一般同学差，他需要更多的关心，我们更不应该放弃张帝，而应给他更多的帮助，更多的关爱！"

再次走进教室，面对张帝，面对张文君，面对全班同学，我这个班主任感到满心的愧疚，我决心给自己一个悔过的机会。我找张帝谈心，婉转地向他道歉，并把张文君等同学对他的评价转告给他，鼓励他以后在老师和同学的帮助下重新开始。沉默的张帝虽然自始至终没有讲过一句话，可他的眼神告诉我——我已经拾起了一颗希望的种子。

新的一天开始了，虽然张帝仍然坐在第五组，但他已经不再孤独，因为他有了自己的同桌——一个主动要求和他坐一起的好同学，更因为在我们的心中再也没有了"遗弃生"的概念，张帝和任何一位同学都是一样的。

敏感的张帝感觉到了身边的变化，他也随之改变了，上课时他的课桌上放着的是书本，不再是那些乱七八糟的小玩意儿。当我的眼光偶尔掠过那个曾经黯淡的角落时，经常会有一双明亮的眼睛和我相遇。每天收上来的作业本是五十一本，而不是五十本，虽然那一本上的错误明显较多，但我仍是满心欢喜，满心希望！

那天，我抽查头一天布置学生背诵的《长征》一文，一连叫了十几个学生，都背得不尽如人意。突然，一双怯怯的想举又有些害怕的小手跃入我的眼帘——是张帝，他的眼神似乎在说："老师，我想试试。""张帝，你来背诵！""红军不怕远征难……"张帝流利地甚至还颇有感情地背诵完了全诗。未待我做出评价，掌声在刹那间热烈地响起来……

这掌声带给我的是愧疚，是近半学期以来自己对张帝不负责任行为的悔恨与自责。然而这掌声带给我更多的是庆幸，庆幸我的学生教育了我，庆幸我又拾起了一颗希望的种子，庆幸在今后漫长的教学道路上我将不会再犯同样的错误！

3. 自传叙事

自传叙事是教师用自传的形式记录与反思自己的职业经历。从"教育自传"中可以了解教师的教育观念、教育行为。在许多经典的教育著作中经常可以看到这种自传叙事，如卢梭的《爱弥儿》、马卡连柯的《教育诗》、苏霍姆林斯基的《帕夫雷什中学》和《把整个心灵献给孩子》、陶行知先生的部分演讲等。

案例 10-3　我与讲台的不解情缘①

几乎从幼儿园开始我就担任班干部。作为班干部，我不仅仅负责帮助老师管理班级的日常事务，除此之外，我还有一个很重要的工作，即在每一天的第一节课之前的早自习时间领读。后来随着年龄的增长，领读的内容已经淡忘了，从这个时候开始，走上讲台，对于我来说，很少是因为挨罚，更多的时候，是我内心深处的一种自我虚荣的依托，更是一种对自己认可和肯定的载体。如果说，在学校的领读，成就了讲台与我之间的一种自然联系的话，我想，在那座存留在记忆当中的、遥远的小山村的学校里的我，多多少少已经在践习着教师的角色。

村里的那所学校，全校最多的时候有两个老师，大多时候只有一个老师，全校只有三间平房，分布在上院和下院，上院一间，是1～3年级的教室，下院是四年级，有两间房，学生到五年级的时候，就走读到乡办学校去读，称之为完小。小学1～3年级还包括有学前班，是复式教学，所有的学生，就挤在一张很大的土炕上，四五个小孩子，围一张小方桌，盘腿坐在桌前，就相当于我们现在的桌椅板凳了。没有老师的允许，小朋友是不许下炕、不许踏在地上的。那块儿空地，是教师的位置。所以，当我和其他小朋友一起，坐在炕上的时候，站在地上的老师，依然给我一种高高在上的感觉。坐在炕上，我无法容忍老师蹩脚的普通话，无法容忍老师错误百出的拼读，无法容忍我的小伙伴儿们闭着眼睛在那里摇头晃脑地唱读。于是，我便坐不住了。后来，老师便干脆让权，他把一根削得光溜溜的木棍交给了我，我便像我在班里面领读时候一样，一本正经地当起了小老师。当那些和我从小玩到大的小朋友们用美慕、钦佩的目光望着我并非常信服地跟着我齐声朗读的时候，我觉得我就是老师，甚至当我看到一向站在地上的老师也坐在炕边跟着我朗读的时候，我觉得我似乎比老师还要厉害。

高中的时候，上讲台的时间不像小学时候那样频繁了，不过，在语文课堂当中，我也经常会因为喜欢"有感情地用普通话"朗读课文而经常起

---

① 侯怀银. 教育研究方法. 北京：高等教育出版社，2009：262～263.

立。在这个时候，我可以意识到，我的起立与很多别的同学的起立的内在区别，我的起立是一种嘉奖和炫耀以及示范，而很多时候，别人的起立只是为了回答问题或者因课堂当中淘气挨罚站。或许，这就是我幼时讲台上的体验的一种延伸。

到了大学，我有过在讲台上组织活动的体验，还有在讲台上模拟教学的经验。在小组合作中，我更多的时候是受益者。因为，四五个人当中，唯有我被推举代表小组走上讲台去模拟授课，印象中，老师并没有给予我们几个台上人员过多的评价，但是我从听众的掌声中可以感觉得出我在台上自如的状态。

再到后来，我经历实习，读研毕业之后，又真正地以一名教师的身份天天与讲台亲密接触。

至此，我不准备再去赘述我与讲台之间的不解情缘了。这样叙述着，我便不能不在我的回忆当中去感谢我的老师们，今天，在一些细节的回忆之中，我才意识到，如果不是他们，我不可能形成现在的这种较为张扬的个性。这种叙述的感觉，让我潜藏在心底的很多东西都开始醒过来了。讲台以及它所承载的很多有形无形的东西，已经渗入了我的教学生命。而它所带给我的一些精神特质：自由、潇洒、激情和智慧，不只是体现在我的教学生活当中，而且彰显在我生命的每个瞬间和每一个场域。

第二节　教育叙事研究法的操作策略

一、教育叙事研究的基本步骤

叙事研究首先要有"事"可"叙"，这就需要选择、观察、收集、整理故事；叙事研究还要对"事"进行"研究"，这就需要理论的准备和理性的视角；叙事研究还要对研究成果进行撰写，这就需要具备流畅简练的语言表达能力和简洁明快的文字写作能力。只有这样，叙事才不至于停留在日常经验的"素描"，而是达到对教育事件或经验的"深描"；也只有这样，研究的结果才具有不同于其他研究或描述的独特价值。

一般来说，在中小学开展的叙事研究主要有这样的步骤：确定研究问题——选择研究对象——进入研究现场——收集研究资料——编码并重新讲述故事——撰写研究报告。

（一）确定研究问题

确定研究问题是进行研究的前提。教师的叙事研究虽然已经明确了总的框架是教师研究，但是，教师研究的范围仍然很广泛，教育观念、教育机制、素质结构、日常生活、体态行为、课堂教学等都可能成为研究的问题。教师的叙事研究更注重以"小叙事"来繁荣"大生活"，更关注微观层面细小的普通的教育事件，更强调对教育中特殊现象的描述和体察，因而，研究问题须在一开始便确定下来，以便下一步研究的顺利进行。

确定研究问题的过程中需要考虑三个方面的因素。一是所探究的教育现象与内隐的研究问题要有价值，如对学生发展、对学校教育质量提升有所贡献，对改善教师的教学生活有所帮助等。二是所探究的教育现象及内隐的研究问题要有新意。新意既包括这类教育现象或问题尚未探究，也包括对别人而言不是新问题，但相对于研究者本人而言，这些教育现象或问题仍然存在疑问或被其困扰。三是具有可行性，即具备主观条件、客观条件和时机条件。主观条件是指研究者要考虑自己的知识储备以及能力是否能够驾驭研究工作，是否了解叙事研究方法，研究过程中能否及时补充所需要的知识等；客观条件是指具备探究这类教育现象或问题的环境；时机条件是指研究者当前及其后一段时间内可以对这类教育现象或问题进行持续探究[①]。

（二）选择研究对象

选择研究对象是研究得以进行的保障。教育叙事研究的对象可以是教师本人，也可以是教师同伴。若研究对象为其他教师，研究者的选题、研究方案、研究活动都必须得到被研究者的认同、理解和合作，使被研究者成为真诚的默契的合作伙伴。研究者要能够细致入微地把握研究环境和研究对象，真正理解研究对象，从而赢得研究对象的信任。同时，研究者对研究本身要有足够的热情，真正成为"热情学术"的探究者。

选择研究对象也是抽样的需要，"抽样就是选择观察对象的一种过程"。[②]教育叙事研究的特点决定了其需要采用综合抽样的策略，即以目的抽样方式为主，兼顾就近和方便的方式选择研究个体，将能够为研究问题提供丰富信息的个体作为研究对象。抽样的具体方法可以根据研究的需要采用极端个案抽样、强度抽样、最大差异抽样、分层目的抽样等方法。

---

① 傅敏，田慧生. 教育叙事研究：本质、特征与方法. 载《教育研究》，2008（5）.
② 艾尔·巴比. 社会研究方法. 北京：华夏出版社，2000：244.

（三）进入研究现场

研究现场是研究者观察、了解研究对象的真实环境。由于教师的工作、生活环境主要是在校园、在学生中，因此，进入研究现场就意味着走进教师活动的时空，与教师一道同呼吸、共生活。没有这样的现场研究，就难以获得真实生动的现场资料，就无法把握教师的行为、观念赖以产生的深层原因；没有对教师生活的现场观察，就无法理解教师教育教学行为产生的背景。因此，研究现场是教师叙事研究获取真实资料的直接来源。

由于教师的工作、生活环境主要是在校园、在学生中，因此教师的工作空间也就是他的研究现场。教师从事教育科研的最大优势就在于此。教师从工作中可以得到许多"原汁原味"的资料。教师所进行的叙事研究主要是以学生，尤其是自己所教的学生为研究对象，从这个角度上说，教师不存在要刻意进入研究现场的需要。但如果教师对其他同行的教育教学故事感兴趣，需要把其他老师作为研究对象，就必须征得研究对象的同意，得到研究对象的许可，这不仅是研究过程道德伦理的要求，也是叙事研究需要研究对象多方面合作的要求。

（四）收集研究资料

在教育叙事研究中，研究者走进现场进行观察、记录，搜集个体教育故事，建构现场文本是一项基础性工作。如果现场文本积累较少，缺乏时间的连续性和内容的延续性，教育叙事研究将无法进行。

教育叙事研究现场文本的类型较多，现场文本可能来自研究对象的教育故事、生活故事、自传、札记、录音（像）材料，研究者和研究对象之间的讨论、对话、访谈的文本，研究日记，研究者或参与者所做的现场笔记，有关文件、照片、记事簿，研究对象个人或者与他人、家庭、社会的交互中形成的作品、生活记录以及信件等，都可以成为教育叙事研究有价值的现场文本。

若研究对象就是研究者本人，要通过自我观察、自我对话、自我反思等手段，以写教育日志、教学心得、教学案例、教育叙事等方法记录研究过程，积累原始材料；若以其他教师为研究对象，研究者要进入研究对象的活动时空，通过观察、访谈、一起备课、听课、共同研讨等手段，多方位、多途径地收集研究者的资料，如备课本、教学记录、档案资料、书信、日记、论文等文本。

收集研究资料的方式主要有以下几种。

1. 观察

在叙事研究过程中，一般采用的是实地的参与式观察。研究者在现场中参与或旁观研究的现场活动，获取大量的信息。"这种观察的情境比较自然，观察者不仅能够对当地的社会文化现象得到比较具体的感性认识，而且可以深入到被观察者文化内部，了解他们对自己行为意义的解释。"① 观察可了解局内人的行为规范和意义建构，观察以"谁、什么、何时、何地、如何、为什么"等为重要内容。对于叙事研究者而言，观察是在自然状态下进行的，具有真实感、情境感、现场感、鲜活感。

观察过程中，获得的信息量巨大，研究者必须做好描述性的记录。同时，在观察过程中，研究者总是参照自己的生活经验、理论背景以及价值判断去观察，因此总会有所思考、有所感悟，这些思想火花要以问题、观点的形式与现场情况一并记录下来。

2. 谈话和研究访谈

谈话是指研究对象与他人的一种口头交流方式，谈话是一种纯自然状态下的意义呈现。通常意义上的谈话是指在合作研究中，研究者和参与者直接不分上下级的口头交流。谈话的基本特征是参与者之间是平等的，谈话虽有主题，但具有很大的弹性，能够让谈话者建立适合他们做研究的形式和主题。在相互信任、相互倾听基础上的谈话，是一种深层调查的有效方式。

研究访谈是指研究者目的明确地预设一些问题，通过一些策略性的提问获得更多有价值的信息。研究访谈，特别是深度访谈是进入研究对象内心深处的一种最佳方式。在叙事研究中，口述历史的访谈是最普遍的形式。得到口述历史的策略有很多种，可以使用一组结构式的问题，把研究者的意图当成优先目标，也可以相反，以参与者的意图为首要旨趣，让他们能够用自己的方式诉说他们的故事。

访谈要力求客观，尽量避免研究者已有的主观偏见或预设的前提对研究产生干扰；访谈力求开放，使被访谈者在研究者设计的系列开放性问题中轻松思考并回答问题。谈话和访谈主要是获取尽可能多的信息，因而，研究者一方面要具有敏锐的观察力，能够捕捉有意义的事件作为所叙之事；另一方面要具有亲和力，能够较快地为研究对象所接受，使访谈顺利进行。

---

① 陈向明. 质的研究方法与社会科学研究. 北京：教育科学出版社，2000：228.

3. 实物收集

实物收集的内容可以包括以下一些方面：第一是正式的官方材料。如一些教育年鉴和大事记、地方教育政策法规汇编等，它可以作为研究的背景材料；各种有效证件、证书等，它可以帮我们了解研究者特定的身份、法律、学术以及社会地位等；相关的报纸杂志，为我们提供一些二手资料。第二是照片、个人档案、纪念品等，它能反映研究对象的成长过程和历史。第三是日记或教学日记，它可以再现当时的教育情境下研究者的心灵世界。第四是书信，它可以帮助我们了解研究对象与他人交流的过程中最渴望展示的经验。第五是自传或传记，它可以揭示研究对象或研究者对已经存在的故事的解释和演绎，折射出存在于故事当中的人的心态。

（五）编码并重新讲述故事

数据收集任务结束后，研究者紧接着需要开展的一项工作，是系统分析和讨论内含研究参与者经历故事的田野文本数据，并重新叙说研究参与者的故事。这一过程包括：写出原始故事、编码故事、重新组织故事并呈现一个经过重新叙说的、言说研究参与者经历的故事。这一过程的理论假设为：按一定逻辑顺序组织后，研究参与者讲述的故事可以被更好地理解。具体过程包括以下三个步骤。

第一，写出原始故事。这一阶段相当于完成从现场到现场文本的建构工作。有些故事，如利用录音或录像设备搜集的故事需要在其转译稿基础上制作成为现场文本。如果已经是研究对象提供的文稿形式的故事，或者参与者提供的某些反映自己教育故事的书面材料，就可以直接进入下一阶段。

第二，编码和转录故事，把收集到的现场文本的故事由研究者按照故事所包含的基本元素进行编码、转录。研究者首先要根据研究目的和研究问题的特点建立一套编码体系。如奥勒莱萨提出的组织故事元素成为问题解决的叙事结构，将故事所包含的基本要素分解为：背景、人物、活动、问题和解答五个方面。

表 10-1　组织元素成为问题解决的叙事结构

背景	人物	活动	问题	解答
故事背景，环境，地点条件，时间，地点位置，年代和纪元	故事中描述的个体的原型、个性，他们的行为、风格和做事模式	贯穿在故事中的个体的动作，说明人物的思维或行为	要回答的问题，或者要描述或解释的现象	对问题的回答，对引起人物发生变化的原因的解释

研究者可以参考该结构分析现场文本故事的基本结构，可以使用字母编码并在现场文本中标记，如背景、人物、活动、问题和解答的语句可以分别用（英文名的第一个字母）S、C、A、P 和 R 来标识。这些编码过程不一定出现在研究文本重新讲述的故事之中，但这一过程是规范的叙事研究实施中不可或缺的环节，它们是评估研究合理性与准确性的重要依据。编码完成后进入转录环节，它是将故事的基本元素从故事之中抽取出来的过程，即将上述标有字母 S、C、A、P 和 R 的句子按照顺序转录在一起，这样形成一个反映原始故事精神实质的压缩的精短的"骨架"型故事。

第三，利用故事的基本元素重新书写故事。研究者把已经转录出来的"骨架"型故事，按事件发生时间的顺序（用年代学方法）重新书写成清晰的包含故事基本元素的一个序列性的文稿，往往以第一人称讲述。如上述编码后重新讲述的故事的序列内容是背景、人物、活动、问题和解答这些基本要素。故事的重新讲述以地点（如某某学校）和人物（我）开始，然后是事件（如教育过程中出现的不愉快、困惑或者兴奋等行为)[1]。

（六）撰写研究报告

研究报告的撰写是在前面大量工作的基础上进行的总结性归纳。它既包含研究者对所观察到的"事"的故事性描述，也包含研究者对"事"的论述性分析，两者共同构成了研究报告中的叙事风格。

在写作形式上，研究报告的写作形式可以多元化，但还是存在一些共同的、规律性的东西。一般而言，教育叙事研究报告的撰写主要有以下几个环节[2]。

1. 拟订题目

拟订一个叙事的题目十分重要，一个好的题目，能给读者良好的印象，唤起读者的兴趣，引发丰富的联想。

一般来说，拟订教育叙事题目有很多种形式，可以揭示案例主题，如"俯身即是爱"等；可以概括案例主要内容，如"一堂难忘的课"等；可以用案例中某个特别有意义的名称作为题目，如"第三颗纽扣"等；也可以用课题的名称作为案例的题目，如"气温与降水的关系"等。

---

① 傅敏，田慧生. 教育叙事研究：本质、特征与方法. 载《教育研究》，2008 (5).

② 吴为民，李忠. 教育叙事与案例撰写. 上海：华东师范大学出版社，2007：165～208.

2. 确定主题

主题是一篇文章的灵魂，也是一个叙事案例的核心和基本要素。它隐含在教育叙事案例当中，通过案例的内容表达出来。教育叙事报告的撰写者在动笔之前，先要有一个明确的主题，以此为依据去选择和组织材料，并思考如何有效地体现主题。要注意的是，一个案例报告只有一个主题，如果它蕴含了多个主题，则需要对主题进行选择，寻找最合适的主题。

3. 选定材料

确定主题后，下一个重要的工作就是如何选择和组织材料。一般来说，有两个基本原则：一是选择与主题相关的材料；二是去除与主题无关的材料。其判断的依据有两个方面：一是从逻辑的角度来看，各材料的内容有没有游离案例的主线，有没有明确的内在关系；二是从内容的角度判断，看各材料的内容是否具体、充实、生动，是否具有新意和个性色彩。

4. 构思报告形式与结构

在主题和材料都选好以后，就要进入研究报告的构思阶段。该环节是对叙事报告结构的规划阶段，具体包括案例的时间结构、叙述结构、说明结构以及情节结构。案例报告的背景写什么、写作是用顺叙还是倒叙、如何插入一些相关辅导性材料、是否要用小标题、如何对结论进行提炼等，是构思的主要内容。

5. 撰写初稿

撰写叙事报告就是在主题的指导下，对各种材料进行有序地组织，并对文字进行进一步的修饰与推敲。具体说来，包括背景写作、过程写作、报告反思等。背景写作中，可以直接提出值得探讨的问题，并提出对这个问题的看法；在过程写作中，要根据事件的特点和不同过程来确定；在反思部分也有多种写法选择，如评价式反思、说理式反思、总结式反思等，要根据报告主题及材料特点来选择。此外，案例后面还应加入评析，揭示成功的原因或科学的规律。

6. 报告修改

教育叙事研究报告的修改是最后的工作，报告修改有多个方面，如错别字的校对、文字的润色、逻辑的检阅等。除此之外，还应该特别注意两个方面：一是题目的修改，题目的字数不能太多，要求精练、言简意赅，题目要与内容相符；二是内容的修改，内容是否鲜明地表达了主题，阐述的道理是否正确，材料组织是否得当等。

二、教育叙事研究中需要注意的问题

（一）研究参与者可能会"伪造数据"

当分析与编码研究参与者叙说的故事时，教育研究者需要考虑故事是否可靠。人类本性的一个重要特点是在有意或无意间向他人展示自己最美丽的一面，有时甚至会为此不择手段地伪装自己不美丽的那一面。在教育研究过程中，研究参与者可能会"伪造数据"，提供"美丽的故事"。数据失真现象在任何一种调查研究中都会存在，它向过分倚重研究参与者自我报告信息的教育研究者提出了一个尤其需要深思的问题。多元田野文本数据的搜集、数据资料三角交叉验证及研究参与者检验等手段，一定意义上可以有助于鉴别所搜集来的数据的可靠性。

（二）研究参与者或许不能够讲述真实的故事

每个人都有自己不愿或不能示人的隐秘的私人领地。研究参与者或许不能够讲述真实的故事，主要表现在三个方面：①当经历是如此可怕以至无法叙说，抑或当经历是如此残酷以至于无法回忆时，如大屠杀或灾难的受害人，他们可能不能够讲述真实的故事；②当研究参与者害怕因故事叙说而受到制裁时，他们或许不能够讲述真实的故事；③当故事建筑在多年前发生的事件的基础之上或被深藏在潜意识中时，研究参与者也许不能够讲述真实的故事。因为多年前发生的事件多涉及早期记忆，而早期记忆会歪曲事件的真相，提供被加工改造了的过去行为。

（三）研究参与者可能会被卷入到故事所有权之纷争中

虽然教育研究者能够获得报告故事的权力，能够知会研究参与者研究的目的，能够在教育叙事研究报告的绪论部分使用研究参与者叙说之故事，但是研究参与者所叙说的故事还是会引发谁"拥有"故事的纠纷。尤其是在调查研究被社会边缘化了的研究参与者的故事时，教育研究者可能会因为在叙事研究报告中言说自己没有取得叙说权的故事而陷入故事所有权的纷争。

（四）研究参与者的声音在叙事研究报告中可能会被削弱

除了潜在的故事所有权纷争外，研究参与者的声音在最终的教育叙事研究报告中可能会在一定程度上被削弱。只要有重新叙说的行为存在，教育叙事研究报告中的故事就有可能演变成反映教育研究者自己浓重个人色彩的故事，而非反映研究参与者声音的故事。"研究者不仅对研究有自己的目的和动机，对研究现象有自己的看法和假设，而且在自己的生活经历中通常可以找到从事该研究的理由。这些因素直接影响到研究各个方面的实施，如对研究问题的确定、研究者态度的选择、被研究者的角色定位、搜集材料的方法、对研究结果的解释以及对研究质量的评价。"① 弥补这一不足的措施有：广泛地、准确地引用研究参与者的话语；缜密地建构故事的铺叙，故事的起承转合。

三、中小学教师开展教育叙事研究的建议

学校教育是一项实践的事业，教师的专业发展不能脱离一线教育教学实践。从中小学教师专业发展的规律来看，教师专业素质的提升关键在于立足自身的实践经验，在反思中提升对教育教学的理解和认识，不断积累实践知识、更新知识结构，最终达到专业成熟的境地。为了更好地通过叙事研究而促进教师的专业发展，我们提出如下建议②。

第一，要善于积累素材。在叙事研究中，所谓"素材"，也就是承载了一定的教育意义的故事或经验。素材的积累，需要教师多体验、多感悟，需要教师积极投入教育教学的实践，在实践中不断增加自己的经验和体验。为了更好地积累素材，中小学教师也需要积极地对教育实践进行变革，用新的行动去尝试完成教育的过程，在不断变革中教师会经历常规教学中所不曾经历的故事，而这些在变革中发生的故事，往往更具有研究的价值。

第二，要善于发现问题并进行思考。发现问题是教育研究的前提，叙事研究也必须围绕一定的问题进行阐述和诠释。因此，素材的积累只是一个基础，要真正开展研究，需要对经验和故事进行"发酵"，体会其中蕴含的教育问题，并结合有关的教育教学理论进行提炼，深入理解该故事中蕴含的问题体现了怎样的研究价值。

第三，要善于表达。表达是使故事中的教育意义外显的基本途径。为了剖析故事的教育意义，需要对故事进行"深度描写"，这样才能揭示矛盾发展的过程。这需要研究者不仅要抓住研究的问题，微言大义，阐发教育意义和观点；同时，在写作风格上要用词鲜活、行文活泼、叙述有吸引力。

第四，要善于揭示故事中深藏的教育意义。意义性是叙事研究的本质属性，叙事研究依赖于故事，但故事本身并不是最终的追求，那些真实可感的、鲜活的故事只不过是教育意义披在身上的一件漂亮的外衣，叙事研

---

① 廖鹰. 教育研究中叙事实验评介. 载《教育评论》, 2003 (3).
② 宋时春. 教师叙事研究与教师专业发展. 载《全球教育展望》, 2011 (10).

究的价值不在于为讲故事而进行叙事，而是在于故事背后的意义。这意味着故事必须体现研究者的思考和理解，反映其教育价值观和教学哲学。总之，教育叙事研究是适合中小学教师开展的一种研究方式，而叙事分析的方法可以为我们理解教育问题提供新的视角。教育叙事是教师知识综合运用的一个结果，是教学话语的一种张扬。

【思考与实践】

1. 什么是教育叙事研究？它具有哪些特点？

2. 教育叙事研究有什么价值和意义？

3. 教育叙事主要包括哪些内容？

4. 教师应该如何做叙事研究？

5. 实践练习：找你的一个老师，或者到周边一个学校，按照叙事研究的程序和策略，开展一次教育叙事研究，并写出叙事研究报告。

第十一章　教育科学研究资料的整理与分析

第一节　教育科学研究文字资料的整理与分析

文字资料是指有关教育现象或事实的观察和访谈记录、教师教案及教育日志、教研工作笔记等以文字形式记录下来的反映研究对象行为的性质、特点及其变化以及研究对象的态度、意见等方面信息的描述性资料。[①] 文字资料因数量化水平较低甚至不能数量化，因此一般只能进行定性分析。

一、文字资料的积累

（一）积累资料要全面

1. 资料积累应做到"质"不分"正""反"

对于相同观点和不同观点的理论、方法、数据等都应予以关注并进行积累。充分占有同一内容的不同观点、理论等资料，可以更好地保证全面、客观地观察事物和研究问题。

2. 资料积累要做到"类"不分"点""面"

"点"是指事物的微观状态，"面"则是指事物的宏观层

---

① 陶保平. 学前教育科研方法. 上海：华东师范大学出版社，2006.

次。不分"点""面"就是要求对特定事物的具体情况和概括性的资料都要同时注意收集加以积累,从而有助于资料积累的系统性,进而全面了解和研究事物。

3. 资料的收集要做到"时"不分"古""今"

收集资料要注意积累它的现实状况,同时也应关注它的历史状况以及未曾掌握的其他情况,从时间顺序上将有关资料内容的发生、发展、变化情况全面进行积累。

4. 资料积累要做到"地"不分"中""外"

要注意收集本国情况的资料,同时也应注意收集有关国外的资料,从而使有关资料在地域范围上达到全面性的要求。

5. 资料积累应做到"书"不分类型

这里说的"书"是泛指一切文字资料,对某一专题内容注意从不同类型的有关文献中去进行收集,避免遗漏。

(二)积累资料要准确

1. 要注意资料内容的准确性

应尽量使用第一手资料,它反映的内容保持了"原汁原味";对摘录的具体内容要注意其准确性,特别是定义、数据、公式、符号等,一字之差,往往谬之千里;对于个别的、一时难以翻译的外文资料,最好照录原文;还要注意文献线索及其出处记录的准确性,以便为编写参考文献目录以及进一步查阅一次文献提供准确的资料。

2. 资料积累要注意随记随议

进行资料积累并非是简单的抄写工作,人们在资料摘录过程中常常掺杂着对资料的分析研究,以决定内容的取舍及判断其可能的使用价值等。应注意随时将发现的资料及时收集起来,同时也要注意发挥自己的联想,特别是第一次接触到新知识、新数据或新情况时,然后把这瞬间的想法也记录下来并加以标识。这些瞬间产生的心理上的感知、记忆、联想或理解等再认识的观点,常常是日后研究工作的启发与先导。

(三)积累资料要井然有序

1. 资料积累要注意规格的统一

无论采用卡片式、活页式、笔记本式中的哪种方式,积累资料首先应注意载体规格的统一,卡片尺寸统一才便于组织排列和整理;资料记录格式应统一规范,如用以排检的类目名称、主题词和文献标题、文献线索以及摘录的正文等,其排列顺序或记录位置均应固定、统一,力求易于识别。

2. 资料的积累要注意系统的排列方法

当资料积累到一定程度时，其内容必然繁杂，数量也势必增多，若无条理则容易散乱而影响使用。通常可以根据现成的或自编的分类法或主题词表，依据资料的内容性质给予其一定的类目名称或主题词，然后按照分类排检法或音序、笔画顺序将资料组织排列成有一定逻辑次序的序列，以便于查检使用。

二、文字资料的整理

文字资料进行具体分析研究之前首先要对其进行整理，以便使散乱无序的资料系统化、条理化，资料整理的基本要求是真实、具体、简明扼要。其程序及主要内容可归纳为以下三点。

（一）审查补充

文字资料整理的第一项工作是对收集到的原始资料进行逐一审查和分析，目的在于"去伪存真"。

1. 资料的有效性

有效性指的是收集到的资料是否与研究的问题一致，是否切题。例如，在自然观察和开放式问卷调查中，所收集的资料可能因各种原因出现离题太远或根本无法说明研究问题的情况，对此应认真辨别，并进行删除。

2. 资料的全面完整性

全面完整性指的是资料是否完备、是否具体明确。教育现象的复杂性决定了要在研究时收集与所研究问题有关的各个方面的大量资料，包括行为事件的背景材料、环境资料等，只有如此才能使研究深入问题的本质，否则就应及时采取合理方法进行必要补充或进行重新收集。

3. 资料的真实性和可靠性

研究过程中，研究者获取资料的手段和资料的来源、研究者是否带有一定的成见、研究对象是否有不恰当的动机等都会导致资料的真实性和可靠性受到影响。例如，研究者因访谈时提问的措辞不当造成研究对象的心理负担，往往就会收集到一些虚假的信息。

（二）分类归纳

分类是将审查补充过的原始资料按某种标准分为若干类别，并归纳出各个类别资料的主要特点。通过分类归纳，可使原始资料条理化和系统化，从而便于分析。在分类时，既可根据研究目的或研究内容的性质来确定分类标准，也可根据资料的形式、特点或来源来确定分类标准。但要注意，同一项研究中的分类标准应统一，要做到逻辑清晰、条理分明。归纳则是对每个类别的资料进行概括，以说明其主要的特点，如资料反映出的主要观点、在研究中的主要用途等。

（三）汇编

汇编是在审查和分类归纳的基础上对研究资料进行统一的汇总、编排。汇总的目的是将各个类别的资料整理在一起，以方便在后续研究分析中的使用。同时为了查找使用的方便，要按一定次序对资料进行编排，并注明各部分的主要内容，以及收集的时间、地点、方法、收集者姓名等，这样也方便今后其他相关研究者的查阅。

三、文字资料的分析

文字资料分析是指研究者在对所收集到的文字资料进行系统审查、归类、汇总的基础上进行逻辑和意义分析的过程[①]，目的在于揭示事物的内在特征和本质规律。

（一）文字资料分析的主要特点

1. 文字资料分析是一种运用思维方法进行的逻辑分析

研究者往往要运用比较和分类、分析和综合、归纳和演绎等方法来分析文字资料所反映的事物之间的关系，因此研究者要具有较强的思维能力和逻辑学修养。

2. 文字资料分析是一种动态的整体性分析

研究者在分析文字资料时既要分析问题的存在现状，也要分析问题产生和变化的历史过程及其缘由，还要分析其发展变化的趋势。这种动态分析更有利于整体把握问题，从而使研究结论更具深度和丰富内涵。

3. 文字资料分析是一种建立在多学科理论基础上的综合性分析

学科教育中的许多问题都具有综合性和开放性，同社会的政治、经济、文化等因素密切相关，研究者要运用各学科相关的理论作为基础和指导来分析资料。

（二）文字资料分析的主要方法

文字资料的分析主要有比较和分类、分析和综合、归纳和演绎、因果关系分析等方法。

---

① 王嘉毅. 定性研究及其在教育研究中的应用. 载《西北师大学报》（社会科学版），1995（2）.

1. 比较和分类

比较是指依据一定的标准确定事物或现象之间异同的一种思维方法，可分为单项比较和综合比较、横向比较和纵向比较、求同比较和求异比较等种类。使用比较法分析资料要注意根据研究目的确定比较基准和分类属性、依据客观的事实和资料、注意事物之间的可比性、要善于发现和比较本质的不同。

分类是在比较的基础上将事物或事物的属性按特定的关系进行区别的思维方法。分类有现象分类和本质分类两种。在对事物进行分类时要注意：①分类必须根据研究性质和研究目的进行，并有利于研究假设的检验；②每次分类必须在同一维度上进行；③分出的类型应穷尽分类总体且类别之间相互排斥；④各类型之间应有显著明确的差异。

2. 分析和综合

分析和综合是在认识过程中把整体分解为部分和把部分重新结合为整体的过程和方法。分析是认识事物整体的必要阶段，是把事物分解为各个部分、侧面、属性、层次等分别加以研究进而认识事物的本质，包括定性分析、定量分析、因果分析、系统分析等不同方式。运用时应注意要有一定的理论基础，要注意认识事物的本质属性和内在特点，不能没有总体目标和整体观念把事物分解得支离破碎。

综合则是把事物各个部分、侧面、属性、层次按内在联系有机地统一为整体进行考察，一般是在分析的基础上进行，与分析相结合，创造性地形成对事物整体的认识，进而发现事物的本质和规律。分析与综合互相渗透和转化，在分析的基础上综合，在综合的指导下分析。而人的认识就是在这种"分析—综合—再分析—再综合"的过程中不断前进。

3. 归纳和演绎

归纳是从已有的具体事实或个别性的结论出发，概括出一般性和普遍性结论的思维方法，即从个别推论出一般。归纳法可分为两种：完全归纳法和不完全归纳法。后者又可分为简单枚举法和科学归纳法。科学归纳法又称因果联系归纳法，是根据事物的因果联系，通过考察分析出研究对象部分事实或要素的特征，再推出该研究对象所有的事实或要素都具有某种特性的推理方法。这种归纳方法比较可靠又便于使用，因此在教育科学研究中应用广泛。

演绎是从已知的一般性或普遍性的原理和结论出发，推论出个别或特殊结论的方法。它一般分为公理演绎法和假设演绎法两种。公理演绎法的特点是大前提是依据公理或公设进行推理。假设演绎的特点是以假说作为推理的大前提，它的一般形式可写为：如果 p（假说），则有 q（某事件）；因为 q（或非 q），所以 p 可能成立（或 p 不成立）。

4. 因果关系分析

因果关系中有两种可能：一种是一个原因可能产生许多结果，还有就是一个结果往往由许多原因引起。教育研究上的因果分析常常采用一果多因分析法和多果共因分析法。一果多因分析法是分析多种原因决定某一特殊行为的分析方法，它从一个结果出发，去发掘造成这一结果的多方面原因，通过列举大量的独特原因去解释某一行动。多果共因分析法是分析造成许多结果的共同原因，不是去列举导致某一特殊行动或实践的全部原因，而是有意识地寻求可以解释行为或事件的一般类型的那些最为重要的原因，旨在用最少的原因变量去最大限度地解释因果关系。

四、侧重文字资料的定性研究

（一）定性研究概述

1. 定性研究的含义及特点

定性研究包括对描述性资料的分类、描述、归纳和抽象，指的是研究者在对所收集到的文字、声音、图片等资料进行系统审查、汇总、归类的基础上进行逻辑和意义分析，从而揭示出事物内在特性的过程[①]。定性分析一般适用于过程探讨、个案研究、观念意识分析等。其特点包括：注重整体发展的分析，以求获得对研究对象的完整形象；注重质的描述性资料，包括书面文字、图片等表现形式，具有较大的模糊性和不确定性；定性研究程序一般不太严格，具有很大的灵活性；定性分析对研究者和研究背景非常敏感。

2. 定性分析的信度与效度

（1）定性分析的信度即可靠性，是指研究方法及结果的一致性或稳定性程度。信度分为内在信度和外在信度。内在信度是指在同一条件下对资料的收集、分析和解释的一致性；外在信度是指某一研究能否在相同或相似的情境中被重复进行，并得出大致相同的结果。

定性分析中信度分析的特殊性在于其难以做到追求绝对的精确和客观，带有一定的模糊性和弹性。其原因包括：研究者的主观经验、看法、观点

---

① 陶保平. 学前教育科研方法. 上海：华东师范大学出版社，2006.

等；研究对象和时间、地点等条件的变化；研究者与对象的关系、研究者的偶然因素等也会影响研究过程和结果。

（2）定性分析的效度是指研究结果的有效性，即一项研究能够实现其目的的程度。效度分内在效度和外在效度。内在效度是指研究结果能否被合理、准确地研究；外在效度是指研究结果能否被推广到其他情境的程度，即推广度。

定性分析中效度分析的特殊性在于其研究对象是不断发展变化的，研究资料与研究结果是研究者与研究对象不断交流而形成的，不存在绝对意义的真实，因而定性分析中的效度分析也有其自身的特殊性。

定性分析中的效度检验大致有如下方法：一是检查法。这是对研究结果中的漏洞逐步检查，找出失误的原因加以纠正的方法；二是三角互证法。这是对同一问题从不同角度、不同看法得来的结果进行比较分析以获得最大一致性的方法；三是反馈法。这是将研究结果广泛听取专家、同行、同事、研究对象等人的意见，从多角度得出反馈信息，分析研究结果，检查其有效程度的方法；四是比较法。这是将研究成果与人们普遍认可的相关定义和理论加以比较，根据差异检查自己的研究，不断完善研究成果等的方法。

（二）定性研究的过程

1. 明确研究的问题

与定量研究类似，研究者运用定性方法进行研究时首先要明确研究的问题，然后认真分析其可行性，比如问题是否容易进行、与哪些因素有关、如何获得有关资料、在研究过程中可能产生哪些问题等。

2. 选择研究场所与研究样本

定性研究中的情境一般是日常行为发生的学校或班级等自然情境，要根据研究问题和研究目的来选择研究场所，注意所选场所要适合研究问题的顺利进行。当然，随着研究目的需要、研究范围扩充、研究问题深化和新问题的发现等，研究场所也并非固定不变。

3. 进入研究现场，建立良好关系

定性研究要求研究人员深入并渗透到群体的文化以及别人的观点和现实之中，去了解和体验现象的发生、发展及内部意义。一般来说，进入研究现场包括三个阶段：①接近阶段：研究者被介绍给研究对象，研究对象这时一般会将好的一面呈现出来；②熟悉阶段：研究者与研究对象双方的表现都已较为自然，但这时研究者仍然没有进入到研究群体的内部；③参与阶段：研究者已进入到研究组织的核心，与情境或研究对象融为一体。

当然，这一过程也不是绝对的，而是因人、因事、因背景等不同而不同。

4. 收集资料

定性研究的资料具有多元性和丰富性的特点，因此，收集方式也多种多样。例如，长期的参与式观察、无结构访问、文本分析等，还要尽量利用录音、录像、摄影等收集研究对象的语言、行为、态度、情感等。资料收集后要审核其真实性、准确性和有效性等方面：对资料真实性的审核应从研究方法、研究者、研究对象三个方面进行；资料准确性的审核应从一致率和吻合率两个方面进行；而资料的有效性是指所收集到的资料与研究课题的一致程度，即是否"切题"。

5. 整理与分析资料

定性研究中资料的收集、分析与理解是同时进行的，一般来说包括六个阶段：①推测的分析：收集资料的同时，初步判断与其他资料的关系；②分类或归类：将所收集到的资料按某种特性系统地加以排列；③形成概念：资料归类后，可听取不同意见，获得更多的资料，然后再予以修正，最终形成概念；④模式化：在分类和概念的基础上形成某种模式化的认识；⑤类型化：这与模式化可以交互使用，先将庞杂的资料形成有规律的结构并由此形成类型，成为进行比较或理论构建的基础；⑥建构理论：经过前面五个步骤，就产生了某种初步的理论。

（三）定性研究在教育研究中的意义

定性研究克服了定量研究所得到的结果并不可靠而且有时无法探测教育活动的内部过程等局限，具有自身的优点，其意义主要表现在以下几点。

1. 有助于研究者发现不易察觉的问题

定性研究是通过长期地深入某一群体、渗透到某一文化中观察人的行为、随时记录等来收集资料，由于研究者具有"研究者"和"教育活动的参与者"双重身份，因而容易发现许多单纯外在的研究者身份不易发现的问题，方便了解教育的内部过程。

2. 发展并验证教育教学理论

定性研究主要是在自然情境中与研究对象深入而直接地接触，比调查、测量、实验等更能收集到全面丰富的资料；而且定性研究的设计，可以随着理论的发展需要改变研究的策略和方向，因而对形成和发展理论具有极大的方便性。

3. 容易被教师掌握和使用

鼓励和引导一线教师参与教育教学研究是推广理论和提高教学质量的

有效途径，但定量研究不易被一般教师所掌握，定性方法则由于其便于实施、灵活方便、具有实际效用等，方便教师结合自己的教学工作进行研究。

第二节 教育科学研究数据资料的整理与分析

数据的收集与整理是依据统计分析的目的和要求，有组织、有计划地收集数据资料并对其进行去伪存真、去粗取精的分类整理、浓缩简化的工作过程。它是进行统计分析的必要前提，是保证统计数据客观、真实、准确、可靠的关键。

一、数据的收集

（一）数据的来源

根据资料的获取途径不同，数据可分为第一手资料和第二手资料，或者称之为原始数据和次级数据。原始数据即第一手资料，包括原始记录、调查问卷答案、实验结果等，反映被调查对象的原始状况。次级数据即第二手资料，包括期刊报纸、广播电视以及网络资料等已经存在的经他人整理分析过的资料。一般在可能的情况下尽量使用第一手资料，它比第二手资料更加丰富、更加准确，而使用第二手资料是因为其收集成本和所花费时间比较节省。一般而言，统计调查是获取数据的主要形式，收集到的主要是第一手资料；查阅文献、年鉴、上网等是获取统计资料的辅助形式，收集到的主要是第二手资料。

（二）数据的收集

数据收集指的是根据统计研究的目的要求，采用一定组织形式与科学方法，进行采集与研究问题有关的各类数据信息的工作过程。数据收集是一种广义的统计调查，其收集的总体范围可大可小，收集的内容可简单亦可复杂，可以是原始资料也可以是次级资料，收集的方式灵活多样。在信息化时代，数据成为海洋，为了在数据海洋中有效收集数据而不被数据所淹没，首先，应该对自己的专业方向投入更多精力，对它有更清晰的理解；其次，是掌握信息渠道，即知道自己所需要的数据如何获得；最后，就是对获得的数据进行深度加工，使其成为指导决策的依据。

（三）数据的审定

数据需要审定，即通过计算机或人工的方式对数据的准确性、完整性和及时性进行检查。其目的是尽可能地缩小误差，以保证资料最基本的准确性。事实上，经过调查所获得的统计数值与被调查对象实际数值之间总归会存在着一定的差别，即调查误差。一种调查误差是由于调查过程中各有关环节工作的计算错误、抄录错误以及不真实填报等失误而造成的登记误差；另一种是由于非全面调查而只观察不能完全反映总体性质的一部分单位产生的代表性误差。

（四）数据的分类

数据分类是对数据进行归纳、整理、简化、概括的第一步，是进一步分析研究的基础。数据根据来源和观测方法可分为计数数据和测量数据；根据数据的连续性可分为离散数据和连续数据；根据数据所反映的变量性质和测量水平，可分为称名数据、顺序数据、等距数据和比率数据。分类标志按形式可分为性质类别和数量类别。性质类别是按事物的不同性质进行分类，这种分类不表明事物之间的数量差异。如学生按性别分为男生和女生，按组别分为实验组和对照组等。数量类别是按数值大小进行分类，并排成顺序。在排列顺序时，可以直接按数值大小进行排列，也可以用等级顺序进行排列。

二、数据的整理

数据整理是指根据统计研究的目的与要求，对所收集到的原始数据进行科学加工与综合，使之系统化、条理化的工作过程。数据经过整理可以为统计分析提供反映事物总体综合特征的科学化资料，一般程序包括：数据审核认定、数据资料分组、统计资料汇总、编制统计表或绘制统计图。其核心则是统计数据资料分组，主要体现为编制统计表与统计图等。

（一）数据的分组

1. 数据分组的概念

根据统计总体的内在特征与研究任务需要，将全部统计数据按照一定的标志划分为若干组成部分就是数据分组。其目的在于把总体中不同性质的单位分开、相同性质的合并，从而保持各组内数据的一致性和各组间数据的差异性，以便进一步研究数量表现与数量关系，进而正确认识调查对象的本质特征及内在规律。例如，在我国青少年体质普查中，作为个体的每个青少年，在年龄、性别、身高和健康状况等诸多调查标志上不完全相同，为反映我国青少年总体内部的差异，就需要按照不同的标志对全国青少年进行分组。如按性别可分为男、女两组；按身高、健康状况可划分为若干组，这有助于认识我国青少年的性别、身高、健康状况等各方面的结构及其比例关系。

2. 数据分组的作用

①区别不同的总体类型。不同类型的现象存在本质差别，通过统计资料的分组可以区分总体类型；②反映总体内部结构。统计总体通过分组被划分为若干部分，各组成部分的总量在总体总量中的比重即可反映总体结构的特征与类型；③可以分析总体在数量现象之间的依存关系，找出各种错综复杂现象之间的内在联系和数量关系。

3. 数据分组的原则

数据分组的原则包括"穷尽原则"和"互斥原则"。"穷尽原则"是指各分组的空间必须容纳所有个体单位，即总体中的每一个个体都必须有组的归属。例如，按文化程度对人口进行分组，若只分为小学毕业、中学毕业和大学毕业三组，那么未上过小学的以及大学以上文化程度的人口群体便没有对应的组可归属，这种分组就没有做到"穷尽"。"互斥原则"是指在特定的分组标志下，总体中的任何一个单位不能同时归属于几个组，而只能归属于某一个组。例如，把学生分数划分为"60分及以下、60～70分、70～80分、80～90分、90分以上"五个分数段，就不符合互斥原则，因为60分、70分、80分和90分均可以被归为两个分数段。

4. 数据分组的种类

根据统计研究的目的和任务，按照不同的分组标准和依据进行数据分组。按分组标志的多少，可分为简单分组与复合分组，简单分组是按照一个分组标志对研究对象进行分组，复合分组是按照两个或两个以上的分组标志对研究对象进行层叠分组。按分组标志性质不同，分为品质分组和数量分组。品质分组就是选择反映事物属性差异的品质标志进行分组，而数量分组就是选择反映事物数量差异的数量标志进行分组。

（二）编制统计表与统计图

1. 编制统计表

统计表是用来表达统计指标与被说明的事物之间数量关系的表格。它具有简单清晰、条理清楚、易于分析比较、便于计算等优点。编制统计表的基本原则包括：表的结构要简单明了；一张表只能有一个中心，说明的问题要重点突出；表的层次要清楚，项目、指标的排列要按照逻辑顺序合理安排。统计表按主要项目的分项情况，一般可分为单项表和多项表两种。单项表是仅包括一种事项的比较或仅按一种标志分类的统计表，多项表是包括两种及两种以上事项的比较或按两种以上标志进行分类的统计表。

统计表一般由表号、标题、标目、数据、线条、表注等几部分组成。[①] 表号是表的序号，一般写在表的左上方或标题的前面，如果只有一个表的话表号可以省略。标题是表的名称，应确切地、简明扼要地说明表的内容，一般写在表的上方居中位置。标目是表格中对统计数据分类的项目，一般写在表的左侧或在表的上端，标目要清晰、恰当。纵、横标目的排列次序，可按时间的先后、事物的重要性、数字的大小和地理的自然分布等有规则地排列。数据是用来说明标目的，可以是观测值，也可以是计算的结果，如百分比、平均数等。表内数据必须准确、清楚，一律用阿拉伯数字，单位统一，位次对齐，精确度要一致。表内不应有空格，暂缺或未记录可用省略号来表示，无数字用短横杠来表示，数字如果是零则应填写0。如果有相同的数字仍需全部写出，不得写"同上"字样。至于线条，一般统计表上下端的顶线和底线用实线绘制，左右两边可以不用线段封死，纵标目用细实线隔开，以便于区别；也可以将纵列和横列之间都用线段划分，统计表的整体边框完整，外边框用较粗的实线。表注一般用来注明数据的来源，以便查对。可用简短的小号字写在表的下方，它不是表的必要组成部分。例见表 11-1 和表 11-2。

表 11-1　天津市某小学教师性别、年龄统计表（n＝96）

分类	男	女	20 岁以下	21—30 岁	31—40 岁	40 岁以上
频数（人）	70	26	0	75	16	5
百分比（%）	72.9	27.1	0	78.1	16.7	5.2

表 11-2　日语、俄语两专业三年级、四年级操行评定结果

专业	年级	甲		乙		丙		丁		总和
		男	女	男	女	男	女	男	女	
日语专业	三年级	2	2	5	4	3	2	1	1	20
	四年级	3	3	5	5	2	3	1	1	23
俄语专业	三年级	2	4	3	4	2	2	0	1	20
	四年级	3	5	5	4	1	3	1	0	22
总和		10	14	18	17	10	10	3	3	85

资料来源：王孝玲. 教育统计学. 上海：华东师范大学出版社，1988

---

① 王彩凤，庄建东. 学前教育研究方法. 北京：北京师范大学出版社，2011.

2. 编制统计图

统计图是用来表达统计指标与被说明的事物之间数量关系的图形。它是将统计资料利用几何的点、线、面、体和色彩的描绘，把研究对象的特征、内容结构、相互关系表达得更直观、生动、形象，使人一目了然，便于进行比较与分析。统计图有条形图、圆形图（也称饼图）、线形图三种。条形图是用相同宽度的条形长短或高低来表示事物数量大小的一种图形。它主要用于比较性质相似的间断性资料。条形图有单式和复式两种，由一组数据资料绘制的图形是单式条形图，由两组或两组以上资料绘制的图形则是复式条形图。条形图按其直条排列方向的不同又可分为纵条图和横条图。

统计图一般是由图号、图题、图目、图形、图例和图注等几部分构成。图题是统计图的名称，即图的标题。图题文字要简明扼要，切合图的内容，字号在图中应最大，一般写在图的正下方。图号应写在图题的左边。图目是图中的标目，是对图中每一部分的说明，可以是文字或数据。图目写在图的基线下面。在采用直角坐标系的统计图中，图目即横轴上所指的各种单位名称，应按自左到右、由小到大的顺序排列。纵轴一般是尺度线，自下而上、从小到大，写在纵轴上。图形是指表示统计数字大小的线条和图形，这是统计图的主体部分。图形线要准确清晰，绘图布局结构要匀称，一般位于图的中央，所占面积应以图框内面积的一半为宜。图形线条是图中各线条最粗的。图例是举例说明某部分图形所代表的事物，一般放在图中空白位置。凡图形或其局部，要借助文字加以补充说明的，均称为图注。图注部分的文字要少而精，字号要小，一般写在图题的左下方。见图 11-1、图 11-2 和图 11-3。

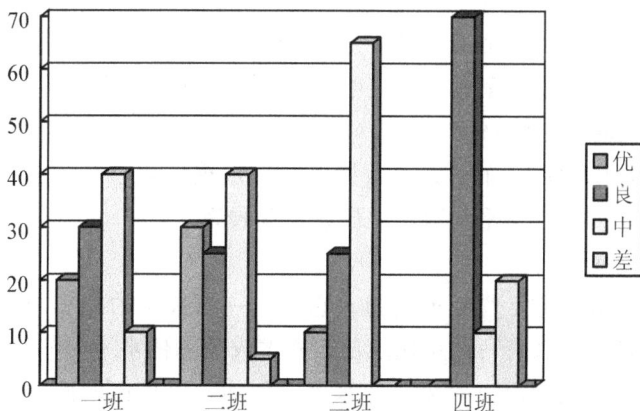

图 11-1　天津市某小学 1—4 班历史成绩人数柱状图

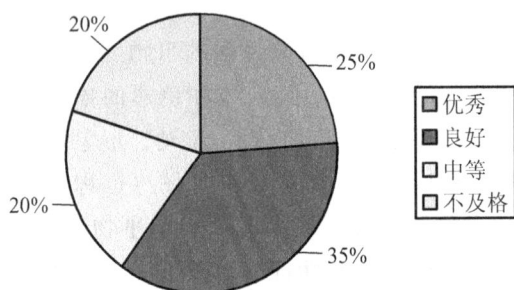

图 11-2　天津市某小学某班语文成绩人数圆形图

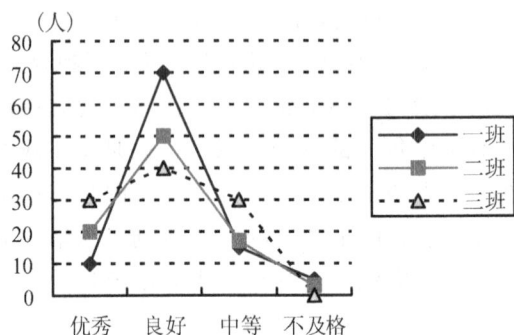

图 11-3　天津市某小学 1—3 班英语成绩人数折线图

三、数据的分析与描述

描述统计的目的在于将已获得的大量杂乱无序的数据资料进行整理、归纳、简化、概括，使事物的全貌及其分布特征清晰、明确地显现出来。描述统计数据常用的特征量包括：集中量、差异量和相关量。平均值、标准差、相关系数分别是最常用的集中量、差异量和相关量。

（一）数据集中趋势的分析描述

集中量反映频数分布中大量数据向某一点集中的趋势，描述这种集中趋势的量数主要有算术平均数、中位数、众数等。

1. 算术平均数

算术平均数简称平均数或均值。它是由一组数据的总和与数据的个数相比而得到的，是教育科研中用于反映样本成绩总体水平的一种常用参数。它常用来估计、比较研究对象总体水平。例如，要想比较两个班级的语文成绩，不能将其成绩一一列出来进行比较，这种个别的比较看不出什么结果，如果将两个班级语文成绩的平均数加以比较，就会既简洁又明了地得出结果。必须注意的是，当数据较多、可靠性要求较高的时候，可用平均数说明问题。如果数据较少，后者其中含有极端数值，用平均数做代表值就未必合适。

2. 中位数

中位数又称中数，指按大小顺序排列的一组数据中居于中央位置的数。若数据的个数是奇数，就以位于中央的数据作为中位数；如果数据的个数是偶数，则以最中间的两个数据的平均数作为中位数。中位数对位于两端的数据不像平均数那么敏感，它还用于当分布的两端有未知数据但数据个数已知的情况。但中位数的可靠性程度不如平均数。

3. 众数

众数是指一组数据中出现次数最多的数值。众数的计算比较简单，但众数不稳定，代表性不好，教育统计中一般不采用众数来反映数据的集中趋势。只有当数据分布中出现极端数据时，才采用众数作为集中量的粗略估计。

（二）数据离散程度的分析描述

要全面地描述数据的分布情况，仅仅用集中量说明分布的集中趋势是不够的，还必须指明各个数据之间的差异程度即离散程度有多大，因为数据之间的差异程度是次数分布的另一个重要特征。应用最广的差异量是标准差，是用各个数据与平均数之差的平方和除以数据个数，得到的标准差越小，表示数据的变异程度越小，即数据比较集中。在教育科研中，标准分数的使用较多，尤其是在成绩评定和录取新生等工作中。标准分数又称 Z 分数，是原始分数与平均数之差除以标准差所得的数值，可表示一个数据在团体中所处的位置，所以也叫相对位置量数。Z 分数若为正值，表示相对应的原始分大于平均数；Z 分数若为负值，表示相对应原始分小于平均数。由于 Z 分数有正负，使用不方便，因此也可以采用 T 分数。$T = 50 + 10Z$。T 分数 50 以上越高越优，50 以下越低越差。

（三）数据关系的分析推断

在教育研究实践中，常常需要研究变量与变量之间的关系，如某一试卷的得分与总分之间的关系、家长的文化水平与儿童智力水平之间的关系等，都需要用相关量来描述。相关是指两列变量之间的相互关系。一般有三种性质的相关：①正相关，即两列变量的变化方向一致，当一种变量变动时，另一种变量也发生或大或小的同方向变动，如儿童的身高和体重的关系，一般来说身高越高体重越重；②负相关，即两列变量的变化方向相反，当一种变量变动时另一种变量发生或大或小的反方向变动；③零相关，即两列变量的变化方向无一定规律，如人的外貌和智力即为零相关。用来描述两个变量相互之间变化方向及密切程度的数字特征量称为相关系数，其取值范围在 -1.00 到 $+1.00$ 之间。正负号表示相关的方向，正号表示正相关，负号表示负相关，其中绝对值大小表示相关的程度。当绝对值为零时，表示两个变量的变化互不相关。绝对值接近 1 为高相关，绝对值接近 0 为低相关，而介于其中的为中等相关。

计算相关系数时要求两列变量必须成对。相关系数的计算有许多公式，不同的情况要使用不同的公式。相关系数在教育研究中应用较多，如对考题或测验量表进行质量分析就要用相关的研究方法来检验其信度、效度等。需要注意的是，相关系数只能描述两个变量之间的变化方向及密切程度，并不能揭示两者之间的内在本质联系（详细内容请参见教育统计学的相关书籍）。

四、侧重数据资料的定量研究

（一）定量分析概述

定量分析是指研究者借助于多种技术手段，对所收集到的数据资料进行描述、解释和统计分析，揭示事物数量特征的过程。定量分析的主要手段是统计分析，通过统计分析在一定条件下由样本特征推断相应总体特征。

1. 定量分析在教育研究中的运用主要包括数据描述、数据判断和数据的综合分析三个方面

数据描述即将数据进行整理，用图表和统计手段描述出数据的分布情况、集中或离散趋势、相关关系分布等特征；数据判断即由样本特性推断出总体特征并估计出误差范围从而得出科学的结论；数据的综合分析即利用系列数据相互之间的数量关系综合分析数据特征，并预测和解释变量之间的关系或从众多变量中提取出共同的因素。

2. 定量研究的信度、效度分析

信度与效度是定量研究的核心概念。信度是衡量测量质量的一个重要技术指标，其可信度高或可靠性高表明测量结果的一致性好、重复性好。常用信度系数测量方法包括重测法、复本法、重测复本法、折半法等。效度是指测量手段测出所要测量的程度，包括表面效度、准则效度、结构效度三种类型。

3. 定量分析在教育研究中的局限

①统计分析手段的条件性。正确、恰当运用统计分析方法要依赖于使

用者对各种统计技术的需求、条件、用途及与之相联系的特定公式等的了解、掌握和适当选择，否则便是无效的。②统计推断的概率特征。统计推断所依据的数据的概率特征都会有一定的误差，并不是绝对精确，统计分析结果的显著性有时也不能代表真正教育意义的显著性。③教育现象的复杂性导致数量分析的模糊性。

（二）定量分析方法的运用

1. 统计分析法的描述性分析

这是用特定的算式对资料数据计算出一些综合指标，用以综合说明事物或数据资料特征的一种方法。常用的综合指标有绝对数、相对数、平均数和标准差。绝对数是用来表明一定条件下某一事物或现象规模的总量指标，它既是反映事物规模的一个指标，也是反映教育基本情况的一个重要指标。相对数是反映事物或现象程度或幅度的一个指标，如某方面人数所占的比重，某方面数值增加的幅度等，均可用相对数予以说明。平均数是反映事物或现象水平的一个指标。当数据资料未经分类汇总时，可计算算术平均数；当数据资料已经分类汇总时，可计算加权平均数；若分析事物在某个时期的平均发展速度时，可计算几何平均数。标准差是反映事物或现象内部差异情况的一个量数，或者说是反映总体中个体之间差异程度的一个量数。标准差的值愈大，说明差异愈大。标准差的计算有已经分类汇总资料和未经分类汇总资料两种方法。

2. 统计分析法的推断性分析

在教育研究中所获得的数据资料如考试分数等总是有波动的，数据的这种差异性究竟由偶然因素（称随机误差）还是条件的不同（称条件误差）所造成的一般不容易被直观地辨别出来，为了正确区分这两种误差，统计学提出"统计检验"来解决这类问题，最常用的有差异分析法和相关分析法。在统计检验中，比较常用的差异分析方法是 T 检验和 U 检验。T 检验可以用于对两个总体平均数的差异分析，其方法是通过计算 T 值并给予检验。U 检验可以用于对两个总体比例的差异分析，其方法是通过计算 Z 值并给予检验。在统计检验中，比较常用的相关分析方法有积差相关法、等级相关法、点双列相关法和 X^2 检验法。积差相关法是对两现象都可以进行具体数值测定的一种相关分析法。等级相关法是对现象中的个体根据一定标准排列顺序后所进行的相关分析法。点双列相关法是对两现象中的一现象进行具体数值的测定，对另一现象则把个体分成两部分后进行的相关分析法。X^2 检验法是对两现象的个体都分成两部分或者多部分后所进行的相关分析法。

3. 统计分析法的多元统计分析

前面所述的统计分析方法属单变量的统计分析方法，多元统计分析则是一种多变量的统计分析方法，目前教育研究中较为常用的有多元线性回归分析、聚类分析、主成分分析和因素分析等。多元线性回归分析是在无法进行有控制的随机实验中，减小没有控制外来因子而可能发生的偏差的一种方法。聚类分析是将个体或因素指标进行分类的一种方法。例如，对学校的分类、学生的分类、评价指标的分类等，均可用聚类分析的方法进行。主成分分析是将多个变量或多个因素指标化为少数的若干个综合变量或综合指标，而这若干个综合指标可以反映原来多个指标的大部分信息。因素分析是主成分分析的一种推广，它的基本目的是用少数的几个因素去描述许多因素之间的关系。

4. 模糊数学分析评价法

前面所谈统计分析法中的推断性方法，是应用统计检验方法检验客观事物的差异或联系是否出于偶然性，即解决随机性的问题。而模糊数学分析评价法则是把模糊数学知识应用于教育研究，主要解决客观事物的模糊性问题。所谓模糊性，指的是客观事物差异的中间过渡中的不分明性。例如对事物的认识和评价等，往往都具有亦此亦彼的模糊性，传统的方法往往又忽视了这种亦此亦彼的事实，而用非此即彼的二值逻辑法给予分析。模糊数学分析评价法则是突破了传统分析评价方法中非此即彼的二值逻辑的限制，采用了多值逻辑的分析方法，即一个对象属于某个等级的程度可以是 0 或 1，也可以是介于 0 和 1 之间的任何中间值，并且对于不同的等级可以同时有不同的属于程度。也就是说，每个对象都可以在所有等级上分别做出估量，而不仅仅是其中择一。这时的每个评价结果是多个数构成的一个向量，而不仅仅是一个单值。

【思考与实践】

1. 文字资料分析方法主要包括哪些？

2. 定性研究的特点及过程是什么？

3. 如何进行数据整理？

4. 如何进行数据的分析与描述？

5. 定量分析方法有哪些？

第十二章 教育科学研究成果的表述与评价

教育科学研究成果的表述与评价是教育科学研究工作的最后阶段。即某项教育科学研究按计划完成后，将其研究过程以及研究结果的分析、总结最终以文字的形式全面、正确地表述出来，并通过科学评价推广应用。本章主要介绍了教育科学研究成果表述的基本类型、撰写要求、评价的方法。

第一节 教育科学研究成果的表述

一、教育科学研究成果表述的意义

具体而言，教育科学研究成果的表述指的是以教育现象、教育活动、教育规律、教育成果为表述对象，运用书面语言（文字、数据、图表、公式等）对其进行总结、记录、描述、储存、交流、传播的创造性认识和书写实践活动。[①] 教育科学研究成果表述是教育科学研究过程的总结，是教育研究成果的反映，是教育科学研究者劳动意义的体现。因此，教育科学研究成果的表述具有十分重要的意义。

---

① 邵光华，张振新. 教育研究方法. 北京：高等教育出版社，2012：347.

首先，教育科学研究成果的表述主要是运用书面语言进行总结，并形成一系列的文字资料。研究成果的表述是对科学研究过程和成果的综合分析、总结，是对科学研究成果的提炼。因此，研究成果的表述锻炼了研究者逻辑思维能力、归纳演绎能力、判断推理能力、综合分析能力、语言表达能力，进一步提高了其思维的系统性与明确性。

其次，教育科学研究成果最终是以各种教育学术文献形式长期保存。尤其是研究成果一经公开发表，便能在更广泛的范围内传播。因此，研究成果的表述和推广有利于教育科学研究者之间的交流合作。

最后，教育科学研究成果表述中包含了研究过程的主要研究资料、研究方法以及研究成果的评价分析。因此，研究成果的表述有可能帮助其他研究者根据现有的研究成果开展进一步的研究，或者发现新的研究领域，从而促进教育科学的发展。

二、教育科学研究成果表述的类型

教育科学研究成果的表述一般可分为三种类型[①]。

第一，用事实来说明问题。此种类型包括教育观察报告，教育测量报告，教育调查报告，教育经验总结报告和教育实验研究报告。要求材料要具体、典型，格式规范，要科学客观地呈现研究过程和方法，并合理解释结果。

第二，用深刻的哲理和严密的逻辑论述来说明问题，这是理论性研究成果。此种类型包括学术论文，学术专著及高校的学位论文。要求论点明确，论据确凿，论述严密，清楚展示理论观点和体系的形成过程。

第三，是第一、二类的综合，但综合中又有所侧重。

三、研究报告和学术论文的撰写

研究报告和学术论文是教育科学研究成果表述的主要形式，其撰写步骤主要包括：①确立题目。题目要准确、醒目、简明，反映出研究的目的、研究的问题等；②编拟写作提纲。根据撰写的目的和主旨，确定全文的论点、说明材料、各层次内容的安排，对全文的结构进行统一规划布局。③撰写初稿。撰写过程中要注意准确立论、推论和语言表述的准确性、科学性；要注意论点、论据和论述的逻辑统一；要注意数据与文字表述的有

---

① 裴娣娜. 教育研究方法导论. 合肥：安徽教育出版社，2000：357～358.

机统一。④修改并定稿。初稿写好后，还需要反复推敲，不断修改。

（一）研究报告的撰写

研究报告是教育科学研究中一种非常重要的研究成果表述形式。研究报告的撰写要求科学客观地呈现研究过程和方法，用具体的事实、数据说明和解释问题，全面真实地反映了教育科学研究的过程和结果。下面主要介绍研究报告中常见的实验研究报告和调查研究报告的撰写。

1. 研究报告的基本结构

调查研究报告是反映调查过程和结果的一种研究报告，它着重把调查研究取得的结果、观点或某种理论，用一定的形式表达出来，是在一定的理论指导下，通过对调查材料的整理、分析而写成的有事实、有分析、有理论观点的文章。① 调查研究报告具有真实性、针对性、新颖性、时效性等特征。

实验研究报告是以书面形式反映实验过程和结果的一种研究报告，它最显著的特点是客观性②。无论实验结果能否达到预期的结果，能否验证实验假设，实验报告中所反映的实验结果都必须是实验过程中获得的结果，不得有任何的篡改。实验报告要求对问题的阐述以及实验结果的描述必须十分准确、客观。

由于研究问题的不同，研究使用的方法也各不相同，因此，研究报告格式也不完全相同。但一般来说，研究报告的内容主要包括：研究的目的与意义、研究方法、研究结果、相关问题的讨论与结论、参考资料等。

从格式上来说，研究报告一般包括：标题（题目）、引言（前言）、正文（主体）、总结（结论和建议）、引文注释或参考文献和附录。表 12-1 展示了研究报告的基本结构以及调查研究报告和实验研究报告的不同。

---

① 李方. 现代教育研究方法. 广州：广东高等教育出版社，2004：347.
② 李方. 现代教育研究方法. 广州：广东高等教育出版社，2004：352.

表 12-1　调查研究报告和实验研究报告的基本结构

调查研究报告	实验研究报告
标题	
引言	
正文	正文
（1）调查过程 主要包括：调查对象的总体、样本及其容量、抽样方法、调查内容、所使用的问卷或访谈及其结构、调查的方法程序和步骤、数据处理分析的方法和工具等。	（1）研究过程与方法 主要包括：①研究课题中出现的主要概念的定义和阐述；②被试的条件、数量、取样方法；③实验设计，实验组和控制组的情况，研究的自变量因素的实施以及条件控制等；④实验的程序；⑤资料数据的搜集和分析处理，实验结果的检验方式等。
（2）调查结果 该部分主要包括：①对调查搜集的原始资料和调查数据初步整理、分析后的结果；②资料初步整理分析后，采用逻辑推理或统计决断的方法，推断出调查研究的最后结果或结论。	（2）实验结果 主要内容包括：①研究中搜集的原始数据、典型案例、观察资料，用统计表、曲线图结合文字进行初步整理、分析；②在资料初步整理分析的基础上，采用逻辑或统计的技术手段，得出研究的最终结果或结论。
讨论与建议：根据得出的客观事实和结论，通过分析与思考，提出自己的认识、建议和设想。	讨论与结论：对研究结果进行解释；对研究结果含义和意义进行评价；探讨其理论意义和实践价值；讨论研究的局限性及如何改进等。
引文注释或参考文献	
附录	

2. 案例分析

（1）题目。研究报告的题目的设计通常有四种方式：直接陈述调查对象或问题、以提问的形式作为标题、以结论式的语言或判断句作为标题、采用双标题的形式。研究报告的题目要概括报告内容，反映主题，要简单明了，重点突出，用词明白易懂。例如，表 12-2 中是常见的研究报告题目案例。

表 12-2　研究报告"题目"案例

调查研究报告题目	关于"我国中小学教育改革状态"的调查研究报告
	独生子女群体与教育改革——我国独生子女状况研究报告

实验研究报告题目	儿童社会性三维结构形成实验研究报告
	主体参与的教学策略——主体教育·发展性教学实验室研究报告之一

（2）引言。引言部分主要阐述要研究的领域、研究报告的背景、研究的目的、研究意义和价值。表 12-3 中的案例"在课堂教学中应用多媒体课程资源的研究报告"的引言部分即对为何要开展该项研究进行了说明。

表 12-3　案例"在课堂教学中应用多媒体课程资源的研究报告"的引言部分

　　1995 年英国提出了"信息技术与课程整合"的概念，而整合了多媒体教学资源的"集成学习系统"软件早在 1993 年始就在中小学展开了实验应用。据统计，在美国已经有超过 7000 万人通过 E-Learning 方式获得知识和工作技能。在我国，多媒体课程资源的开发和利用也已引起广泛的关注，课程资源库的建设取得了长足的进展，多媒体教学设备进一步普及。

　　信息技术、多媒体技术的高速发展为教学资源的开发提供了有利的保障，整合、利用多媒体课程资源辅助教学已成为现代教育改革和发展的必然趋势。但在实际应用中，还存在诸多不尽如人意的地方，比如以"电灌"代"人灌"、单一向度的媒体知识演示、媒体运用的喧宾夺主等，给教学实践带来了不利的影响。教学实践中所短缺的往往不是课程资源，也不是开发技术，而是"应用策略"，即如何避免多媒体课程资源在实际应用中的各种偏差，如何在课堂教学中更有效地利用多媒体课程资源，如何实现多媒体信息技术与学科教学的有效整合。基于这样的考虑，笔者所在学校于 2002 年 10 月，展开了对"多媒体课程资源在课堂教学中的应用研究"这一课题的探索。

资料来源：贾锋，于龙. 在课堂教学中应用多媒体课程资源的研究报告 [J]. 中国电化教育，2007（1）：64～66

（3）正文部分。调查研究报告和实验研究报告正文部分的写作略有不同。表 12-4 中的案例"提高女性教育质量　促进两性教育公平——粤北地区女性中学教育的调研"正文部分包括了调查的目的与实施、调查结果与分析。

表 12-4 案例"提高女性教育质量 促进两性教育公平——粤北地区
女性中学教育的调研"的正文部分节选

一、调查的目的与实施

课题组在广东省韶关市曲江区和浈江区的重点中学、普通中学和农村中学各 2 所进行了系列调查研究。调研方式包括学生问卷、听课、教师和学生的访谈。调研人员分别在这三类中学的初二、初三、高一年级各抽取 1—2 个自然班,先是让学生填写约 20 分钟的"中学生学校教育状况调查问卷",然后在这些班级各抽取 4 名女生进行一对一的访谈,选择访谈对象时考虑了其家庭状况、学习成绩及是否担任班干部等情况;研究人员同时在所调查的班级听课,观察了解师生在课堂的教学活动,课后与任课教师进行了一对一约 30 分钟的访谈。教师和学生的访谈均采用半结构性访谈。学生调查问卷共发出 610 份,收回有效问卷 586 份。被调查者中男生 290 人、女生 296人;初二 223 人、初三 198 人、高一 165 人;学生平均年龄 15.9 岁。所有数据采用SPSS 软件统计分析。根据访谈研究的规范要求,我们首先对这些访谈资料进行录音整理形成访谈文本资料,然后给予命名编号,如教师为 T、学生为 S,重点中学、普通中学和农村中学分别用 Z、P、N 代表,初二、初三、高一年级分别用 2、3、4 代表,如 T—P—物理,是普通中学的物理教师,S—Z—2,是重点中学初二学生。本研究访谈整理出文字资料的共有女学生 25 人,教师 4 人。其中学生初二 9 人、初三 9人、高一 7 人,重点中学 12 人、普通中学 9 人、农村中学 4 人;男教师 2 人、女教师 2 人,文理科各 2 人,分别任教于语文、英语、物理、生物科目。

二、调查结果与分析

本文将调查问卷的统计结果归结为学校环境的适应与满意、学科倾向与学科成绩认知、学习表现、学业期望与职业期望、学习成败归因、性别(形象)认同等若干维度,同时结合教师和学生访谈的相关材料进行综合分析。

（一）学校环境的适应与满意 （具体内容略）

（二）学科倾向与学科成绩认知 （具体内容略）

（三）学习表现 （具体内容略）

（四）学业期望与职业期望 （具体内容略）

（五）学业成败归因 （具体内容略）

（六）性别(形象)认同 （具体内容略）

资料来源:王剑兰. 提高女性教育质量 促进两性教育公平——粤北地区女性中学教育的调研 [J]. 教育研究,2011 (6):42～47

表 12-5 中的案例"儿童社会性三维结构形成实验研究报告"正文部分包括了实验方法、结果与分析。其中,"实验方法"部分论述了具体的实验设计,包括被试及无关变量的控制、实验程序。"结果与分析"部分分别就实验前后测结果的比较、实验整体结果的分析、实验分项的结果与分析展

开了相应的论述。

表 12-5　案例"儿童社会性三维结构形成实验研究报告"的正文部分节选

一、研究方法（编号有改动，具体内容略）

　　为了验证上述社会性三维结构形成的理论构想，我们采用了自然条件下的非随机实验组和控制组的前后测的实验设计方法。

　　（一）被试及无关变量的控制

　　1. 被试的选择

　　2. 无关变量的控制

　　（二）实验程序

　　1. 前测

　　2. 教育活动

　　3. 后测

二、结果与分析

　　由于本实验涉及小学三、五两个年级，并且进行的是同年级对比，因此我们对三年级和五年级的实验效果进行考察。

　　（一）三、五年级学生社会性三维结构培养实验前后测结果比较

　　（二）学生社会性三维结构形成实验的整体结果分析

　　（三）学生社会性三维结构形成实验的分项结果与分析

资料来源：王健敏. 儿童社会性三维结构形成实验研究报告 [J]. 心理发展与教育，1996（2）：12～18

　　（4）结论。调查研究报告的结论部分主要是根据得出的客观事实和结论，通过分析与思考，提出自己的认识、建议和设想。表 12-6 中的案例"提高女性教育质量　促进两性教育公平——粤北地区女性中学教育的调研"结论部分根据调研的结果提出促进两性教育公平的对策。

表 12-6　案例"提高女性教育质量　促进两性教育公平——粤北地区
女性中学教育的调研"的结论部分节选

促进两性教育公平的对策（具体内容略）

（一）两性学校教育中存在的差异

本调研结果表明，男女中学生在学校教育教学中主要存在着如下差异：

1. 学校环境设施满意度存在差异。

2. 学科倾向和学习成绩存在差异。

3. 学习表现存在差异。

4. 学习成败归因存在差异。

（续表）

5. 职业期望存在差异。
6. 性别（形象）认同存在差异。
（二）促进两性教育公平的对策
1. 树立正确的性别观念
2. 提高教育能力

资料来源：王剑兰. 提高女性教育质量　促进两性教育公平——粤北地区女性中学教育的调研［J］. 教育研究，2011（6）：42～47

实验研究报告的结论部分主要包括研究结果的解释、研究结果含义和意义的评价、其理论意义和实践价值的探讨、研究局限性及研究改进的讨论。表 12-7 中的案例"儿童社会性三维结构形成实验研究报告"结论部分首先根据实验的结果讨论了社会性三维结构建构模式的有效性以及分析了影响社会性三维结构形成的其他因素，然后根据实验的结果和分析得出几点结论。

表 12-7　案例"儿童社会性三维结构形成实验研究报告"的结论部分节选

讨论部分
（一）社会性三维结构建构模式的有效性　　　　　（具体内容略）
（二）影响社会性三维结构形成的其他因素分析　　（具体内容略）
结论部分
（具体内容略）
根据本实验的结果及分析，我们可以得出以下几点基本结论。
1. 运用心理模拟法和活动分析法建立的儿童社会性三维结构的建构模式是合理的。
2. 社会性三维结构的形成，遵循社会规范学习和接受的基本过程和规律，按照依从、认同、信奉的三个阶段逐步内化、实现建构。
3. 小学中、高年级在社会性三维结构的整体水平和分项水平上均不存在明显的性格因素影响。
4. 性别因素对小学中年级学生的社会性三维结构的整体水平和分项水平上均不存在明显影响。
5. 儿童社会性三维结构的发展非常显著地受到初始水平的影响。
资料来源：王健敏. 儿童社会性三维结构形成实验研究报告［J］. 心理发展与教育，1996（2）：12～18

（二）学术论文的撰写

1. 学术论文的基本结构

教育研究学术论文是研究成果表述的主要类型之一，是对某一教育学术问题在理论性、实验性或预测性方面形成的创新见解或成果的科学记录，或是对某种已知理论应用于实践而取得新进展的科学总结，是用以提供学术会议上宣读、交流、讨论或在学术刊物上发表的文字材料①。在学术刊物上发表的学术论文能在更广泛的范围内进行传播，起到互相交流和互相促进的作用。因此，在本书中主要讨论在学术刊物上发表的学术论文。

学术论文按研究内容可分为理论研究论文和应用研究论文。在学术刊物上发表，从格式上来说，无论哪种类型的论文一般都包括标题、署名、摘要、关键词、引言、正文、结论、引文注释或参考文献，其具体结构如表 12-8 所示。

表 12-8　论文的一般结构

前置部分	标题	题目是研究内容的高度概括，反映研究的范围和深度。题目必须概括、简明、新颖、醒目、有吸引力。
	署名	署名一般在标题之下，使用作者的真实姓名，并注明作者的工作单位。署名的目的是表示作者对论文负责，同时记下作者付出的劳动，并给予其应得的荣誉。
	摘要	摘要是以第三人称立场，以提供文章内容梗概为目的，不加评论和补充解释，简明、确切地记述文章重要内容的短文，一般以 300 字左右为宜。摘要一般包括五个方面的内容：研究的目的、研究范围、研究方法和手段、研究结果、结论及建议。
	关键词	关键词要能够表现论文的主要内容，反映论文的核心概念，一般可选 3—5 个关键词。多个关键词之间用分号分隔。
主体部分	引言	引言通常需要阐述的部分包括：研究的背景、研究的缘由、研究的问题域、研究现状评述，正文中心内容的概述。实际写作时可根据实际情况选择其中几项。一般来说，引言篇幅不宜过长，以免主次不分。
	正文	正文是论文的主体部分，在论文中占有极其重要的地位，主要包括论点、论据和论证，是研究成果的表达部分。

① 邵光华，张振新. 教育研究方法. 北京：高等教育出版社，2012：349.

（续表）

主体部分	结论	结论部分主要包括总结和提出展望。结论不是正文内容的简单重复，结论起着总结全文、深化主题、揭示规律的作用。
参考资料	引文注释或参考文献	引文注释是对论文的引文标明出处和对正文某一特定内容的进一步解释或补充说明。根据其出现的地点不同，一般分为脚注、夹注和尾注。 参考文献是指和论文有关的重要文献，往往附在论文的篇末。

2. 案例分析

不同学术刊物的论文格式一般结构基本相同，在细节部分要求略有不同。表 12-9 是发表在《教育研究》杂志上的论文"我国教育公平研究的回顾与展望——基于 2002—2012 年 CNK 期刊数据的分析"，其前置部分都包括了标题、署名、摘要、关键词，但作者简介部分不是以脚注的形式出现，而是紧接关键词，放在前置部分。

表 12-9　前置部分的写作案例

我国教育公平研究的回顾与展望
——基于 2002—2012 年 CNKI 期刊数据的分析
胡洪彬

[摘要] 对 2002—2012 年间国内学界有关教育公平研究的样本文献进行科学计量学分析发现：学界对该领域进行了持续探索，为推进我国教育公平的实践发展提供了坚实的智力支撑；目前的研究中依然存在一些不足，如研究内容需要深化、研究视角相对单一、缺乏足够的比较分析和实证研究等。今后应进一步强化问题意识，提升对教育公平研究的针对性，加强比较分析和实证调研，加强多视角、多学科的综合分析，不断促进该领域研究的深入发展。

[关键词] 教育公平；CNKI 期刊数据；样本文献；计量分析

[作者简介] 胡洪彬，浙江旅游职业学院讲师（杭州 311231）

资料来源：胡洪彬. 我国教育公平研究的回顾与展望——基于 2002—2012 年 CNKI 期刊数据的分析 [J]. 教育研究，2014 (1)：54～59

论文的主体部分通常包括了引言、正文和结论部分。其中"正文部分"根据具体研究方法撰写的方式略有不同。采用调查研究法或实验研究法可参照调查研究报告和实验研究报告对应部分的撰写方法。表 12-10 中的案例"什么是好的教育政策"一文是常见的论文主体部分的撰写，首先由引言部分导入研究问题，然后展开论文的论述，包括主要论点、论据及论证，最后进行总结并提出展望。

表 12-10　主体部分的写作案例：什么是好的教育政策（节选）

　　教育在国民经济和社会发展中起着基础性、先导性和全局性的战略作用，其作用能否充分发挥，则从根本上取决于是否有好的教育政策，尤其对于我国来说，教育改革和发展主要是通过政策来推动的……理解什么是好的教育政策是制定出好的教育政策的前提，本文尝试在构建"好"政策的分析框架的基础上，系统分析"好"的教育政策的评价标准，回答什么是"好"的教育政策。

一、评价教育政策的三个维度

　　政策"是过程，也是产品""是文本，也是话语"……话语、文本和社会效应构成政策评价的三个基本维度。

　　（一）政策话语维度

　　（二）政策文本维度

　　（三）政策效应维度

二、好政策的分析框架和判断标准

　　（一）好政策的分析框架

　　（二）好的教育政策的判断标准

　　基于好政策的分析框架和对政策制定者与执行者的访谈，将好的教育政策概括为以下几个方面。

　　1. 回应社会发展需要，实现工具理性和价值理性相统一

　　2. 体现话语民主，形成决策话语共识

　　3. 有良好权威结构，能够有效克服权威分裂

　　4. 坚持基本价值导向，能够有效协调价值冲突

　　5. 有优良控制结构，能够预防反控制

　　6. 面向未来发展，实现统筹兼顾

三、结语：朝向更加科学、民主的教育决策

资料来源：涂端午，魏巍. 什么是好的教育政策 [J]. 教育研究，2014（1）：47～59

第二节　教育科学研究成果的评价

一、教育科学研究成果评价的意义

　　教育科学研究是根据事先确定的研究问题和研究目的，开展科学研究，并最终形成研究成果。研究成果是否达到了预期的目的？研究过程是否科学规范？研究结果是否可信？这时，就需要对研究成果进行评价。也就是

教育科学研究过程的最后环节——研究成果的评价。

教育科学研究成果的评价是根据一定的价值标准，通过规定的程序对教育科学研究成果进行价值评判和水平鉴定的过程。[①] 评价的目的在于"诊断"和"改进"，通过评价能促进教育科学研究的发展，提高教育科学研究的质量，使研究成果得到社会的认可并被采用推广。因此，评价对教育科研起着导向、鉴定、激励、调节和促进的作用。具体表现在以下几个方面[②]。

（一）有利于教育科研成果社会价值和效益的实现

正确鉴定和评估教育科学研究成果所蕴含的学术价值和社会价值，有利于教育科学研究成果为学术界和社会了解、掌握和承认，进而得到推广、应用和吸收。这对提高教育质量、促进科学决策、加强科学管理、推动教育科学的繁荣发展具有广泛的作用。

（二）有利于教育研究者水平的提高和教育科研工作的改进

研究者根据评价得到相应的反馈信息，对研究目标、过程和方法进行反思调整和改进提高，总结经验成绩、发现问题不足，把握努力方向、改进研究工作，提高研究水平；有利于教育研究者自身价值的实现和素质的提高。教育科研成果评价是研究者科研能力和成果价值的外化，进而为学术同行、权威机构及社会所承认，也有利于同行间的信息交流，避免重复研究和盲目摸索，促进教育科研工作人力、物力资源的优化配置，从而使教育研究队伍不断优化、教育科研工作不断发展。

（三）有利于教育科研管理部门的科学决策与指导

通过评价标准的制订、评价程序的实施，教育科研管理部门可以从中获得大量资料信息。这对教育科研管理部门合理制订科研规划和课题指南，实施对教育科研工作的过程管理与指导，发现与培植研究人才和骨干，更好地组织和推动教育科研工作有帮助。

（四）有利于确立进行教育研究的基本要求

通过评价，能够科学地指导教育研究逐步达到高质量、高水平，在总结和改进教育科学研究方法基础上，建立有中国特色的研究方法论体系。只有通过教育科研评价，形成一个可操作的教育科研评价模式，建立一个符合我国国情的教育科研方法论体系，才能衡量一个科研项目成效的大小，

---

① 王守恒. 教育科学研究方法基础. 合肥：安徽大学出版社，2002：175.

② 王守恒. 教育科学研究方法基础. 合肥：安徽大学出版社，2002：258.

提高我国教育科研水平，使我国成为真正的教育强国。

二、教育科学研究成果评价的内容

一般认为，教育科学研究成果表现为理论性研究成果和应用性研究成果。在实际的教育研究中，多数研究两种成果兼而有之。无论哪种类型的成果，其评价首先要鉴定其是否具备研究成果的基本条件，即鉴定研究成果有没有科学性、理论性、学术性、创造性、实践性、效益性。其次，不同类型的研究成果评价侧重点不同。理论性的研究成果，包括对新教育思想、观点的解释论证，提出新的科学概念，补充和发展新理论、新思想，提出有生命力的研究课题及在科研方法上的创新等，其侧重点在理论的认识价值及它对丰富、发展、深化有关基本理论所起的作用大小上。应用性研究成果，包括学生素质的培养，改进教育教学的新举措以及教师队伍教育素质和科研能力的提高等方面，其侧重点在成果的实践价值，即它对教育实践的适用性和可能起到的推动作用。[①]

教育科学研究成果是高效、低效、无效、负效还是失效，其衡量与评价需要依赖一套科学、可行的评价标准，即评价的指标体系。评价指标体系是将不同等级、不同层次、不同方面的指标群，根据评价目的和指标之间的联系使之系统化。每一类型研究的质量水平分为零级、一级、二级、三级四个等级，从而形成一个完整的评价方案。不同类型研究成果评价的侧重点各不相同，因此，评价指标的设立及其侧重也有所不同。同时，评价指标体系的建立应遵循客观性、可测性、简易性和可行性的原则。

教育科学研究成果的主要形式有研究报告和学术论文，下面分别给出这两种类型研究成果的评价指标案例。表 12-11 是某社会科学基金项目成果关于研究报告类的评估指标体系，该指标体系中包括了成果价值、成熟程度、难易程度三个方面。表 12-12 是某社会科学基金项目成果关于论文类的评估指标体系，该指标体系中包括了创新程度、完备程度、难易程度以及成果价值四个方面。

---

① 马云鹏. 教育科学研究方法导论. 长春：东北师范大学出版社，200：361.

表12-11　某社会科学基金项目成果评估指标体系[研究报告类]

指标		权重	A级	B级	C级	D级
成果价值	社会价值 学术价值	4.0	具备下列任何一项即可：1. 发现了经济社会发展中的重大问题 2. 对解决经济社会发展中的重大问题提出了符合实际的新思路和对策，具有很大的应用价值和理论价值 10　9	具备下列任何一项即可：1. 发现了经济社会发展中比较重要的问题 2. 对解决经济社会发展中比较重要的问题提出了较好的思路和对策，具有较大的应用价值和理论价值 3. 对某重要领域的事实做了系统的描述和分析，为深入研究提供了重要依据 8　7	具备下列任何一项即可：1. 对解决经济社会发展中一般性问题提出了较好的思路和对策，具有一定的应用价值和理论价值 2. 对某个重要领域的事实做了描述和分析，对深入研究有一定参考价值 6　5	具备下列任何一项即可：1. 选题的社会价值不大 2. 对要解决的问题没有提出符合实际的思路和对策 3. 事实描述不清楚，对深入研究没有参考价值 4　3　2　1
成果成熟度	可靠性	2.0	资料和数据准确系统，论证严密 10　9	主要资料和数据准确充实，次要方面有些欠缺，论证清楚 8　7	主要资料和数据基本准确，但欠充实，论证一般 6　5	资料、数据有重大遗漏，论证较差 4　3　2　1
	可行性	2.0	具有很强的适用性或可操作性 10　9	具有较好的适用性或可操作性 8　7	具有一定程度的适用性但有欠缺，或可操作性稍差 6　5	适用性和可操作性都差 4　3　2　1

（续表）

指标		权重	A级	B级	C级	D级
难易程度	研究难度	1.0	问题十分复杂，研究难度极大	问题比较复杂，研究有一定难度	问题不太复杂，研究难度不大	问题不复杂，难度很小
			10　9	8　7	6　5	4　3　2　1
	资料搜集处理难度	1.0	资料的搜集与数据处理难度很大	资料的搜集与数据处理难度较大	资料的搜集与数据处理难度不大	资料的搜集与数据处理难度很小
			10　9	8　7	6　5	4　3　2　1

表12-12　某社会科学基金项目成果评估指标体系［论文（集）类］

指标		权重	A级	B级	C级	D级
创新程度	理论创新 方法创新	3.5	具备下列任何一项即可： 1. 提出新的重要理论观点，研究取得突破性进展 2. 提出新的研究方法，使研究取得突破性进展 3. 通过新的论证，丰富和完善了某种学说或重要理论观点。 4. 对重要领域或重要突破性议题做出新的系统分析和概括，得出新的认识	具备下列任何一项即可： 1. 提出新的理论观点，研究有所深入 2. 运用新的研究方法，使研究有所深入 3. 通过新的论证，丰富和完善了某种重要理论观点 4. 对重要领域中的某的较系统的分析和概括	具备下列任何一项即可： 1. 提出具有启发性发性的见解 2. 使用新的研究方法，做出有新意的解释 3. 通过新的论证，得出有启发性的新认识 4. 对某领域的某一问题做出新的分析和概括	缺乏深入研究，新意很少
			10　9	8　7	6　5	4　3　2　1

（续表）

指标		权重	A级			B级			C级			D级				
完备程度	可靠性	1.0	理论前提科学，资料准确充实；研究方法科学适当	10	9	理论前提科学，资料、研究方法等个别方面有欠缺	8	7	理论前提科学，在资料、研究方法等某些方面有欠缺	6	5	理论前提、资料、研究方法等方面有严重欠缺	4	3	2	1
	逻辑性	1.5	概念明确，逻辑严密	10	9	主要概念明确，合乎逻辑	8	7	主要概念明确，条理清晰	6	5	概念不明确，条理欠清楚或逻辑混乱	4	3	2	1
	规范性	0.5	引证规范，所有引用资料、观点来源清楚	10	9	引证较规范	8	7	引证基本规范	6	5	引证不规范	4	3	2	1
难易程度	研究难度	1.0	问题十分复杂；或理论难度很大；或学科基础薄弱	10	9	问题复杂；或有理论难度；或学科基础较薄弱	8	7	问题较复杂，有一定难度	6	5	难度很小	4	3	2	1
	资料搜集处理难度	1.5	资料的搜集与处理难度很大	10	9	资料的搜集与处理有难度	8	7	资料的搜集与处理难度不大	6	5	难度很小	4	3	2	1
成果价值	学术价值 社会价值	1.5	具备以下任何一项即可：1. 对解决重大理论或现实问题有推动作用 2. 对学科发展有奠基作用	10	9	具备以下任何一项即可：1. 对解决重要理论或现实问题有推动作用 2. 对学科发展有促进作用	8	7	对解决理论或现实中的一般性问题有推动作用	6	5	对学术研究或社会发展作用很小	4	3	2	1

三、教育科学研究成果评价的方法

科学的评价方法对教育科学研究成果的评价具有重要的意义。常用的评价方式有自我评价、同行评议、行政评价。

（一）自我评价

自我评价是研究人员对自己的研究成果进行评价。因为研究人员对自身的研究最了解，最熟悉研究过程中的各个环节和因素，因此这种评价是最重要、最基本的评价。自我评价的过程是研究者自我认识、自我分析、自我完善的过程，但由于受研究者的思维定式和行为习惯的影响，研究者不能从外部多角度、多层面地看问题，因此自我评价也有其局限性。

（二）同行评议

同行评议是利用若干同行的知识和智慧，按照一定的评议准则，对科学问题或科学成果的潜在价值或现有价值进行评议，对解决科学问题的方法的科学性及可行性给出判断的过程。同行评议易受到主观判断倾向和个人偏见的影响。

（三）行政评价

行政评价是上级行政机关根据国家的教育方针和政策，考察研究目标的达到程度。行政评价时必须注意不能只侧重实践价值而忽视理论研究，进而引起急功近利的不良倾向。成立有权威性的、成员相对稳定的评审委员会负责研究成果的评审，可以保证评审结果的科学性、严肃性和权威性。

无论采用哪一种评价方式，都必须掌握科学的评价方法。科学的评价方法不是某一项具体的技术，而是一个科学的方法系统，主要包括以下方面①。

- 评价指标体系的设计方法。
- 选择或制作评价工具的方法。
- 采集和分析评价数据资料的方法。
- 对评价结果的解释与检验方法。
- 对评价误差客观原因和心理原因的分析与矫正。
- 计算机技术与方法在评价中的应用。

在选择和应用评价方法时，要处理好以下关系②。

---

① 裴娣娜. 教育研究方法导论. 合肥：安徽教育出版社，2000：378.

② 王守恒. 教育科学研究方法基础. 合肥：安徽大学出版社，2002：266.

一是科学性与可行性的关系。科学性是整个教育评价方法使用的基本点，缺少客观、严肃、规范的评价指标操作程序和分析方法，评价结果的科学性就无从确保，研究成果的价值也会大打折扣。但任何科学、完善的评价手段、程序和模式若过于烦琐、脱离实际、不便操作，也会流于形式、束之高阁、失去效用。

二是自评与他评的关系。教育科学研究成果评价应以自评为主，结合同行评议和行政评价。通过被评者作为评价主体积极主动地参与，可使其对研究过程有透彻的审视和中肯的自省剖析，进而使评价过程成为研究者自我认识、自我分析和自我提高完善的过程。同时也便于他评者与自评者之间相互沟通、取得共识，同行的评价鉴定意见才能更好地被研究者所尊重、吸纳。

三是定性评价与定量评价的关系。定性评价与定量评价是相辅相成、缺一不可的两种评价方法。两者相互印证和结合，才会使评价结论既有数据形态的量化分析，也有基于整体分析的质化的价值判断。

【思考与实践】

1. 简述教育科学研究成果的表述目的。
2. 教育科学研究成果的表述一般可以分为哪几种类型？
3. 教育科学研究成果的表述形式一般包括哪几个基本部分？
4. 为什么要对教育科学研究成果实施评价？
5. 教育科学研究成果常用的评价方式有哪些？

附件 1：硕士学位论文开题报告

××大学研究生

硕士学位论文开题报告书

论 文 题 目：中美课程改革目标的比较研究——以我国
　　　　　　　"新课改"与美国"八年研究"为蓝本

　　　　研 究 生 姓 名：_____×××_____

　　　　指导教师姓名：_____×××_____

　　　　学　　　　号：_____×××_____

　　　　学 科（专 业）：_____课程与教学论_____

　　　　研 究 方 向：_____课程论_____

　　　　院（系 、部）：_____教育学院_____

　　　　年　　　级：_____2010 级_____

××大学研究生学院

2012 年 3 月制

本论文选题的国内外研究概况和发展趋势

一、选题意义

"八年研究"是美国课程史上历时时间最长、规模最大、组织最严密并且是由大中院校合作进行的一次课程改革。它之所以在美国现代教育进程中产生了如此深远的影响，是与其在指导思想、实验目标和工作方案等方面所表现出较大的确定性、计划性、可行性密切相关的。立足于中国"新课改"的今天，只有基于"诊疗与改良的前置性假设"，通过比较的视野，将改革目标的制订升华到思维方式上的考辨，才能为我们当下的"新课改"寻求真正的破梏之道。

对"八年研究"和"新课改"的改革目标进行比较研究的意义主要表现在理论和实践两个层面。

从理论上来说，论文选题有助于为我国当前的课程改革研究提供一个新的思考维度。在追寻"八年研究"的历史足迹和发展脉搏的过程中，人们一直不乏赞誉之声。这种肯定的声音正锁定在改革目标的确立与验证上。"八年研究"的教育目标是这次课程改革试验的重要思想基础，对于教育目标制订的依据和形成过程进行梳理，进而透视其背后的理念和思维方式，有助于人们更清楚地认识"八年研究"在顶层设计上的总体规划，从而深化课程理论的研究。与此同时，对"八年研究"与"新课改"改革目标的比较研究，有助于通过与别国教育改革实验的比较，诊治本国教育改革中存在的流弊，来进一步改善本国教育。这种理性的借鉴可以进一步挖掘理论研究的价值潜能，这对进一步深化"新课改"显得颇为重要。

从实践上来说，论文选题对进一步深化"新课改"具有重要的借鉴意义，有助于更好地展开"新课改"的规划步骤，促进其科学有效地运作。"新课改"序幕至今，改革理想在实现过程中可谓障碍重重，改革设计者描绘的蓝图在现实中发生了种种变形，有的是让人欢欣的超越，更多是令人困惑和沮丧的扭曲，改革目标在实践中或公开或隐蔽地遭到消解或抵制。这种问题的存在，恰恰成为制约新课程改革顺利实施的重要"瓶颈"。探讨美国"八年研究"的改革目标可以从比较的维度为我国当前的课程改革目标的实现提供一个具有可比性的参考范例。更进一步说，从改革目标这一维度来重新审视"八年研究"这一看似"时过境迁"的课程改革实验，不仅为全面了解"八年研究"提供了广阔的认知空间，而且更为当下的"新课改"提供一种新的思考维度。

二、国内外研究概况

（一）中美两国课程改革的历史回顾

1. 我国"新课改"的历史回顾

知识经济的到来为人才的需要带来了质的飞跃，人类的财富主要蕴藏于人的大脑中，社会发展的动力更需要人力资源的推动。而这种质的飞跃实质上带来了对教育的巨大挑战。为此，我国自 2001 年开始，首先在全国 38 个实验区开始了一轮轰轰烈烈的基础教育课程改革。这是第 8 次大的课程改革，这场改革是多年来力度最大的一次改革，是覆盖面最广的一次改革，也是对广大学校和教师最具挑战性的一次改革。本次基础教育课程改革全面贯彻了党和国家的教育方针，以提高国民素质为宗旨，突出培养学生的创新精神和实践能力，终身学习的愿望和能力，以及对社会和自然的责任感，为造就德、智、体、美等全面发展的社会主义事业建设者和接班人奠定基础。

从改革的范围上来看，它覆盖了从幼儿园到普通高中各教育阶段，从课程理念、课程目标、课程功能、课程机构、课程内容、课程实施、课程评价到课程管理、课程资源以及教材建设，全面的进行改革。[1]从改革的力度上来看，新课程体系采取先实验，后推广，滚动发展，逐步到位的策略。2001 年秋季，全国有 38 个实验区（以县为单位）开始了新一轮课程改革的实验工作，2002 年秋季，各省实验区扩大到 500多个，2003 年达到数千个，2005 年在全国普及课程改革。[2]

2. 美国"八年研究"的历史回顾

在进步教育思潮的影响下，美国教育界在 1933 年发起了一项历时 8 年的大规模课程实验，目的在于通过实验验证或确立进步教育所提出的教育目标，以期建立新型的中等学校模式；同时也为证明在整个学校教育系统中推行进步教育理念和实践的可行性与合理性。

"八年研究"试图培养学生把教育视为对人生意义一种持久的探索，而不只是积累学分；使学生渴求学习，勇于探索新的思想领域，在学习上不断进取；使学生懂得如何安排时间，如何更好地读书，如何更有效地运用知识的原理，对所必须履行的义务更有经验。"八年研究"计划的组织者和领导者之一、美国课程论专家泰勒（Ralph W. Tyler，1902—1994）认为，培养学生的目的是为了使他们将来能建设性地参与社会，并使他们习得必备的知识和技能，以便为社会即个人的完善而充分发挥自己的才能。而该研究在课程编制、教学方法以及检查评估上都是围绕这一教育目的展开的。1949 年泰勒正式出版了《课程与教学的基本原理》艺术，总结了他在"八年研究"中的成果。在该书中，泰勒把课程编制的主要步骤列为四个问题：学校应该达到哪些教育目标？提供哪些教育经验才能实现这些目标？怎样才能有效地组织这些教育经验？怎样才能确定这些目标正在实现？这就是在现代美国课程领域中产生广泛影响的"泰勒原理"。

（二）中美课程改革目标的比较研究

据笔者掌握的资料来看，国内外学术界对中美课程改革目标的比较研究相对较少，对课程改革目标形成机制及其与改革成败之间关系的研究不成系统。对"八年研究"和"新课改"的教育目标研究主要散见于教育史研究和其他教育学科领域的专门研究之中。主要相关研究按以下几个方面展开。

1. 从文化差异的角度看两国的课改目标

如果说中国传统文化孕育和体现了传统的东方文化特色，那么美国传统文化则是西方文化的典型代表。通过这两种文化体系的比较去探讨课程改革的目标，有利于把握两国制订课程改革目标的思维方式和价值取向。就中国而言，半封闭的大陆性地域及农业生产基础上的物质文明，家族宗法制度下的社会结构及封建等级专制制度，以及代表中国传统文化中深层内核的儒家思想，这三者共同构成了一个统一的在历史上没有发生前后重大断裂的中国传统文化体系，并孕育了中国传统文化的两大特质——群体本位、道德伦理为核心的人本主义和"天人合一"哲学传统思想。其中群体本位强调个人对群体的义务和人与人之间关系的维护，而不重视群体对个人的义务和促进个人人生价值目标的实现，有着明显的重群体轻个体的倾向。而"天人合一"哲学思想强调事物运动是由于事物内部存在两种相反的力量即所谓"阴阳"相互作用造成的。这种文化思想投射到我国的"新课改"目标制订上表现为：总是长于从整体发展上综合地把握事物的本质和内在联系，注重于直感体验和整体的综合，而不注重实验和分析。[3]作为西欧文明在美洲新大陆的延伸与发展，美国传统文化以其先进的物质文明、资产阶级契约民主制度和基督宗教思想形成了自己的文化体系；在承袭西欧文化传统的基础上，孕育了与西欧文化同中有异、异中有同的文化特质—个人本位、法律条文为准绳的人本主义和实用主义的"天人两分"哲学思想。正如查尔斯·博哲斯在其《美国思想渊源》一书中指出，"美国人的这种实践，使得几乎美利坚合众国的全体居民都有着同样的思维方式，用同样的原则指导自己的行动，即怀疑一切的传统，只信服行之有效的事实，按自己的见解行事，不满按预期目的制订的途径，透过形式直捣实质。"虽然"八年研究"的教育目标早在实验开始之前就已经确立，但是随着实验的展开，30所学校制订的教育改革目标逐渐丰富和清晰，并成为学校教育实验的重要思想基础。

2. 从经济结构的转变看两国的课改目标

20世纪20年代的美国在经济上迎来了一个繁荣与动荡的时期，其发展速度之快、震撼之剧烈、影响之广泛，均前所未有。在美国经济发展史上，20世纪20年代被称为"金色的20年代"，经济发展迎来了一个前所未有的繁荣景象：国家总体经济实力不断增强、经济支柱产业形成、社会生活质量普遍提高。时任美国总统卡尔文·柯立芝（Calvin Coolidge，1872—1933）曾说过："美国人的当务之急就是经商。"然而短期的繁荣为未来的发展埋下了隐患，1929年10月24日，纽约证券交易所股市暴跌，这个"黑色星期四"将美国社会带入了"大萧条"。得天独厚的美国人从来没有如此规模地坠入贫穷的深渊，从来没有如此丧失过自信和自尊。"大萧条"不仅是一场经济危机，而且还对美国的文化教育产生了重要影响。由于社会现实的影响，进步教育长期处于边缘化状态的"社会需要"或"社会中心"倾向逐步取得了应有的地位，客观上使进步主义运动的理想得以实现创造了必要的条件，也为新一轮教育实验的发展提供了新的方向。[4]相对于我国而言，"新课改"所处的经济环境虽然不如美国"八年研究"那样动荡。但是，日趋激烈的国家综合国力的竞争也为我国的教育改革施加了一定的压力。2000年我国GDP已达到1万亿美元，2001年更是达到1万1千

多亿美元。但相对于其他发达国家来讲，我们的综合国力还是相当有限的，我们的
GDP 总量大约是美国的 1/9，日本的 1/4。而提高综合国力的最可持续的动力是大量
高素质的人才，这就是需要教育全面改革，其中最主要的改革之一就是课程改革。为
此，提高国民整体素质，把沉重的人口负担转化为巨大的人力资源，以面对竞争日益
激烈的国际环境，成为我国这次"新课改"的目标所在。[5]

3. 从政治进程的发展看两国的课改目标

1933 年当选的民主党新总统富兰克林·罗斯福（Franklin D. Roosevelt，1882—
1954）提出实施"新政"（the New Deal），开始了恢复经济、变革社会和振兴国家的
改革。"新政"提出了一个重要的社会问题，那就是在社会繁荣和动荡、危机和重建
的过程中，在撇开自由放任的资本主义和社会主义而实施国家资本主义后，如何还能
同时保持资本主义所崇尚的社会民主和个人自由，以及个体如何在这种新的社会观念
和机制下充分、恰当地运用自由，如何将这种新的民主自由理念灌输给未来的年青一
代。"八年研究"的主要教育目标来源于美国社会生活方式和民主理想，那就是：美
国中学的全部教育活动都应该是民主生活方式的化身，任何学校改革所追求的目标都
不应偏离保持和促进美国社会的生活方式。[6]中学与大学关系委员会组织汇编的《三
十所学校自述》提到"虽然个人健康的发展是基本目标，但社会生活是取得这种发展
的较好方式。检验每一个社会和政治组织作用的方式是看其对个体的影响：如果它增
强和丰富了人的个性，就是可取的；如果它破坏或限制个体发展的机会，就是不可取
的，故而是和理想背道而驰的。"这种崭新的民主生活和教育的理念给学校管理、学
校与家庭关系、教师在学校中的作用以及学生在学校与社会生活中角色的确立指出了
方向。而今天的中国，无论是学界还是政界，一个逐渐形成中的共识是：中国需要民
主，而民主是渐进的。就是说，问题不再是要不要民主，而是如何实现民主的问题。
实现民主的核心问题是民生问题，它涉及社会保障、医疗卫生、教育和住房等人们社
会生活的方方面面。"新课改"面向全体学生，在课程设置上力求适应不同学生的发
展的需要，为每一个学生找到成长的最佳模式，而不是将所有的学生都引向成名成家
的精英教育模式，在一定程度上体现了改革目标的民主化。[7]

（三）对进一步深化我国课程改革目标的反思

纵观中美两国的课程改革，改革目标的实现总是存在一定的限度，这似乎已经成
为国内外课改的普遍现象。但是，因此而放弃对课程改革目标的信任却显得过于悲
观。课程改革目标的意义就不仅仅在于它的达成，也不仅仅在于它是课程改革效果评
价的标准，还在于它能够指引课程发展的方向，能够引导课程实践工作者的观念和行
为。从长远来看，改革目标的导向和调控功能能影响改革中人们的观念、态度并决定
他们的行为策略，并推动课程体系不断发展。[8]改革目标就是课程改革的生存状态，
它代表着对课程理想的追求，成为课程改革永不消失的动力所在。

针对新课程改革而言，目前我们在关于改革的重要性、必要性和紧迫性的认识上，

已在很大程度上取得了共识或一致，但是在改革的运行机制、推进策略、操作方式、实施路径等一系列"方法"问题上却存有严重的对峙、分歧与冲突。这主要是因为我们更多的是停留或停滞于对课改枝蔓等细节性问题的纠缠之中，而没有从方法论的角度对其进行检讨与澄清。因此，建立恰切的课程改革方法论，在当下的"新课改"中就显得尤为重要。[9]要真正的认识我们的课改解释我们的课改，重要的是学习西方教育研究的科学方法，西方的概念理论是西方社会科学家用科学的方法论观察他们的经济政治社会得来的结果，而方法论具有普适性。我们应该学会用西方的方法论重新观察我国的课程改革目标，防止陷入简单地以西方文明为坐标、照搬西方教育理论的窠臼中去，这样才能真正实现从开放的角度寻找"新课改"的出路。

参考文献：

[1] 石鸥. 关于基础教育课程改革的几点认识 [J]. 教育研究，2005（9）：28～30

[2] 石鸥，刘丽群. 课程改革中的若干问题 [M]. 广州：广东教育出版社，2004：1

[3] 周彦. 中西文化差异在课程改革中的一些比较性探求 [D]. 南京：南京师范大学，2007

[4] 杨捷. 重构中学与大学的关系——美国进步教育之"八年研究"初探 [M]. 北京：中国社会科学出版社，2008：13

[5] 石鸥，张文学. 课程改革预设目标对目标实现的限定 [J]. 教育研究，2009（6）：48～53

[6] 杨光富. "八年研究"的贡献及其对我国教育改革的启示 [J]. 外国教育研究，2003（2）：17～20

[7] 马健生. 论教育改革方案的可接受性与可行性：公共选择的观点 [J]. 北京大学教育评论，2004（4）：108～111

[8] 石鸥，雷冬玉. 课程改革预期目标偏离的原因与对策 [J]. 中国教育学刊，2008（7）：47～50

[9] 王洪席，靳玉乐. 课程改革：基于改革方法论的反思 [J]. 现代教育管理，2011（2）：10～13

本论文选题的基本内容、结构、意义

一、基本内容：（论文分四部分）

第一部分：以美国"八年研究"教育目标和我国"新课改"目标为蓝本，将中美课改目标置身于各自所处的经济、政治和文化背景中进行宏观的比较。

第二部分：从中美课程改革目标的表述、执行和评价角度出发对两国课改目标的形成过程进行微观比较。

第三部分：文章的主体部分。主要探索美国课程改革目标形成背后的思维方式和价值观念，从方法论的角度分析中美两国在改革思维方式上的差异性和互补性。

第四部分：结合"八年研究"目标对我国"新课改"目标的启示，对我国课程改革目标进行再确证。

二、选题结构：中美课程改革目标的比较研究——以我国"新课改"和美国"八年研究"为蓝本

导言

（一）选题缘由

（二）概念界定

（三）文献综述

（四）研究方法

三、选题意义

（一）中美课程改革目标的历史背景比较

1. 中美两国课程改革目标的经济背景比较

（1）经济体制改革下的"新课改"目标

（2）经济"大萧条"下的"八年研究"目标

（3）中美两国课程改革目标的经济背景差异

2. 中美两国课程改革目标的政治背景比较

（1）渐进式民主下的"新课改"目标

（2）"新政"下的"八年研究"目标

（3）中美两国课程改革目标的政治背景差异

3. 中美两国课程改革目标的文化背景比较

（1）中国的"天人合一"与改革目标制订

（2）美国的"天人二分"与改革目标制订

（3）中美两国课程改革目标的文化差异

（二）中美课程改革目标的实施过程比较

1. 中美两国课程改革目标表述的比较

（1）我国"新课改"目标的表述

（2）美国"八年研究"教育目标的表述

（3）中美两国课程改革目标表述方式的异同

2. 中美两国课程改革目标执行的比较

(1) 我国"新课改"目标的执行

(2) 美国"八年研究"教育目标的执行

(3) 中美两国课程改革目标执行的异同

3. 中美两国课程改革目标评价机制比较

(1) 我国"新课改"目标的评价机制

(2) 美国"八年研究"教育目标的评价机制

(3) 中美两国课程改革目标评价机制的异同

(三) 中美课程改革目标的价值层面比较

1. 中美课程改革目标的价值取向比较

(1) "中庸"精神统摄下的"新课改"目标

(2) 自由主义与效率主义交织下的"八年研究"目标

(3) 中美课程改革目标价值取向的异同

2. 中美课程改革目标的思维方式比较

(1) 我国"新课改"目标的思维方式

(2) 美国"八年研究"教育目标的思维方式

(3) 中美课程改革目标思维方式的差异性和互补性

(四) 我国课程改革目标的再确证

1. 厘清认识：我国课程改革目标的考辨

(1) 改革目标规划中的审思，告别浪漫主义

(2) 改革目标执行后的反思，告别悲观主义

2. 走向辩证：我国课程改革目标的展望

(1) 以生态主义价值取向为导向，实现课程改革目标的平衡

(2) 以复杂性思维方式为突破口，促进课程改革目标的深化

(3) 以终身教育理念为参照系，加强对课程改革目标的反思

选题的研究方法、实验方法、技术路线的可行性分析及可能遇到的问题

一、研究性质

文章通过美国"八年研究"与我国"新课改"事实进行比较研究，通过分析综合，归纳总结，揭示当前我国课程改革目标存在的深层次问题。其研究框架层侧重理论论证，属于理论研究。

二、研究方法

（一）文献法

本文依据所要研究的问题，通过各种手段查阅、收集文献，获得与选题有关的文献资料，进而对相关文献进行分类、整理、统计分析，在此基础上为研究的框架设计提供整体思路及理论上的准备。

（二）比较研究法

在文本分析的基础上对中美两国的课程改革目标进行宏观、微观以及学理层面的比较，从中探寻中美课程改革目标之间的异同，并找出两国课改目标在思维方式上的差异性和互补性。最终为促进课程改革目标的实现提供方法论上的支撑和指引。

三、可能遇到的问题

有关美国"八年研究"的一次文献较少，主要靠国内学者的译著或国内学者对中美课改研究的论述，这样的文献资料会在一定程度上受笔者个人主观因素的影响。

参考文献

专著类：

[1] 瞿葆奎，马骥雄. 教育学文集·美国教育改革 [M]. 北京：人民教育出版社，1990

[2] 滕大春. 外国教育通史第五卷 [M]. 济南：山东教育出版社，1993

[3] 施良方. 课程理论——课程基础、原理与问题 [M]. 北京：教育科学出版社，1996

[4] 张斌贤. 社会转型与教育变革——美国进步主义教育运动研究 [M]. 长沙：湖南教育出版社，1998

[5] 王义高. 当代世界教育思潮与各国教改趋势 [M]. 北京：北京师范大学出版社，1998

[6] 吴康宁. 教育社会学 [M]. 北京：人民教育出版社，1998

[7] 郑金洲. 教育文化学 [M]. 北京：人民教育出版社，2000

[8] 马凤岐. 教育政治学 [M]. 北京：人民教育出版社，2007

[9] 钟启泉等. 为了中华民族的复兴 为了每位学生的发展——《基础教育课程改革纲要（试行）》解读 [M]. 上海：华东师范大学出版社，2001

[10] 朱慕菊. 走进新课程——与课程实施者对话 [M]. 北京：北京师范大学出版社，2002

[11] 叶澜. "新基础教育"论——关于当代中国学校变革的探究与认识 [M]. 北京：教育科学出版社，2006

[12] 杨汉麟. 外国教育实验史 [M]. 北京：人民教育出版社，2005

[13] 郑永年. 中国改革三步走 [M]. 北京：东方出版社，2012

[14] [美] 克雷明著，单中惠等译. 学校的变革 [M]. 上海：上海教育出版社，1994

[15] [美] 拉尔夫·泰勒著，施良方译. 课程与教学的基本原理 [M]. 北京：人民教育出版社，1994

[16] [美] 克雷明著，朱旭东等译. 美国教育史 3：城市化时期的历程 1876—1980 [M]. 北京：北京师范大学出版社，2002

[17] [加] 迈克尔·富兰. 变革的力量——透视教育改革 [M]. 北京：教育科学出版社，2004

[18] [加] 迈克尔·富兰. 变革的力量——续集 [M]. 北京：教育科学出版社，2004

[19] [加] 迈克尔·富兰. 变革的力量——深度变革 [M]. 北京：教育科学出版社，2004

[20] [加] 莱文著，项贤明，洪成文译. 教育改革——从启动到成果 [M]. 北京：教育科学出版社，2004

[21] [美] 沙沃森，丽萨·汤著，曹晓南等译. 教育的科学研究 [M]. 北京：教育科学出版社，2006

[22] [美] 拉格曼著，花海燕等译. 一门捉摸不定的科学：困扰不断的教育研究的历史 [M]. 北京：教育科学出版社，2006

[23] Aikin, W. M., *Adventure in American Education*：*The Story of the Eight-Year Study*, London and New York：Harper & Brother, 1942

[24] Giles, H. H., McCutchen S. P. and Zechiel A. N., *Adventure in American Education*：*Exploring The Curriculum*, New York：Harper & Brother, 1942

期刊类：

[1] 邢红军. 中国基础教育课程改革——方向迷失的危险之旅 [J]. 教育科学研究，2011 (4)

[2] 邢红军. 再论中国基础教育课程改革——方向迷失的危险之旅 [J]. 教育科学研究，2011 (10)

[3] 王洪席，靳玉乐. 课程改革：基于改革方法论的反思 [J]. 现代教育管理，2011 (2)

[4] 吴永军. 我国新课改反思：成绩、局限、展望 [J]. 课程·教材·教法，2009 (7)

[5] 朱成科. 基于基础教育改革的课程哲学反思——关于"新课程改革"三个理论问题的探讨 [J]. 当代教育科学，2007（10）

[6] 朱成科. 朴素地追问我们自己的问题——关于我国基础教育改革的前提性反思 [J]. 长春大学学报，2006（11M）.

[7] 石鸥，彭慧芳. 课程改革：在实施中异变的原因与对策 [J]. 课程·教材·教法，2004（3）

[8] 康宏，刘文献. 美国"八年研究"对我国新课程改革的启示 [J]. 教育探索，2004（7）

[9] 杨光富. "八年研究"的贡献以及对我国教育改革的启示 [J]. 外国教育研究，2003（2）

[10] 赵昌木，徐继存. 我国课程改革研究 20 年：回顾与前瞻 [J]. 课程·教材·教法，2002（1）

[11] 靳玉乐. 中国基础教育新课程的创新与教育观念的转变 [J]. 西南师范大学学报（人文社会科学版），2002（1）

[12] 石中英. 当前基础教育改革的若干认识论问题 [J]. 学科教育，2002（1）

[13] 顾明远. 课程改革的世纪回顾与瞻望 [J]. 教育研究，2001（7）

[14] 陈扬光. 中美两国学校课程的传统与变革 [J]. 外国中小学教育，1998（1）

[15] 张斌贤. "八年研究"始末 [J]. 纪念《教育史研究》创刊二十周年论文集（17）——外国教育政策与制度改革史研究，2009

[16] 杨爱程. 美国课程研究史上的"八年研究"评介 [J]. 课程·教材·教法，1987（6）

[17] Kridel，C.，Robert V. Bullough JR. *Conceptions and Misperceptions of the Eight-Year Study*，Journal of Curriculum and Supervision，Fall 2002 vol. 18，NO. 1

[18] Robert V.，Bullough J. R.，Craig Kridel. *Adolescent needs，curriculum and the Eight-Year Study*，Journal of Curriculum Studies，2003，vol. 35，NO. 2

[19] Tanner，L. *Contributions of the Eight-Year Study*，Journal of Thought，1986，vol. 21

[20] Kridel. C.，Aikin.：*Dashed hopes and a legacy misspelled*，*Journal of Curriculum Theorizing*，vol. 13，1997

[21] Harter P. D.，Gerhrke N. J. *Integrative Approaches：A Kaleidoscope of Alternatives*，Educational Horizons，vol. 68，1，1989

学位论文类：

[1] 吴艳. 美国"八年研究"初探 [D]. 上海：华东师范大学，2002

[2] 容中逵. 从两极到中庸、化理想为现实 [D]. 长沙：湖南师范大学，2004

[3] 杨捷. 中学与大学关系的重构 [D]. 上海：华东师范大学，2006

[4] 曹俊军. 反思与构想：我国基础教育新课程改革研究 [D]. 长沙：湖南师范大学，2008

本论文选题的研究特色和创新之处

本论文的研究特色主要表现为：

第一，以史料为基础，还原"八年研究"目标制订的本真。目前，学界对"八年研究"的探索基本上处于片段的描述阶段，这与"八年研究"这项著名的课程实验所蕴含的价值和历史地位是不相符合的。本文试图对以往的资料进行梳理，尽可能挖掘改革目标制订背后的一些深层次问题，从而为全面认识和理解"八年研究"提供一个新的思考维度。

第二，宏观比较与微观比较结合。本文注重从宏观的角度，即从经济结构、政治进程和文化差异三个方面，把两国改革目标的制订置身于整个教育发展的历史背景之中，凸显改革目标制订的历史逻辑。同时，从微观上探讨两国课改目标存在的差异，分析两国改革目标制订的具体步骤和环节，呈现改革目标制订的内在发展逻辑。

第三，重点比较中美两国制订课程改革目标的思维方式。结合中美两国在改革思维方式上的差异性和互补性，深入剖析改革目标制订背后的价值取向，从而为进一步深化我国的课程改革目标提供方法论上的支撑和指引。

总体安排和进度

论文撰写时间安排：

2011 年 12 月——2012 年 4 月　资料搜集、整理和选题

2012 年 4 月——2012 年 5 月　撰写论文开题报告

2012 年 6 月——2012 年 12 月　继续搜集整理资料，完成论文初稿

2013 年 1 月——2013 年 3 月　完成论文终稿

2013 年 4 月——2013 年 5 月　论文盲审，答辩

本论文预期社会、经济价值和学术水平

在我国十余年课改历程中，取得显著成就的同时也遭遇到了许多前所未有的阻碍、困难与挫折，各种积弊、矛盾和冲突日益暴露与显现出来，从而使改革目标的实现面临着巨大的压力和挑战。其中因由，很值得我们做认真的梳理、总结与反思。这其中，课程改革的方法论问题无疑是一个不容忽视的重要方面。因此，本文基于比较的视角对中美课改目标的思维方式和价值取向进行反思，以期对进一步深化课程改革目标有所裨益。

开题报告会纪要						
时间			地点			
与会人员	姓名	职务（职称）	姓名	职务（职称）	姓名	职务（职称）

会议记录摘要：

会议主持人：

记 录 人：

指导教师意见

指导教师：

年 月 日

开题小组意见	
    组长签字： 　　　　　　　年　　　月　　　日 	
院（系、部）意见	研究生学院意见
      盖章：　　　主管领导签章： 　　　　　　　年　　月　　日	 盖章：　　　主管领导签章： 　　　　　　　年　　月　　日
备　　　　　注	

说明：

1. 本表一式 4 份〔交研究生学院 2 份；所在院（系、部）、研究生各留 1 份〕。

2. 研究生毕业论文写作工作，必须通过开题报告会论证并经审定后方可开始。

附件 2：

中学教师继续教育调查①

尊敬的老师：

本调查是为了对如何开展教师的继续教育（非学历进修）的考虑提供参考。回答没有正确错误之分，请您根据个人的实际情况和真实想法做出回答即可。问卷无须署名。您的回答情况仅供我们研究参考，不会对您个人产生任何不良影响。对于您的协作，我们表示衷心的感谢。

继续教育课题组

一、个人基本情况（请在符合你实际情况的项目编号下打钩）

年龄：①30 岁以下　②31—35 岁　③36—40 岁　④41—45 岁

　　　⑤46—50 岁　⑥51 岁以上

教龄：①5 年以下　②6—10 年　③11—20 年　④21 年以上

学校所在地：①中等城市　②县城（县级市）　③乡镇

学校类型：①重点完全中学　②一般完全中学　③重点职业中学

　　　　　④一般职业中学　⑤重点初级中学　⑥一般初级中学

　　　　　⑦其他

所任学科：①语文　②政治　③外语　④史地　⑤数学　⑥物理

　　　　　⑦化学　⑧生物　⑨体育　⑩美术　⑪音乐

任课年级：①初一　②初二　③初三　④高一　⑤高二　⑥高三

二、教学、教育工作中不可避免地存在各种困难，不同的老师由于其知识、经验、能力等有不同程度的欠缺，在各方面感受到的困难程度也就有所不同。就您个人来说，在以下方面您感到欠缺的程度有多大？我们分别以不同的数字表示不同的欠缺程度。

①无欠缺　　②有点欠缺　　③一般　　④欠缺较大　　⑤欠缺很大

请您根据个人情况，在以下每一项后面的括号内填上相应的数字，表示您在该方面的欠缺程度。例如，您对处理某问题感到欠缺较大，则在该问题后的括号里填上④。

1. 选择合适的教学方法（　　　）

2. 激励学生的学习积极性（　　　）

---

① 施铁如. 学校教育科学研究. 广州：广东高等教育出版社，1998：72.

3. 帮助学习困难的学生进步（　　　）

4. 科学地测定学生的学习情况（　　　）

5. 帮助学生掌握良好的学习方法（　　　）

6. 指导组织学生的课外活动（　　　）

7. 设计和组织主题班会（　　　）

8. 与学生个别谈心做思想教育工作（　　　）

9. 与家长沟通，协调家庭教育与学校教育（　　　）

10. 帮助品德后进的学生进步（　　　）

11. 了解学生的内心世界和困难（　　　）

12. 建设良好的班集体（　　　）

13. 开展教育改革实验（　　　）

14. 撰写教育科研论文或总结教育经验（　　　）

15. 了解现代教育思想和教改趋势（　　　）

16. 明确评价教学效果的方法和标准（　　　）

17. 了解所教学科的先进教学经验（　　　）

18. 测定学生能力、性格等心理品质（　　　）

三、您认为造成以上欠缺的主要原因是什么？（请选择两个答案，打钩）

1. 个人学习钻研不够

2. 缺乏进修学习的机会

3. 上述许多有关课程在师范院校没有开设

4. 上述许多有关课程在师范院校开过，但我没认真掌握好

5. 我没有把学过的东西用到教育实践中去

四、您是否感到有必要在教师的继续教育中开设有关课程介绍上述内容？

①无必要　②有一些必要　③有较多的必要　④非常必要

五、请从上述内容中列出您认为最有必要学习的 6 项。

———————————————————————————

1. 您认为教师每五年至少应有多长时间的非学历进修？

①1 年　②1 个学期　③3 个月　④2 个月　⑤1 个月

2. 您认为在教师的继续教育中，关于教育理论、思想、方法方面的课程至少应占多大比例？

参考文献

中文：

1. 陈丽，焦卉. 提高大学新生学习适应能力的教育实验研究 [J]. 教育与职业，2011（33）

2. 陈羚. 国内外有关教师课堂提问的研究综述 [J]. 基础教育研究，2006（9）

3. 程三银，邓猛. 武汉市江岸区辅读学校课外活动实施的个案研究——以轮滑活动为例 [J]. 香港特殊教育论坛，2009（11）

4. 风笑天. 高回收率更好吗？——对调查回收率的另一种认识 [J]. 社会学研究，2007（3）

5. 冯晨昱，和学新. 教育叙事研究的研究 [J]. 学科教育，2004（6）

6. 傅敏，田慧生. 教育叙事研究：本质、特征与方法 [J]. 教育研究，2008（5）

7. 胡洪彬. 我国教育公平研究的回顾与展望——基于2002—2012年 CNKI 期刊数据的分析 [J]. 教育研究，2014（1）

8. 季诚钧，陈于清. 我国教师专业发展研究综述 [J]. 课程·教材·教法，2004（12）

9. 贾锋，于龙. 在课堂教学中应用多媒体课程资源的研究报告 [J]. 中国电化教育，2007（1）

10. 李艳春，刘军. 论教育行动研究 [J]. 教育评论，2013（6）

11. 卢立涛，井祥贵. 教育行动研究在中国：审视与反思 [J]. 教育学报，2012（1）

12. 陆宏钢，林展. 个案研究：教育研究范式的新转向 [J]. 中国石油大学学报（社会科学版），2007（4）

13. 马惠霞. 促进良好学业情绪的教育实验研究 [J]. 天津师范大学学报（社会科学版），2012（5）

14. 邱瑜. 教育科研方法的新取向教育叙事研究 [J]. 中小学管理，2003（9）

15. 石绍华，张梅玲. 问卷编制的几个问题 [J]. 心理学动态，2000（4）

16. 宋时春. 教育叙事研究与教师专业发展 [J]. 全球教育展望，2011（10）

17. 涂端午，魏巍. 什么是好的教育政策 [J]. 教育研究，2014（1）

18. 王剑兰. 提高女性教育质量　促进两性教育公平——粤北地区女性中学教育的调研 [J]. 教育研究，2011（6）

19. 王健敏. 儿童社会性三维结构形成实验研究报告 [J]. 心理发展与教育，1996（2）

20. 王金红. 案例研究法及其相关学术规范 [J]. 同济大学学报（社会科学版），2007（3）

21. 王丽娇，袁爱玲. 定性课堂观察的记录方式 [J]. 福建教育：学前教育，2012（7）

22. 叶成林，徐福荫，许骏. 移动学习研究综述 [J]. 电化教育研究，2004（3）

23. 张斌. 教育实验研究与教育行动研究之比较 [J]. 教育科学论坛，2006（2）

24. 张翅. 近十年来国内关于教师角色的研究综述 [J]. 现代教育科学，2006（10）

25. 张海森. 2001—2010 年中外思维导图教育应用研究综述 [J]. 中国电化教育，2011（8）

26. 张其志. 测验偏差：评价测验质量的第三个标准 [J]. 韶关学院学报，2013（7）

27. 张其志，陈尚生. 中小学生发展性心理健康评价模式的构建 [J]. 中小学管理，2003（11）

28. 邹宇春. 网络访谈在调查研究中的应用 [J]. 广西民族大学学报（哲学社会科学版），2013，35（1）

29. 杨中枢. 我国小班化教学研究综述 ［J］. 教育研究，2012（4）

30. 爱因斯坦. 爱因斯坦文集（第 1 卷）［M］. 许良英，等译. 北京：商务印书馆，1976

31. 陈伙平，等. 教育科学研究方法 ［M］. 福州：福建教育出版社，2008

32. 陈李绸. 个案研究：理念与实务 ［M］. 台北：台湾心理出版社，1997

33. 陈向明. 质的研究方法与社会科学研究 ［M］. 北京：教育科学出版社，2000

34. 丁念金. 研究方法的新进展 ［M］. 北京：教育科学出版社，2004

35. 董奇. 心理与教育研究方法 ［M］. 北京：北京师范大学出版社，2004

36. 恩格斯. 自然辩证法 ［M］. 北京：人民出版社，1959

37. 侯怀银. 教育研究方法 ［M］. 北京：高等教育出版社，2009

38. 胡继飞，陈学梅. 生物教育科研概论——研究的内容、方法与写作 ［M］. 杭州：浙江大学出版社，2004

39. 胡中锋，蒋毅欢. 教育科学研究方法 ［M］. 北京：清华大学出版社，2011

40. 胡中锋. 教育测量与评价（第二版）［M］. 广州：广东高等教育出版社，2006

41. 华国栋. 教育研究方法 ［M］. 南京：南京大学出版社，2012

42. 教育大辞典编纂委员会. 教育大辞典（第 1 卷）［M］. 上海：上海教育出版社，1990

43. 金哲华，俞爱宗. 教育科学研究方法 ［M］. 北京：科学出版社，2011

44. 靳玉文. 教育研究大视界——教育研究方法论 ［M］. 长春：东北师范大学出版社，2010

45. 李秉德. 教育科学研究方法 ［M］. 北京：人民教育出版社，2001

46. 李春萍. 教育研究方法 ［M］. 长春：东北师范大学出版社，2001

47. 李方. 现代教育研究方法 ［M］. 广州：广东高等教育出版社，2004

48. 李克东. 教育技术学研究方法 ［M］. 北京：北京师范大学出版社，2003

49. 李宗浩. 体育科研方法教程 ［M］. 天津：天津科学技术出版社，2005

50. 刘问岫. 教育科学研究方法与应用 ［M］. 北京：北京大学出版社，1993

51. 马云鹏. 教育科学研究方法导论 ［M］. 长春：东北师范大学出版社，2002

52. 艾尔·巴比. 社会研究方法 ［M］. 北京：华夏出版社，2000

53. 威廉·威尔斯马，斯蒂芬·G. 于尔斯. 教育研究方法导论［M］. 北京：教育科学出版社，2010

54. 孟万金，官群. 教育科研：创新的途径和方法［M］. 上海：华东师范大学出版社，2005

55. 苗深花. 现代化学教育研究方法［M］. 北京：科学出版社，2009

56. 南纪稳. 教育科学研究方法［M］. 西安：陕西师范大学出版社，2010

57. 宁虹. 教育研究导论［M］. 北京：北京师范大学出版社，2010

58. 庞国彬. 实用教育科研方法［M］. 北京：北京师范大学出版社，2013

59. 裴娣娜. 教育研究方法导论［M］. 合肥：安徽教育出版社，2000

60. 朴雪涛. 教育科学研究方法基础［M］. 北京：当代世界出版社，2001

61. 秦宗熙，穆怀中，等. 人类社会研究法［M］. 武汉：武汉大学出版社，1987

62. 邱小捷. 中小学教育科研方法［M］. 北京：高等教育出版社，2004

63. 邵光华，张振新. 教育研究方法［M］. 北京：高等教育出版社，2012

64. 施铁如. 学校教育研究导引［M］. 广州：广东高等教育出版社，2004

65. 陶保平. 学前教育科研方法［M］. 上海：华东师范大学出版社，2006

66. 王彩凤，庄建东. 学前教育研究方法［M］. 北京：北京师范大学出版社，2011

67. 王汉澜. 教育测量学［M］. 郑州：河南大学出版社，1987

68. 王坚红. 学前儿童发展与教育科学研究方法［M］. 北京：人民教育出版社，1991

69. 王守恒. 教育科学研究方法基础［M］. 合肥：安徽大学出版社，2002

70. 王孝玲. 教育统计学［M］. 上海：华东师范大学出版社，1988

71. 王重鸣. 心理学研究方法［M］. 北京：人民教育出版社，2001

72. 吴为民，李忠. 教育叙事与案例撰写［M］. 上海：华东师范大学出版社，2007

73. 谢幼如，李克东. 教育技术学研究方法基础［M］. 北京：高等教育出版社，2006

74. 辛治洋. 教育科学研究：方法与案例［M］. 合肥：中国科学技术大学出版社，2012

75. 徐红. 教育科学研究方法［M］. 武汉：华中科技大学出版社，2013

76. 杨丽珠. 教育科学研究方法［M］. 大连：辽宁师范大学出版社，1995

77. 杨小微. 教育研究的原理与方法［M］. 上海：华东师范大学出版社，2010

78. 杨晓萍. 教育科学研究方法 [M]. 重庆：西南师范大学出版社，2012

79. 喻立森. 教育科学研究通论 [M]. 福州：福建教育出版社，2001

80. 袁方. 社会调查的原理与方法 [M]. 北京：高等教育出版社，1990

81. 袁振国. 教育研究方法 [M]. 北京：高等教育出版社，2000

82. 张宝臣，李兰芳. 学前教育科学研究方法 [M]. 上海：复旦大学出版社，2012

83. 张福娟，江琴娣. 特殊儿童个案研究 [M]. 上海：上海教育出版社，2005

84. 张红霞. 教育科学研究方法 [M]. 北京：教育科学出版社，2009

85. 张万兴. 课程改革中的教育科研方法 [M]. 北京：中央民族大学出版社，2004

86. 张燕，邢利娅. 学前教育科学研究方法 [M]. 北京：北京师范大学出版社，1999

87. 张一春. 教育技术研究方法 [M]. 南京：南京师范大学出版社，2008

88. 郑金洲，等. 学校教育研究方法 [M]. 北京：教育科学出版社，2003

89. 郑日昌，蔡永红，周益群. 心理测量学 [M]. 北京：人民教育出版社，1999

90. 郑日昌. 心理测验与评估 [M]. 北京：高等教育出版社，2005

91. 郑日昌. 中学生心理诊断 [M]. 济南：山东教育出版社，1994：71

92. 中国大百科全书编委会. 中国大百科全书·教育 [M]. 北京：中国大百科全书出版社，1985

93. 钟乐江，钟发全. 在写自己的故事中成长——教育叙事采撷 [M]. 天津：天津教育出版社，2009

94. 钟以俊，龙文祥. 教育科学研究方法 [M]. 合肥：安徽大学出版社，1997

95. 周家骥. 教育科研方法 [M]. 上海：上海教育出版社，1999

96. 朱德全，宋乃庆. 教育统计与测评技术 [M]. 重庆：西南师范大学出版社，2008

97. 陈瑶. 课堂观察方法之研究 [D]. 华东师范大学硕士论文，2000

98. 丁钢. 教育叙述何以可能？[C]. 北京：教育科学出版社，2002

英文：

1. Amy R. Mckenzie. Emergent literacy supports for students who are deaf-blind or have visual and multiple impairments: a multiple-case study. *Journal of Visual Impairment & Blindness.* 2009

2. Anderson R. , Crabtree B. F. , Steele D. J. Case study research: The view from complexity science. *Qualitative Health Research*. 2005 (5)

3. Bob Price. Case study research with children and their families. *Paediotric Nursing*. 2008. 20

4. Bonnie Bell Carter, Vicky G. Spencer. Another beautiful mind: a case study of the recovery of an adolescent male from a TBI. *Physical Disabilities: Education and Related Services*. 2003.

5. John P. Rosenberg, Patsy M. Yates. Schematic representation of case study research designs. *Research Metholody*. 2007 (1)

6. Khairul Baharein Mohd Noor. Case study: a strategic research methodology. *American Journal of Applied Sciences*. 2008 (11)

7. Khan, S. The case in case-based design of educational software: a methodological interrogation. *Educational Technology Reseaech and Development*. 2007 (55)

8. Stake, R. E. The art of case study research. *Thousand Oaks*. CA: Sage. 1995

9. Yin, R. Case study research: design and methods. *Thousand Oaks*. CA: Sage. 2003.

10. Yin, R. K. Case study research, design and methods. *Beverly Hills*: Sage. 1994

11. Bogdan R. E. , Biklen S. K. *Qualitative research for education: An introduction to theories and methods*. Boston: Allyn &. Bacon. 2003

12. Burke Johnson, Larry Christensen. *Educational research: quantitative and qualitative approaches*. New York: Allyn &. Bacon. 2000

13. Joyce P. Gall, M. D. Gall &. Walter R. Borg. *Applying educational research*. New York: Pearson Education. 2005

14. McDonough J. , McDonough S. *Research methods for English language teachers*. London: Arnold. 1997